일제 강제동원,
그 알려지지 않은 역사

일제 강제동원, 그 알려지지 않은 역사
— 일본 전범기업과 강제동원의 현장을 찾아서

김호경·권기석·우성규 지음

2010년 11월 22일 초판 1쇄 발행
2019년 10월 21일 초판 3쇄 발행

펴낸이 한철희 | 펴낸곳 돌베개 | 등록 1979년 8월 25일 제406-2003-000018호
주소 (10881) 경기도 파주시 회동길 77-20 (문발동)
전화 (031) 955-5020 | 팩스 (031) 955-5050
홈페이지 www.dolbegae.co.kr | 전자우편 book@dolbegae.co.kr
페이스북 /dolbegae | 트위터 @dolbegae79

책임편집 김태권
편집 소은주·이경아·조성웅·좌세훈·권영민·김진구·김혜영·최혜리
표지디자인 박대성 | 본문디자인 이은정·박정영
마케팅 심찬식·고운성·조원형 | 제작·관리 윤국중·이수민 | 인쇄·제본 영신사

ISBN 978-89-7199-414-6 (03900)
책값은 뒤표지에 있습니다.

이 도서의 국립중앙도서관 출판시도서목록(CIP)은 e-CIP 홈페이지
(http://www.nl.go.kr/ecip)에서 이용하실 수 있습니다.(CIP제어번호: CIP2010004078)

일제 강제동원,
그 알려지지 않은 역사

일본 전범기업과 강제동원의 현장을 찾아서

김호경·권기석·우성규 지음

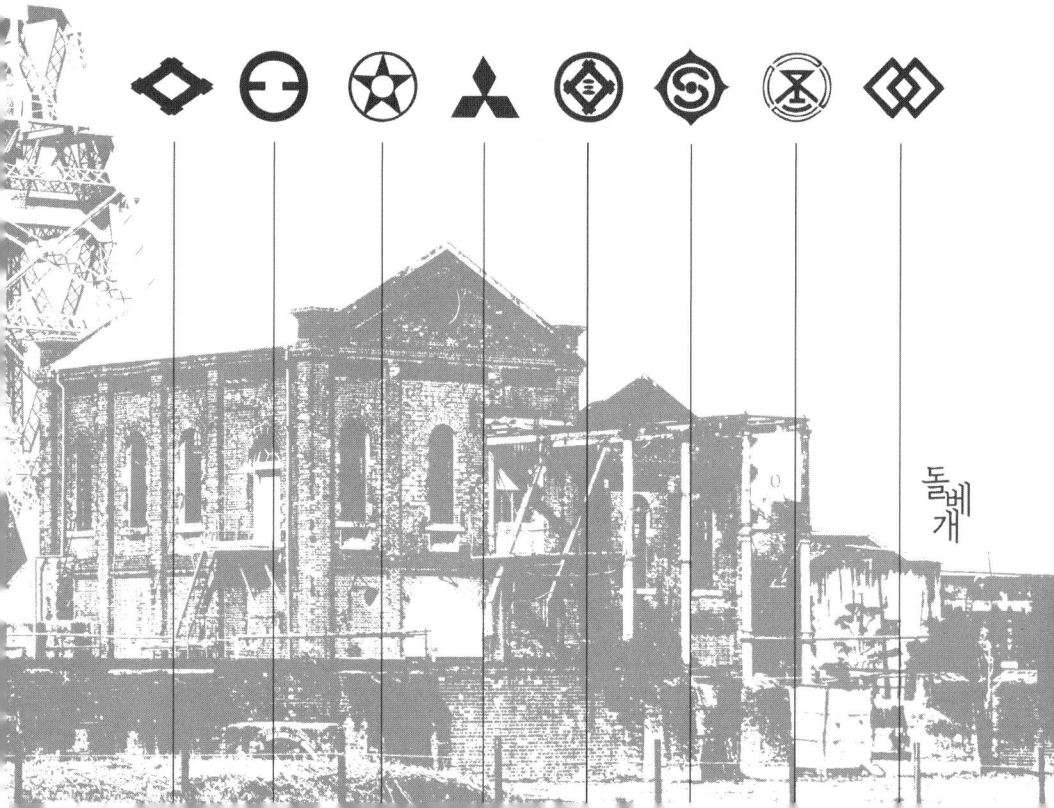

돌베개

• 들어가는 글

2009년 10월 30일 오전, 일제시대 근로정신대 출신 할머니들과 시민단체 관계자 10여 명이 서울 대치 3동 퍼시픽타워 빌딩 앞에 모였다. 쌀쌀한 날씨에 노구를 이끌고 나온 80대 할머니 몇 명과 그 지원자들은 이 빌딩 9층에 입주한 미쓰비시중공업 한국사무소를 겨냥해 '금요시위'를 개최했다. 벌써 37회째 한 주도 빠짐없이 이어온 항의의 외침. "64년이라는 엄청난 세월 동안 단 한 번도 사죄나 보상을 언급하지 않았다. 정말 분하고 가슴이 찢어진다", "전범기업 미쓰비시는 역사 뒤에 숨지 말고 징용 피해자들이 살아있는 동안에 도의적 책임을 다하라!"

강남의 풍요를 상징하는 듯한 사방의 고층빌딩과 반듯한 정장 차림 행인들의 평온한 분위기 속에서 이들은 이질적인 침입자처럼 보였다. 점심시간이 돼 빌딩 주변 보도로 한가득 쏟아져 나온 회사원들은 이들의 행색과 구호에 잠깐 의아한 눈길을 보내다 곧 발길을 서둘러 스쳐 지나갔다. 1분 이상 걸음을 멈추고 귀 기울이는 이는 아무도 없었다. 빌딩 현관 앞에서 집회를 진행하던 할머니 일행은 급기야 빌딩 내부로 진입했다. 결기 어린 표정으로 엘리베이터를 타고 9층에 내려 복도 한 켠에 있는 미쓰비시 사무실 문을 두드렸다. 그러나 그 어떤 대답도 없었고 문도 열리지 않았다. 사실 이 사무실 직원들은 미쓰비시중공업의 한국 내 사업을 대행하거나 보조할 뿐 근로정신대 문제에 대해서는 아무 책임도, 아무 권한도, 심지어 아무 지식도 없었다. 할머니 일행도 그 사실을 잘 안다. 다만 자신들의 제스처가 미쓰비시 측에 전달되기를 바랐을 뿐이다. 얼마 지나지 않아 이들은 하릴없이 다시 엘리베이터에 올라 메아리 없는 세상 속으로 내려갔다.

이 광경을 지켜보면서 취재팀의 머릿속에는 여러 의문이 꼬리에 꼬리를 물고 일어났다. 그 의문들의 핵심은 결국 두 가지로 모아졌다. 세계적 대기업인 미쓰비시는 일제 시기 과연 무슨 일을 저질렀던가? 그리고 명백한 피해자인 이 할머니들에게 왜 사과하고 보상하지 않는가? 금요시위 참석자들 입에서는 '미불임금'이니 '공탁금'이니 '후생연금'이니 하는 용어들이 쏟아졌다. '아리랑 3호'가 도마 위에 오르는가 하면 '후지코시 근로정신대'라는 또 다른 정신대 얘기도 나왔다. 생경한 용어 속에 깃든 사안의 복잡성과 무게감이 엄습해왔다. 태평양전쟁을 전후해 일본 대기업들이 어떤 행태를 보였는지 자체가 한국 사회에서 공론화된 적이 없었음을 뼈저리게 절감했다. 지금까지 피해자들은 무력했고, 그 외 국민들은 무지한 채로 세월을 흘려보냈던 것이다.

우리가 징용 얘기를 전혀 모르는가? 그건 아니다. 채만식(1902~1950)의 가장 유명한 단편소설 「논 이야기」와, 하근찬(1931~2007)의 역시 대표적인 단편소설 「수난 이대」에도 일제 강제동원이 당대 민중들에게 얼마나 큰 고통을 줬는지 생생하게 묘사돼 있다. 그러나 우리는 기억이 가물가물하다. 문제의식도 가물가물하다. 식민지 시기 대대적인 강제동원 사태가 불과 60~70년 만에 우리 머릿속에서 철저히 '과거사'로 치부돼 있기 때문이다. 더 늦기 전에 일본 전범기업들이 주도한 강제동원의 실상과 이후 전개 과정을 분명한 기록으로 남길 필요가 있었다.

정보와 자료를 찾아가다보니 국무총리 산하 '일제강점하 강제동원피해 진상규명위원회'(이하 위원회)의 존재가 시야에 들어왔다. 종전에는 언론 취재망에 별로 포착되지 않았던 '조용한' 정부기관이었다. 강제동원 문제의 이론과 실제를 두루 꿰고 있는 정혜경 조사2과장, 허광무 조사3과장 등이 취재에 흔쾌히 응해주었다. 심층적인 탐사보도를 목표로 차근차근 자료 수집과 현지 르포를 준비했다. 한편으로는 미쓰비시 근로정신대 할머니들이 일본 정부에 제기했던 '후생연금 가입사실 확인신청'의 결과가 나오길 기다렸다. 시민모임 관계자들을 통해 일본 정부의 결정이 곧 나온다는 사실을 미리 알고 있었다. 그런데 뜻밖에도 그해 12월 말 일본 『아사히신문』에서 그 건을 먼저 취재해 "한국의 할머니들이 후생연금 탈퇴수당 명목으로 단돈 99엔을 받게 됐다"는 기사를 1면 머리기사로 보도했다. 이를 한국 언론들이 받아 쓰고 사회적 이슈가 되는 모습을 보면서 어떤 자괴감을 느꼈다. 기사 발굴을 위한 호기심이 일종의 사명감으로 변화해갔다.

전범기업에 대해 체계적으로 연구하거나 분류한 자료가 국내에 거의 없어 애를 먹다가, 위원회에서 피해판정을 내린 노무동원 통계 6만여 건의 통계를 분석해 마침내 대표적 전범기업의 리스트를 작성했다. 이를 근거로 2010년 1월부터 7월까지 모두 일곱 차례에 걸쳐 해외 현장을 찾아다녔다. 가장 먼저 일본으로 향했다. 일본 전역을 크게 삼등분해 취재팀 3명이 분담한 뒤 각각 일주일씩 현지 출장을 떠났다. 일본 본토에 이어 러시아 사할린과 남양군도 르포에 나섰다. 강제동원 문제의 해법을 모색할 때도 담론이나 텍스트 분석에 머무르지 않고 독일과 중국의 현실적인 모델을 찾아 또 다시 현지를 방문했다. 그렇게 찾아간 해외의 시市 단위 도시가 총 40~50군데에 달한다.

"다 지난 옛날 얘기를 지금 꺼내서 무슨 소용이 있느냐"는 주변의 냉소도 없지 않았지만, 관심과 격려가 그보다 훨씬 많았다. 국내와 일본, 사할린 등지에서 만난 70~90대의 징용 피해자들은 취재팀에게 늘 하고 싶은 말이 많았다. 노인들은 자기 얘기를 관심 있게 들어주는 것만으로도 가슴속 한을 어느 정도 풀어내는 것 같았다. 취재팀으로서는 이분들 얘기를 마냥 듣다보면 다른 일정을 제때 소화할 수 없어 중도에 인터뷰를 적당히 끊어야 했던 상황들이 곤혹스럽고 송구스러웠는데, 때로는 그보다 더욱 난감한 경우를 접하기도 했다. 충남 아산에 사는 정준모 할아버지는 양손에 음료수 박스를 들고 땀을 뻘뻘 흘리며 찾아온 김호경 기자에게 "한여름에 시골집까지 찾아오느라 너무 고생했다"며 연신 안쓰러운 표정을 짓더니, 안방에서 주섬주섬 3만 원을 꺼내 차비라도 하라고 한사코 쥐어주셨다. 밭이랑처럼 주름이 깊게 팬 할아버지의 손을 잡고 김 기자는 극구 사양하다 끝내 돌려드렸다. 그러나 돌아오는 길에 그게 오히려 도리가 아니었다는 생각이 들어 마음이 편치 않았다. 우성규 기자는 남양군도에 끌려갔던 이도재 할아버지를 만나고 돌아온 뒤 곧 친필 편지를 받았다. "청양까지 왕복하시느라 수고가 많으셨고 대접이 소홀했던 점 사과드립니다. 고령에 병약한 탓으로 정신이 흐려서 그간 느꼈던 의사 전달이 제대로 되지 않은 것 같고, 또 중언부언이 된 점 유감으로 생각하오며……" 하는 말씀과 함께 우편환 10만 원이 동봉돼 있었다. 90세 노인이 힘들게 썼을 글자 하나하나가 취재팀 가슴에 깊은 울림을 줬다. 그 외 이 책을 준비하는 과정에서 순간순간 울컥하고 눈시울을 붉혔던 기억을 일일이 열거하기 어렵다.

이 책은 취재팀이 몸담고 있는 국민일보가 경술국치 100년 기획으로 연재한 〈잊혀진 만행, 일본 전범기업을 추적한다〉 기사를 뼈대로 하고 있다. 2010년 3월 1일부터 매주 종합면 두 개면 이상씩을 할애해 총 18회 시리즈로 이어갔으니 분량으로 보나 스케일로 보나 나름대로 장정長征이었다. 거기에 근육과 살을 두 배 이상 보태 책으로 엮었다. 기존 시리즈 편성을 대강의 줄기로 잡되 총론을 비롯한 많은 부분을 새로 쓰거나 대폭 보완했다.

다만 신문기사와 마찬가지로 이 책 역시 일제시대 강제동원 분야 중 징병과 군 위안부 부분은 거의 다루지 않고 징용 부분에 집중했다. 징병과 군 위안부 피해 사실에 대해서는 국민들 인지가 뚜렷하고 기록도 상대적으로 다수인 반면, 피해자 규모 면에서 훨씬 압도적인 징용에 대해서는 오히려 일반적 관심이 현저히 떨어지기 때문이다. 특히 현존하는 일본 대기업들이 노무동원의 주범이며 역사적·법적·도의적 책임을 지고 있다는 점을 부각시키는 데 주안점을 뒀다. 민간 기업이 전시에 피침략국 시민들에 대한 노무동원에 앞장섰다는 사실이 선뜻 와 닿지 않는다면 제2차 세계대전 때 독일 기업들도 비슷한 패턴을 보였다는 사실이 참고가 될 수 있다. 예컨대 나치에 대한 증언문학을 대표하는 프리모 레비의 『이것이 인간인가』에는 이런 대목이 나온다. "수용소의 SS(나치 친위대)에 물자를 보급하는 수많은 사업가들, SS의 행정·재정 사무실에 가서 노예노동 인력고용 신청서를 제출하는 수많은 기업가들, 그리고 고용 사무소의 직원들…… 이처럼 많은 대기업이 포로들이 노예처럼 착취되고 있다는 사실을 알았다."

하지만 일제 강제동원 피해자들이 나치가 유대인들에게 자행한 '최종해결책'처럼 지속적인 대학살을 당한 것은 아니다. 물론 사할린 가미시스카, 미즈호 학살사건에서처럼 차마 필설로 옮길 수 없을 정도로 조선인들 육신이 난자된 처절한 사례도 여럿 보고돼 있으나, 일반적인 경우라고 할 수는 없다. 테렌스 데 프레의 저서 『생존자』나 TV 시리즈 《홀로코스트》에 나오는 유대인들처럼 죽음이 일상적이었던 환경 속에 처해 있지는 않았다는 사실이 이 책의 어떤 독자들에게는 일제 강제동원 피해자들을 그렇게 심각하게 보지 않도록 할 수도 있다. 그러나 '극단성'만이 강제동원 피해자들의 고통을 웅변하는 것은 아니다. 얼마나 '엽기'로 점철됐는지에 주목하기보다, 우리 할아버지 또는 증조할아버지 세대가 10~20대 청춘의 시기에 일반적으로 어떤 육체적 속박과 정신적 비탄 속에 노예적 고통을 받았는지 그 전반적인 상황을 독자들이 이해하고 공감할 수 있기를 바란다. 물론 피해자가 연인원 600~700만, 그중 사망자가 10~20만 명이라는 엄청난 규모도 간과할 수 없는 부분이다. 무엇보다 일본 정부와 전범기업들이 명백한 범죄를 끝없이 은폐하고 묵살하는 현실에 문제의식을 가질 수 있다면 이 책의 소명은 다 충족된 것이다. 과거에 대한 피해의식 차원이 아니라, 역사의 퇴행을 막기 위한 작은 안전장치로서 이 책이 독자들의 역사 인식에 보탬이 되기를 소망한다. 피해자가 기억하고 가해자도 기억해야 진정한 화해가 가능하고 미래도 열린다. 어설픈 초월이나 망각은 역사의 교훈에 도움이 되지 않는다. 프리모 레비가 『익사한 자와 구조된 자』에서 던진 명제를 상기한다. "과거에 이런 일이 벌어졌다. 그러므로 그런 일은 다시 일어날 수 있다. 바로 이것이 우리가 말하고자 하는 핵심이다."

책을 내는데 따르는 설렘과 두려움은 없지 않으나, 저자로서의 허명을 성취하는 데 기대하는 바는 없다. 다만 강제동원 피해자 문제가 좀더 많은 국민들에게 인식돼 여론화됐으면 하는 바람뿐이다. 일종의 사회과학적 회의懷疑에 익숙한 어떤 독자들은 전범기업의 책임에 대한 명료한 인식에 거부감을 표시할 지도 모른다. 마치 일제나 친일파의 행태가 비난받는 순간에 인간과 상황의 한계에 먼저 주목하려는 관성적인 한국형 보수주의자나 진보적 탈민족주의자처럼. 취재팀이 그런 종류의 회의에 꼭 동의하는 건 아니지만 좀더 정교한 역사적 사실관계와 깊이 있고 진일보한 고민을 담아 책을 새로 썼으면 하는 아쉬움이 없는 것은 아니다. 그러나 그 역할은 다음 단계로 미룰 수밖에 없다. 이 책은 일제 강제동원과 전범기업에 대한 개척자적인 대중도서로서 자리매김하는 게 적당하다고 자위한다. 이런 수준의 책이 밑거름 역할을 해 공동체의 상식을 만들면 훨씬 실증적이거나 형이상학적인 접근은 단순한 시간문제가 되리라 믿는다. 일본 시인 츠보이 시게지壺井繁治가 쓴 「쥬고엔 고짓센」(十五圓 五十錢, 십오 원 오십 전)이라는 시 한 구절을 읽으며 취재팀의 역할을 되새겼다(이 시는 1923년 관동대지진 때 일본에 거주하던 힘없고 무지한 조선인들이 '쥬고엔 고짓센' 발음을 못해 일본 경찰과 자경단원들에게 살해당했던 사건을 추모하는 내용이다).

그대들 자신의 입으로
그대들 자신이 생전에 받았던 잔학을 증언할 수 없다면
그대들 대신 말할 수 있는 자에게 말하게 하오.

지식과 경험과 열정으로 취재팀을 인도해준 분들이 몹시 많다. 도움 주신 분들을 책 뒤에 따로 밝히겠지만, 그중에서도 한 번 더 헌사 드릴 분들이 있다. 이렇다 할 철학도, 사명감도 없는 관료들이 적지 않은 환경에서 늘 분투하고 있는 위원회 정혜경, 허광무 과장, 오일환, 심재욱, 김명환, 하승현 팀장, 이선영, 정현영 조사관, 그리고 위원회는 떠났지만 한식구로서 변함없이 치열한 문제의식을 견지하고 있는 방일권 한국외대 연구교수에게 깊은 존경과 애정을 담아 감사를 표한다. 인연을 맺은 이분들 외에 위원회 다른 분들의 헌신이 크다는 사실도 잘 알고 있다.

저자 김호경, 권기석, 우성규

차례

들어가는 글 5

총론 강제동원과 전범기업

   1. 강제동원이란 무엇인가   19
   2. 왜 기업이 문제인가   32
   3. 모리야 요시히코 총괄 인터뷰   54

1부 일본 3대 재벌의 전쟁범죄

   1. 군수산업의 대명사, 미쓰비시   73
   2. 극우진영과 결탁한 최대 재벌, 미쓰이   97
   3. 군국주의의 배후 조종자, 스미토모   130
   * 강제동원 이것이 궁금했다면 – 관부연락선   152

2부 낯선 기업, 숨은 가해자

1. 근로정신대 징용의 주범, 후지코시   161
2. 일본제철, 철을 녹여 포탄으로   185
3. 아키타 현 대표 전범기업, 도와홀딩스   208
4. 아소, 골수 우익 가문의 탄광 잔혹사   238
5. 공포의 노예노동, 북해도탄광기선   260
6. 그 밖의 전범기업들   283

* 강제동원 이것이 궁금했다면 – 문학작품 속에 나타난 강제동원   304

3부 강제동원 더 깊이 들여다보기

1. 남양군도, 휴양지 속에 깃든 피눈물   311
2. 사할린, 일본에 버림 받고 소련에 억류된 징용자들   340
3. 국외 동원 그늘에 가려진 국내 동원   369
4. 미귀환의 상징, 유골 문제   393
5. 강제징용 최소한의 보상, 미불임금   415

* 강제동원 이것이 궁금했다면 – 99엔의 굴욕? 35엔짜리 수당 지급도 있었다   433

4부 투쟁과 좌절, 그리고 희망의 역사

1. 투쟁과 좌절의 역사   439
2. 영원한 족쇄 한일협정   456
3. 베를린에서 길을 찾다   473
4. 전범기업에 승리한 중국인 피해자들   494
5. 한일 양국 정부와 기업이 나아갈 길   513

* 강제동원 이것이 궁금했다면
 – 박경식의 위대한 첫걸음, 그리고 일본 풀뿌리 NGO의 힘   534

미주 540   글을 마치며 551   참고문헌 562

일러두기

* 저자들의 호칭은 일반적으로 '취재팀'으로 통일했다.
* 국무총리 산하 '대일항쟁기 강제동원 피해조사 및 국외 강제동원희생자 등 지원위원회'와 그 전신인 '일제강점하 강제동원피해 진상규명위원회'는 '강제동원조사위원회'로 줄여 표기했다.
* 일본어 인명 및 지명 표기는 현행 외래어표기법을 따랐다. 인명이나 지명, 기업명 등의 일본어 또는 한자 표기는 가급적 해당 단어가 처음 나왔을 때만 써주고 이후에는 생략했다.
* 본문에 사용된 이미지 자료의 출처와 제공자는 책 뒤쪽에 밝혔다. 저자들이 직접 촬영한 사진 자료는 따로 출처를 표기하지 않았다.

강제동원과 전범기업

1
강제동원이란 무엇인가

미쓰비시 탄광에 끌려갔던 한 조선 청년의 기억

그때 나이 열아홉 살이었다. 김규형은 1943년 5월 어느 날, 고향인 충남 논산군 노성면에서 노성국민학교 건축공사 일을 하고 있었다. 문득 면장이 어떤 일본인 한 명과 함께 다가왔다. "야. 너 일본 가야겠다." 그 시절 징용 명령을 거역하는 건 불가능했다.

그 길로 규형은 일본 회사의 모집원이라는, 유달리 코가 컸던 그 일본인을 따라 논산군청으로 갔다. 군내에서 차출된 남자 55명이 어두운 표정으로 모여 있었다. 저녁이 되자 일본인 모집원은 이들을 인솔해 논산역으로 갔다. 기차를 타고 대전을 거쳐 새벽녘에 부산에 떨어졌다. 인근 여관에서 하루 지내고 다음 날 저녁 배를 탔다.

부산항에서 일본 시모노세키下關까지 운행하는 관부關釜연락선. 전국 각지에서 끌려온 장정 3,500명이 배 안을 가득 채웠다. 규형은 난생처음 큰 배를 타고 파도에 출렁이다 구토를 여러 번 했다. 사실 그는 바다를 처음 보는 것이었다. 지금 자신이 어디를 향해 가는지, 이게 꿈인지 생시인지 어안이 벙벙할 뿐이었다. 부모님은 얼마나 걱정하고 계실까……

8시간쯤 지나 뿌옇게 섬 같은 것이 보였다. 야마구치山口 현 시모노세키였다. 상륙한 뒤 다시 기차를 탔다. 바깥을 내다보지 못하게 일본인들이 기차 창문을 시꺼먼 보자기로 가렸다. 객차 출입문마다 일본인 관리자가 지켜 서서 조선인들이 도망치지 못하게 감시했다. 결국 도착한 곳은 일본 열도를 구성하는 4대 섬 가운데 가장 남쪽에 있는 규슈九州 지방 후쿠오카福岡 현의 가미야마다上山田 탄광. 일본 최대 재벌 중 하나인 미쓰비시가 운영하는 작업장이었다.

황국신민의 도리를 다하라는 훈시를 듣고 채탄 작업에 배치됐다. 미군 비행기의 공습으로 손 하나를 잃은 어떤 일본인이 요령을 가르치면서 다이너마이트로 발파하는 법까지 알려줬다. 발파를 하면 벼락 치는 소리와 함께 갱도 천장까지 들썩들썩했다. 귀가 멀 것 같았다. "아저씨, 저 귀가 잘 안 들려요." 그러자 그 일본인은 귀에 솜을 끼우라고 했다. 매일 '도로코'(トロッコ, 탄차)를 타고 막장으로 가 고된 노동에 몸을 던졌다. 식사는 주로 콩깻묵. 늘 배가 고팠다. 그래서 고래 고기, 아니 고기가 아니라 고래 내장을 사먹곤 했다. 돈 50전을 주면 노무자들을 상대로 장사하는 인근 가게에서 고래 내장을 살 수 있었다.

툭하면 갱내에 가스가 차 작업이 중단되곤 했다. 가스가 찬 상태에서 곡괭이로 탄을 찍어대다 불꽃에 가스가 폭발해 사람이 죽어나가기도 했다. 함께 일하던 전남 순천 사람 하나도 죽었다. 규형도 작업 도중 가스를 마셔 쓰러지고 말았다. 눈은 멀뚱멀뚱 뜨고 있는데 도무지 정신을 차릴 수 없었다. 미쓰비시 탄광에서 일한 지 벌써 2년. 이렇게 지내다가 불 뒤집어쓰고 개죽음할 것 같았다. 다른 많은 조선인 노무자들처럼 도망가야겠다는 생각이 들었다. 도망가다 붙잡히면 회사 노무계 직원들이 극심한 고문을 가한다는 걸 잘 안다. 잔인한 구타는 물론, 탄재를 섞어 시궁창 같은 물을 도망자의 콧구멍에 들이부으며 물고문을 가한다. 하지만 규형은 결심했다. '그렇다고 내가 도망 안 칠 줄 알어? 무지한 탄 덩어리에 깔려죽는 것보다는 낫지!'

기회를 노리다 그는 탄광에서 필사적으로 빠져나와 산으로 줄달음쳤다. 우여곡절 끝에 이번에는 후쿠오카 현에 인접한 사가佐賀 현의 한 타이어 회사 공사장에 들어가게 됐다. 공장을 짓기 위해 매일 7톤의 흙을 퍼 나르는 일이었다. 너무 고되고 몸이 아팠다. 여러 번 죽을 고비를 넘겼다. 그러다 징병 대상자로 지목돼 목총을 들고 군사훈련을 받던 중 8·15 광복을 맞았다. 그로부터 한 달 뒤, 천신만고 끝에 그는 마침내 고향에 돌아왔다.

세월이 흘렀다. 이제 그는 86세다. 10여 년 전 중풍에 걸려 몸 왼쪽이 마비돼 거동이 불편하다. 발음하기도 힘들어 남들이 자기 말을 잘 알아듣지 못한다. 그러나 미쓰비시 탄광에 끌려갔던 무참한 기억은 어제 일처럼 눈앞에 생생하다. 화인火印처럼 뇌에 각인된 것일까. 아마도 그 기억은 죽을 때까지 머릿속을 떠나지 않을 것이다.

강제동원은 일제 시기 전 민족적인 수난이었다

위 김규형(1924년생) 할아버지 이야기¹는 일제 시기 노무징용 피해자들의 무수한 체험담 가운데 지극히 평범한 경우에 해당한다. 취재팀은 국무총리 산하 '대일항쟁기 강제동원 피해조사 및 국외 강제동원희생

일제 때 노무자로 강제동원된 조선인들이 어디로 끌려가는지도 모른 채 차량에 실려 이동하고 있다.*

자 등 지원위원회'[2](이하 강제동원조사위원회)에서 작성하거나 보관 중인 자료와 그 외 여러 문헌을 통해 피해자 200여 명의 구술록을 검토했다. 취재팀 자체적으로 피해자 인터뷰를 한 것도 여러 번이다. 김 할아버지 이야기는 그중 가장 일반적인 사례라고 할 수 있다. 그러나 미쓰비시 모집책에 의해 하루아침에 고향을 떠나 탄광 노동에 혹사당했던 고통이 과장 없이 담겨 있다.

지금으로부터 겨우 70여 년 전, 이 땅에서 나고 자란 수백만 조선인들이 김 할아버지와 비슷한 과정을 거쳐 제 터전에서 뿌리 뽑힌 채 강제노역에 내몰렸다. 치명적 부상과 후유증으로 불구가 되거나 생명까지 잃은 희생자들도 부지기수다. 일제가 조선인들에게 가히 전 민족적 유형流刑을 강요한 데 따른 참혹한 결과였다. 조선인들이 한반도 테두리 내에서만 수탈을 당한 것은 아니었다. 최북단 홋카이도에서 최남단 규슈 지방에 이르는 일본 본토 전역은 물론, 러시아의 '땅끝' 사할린과 열대의 태양이 작열하는 머나먼 남양군도南洋群島까지 광범위한 지역에 걸쳐 흩뿌려졌다. 나라를 잃고 식민지 백성으로 전락한 것도 가슴이 찢어질 것 같은 아픔이었는데, 거기에 그치지 않고 일제의 전시노무자로서 마구잡이로 국외에 동원된 것이다.

자유를 상실한 조선인 한 사람 한 사람의 정신과 육체는 만신창이가 되도록 짓밟혀 극한 상황으로 나아갔다. 성인 장정은 물론 아직 성장기에 있는 10대 청소년들도 예외는 아니었다. 피해자들의 구술록을 살펴보면 불과 17, 18세에 노무자로 끌려가 하루아침에 부모 형제와 작별한 사례를 얼마든지 확인할 수 있다. 모두 일제의 제국주의적 침략 야욕이 낳은 결과였다. 심지어 12, 13세의 어린이도 포함됐다. 요컨대 전시체제기 조선에서는 노동력 강제동원 정책에 따라 청장년층은 물론 노인·아동·남녀를 가릴 것 없이 모든 가족이 동원되었으며, 일제가 부르짖었던 이른바 '일가총동원'一家總動員의 실현이 구체화됐다.[3]

이에 대해 희귀하게나마 당시 총독부 내부 인사의 비판도 있었는데, 일본인의 지적을 통해서도 강제동원의 폭력성을 뚜렷이 확인할 수 있다. 우가키 가즈시게宇垣一成 총독의 비서이자 정책고문이었던 가마다 사와이치로鎌田澤一郎는 우가키의 뒤를 이었던 미나미 지로南次郎 총독 시대의 가장 큰 실책으로 '노무징용'을 들면서 다음과 같은 글을 썼다.

납득시킨 다음에 응모하는 방식으로는 도저히 예정 수를 달성할 수 없었다. 그래서 군이나 면의 노무계는 한밤중이나 새벽에 느닷없이 남자가 있는 집에 쳐들어가거나 혹은 논밭에서 한참 일하고 있는 사람들을 갑자기 트럭에 태웠다. 이렇게 편성한 사람들을 홋카이도나 규슈

사할린의 한 공동묘지 구석에 쓸쓸히 서 있는 징용 피해자의 묘비. 시멘트로 만든 조악한 비석에 돌이나 쇠붙이 같은 것으로 이름과 사망일, 한국의 본적지 등을 애써 새겨 넣었다. *

의 탄광으로 보냄으로써 책임을 달성하는 폭력성을 드러냈다.[4]

일제의 만행은 피해자 한 사람 한 사람에게 지울 수 없는 상흔을 남겼다. 그러나 대부분 문맹이거나 문필 능력을 갖추지 못한 처지로 이름 없는 들풀처럼 스러진 민초들이기에 식민지 백성의 통한과 사적인 체험을 직접 기록으로 남긴 사례는 찾아보기 어렵다. 드물게 여기 한 강제동원 피해자의 절규가 있어 당대 민중의 아픔을 생생하게 전한다. 1944년 사가 현 가라쓰唐津 탄광에 징용으로 끌려갔던 한 재일교포의 증언에는 운명의 수레바퀴에 깔린 당대 조선인들의 비명과 몸부림이 그대로 담겨 있다.

그때 나는 청춘의 문턱에 올라선 열일곱밖에 되지 않은 사내였다. 식민지에 태어났다는 숙명, 자신의 악운, 군국주의의 강권, 강제노동에 의한 자유의 박탈, 이런 압박들은 나의 몸뚱이를 짓이기고 있었다. 그것은 나 혼자만에 대한 것은 물론 아니었다. 몇십만 징용인들이 겪고 있는 똑같은 운명이었다. 나는 개, 돼지만도 못한 이런 비인도적 처우에 대해서 목청껏 소리를 지르고 싶었다. '이놈들아! 우리에게 무슨 죄가 있느냐. 어쨌다고 이런 곳으로 끌고 와 고생을 시키느냐. 그리고 내 청춘을 어떻게 보상할 작정이냐. 나라를 위한다고 하지만 너희들은 전쟁의 미치광이들이다.' 땀과 눈물이 범벅이 되어 입술을 적셨다. 짜고 미지근한 액체를 소매를 끌어당겨 닦았다. 그러나 아무리 한탄하고 슬퍼해도 이 비참한 처지에서 벗어날 길은 없었다…….[5]

강제동원의 거대한 규모

일제에 의해 조선인 강제동원이 시작된 연도에 대해서는 학계에서 크게 두 가지 견해가 있다. 첫째는 국가총동원법이 공포된 1938년을 기점으로 보는 견해다. 1938년 4월 국가총동원법이 공포된 직후부터 '학교졸업자 사용 제한령'(1938년 8월 공포), '의료관계자 직업 신고령'(1938년 8월 공포)을 비롯한 각종 노동력 통제 법령이 마련된 점에 비춰볼 때 국가총동원법 공포 시점부터 노무동원을 위한 법적 준비가 다 갖춰졌다고 보는 것이다. 국가총동원법 제4조는 "정부는 전시에 국가총동원상 필요할 때 칙령이 정하는 바에 따라 제국 신민을 징용해서 총동원 업무에 종사시킬 수 있다"고 규정하고 있다.

두번째는 '조선인 노무자 내지[6] 이주에 관한 건'이 발령된 1939년을 기점으로 보는 견해다. 국가총동원법 공포가 즉각적인 조선인 송출로 이어지지는 않은 만큼 일본 본토의 각종 작업장에 조선인들이 실제적으로 투입되기 시작한 1939년을 기점으로 보는 게 타당하다는 것이다. '조선인 노무자 내지 이주에 관한 건'은 그해 9월에 발령됐고, 조선총독부는 '노무동원계획'을 수립해 연말까지 조선인 동원 목표를 8만 5,000명으로 산정했다. 이 책은 기본적으로 후자를 따르기로 한다.

그렇다면 1939년부터 1945년 일제 패망 때까지 강제 동원된 인원은 얼마나 될까. 그리고 끝내 고향에 돌아오지 못한 채 이역만리에서 숨진 조선인은 몇이나 될까. 일본 정부와 강제동원에 관여한 기업들이 해당 자료를 폐기하거나 제대로 공개하지 않는 탓에 정확한 수치를 단정하기는 어렵다. 학자들의 추정치도 서로 상당한 편차를 보인다.

우선 일본 후생성 자료에 따라 조선상공회의소에서 편집·간행한 『조선경제통계요람』 1949년판에는 1939~1945년 전시 노무동원자 수가 112만 9,812명으로 되어 있다. 석탄광산 49만 3,005명, 금속광산 11만 3,258명, 토건 17만 6,889명, 항만 하역 3만 9,153명, 공장 기타 30만 4,857명 등이다.[7]

강제동원 문제를 일본 내에서 처음으로 공론화한 재일동포 박경식 (1922~1998)은 1965년 일본에서 발간한 기념비적 저서 『조선인 강제연행[8]의 기록』을 통해 이렇게 추정했다.

1939년부터 1945년까지 일본에 징용된 사람이 100만, 조선 내에서 동원된 사람이 450만, 군인·군속 37만 등 합계 약 600만 명이 끌려갔다. 그중에서 군인·군속이었던 사람은 53년 현재 22만 명이 돌아왔지만, 약 15만 명은 행방불명 상태다. 태평양전쟁에서 전사한 사람 가운데 3분의 2는 유골을 찾을 수 없다고 하는데, 그중에는 많은 조선인이 포함되어 있다. 징용되어 탄광이나 비행장 등에서 사망한 사람은 일본 본토에서만 적게 잡아도 6만 명이 넘는다. 후생성에는 4만에 달하는 조선인 희생자의 명부가 있다고 들었으나, 일본 정부는 '한일

회담'과 관계가 있기 때문에 일부러 공표하지 않고 있다.⁹

박경식은 뒤에 일본 등 국외로 동원된 노동력 규모가 150만 명이 넘는다고 수치를 좀더 높게 잡았다. 그 내역은 석탄광산 약 60만 명, 군수공장 약 40만 명, 토건관계 약 30만 명, 금속광산 약 15만 명, 항만운수 관계 약 5만 명 등이었다.

일본의 민간단체인 조선인강제연행진상조사단도 1974년 조선인 강제동원 숫자가 150만 명에 달한다고 발표한 바 있다. 지속적인 활동을 전개한 조사단은 2002년에 지난 30여 년간 수집한 강제동원 피해자 명부 42만 명분을 일본에서 공개하기도 했다.

1980년 사망한 중의원 아라후네 세이주로荒船淸十郞는 1965년 11월 20일 사이타마埼玉 3구의 선거구민을 모아놓고 벌인 시국강연회에서 "징용공 사망자가 57만 6,000명, 조선인 위안부가 14만 3,000명 등 총 90만 명"이라고 이야기했다.¹⁰

1993년에는 요시다 세이지吉田淸治라는 인물이 『나의 전쟁범죄-조선인 강제연행』이라는 책을 내 일본 사회에 큰 파장을 일으킨 적이 있다. 1943년부터 1945년 8월까지 일본 야마구치 노무보국회에서 동원부장으로 일했던 그는 활동 당시 '징용 귀신'으로 불렸다고 한다. 그는 일종의 양심선언을 통해 조선인 강제연행이 '노예사냥'처럼 행해졌고, 조선 여성을 일본군이 강제로 끌고 가 위안부로 삼았다고 증언했다. 요시다는 1939~1945년 일본과 남양군도 등에 약 153만 명, 조선 내 노동력 동원이 약 480만 명으로 합계 633만 명에 달할 것으로 추정했다.

국내 연구자 가운데 김민영 군산대 교수는 「2003년도 일제하 피강제동원자 등 실태조사연구 보고서」를 통해 동원 규모가 연인원 790만 명, 사망자는 55만 명에 이르는 것으로 추산했다. 1995년 한국정신문화연구원의 해외 희생자 유해 현황 조사사업 프로젝트의 연구책임자였던 권희영 교수는 사망자를 26만 7,600명으로, 프로젝트의 공동연구자인 정인섭 교수는 36만 3,000명으로 추산했다. 이 밖에 강성은 교수는 논문에서 일본 본토에 152만 명, 조선 내 480만 명, 군 요원 20~30만 명, 군 위안부 14만 명 등 합계 약 700만 명으로 추정했다.

이처럼 전시 노무동원 시기를 1939~1945년에 걸친 약 6년 반으로 볼 때 구체적인 동원 숫자는 상당한 편차가 존재한다. 확실한 자료가 부족하기 때문인데, 이는 일제가 의도적으로 자료를 인멸시킨 결과이기도 하겠지만 그만큼 전시 노무동원이 거칠고 전방위적으로 이뤄졌음을 반증하는 것이기도 하다.

일본과 비교해 국내 연구물의 경우에는 자체적인 자료수집이나 현장조사를 통해 눈에 띄는 성과를 담은 것이 상대적으로 빈약한 실정이다. 이에 대해 강제동원조사위원회 조사2과장을 맡고 있는 정혜경은 이렇게 설명한 바 있다. "일본 지역의 경우에는 200개가 넘는 강제연행 관련 시민운동 단체와 학술단체들이 중심이 돼 일본 전역에서 전시동원체제 시기의 관련 자료를 수집하는 작업을 진행하고 있다. 그러나 국내에서는 관련 연구자도 희소한 상황이어서 본격적인 자료수집은 기대하기 어렵다. 연구자들이 수공업적으로 해온 수집작업도 공개와 활용이 거의 이뤄지지 못함으로 인해 중복수집에서 벗어나지 못하고 있다."[11]

어쨌든 일본과 한국의 연구 성과들을 종합해 정리하면 1939년부터 1945년 전쟁이 끝날 때까지 6년여 동안 강제 동원된 조선인은 연인원 600~700만 명에 달한다. 당시 조선 인구가 2,000여만 명임을 감안하면 말 그대로 '전 민족적 수난'이었음을 알 수 있다. 군 병력으로 징발된 조선인이 40여만 명이니 숫자상으로 강제동원 피해자의 대다수를 차지하는 게 노무징용자들이다.

이 중 일본 본토를 비롯해 사할린, 남양군도, 만주, 시베리아 등 국외로 동원된 노무인력이 150만 명 안팎일 것으로 추정된다. 나머지 450만 명 안팎은 각종 보국대, 봉사대, 근로단 등의 이름으로 한반도 내 작업장에 끌려간 국내동원 피해자다. 국내동원의 경우 1인당 두세 차례씩 여러 번 차출된 경우가 대부분이어서 연인원이 아닌 실 인원 수는 200만 명 정도일 것으로 전문가들은 보고 있다. 국내외 강제동원 과정에서 사망한 사람은 적게는 10~20만 명, 많게는 50여만 명까지 추산된다. 팔다리가 잘리거나 뼈가 부러지고 눈을 잃은 부상자들은 헤아릴 수조차 없다.

참고로 북한은 이보다 규모를 더 크게 잡고 있다. 2003년 2월 평양 인민문화궁전에서 열린 남북 공동 학술토론회에서 북측의 허종호 조선역사학회장은 "강제연행자 수는 최근 연구 성과에 따르면 당시 조선 인구 2,000만 명의 32.3%에 이른다"라며 "궁극적으로 조선 민족의 말살을 노린 계획적이고 의도적인 국가 정책의 소산"이라고 말했다. 이천홍 사회과학원 역사연구소 연구사는 "일제의 조선인 강제징발은 1938년 2월 육군특별법지원명령이 발표되고 이에 따라 조선 청년 400명이 지원병 1기생으로 일본 군대에 징발된 것이 시작"이라며 "그 규모는 모두 840만 명에 이른다. 해외 징용은 종전에 158만 7,000여 명이었으나 새로 입수한 일본공안조사청(1940년) 비밀 자료에 나타난 1944~1945년 조선인 징용 사료를 포함하면 168만 6,589명으로 추

산된다. 군대 위안부는 20만 명이다"라고 밝혔다.[12]

연표로 본 강제동원	
1937. 7. 7	일본군 도발로 중일전쟁 개시, 12월 중국 수도 난징 점령
1938. 4. 1	국가총동원법 제정, 조선인 강제동원 근거 마련
1938. 6. 28	근로보국대 실시 요강 발표
1938. 8. 31	학교졸업자 사용제한령 공포
1939. 2. 6	남양군도 이민 선발대 50명 출발
1939. 7. 7	국민징용령 제정
1939. 7. 29	조선인 노무자 내지 이주에 관한 건 발령, 강제동원 본격화
1939. 11. 20	화태(남사할린) 개척 근로단원 모집
1940. 2. 11	창씨개명 실시
1940. 6. 4	농업 분야 노무자들로 구성된 조선농업보국청년대, 일본 농촌에 첫 파견
1941. 11. 21	국민근로보국령 공포, 각종 근로보국대 본격 동원
1941. 12. 7	일본군의 진주만 공격으로 태평양전쟁 개시
1942. 2. 13	반도인 노무자 활용에 관한 방책 결정
1943. 3. 1	징병제 공포
1943. 7. 20	국민징용령 개정, 징용자 중 군속 차출해 군수공장 배치
1943. 10. 5	관부연락선 곤론마루, 미 잠수함 어뢰 공격으로 침몰
1944. 8. 23	여자근로정신근무령 공포, 12~40세 여성 노무동원
1945. 3. 6	각종 징용령과 근로령 통폐합해 국민근로동원령 공포
1945. 7. 28	관부연락선 덴잔마루, 미 전투기 공격으로 침몰
1945. 8. 15	일본 패망으로 광복
1945. 11. 6	연합군사령부(GHQ), 전쟁 동력이던 15개 일본 재벌기업 해체 지시

왜 이렇게 많은 인원이 필요했을까. 전쟁은 거대한 병력을 요구했고 대병력이 소모하는 군수품을 보급하기 위해서는 산업, 특히 공업과 운수업에 다수의 노동력이 필요했다. 교전군에 비견되는 '산업군'이다. 산술적으로 100만 명의 병사가 전선에서 싸우기 위해서는 1,200~

1,300만 명의 노동자가 생산에 종사해야 했다. 제1차 세계대전에서는 병사 1명에 대해 대개 3명의 군수노동자가 필요했다. 그러나 제2차 세계대전에서는 병기의 발달 등으로 인해 병사 1명에 대해 11~13명의 노동자가 필요하게 됐다. 전차 1대에 대해서는 50명 전후, 비행기 1대에는 100명 정도의 노동자가 필요한 것으로 파악됐다.[13] 다음과 같은 징용 피해자의 독백은 핵심을 정확하게 꿰뚫고 있다.

전쟁 중 일본이라는 나라를 지킨 사람은 과연 어떤 사람들이었을까. 물론 군인들은 일선에서 많은 피를 흘렸다. 정치가나 학자들 그리고 여자나 아이들까지도 무엇이나 유용한 일을 했다. 그러나 우리 조선인, 징용으로 끌려온 수십만의 노동자, 나이 17~18세부터 노인에 이르는 징용자 없이 전쟁을 할 수 있었을까? 후방에 남은 여자나 아이들만 가지고 과연 수백만의 군인들이 먹을 식량이나 군수품을 생산해 낼 수 있었을까? 비단 군인들뿐 아니다. 후방에 있는 여자와 아이들, 노인, 신체장애자를 합쳐서 몇천만이나 되는 사람들의 생활용품은 누구에 의해서 생산되었을 것인가.[14]

중일전쟁 이래 본국의 많은 노동력을 전쟁터로 동원한 상태에서 일제는 이제 조선이 가장 중요한 노동력 공급지라고 판단했다. 양적으로는 일본 제국주의 영역 내 총인구의 4분의 1을 점할 뿐만 아니라 인구 증가율이 높다는 점에 주목했다. 노동자로서의 질에 대해서는 일본인에 비해 몇 가지 결점이 있기는 하지만 다른 동아시아 민족과 비교할 때는 두각을 나타낸다고 평가했다. 일본 제국주의 판도에서 당시 조선인 2,000여만 명은 가장 적당한 인적 자원 공급원이었다.[15]

2
왜 기업이 문제인가

일본 기업은 조선인 노무동원의 주범이었다

대대적인 민족 분산을 강요한 가해 세력의 핵심에 일본 정부와 군부만 있는 것은 아니었다. 일본 정부와 대등한 수준으로, 아니 오히려 그 이상으로 조선인 노동력 수탈에 발 벗고 나선 세력이 일본 기업들이었다. 수많은 피해자들이 노무동원 과정을 아직도 생생하게 증언하고 있고 전문가들의 그간 연구결과는 이를 실증적으로 뒷받침한다. 일제가 1938년 5월 국가총동원법 공포를 필두로 1939년 '노무동원실시계획강령', '국민징용령' 등을 잇달아 내놓으면서 제도적 기반을 만들 때 이를 전후해 일본 정부의 정책과 톱니바퀴처럼 맞물려 조선 노동력 활용 필요성을 적극 제기하고 강제동원 일선에 집요하게 나선 게 일본 기업들이었다.

기업들은 무엇보다 일손이 부족하다는 점을 강조했다. 예컨대 1937년 중일전쟁 발발 당시 일본 산업의 골격이었던 철강생산 분야를 보면 선철의 85%, 강재의 40%를 점하고 있던 제철업계의 중핵 야하타 제철소(1934년에 와니시 제철소, 가마이시 제철소 등과 합병돼 일본제철로 재탄생)조차 전쟁 확대에 따른 군 소집으로 종업원의 12%가 줄어 고심하고 있었다. 생산 능력을 넘는 과도한 군수품 발주를 받고 이를 소화할 수 없었던 미쓰비시중공업, 히타치日立 역시 노동력 확충이 간절하기는 마찬가지였다.

가장 중요한 에너지원이었던 석탄의 경우 상황은 훨씬 심각했고 업계에서는 조선인 노무동원 정책을 실시하라는 목소리를 갈수록 강화했다. 당시 일본 탄광 사업주들 모임인 석탄광업연합회 상무이사의 호소에 재계의 입장이 그대로 드러나 있다. "이번 중일전쟁에 탄광에서 명예로운 출정자를 많이 보냈다. 이로 인해 작업상의 타격이 그 어느 산업보다도 컸다. (……) 군수노무 우선 방침이 기타큐슈北九州 같은 탄광지방에까지 적용돼 '군수공장으로 가라!'는 장렬한 포스터가 탄광촌에 나붙고 광부의 전직이 계속되었다. 당국에 대해 '전시하 석탄의 중요성'을 호소하고 군수노무와 광산노무를 모집상 동일하게 취급해달라고 진정했다. 응급책으로서 '반도 노무자'의 단체이입 등을 간청하였다."[1]

본격적인 조선인 강제동원은 석탄광업연합회가 상공대신 앞으로 진정서를 낸 데서 비롯됐다. 석탄광업연합회는 1937년 9월 전시체제에 따른 '노동력 보충 진정서'를 상공대신에게 제출하고 석탄광업이 군수공업과 같은 대우를 받기를 희망했다. 즉, "석탄광업은 공장에 비해 노무 모집에서 항상 불리한 입장에 있기 때문에 매년 상당수의 조선인 노무자 이입을 단행해야 한다"라고 요청한 것이다. 그래서 그해 말 일본 정부는 상공성 사회국장 명의로 각 부府·도都·현縣에 발송한 통첩을 통해 "재일조선인 노동자로서 미취업 상태에 있는 자(실업등록자 포함)를 적극 석탄광산에 소개하라"고 지시했다. 토건업에서도 군사시설과 군수공장 건설의 증가와 함께 특히 수력발전 공사가 여러 곳에서 진행되자 조선인 노무자 동원이 제안되기 시작했다. 토목공업협회는 후생성에 거듭 진정을 내면서 석탄광업연합회와 보조를 맞춰 노무대책을 세우느라 분주했다.

1938년 4월 마침내 일본 정부는 국가총동원법을 공포해 '전반적 노동 의무제'의 강행실시에 돌입했다. 국가총동원법에 의해 일본 정부는 의회의 비준 없이 칙령 하나만으로도 인적·물적 자원을 동원하고 통제할 권한을 손에 넣었다. 일제는 이어 9월에 노무동원계획을 수립해 1939년의 수요 노동력을 110만 명으로 결정했으며 그 공급원 다섯 가지 중 하나로 조선인 노무자를 지목함으로써 중요 산업에 연행할 것을 결정했다. 특별히 노동력 부족을 호소해 온 탄광, 광산 및 토건업에 집단연행을 허락해줬다. 같은 해 7월 28일 내무, 후생 양 차관 명의로 '조선인 노무자 내지 이주에 관한 건'이 발령돼 조선인 총 8만 5,000명의 집단 연행이 인가됐다. 이에 따라 각 기업 관계자들은 대상 지역인 남조선 7도(경기도, 충청남북도, 전라남북도, 경상남북도)에 출장을 나가 할당 인원 사냥에 나섰다.[2]

1942년 5월에 이르러서는 시모노세키에서 석탄통제회(석탄광업연합회가 일본 정부 방침에 따라 개편된 것), 광산통제회, 철강통제회, 토목공업협회 등 4개 단체 주최로 후생성, 상공성, 철도성, 내무성, 조선총독부 등 관계 관청이 참가한 가운데 '조선인노무자 수송협의회'가 개최됐다. 여기서 공출 및 수송에 관한 구체적 계획과 도망, 탈락 방지를 위한 면밀한 대책이 세워졌다. 1943년에는 이들 업체 외에 항공, 화학,

홋카이도의 미쓰이 계열 탄광으로 동원된 조선인 광부들・

육상 및 해상 수송 분야 업체에도 조선인들이 투입됨으로써 노무동원 계획도 목표치가 20만 명으로 대폭 증가했다. 1944년도에는 다시 40만 명으로 늘었다.[3] 위에서 열거한 각 산업별 통제회의 성격을 잠깐 살펴보면, 일본 정부는 태평양전쟁 발발과 함께 경제 통제를 한층 강화할 목적으로 '중요산업통제령'에 근거해 1942년 8월까지 22개 주요 기간산업 부문마다 통제회를 설립했다. 각 통제회는 생산할당, 자금・자재・노동력 배분, 가격・이윤 결정 등을 맡았다. 회장으로는 재벌계 거대기업의 사장들이 취임했다.[4]

노무동원은 일본 정부와 기업의 합작품이다. 당국이 법령과 제도로서 동원의 근거를 마련하고 송출을 해주면 기업은 조선인들을 군수물자 생산, 토목공사 등의 각종 작업장으로 끌고 갔다. 기업에는 정부

정책과는 별도로 과도한 이익을 추구하려는 경향이 있었고, 기업 간에 이를 위한 격렬한 경쟁이 있었다. 일본의 고교 교사 다케우치 야스토竹內康人의 정리에 의하면 홋카이도에서 오키나와에 이르기까지 일본 본토에서 조선인을 사역에 동원한 작업장은 2,410개소였다. 일본 정부가 1946년에 16개 도都·도道·부府·현縣을 대상으로 실시한 '조선인 노동자에 관한 조사결과'에서 밝힌 동원 기업의 수는 406개이다. 최근에 일본 정부는 이들 기업 가운데 108개 기업이 현재까지도 운영되고 있음을 인정했다.[5]

대기업 위주의 강제동원과 그 수법

조선인 노무동원의 수혜는 주로 일본 대기업들에 돌아갔다. 일제는 중일전쟁 이후 주요 물자의 사용 제한을 확대하고 생산에 대한 통제를 강화했다. 이로 인해 원료·자재 확보의 곤란, 가격 폭등, 자금 압박, 소비자 구매력 감퇴 등으로 민수民需산업—이른바 평화산업—분야는 커다란 타격을 받았다. 그 결과 대개 민수산업에 종사하던 중소기업들은 침체될 수밖에 없었다. 반면 정책지원과 군수호황에 편승해 군수산업 분야는 확대됐다. 일제가 각종 물자통제령과 기업정비령, 군수회사법 등을 통해 최소한의 생활필수품 공급시설을 제외한 생산·유통의 전 부문을 군수품 생산과 공급에 집중시켰기 때문이다.

국가총동원법 공포 이후 일본 재벌들은 앞 다퉈 군수산업에 대규모로 투자하여 급속도로 자본을 집적했다. 국가총동원법에 의한 통제는 이들 재벌 독점자본의 이윤 획득에 기여했다. 그 결과, 일본의 국가자본주의는 더욱 발전하게 됐지만 중소기업은 대기업의 하청업체로 변화하지 않으면 사업을 유지할 수 없는 처지에 이르렀다. 노동력 면에서도 일제는 군수공업 중심의 대기업 위주로 노동력을 배치하고 투자했기 때문에 중소기업은 점차 운영이 곤란해져갔다. 민수산업 분야 중소기업의 전업·폐업이 일본 내에서도 사회문제가 될 정도였다. 어쨌든 전시통제경제 구조하에서 일제의 경제정책은 궁극적으로 독점자본과 정부가 유착하는 형태로 전환돼 모든 물자와 노동력은 군수산업을 운영하는 대기업 위주로 배치됐다.[6]

앞서 밝힌 대로 1939년 7월에 '조선인 노무자 내지 이주에 관한 건'이 발령됐고, 곧이어 9월 수립된 노무동원계획에 따라 조선인 8만 5,000명의 집단연행이 허가됐다. 이로써 주로 대기업이 주체가 돼 조선인을 집단으로 동원하는 길이 마침내 열린 것이다. 각 기업은 일본 정부와 시종 공모해 모집, 관官 알선, 징용과 같은 수법을 혼용하면서 조선 노동력을 대대적으로 끌어모았다.

1939년 9월부터 실시된 모집방식은 조선인을 고용하려는 기업이 신청서를 내면 조선총독부가 모집지역과 인원을 결정해 기업에 할당해주는 형태였다. 조선인 모집의 운용주체가 개별 기업의 고용주였던 것이다. 총독부 허가를 받은 기업은 본사의 노무계 직원이나 모집 브로커를 조선 현지에 보내 할당 받은 지역의 면 단위까지 직접 훑어가면서 청장년과 소년까지 마구잡이로 차출했다. 이 과정에서 마을 사정을 잘 아는 조선인 면장이나 구장(지금의 통장·이장), 일본 헌병 및 경찰의 도움을 받았다. 납치·연행 등 난폭한 방법도 자주 구사했다.

관 알선은 일본 각의閣議가 결정한 '조선인 노무자 내지 이입 알선 요강', '반도인 노무자 활용에 관한 방책'을 토대로 1942년 2월부터 시작됐다. 이 역시 기업이 신청서를 내면 후생성을 거쳐 총독부가 모집지역 및 인원을 결정해주는 방식이었다. 다만 총독부 산하 조선노무협회가 동원사무를 관장하고, 각 지방행정기관이 노무자 선정에 직접 나섰다는 점에서 모집과 차이를 보였다. "△△지역에서 ○○명을 뽑아 기업에 인계하라"는 총독부 할당 지시가 도청→군청→읍면사무소→구장 순으로 하달됐다. 결국 면장, 면서기, 구장 등 행정 말단에서 대상자를 선정하고 군 단위에 집결시키면 관 알선이 완료됐다. 그러나 대상자 선정 과정에 각 기업 직원들이 동참하는 경우가 많았고, 그렇게 선정된 조선인들을 인계받아 개별 작업장에 투입하고 부리는 일은 여전히 기업이 전담했기 때문에 기업 개입이라는 본질적인 측면에서는 모집과 다를 게 없었다.

　이어 1944년 9월부터 '국민징용령', '조선인 노무자 내지 송출 방법의 강화에 관한 건' 등을 근거로 강제 노무징용이 실시됐다. 징용은 총독부 차원의 행정처분으로 처음부터 대상을 특정해 아예 징용 영장을 발부하는 방식이었다. 모집 및 알선 방식에 시간과 비용이 많이 소요되자 기업들이 더욱 수월한 노무동원을 위해 중간단계를 생략한 징용 방식을 일본 정부에 강력하게 요청한 결과였다. 징용 단계에서도 조선인 인솔, 작업장 배치, 노무관리 등은 모두 각 기업 소관이었다. 징용은 일본 자국 내에서도 실시됐지만, 조선 내 징용은 일본 국민을 상대로 시행했던 방식과 전혀 다른 가차 없는 '노예사냥'이었다. 징용은 대상자가 거부했을 경우 그에 대한 처벌이 국민징용령에 적시돼 있다는 점에서도 모집이나 관 알선과 차이가 있다.

　이들 세 가지 수법은 각각 개시 시점은 달랐지만 단계별로 전환된 것은 아니다. 즉, 모집 방식을 끝으로 관 알선에 돌입하고 관 알선을 마치면서 징용을 시작한 게 아니라, 종전 때까지 세 가지 수법이 혼

용·병행된 것으로 판단된다.[7]

어떤 수법이든 노무동원의 특징이자 공통점은 강제성과 폭력성이었다. 그 대상은 주로 농민이었다. 기업 측은 직원들을 한반도로 보내 마을 곳곳을 찾아다니며 대상자를 물색했다. 이들은 면장이나 경찰 등 지역 유력자와 함께 대상자를 지목하고 "임금, 숙식 등 대우가 좋다. 그런데도 따르지 않으면 비국민非國民으로 엄한 처벌을 받을 것"이라고 위협했다. 처음부터 물리력을 행사한 경우도 부지기수였다. 논이나 밭, 길가에서도 조선인들을 끌어갔다. 그래서 낮에는 산 속에 숨어 몸을 피하고 밤에 집에 돌아오는 주민들이 많아지자 심야나 이른 새벽에 농가를 급습했다. 현장에서 이들의 손아귀를 벗어나는 것은 불가능했고, 배급에서의 불이익 등 가족들에게 닥칠 위험을 무시할 수도 없어 조선인들은 선택의 여지 없이 일본으로 가야 했다.

기업 측은 면이나 군 단위로 차출한 조선인들을 집단 인솔해 일본 본토 또는 해외 각지의 작업장으로 끌고 갔다. 기차와 선박으로 이동하는 과정에서 기업 측은 출발지와 환승지, 숙박지 관할 경찰서장에게 반드시 연락을 하고 경찰관을 파견 받아 조선인들의 도주 여부를 감시했다. 작업장에 도착해서는 열악하기 짝이 없는 노동환경에 조선인들을 던져놓고 노동력 착취를 일삼았다. 촌에서 김매고 밭 갈고 하던 이들이 어느 날 느닷없이 단 한 번도 해본 적이 없는 작업에 배치됐다. 이들은 위험한 탄광노동에 제일 많이 투입됐고 다음으로 금속광산, 토목공사장, 군수공장, 항만운수공사장, 집단농장 등에 배치됐다. 공장에서는 물론 탄광에서도 그다지 기술이나 숙련을 요하지 않는 작업, 단순하되 고된 육체노동에 배치됐다. 조선인 탄광 노무자의 90%가 갱내 인부로 일했고, 제강소에서도 역시 가장 힘든 용광로 작업이나 압연 작업 등에 종사했다. 탄광의 경우 일본인 광부들이 제일 싫어하는 가장 깊은 곳의 막장이나 가스 발생 지역 또는 낙반 사고가 빈발하는 곳, 물이 고여 있는 지점 등에 들어가야 했다. 늘 산업재해의 위험에 노출될 수밖에 없었다.

이들의 숙소 또는 기숙사 환경은 열악하기 짝이 없었다. 창이란 창에는 모두 철격자가 끼워져 있고, 셰퍼드가 몇 마리 킁킁거리며 건물 주변을 돌고 있었다. 건물이라고 해도 창고보다 나쁘고, 천장에서는 계속 눈 녹은 물이 떨어졌다. 바닥에는 썩어서 퉁퉁 불은 다다미가 깔려 있었다. 같은 건물에 200명이나 되는 사람이 살고 있었기 때문에 화장실, 목욕탕에서는 쓰레기통을 뒤적일 때나 나는 악취가 진동했다. 더욱이 난로의 연기와 그을음으로 근방이 온통 새까맣게 되어버렸다. 인간의 주택이라기보다도 돼지우리라고 하는 편이 꼭 알맞은 표현이었다.[8]

탄광 동원자들의 경우에는 목욕탕에 대한 증언이 자주 나온다. 그래도 필수적인 목욕 시설은 제공이 됐구나 하고 긍정적인 평가를 할 수도 있지만 실상은 그게 아니었다. 광부들에게 목욕은 몸을 깨끗이 씻어서 개운하게 하는 과정이라기보다 또 하나의 고역에 다름 아니었다. 이에 대해서는 국내 문학사상 처음으로 강제동원 문제를 전면적으로 다룬 작가 한수산의 소설 『까마귀』에 잘 묘사돼 있다(이 소설에 대해서는 1부 '강제동원, 이것이 궁금했다면' 「문학작품 속에 나타난 강제동원」 편에서 자세히 살펴보겠다).

우석은 젖은 머리를 털며 된장국 속으로 텀벙 들어섰다. 먹는 된장국이 아니다. 욕탕의 대형 욕조 속으로 들어서는 것을 된장국에 들어

홋카이도 아카마 탄광에 동원된 조선인들이 식사하는 모습 *

간다고들 말했다. 어느 일본 사람이 했다는 소리였다. 이 물이 이게 욕탕 물이냐? 미소시루(된장국)지. 묵은 때를 불리거나 더운물에 피로를 빠지게 하기에는 너무 더럽고 걸쩍지근할 정도로 거무튀튀했다. 수많은 인부들이 채 탄가루가 가시지 않은 몸으로 욕조에 들어가는 것이 원인의 하나이기도 했지만, 위낙 물이 부족한 시설로써는 탕의 물을 자주 갈아댈 수가 없었다. 물의 수요가 인부들의 숫자를 감당하기에는 태부족이었던 것이다. 욕탕에 대한 불만은 그래서 인부들의 가장 큰 불만의 하나로 늘 팥죽처럼 끓을 수밖에 없었다. 할 수 없으니, 달리 방법이 없으니 이 짓이라도 하는 거지, 어느 놈이 이 물에 씻고 싶어서 씻는다더냐……⁹

식사는 조선에서 먹던 양의 3분의 1 수준에 불과했다. 그것도 주로 기름을 짜고 찌꺼기만 남은 콩깻묵에 극소량의 쌀을 섞은 것이었다. 반찬은 약간의 채소와 생선, 조악한 된장국이나 소금국, 단무지 정도였다. 작업장 내 우물이 없어 식수 부족도 심각했다. 그래서 피해자들은 당시 상황을 회상할 때 특히 극도의 굶주림을 이구동성으로 호소한다. 다음과 같은 증언에 압축적으로 담겨 있다.

하루 먹는 게 3홉 밥인데, 얼마나 배가 고퍼? 지금 내가 84살인데, 84살을 살아도 배고픈 설움이 아주 최고여. (홍순의, 1923년생, 경기도 용인시 어비리)10

기업 측이 당초 약속한 월급은 50엔 안팎이었다. 당시 교사 월급이 20여 엔, 군수 월급이 105엔이었다. 그러나 이는 명목상 설정한 임금에 불과했다. 식비, 숙박비, 퇴직적립금, 후생연금보험에 별의별 명목의 강제저축과 헌금 등을 원천공제했다. 그래서 매월 3~5엔 정도 최소한의 용돈만 지급하는 경우가 일반적이었다. 단돈 1엔조차 지급하지 않았던 작업장도 많았다. 강제저축 자금은 군수산업에 소비되거나 일본국채를 사들이는 데 허비됐다. 특히 조선인의 일본국채 구입액은 총 100억 엔을 훨씬 넘는 막대한 액수에 달했지만, 종전 뒤 결국 휴지 조각이 됐다.

기업 노무감독자들의 심한 모욕과 구타 또한 빼놓을 수 없다. 채찍, 죽도, 벨트, 벚나무 몽둥이, 곡괭이 자루 등을 이용해 공개 린치를 가하곤 했다. 그래서 "우리는 인간이 아니었다", "노예, 짐승 취급을 받았다", "조선인 하나 죽어봐야 파리 죽은 거만도 못했다", "죽기 전까지 자유는 없지" 등의 증언이 다수 존재한다.

이같이 일본인 노무자에 비해 절반도 안 되는 수준이거나 아예 지급되지 않았던 임금, 조악한 식사와 주거환경, 철야, 장시간 노동이 각 기업에 의해 강요됐다. 대부분 일본어를 구사하지 못했던 이들은 노무감독자들로부터 혹심한 탄압을 받았다. 일제가 패망한 뒤에도 수난은 끝나지 않았다. 각 기업이 부려먹던 조선인들의 귀국 조치에 나 몰라라 하는 바람에 수개월에서 1~2년씩 일본에서 지체해야 했다. 많은 조선인들이 자력으로 귀환비용을 마련해야 했고, 승선권을 못 구한 채 시모노세키 등 항구 인근에서 맴돌다 아사·병사한 사람도 상당수였다.

정부 차원 첫 집계로 드러난 실상

그렇다면 구체적으로 어떤 기업들이 조선인 강제동원에 주도적으로 나섰을까. 가능한 범위에서나마 확인된 기업별 피해자 규모는 얼마나 될까. 사실 사상 초유의 식민지 수탈을 당한 우리 입장에서 이런 부분에 대한 실체적 규명은 진작 이뤄졌어야 마땅한 일이지만 놀랍게도 이렇다 할 체계적인 연구나 조사작업이 최근까지 거의 전무하다시피 했다. 오히려 일본에서는 관련 연구가 어느 정도 진행돼 있는 데 반해 국내에서는 강제동원의 주요 축인 기업에 본격적으로 초점을 맞춘 연구가 시도되지 못하고 일본 정부가 시행한 정책적인 부분이나 역사적 배경을 밝히는 데 주력한 경우가 대부분이었다. 산발적인 피해자 증언을 통해 어떤 기업이 강제동원과 연관돼 있는지 짐작하는 데 머물렀을 뿐, 실증적인 검증 작업을 거쳐 기업별 피해자 숫자를 산출한 적이 없었던 것이다.

그래서 취재팀은 처음 이 논픽션 작업을 구상할 때 꽤 난감한 심경에 처해야 했다. 어떤 기업이 강제동원의 대표적 주범이라는 리스트 정도는 있어야—그런 게 당연히 있을 줄 알았다—르포 대상 선정과 관계자 인터뷰 섭외 등 취재 계획의 골격을 잡을 수 있을 텐데 기초적인 데이터가 전혀 정립돼 있지 않았던 것이다. 과거에 전범기업에 대한 리스트가 아주 없었던 것은 아니다. 2006년 8월 일제 피해자 및 시민사회단체 연대모임인 강제동원진상규명시민연대가 '일본의 강제동원 전범기업 및 한국의 청구권자금 수혜기업 등 한일협정책임 1차 10개 기업' 기자회견을 열면서 전범기업 10개 명단을 발표한 바 있다. 명단에 오른 일본 기업은 미쓰비시중공업, 신일본제철, 후지코시, 쇼와전공, 일본강관주식회사, 동경마사, 미쓰이, 다이헤이 머티어리얼, 스미토모금속공업, 오카모토 등이다.[11]

그러나 이 발표에는 선정 이유에 대한 설명이나 일관된 기준이 없었다. 강제동원 기업과 관련해 본사와 자회사의 구분이 없고, 전전 기업과 전후 기업의 연관성에 대한 설명도 없었으며, 무엇보다 각 기업별로 피해자가 얼마나 되는지에 대한 대략적인 제시도 없었다. 따라서 왜 수많은 기업 중에 이들 기업이 10대 기업으로 선정돼야 하는지에 대해 객관적인 근거를 찾는 게 불가능했다. 예컨대, 미쓰비시의 많은 자회사에서 강제동원이 이뤄졌음에도 왜 미쓰비시중공업만 도마 위에 올랐는지, 반면에 미쓰이 재벌의 경우에는 왜 특정 계열사가 지목되지 않고 전체 그룹명으로 리스트에 포함됐는지, 아울러 이들 기업이 강제동원에서 어떤 역할을 했다는 것인지 등을 알 수 없었다.

이 때문에 취재팀은 고민을 거듭하다 가장 객관적이고 공식적인 근거로서 강제동원조사위원회의 자료를 활용하기로 했다. 위원회는 특별법에 따라 운영되는 국무총리 소속 기구이고 위원장을 대통령이 임명하는 만큼 이곳의 조사 자료는 정부 차원의 공식 조사 결과물로서 무게와 권위를 갖기 때문이다. 그러나 구슬도 꿰어야 보배라고 했던가. 위원회에는 15만 건이 넘는 노무동원 신고 건수가 있었지만 해당 기업별, 작업장별 분류는 돼 있지 않았다. 그래서 취재팀은 위원회에 기업별, 작업장별 분류를 의뢰했다. 이를 흔쾌히 수락한 위원회 측은 강제동원 피해자와 관련된 진상조사 결과 및 통계에 대한 종합적인 분석·정리 작업을 벌여 그 결과물을 내놨다. 강제동원에 직접 나섰던 대표적인 일본 기업의 실명과 위원회에 의해 검증이 완료된 피해자 규모를 공개한 것이다. 그 내용을 보자.

위원회가 정리한 '국외 강제동원 주요 기업 현황'에 따르면, 일제 당시는 물론 현재까지도 일본 최대 재벌로 꼽히는 미쓰비시, 미쓰이, 스미토모가 일제 시기 조선인을 개별 사업장에 가장 많이 동원해 강제노역에 투입했던 것으로 나타났다. 그중에서도 미쓰비시가 3,355명으로 단연 최다를 기록했다. 미쓰비시중공업을 비롯해 광업, 제강, 화성공업, 전기 분야의 계열사를 거느린 미쓰비시는 개별 사업장 가운데 히로시마 조선소에 95명, 나가사키 조선소에 77명, 하시마 탄광에 71명, 다카시마 탄광에 51명을 동원했다.

미쓰이가 1,479명으로 그 뒤를 이었다. 화학공업, 조선, 광업 등의 계열사가 있는 미쓰이는 미이케 탄광에 288명, 다마노 조선소에 143명, 도요고압공업에 26명을 배치했다. 1,074명의 피해자가 판정된 스미토모의 경우 전기공업, 금속공업, 화학공업, 특수제강, 광업 계통의 계열사 작업장 가운데 고노마이 탄광에 254명, 이나우시 광산에 4명을 동원한 사실이 밝혀졌다.

3대 재벌 외에도 세계 최대 규모의 제철회사인 신일본제철의 전신 일본제철, 아소 다로麻生太郎 전 총리 일가가 운영해온 아소광업 등이 조선인 강제동원 최대 기업군으로 분류됐다. 이 밖에 베어링 및 산업용 로봇 제조로 유명한 나치 후지코시의 전신 후지코시, 비철금속 분야 대기업인 도와홀딩스의 전신 도와광업, 일본 홋카이도 탄광지대 전역을 장악했던 북해도탄광기선도 포함됐다.

　일본제철은 710명이 판정됐는데 야하타 제철소 351명, 와니시 제철소 158명, 가마이시 제철소 170명 등이다. 아소광업은 189명 가운데 아카사카 탄광에 53명, 요시쿠마 탄광 45명, 구바라 탄광 15명의 피해자가 있었던 것으로 규명됐다. 후지코시는 도야마 공장에 116명, 도와광업은 하나오카 광산에만 113명을 동원했다. 북해도탄광기선은 광산만 운영했던 단일기업인데도 1,875명을 기록했다. 유바리 탄광에 703명, 호로나이 탄광에 662명 등이다.

　이 밖에 메이지광업, 후루카와광업, 히타치, 일본광업, 가와사키, 가와나미, 가이지마, 일본통운, 일본강관, 다이도제강, 하자마구미, 니시마츠구미, 기시마, 조세이 탄광, 도요공업 등 15개 기업이 포함됐다. 이들 23개 기업에서 동원한 1만 2,598명의 통계는 위원회가 2005년 2월 1일부터 접수한 노무동원 피해 신고 총 15만 9,058건 가운데 2010년 2월 1일까지 만 5년간 피해 판정을 완결한 6만 3,574건에서 추린 결과다. 예를 들어 미쓰비시의 경우 피해자들의 신고 기록에 '미쓰비시', '미츠비시', '미쯔비시', '三菱'으로, 북해도탄광기선은 '탄광기선', '북탄', '호쿠탄', '혹탄', '北炭' 등으로 제각각 표기돼 있는데 이를 모두 찾아 기업별로 취합했다. 강제동원 사실은 분명한데 피해자가 구체적으로 어느 기업 작업장에 끌려갔는지 이름을

강제동원 당시 일본 주요 기업들의 로고 *

정확하게 기억하지 못한 경우는 통계에서 제외했다.

위원회는 강제동원 희생자 및 그 유족으로부터 피해 신고를 접수하면 당사자와 주변인의 진술을 청취하고 당시 사진과 문서, 소지품 등을 검증해 실제 강제동원이 있었는지를 판정한다. 아울러 일본 정부에 공문을 보내 신고인 이름이 있는 명부나 개인별 공탁금 확인서, 후생연금보험 가입 및 탈퇴 확인서, 각종 저축 확인서, 유골기록 조회 등을 요청해 대조 작업도 벌인다. 아직 피해 판정이 끝나지 않은 나머지 건에 대해서는 조사를 계속 진행 중이다.

위원회가 내놓은 자료는 전체 강제동원 피해자 규모를 생각하면 빙산의 일각에 불과하다. 그러나 일본의 굴지 기업들이 일제시대 조선인을 강제노역에 동원한 구체적인 숫자가 우리 정부 차원의 공식적인 조사와 집계를 통해 처음 제시됐다는 점에서 작지 않은 의미를 띤다. 작업을 총괄한 위원회 허광무 조사3과장은 이렇게 설명했다. "지금까지 일본 정부의 강제동원 책임은 많이 드러났고 우리 국민들도 누구나 알고 있다. 하지만 또 다른 주축인 일본 기업의 전쟁범죄 책임은 거의 알려지지 않았다. 처음으로 공식 집계를 통해 일본 기업의 강제동원 실태를 드러냈다는 점에서 이번 작업은 의미가 크다."

다시, 왜 기업이 문제인가

조선인 노무동원의 양대 축이 일본 정부와 함께 일본 기업이라는 사실은 의문의 여지 없이 명백하다. 그러나 일본 정부와 달리 일본 기업들의 전쟁범죄 책임은 늘 그늘에 묻힌 채 정치적·사회적으로 한 번도 제대로 조명된 적이 없었다. 한국 측의 진상규명 요구에 대해 일본 정부는 흔히 "개별 기업에서 한 일"이라는 논리를 내세웠고, 해당 기업들은 광복 이후 단 한 차례도 가해 사실을 먼저 고백하거나 희생자들에게 정식으로 사과한 적이 없다. 군수산업을 통해 성장한 기업일수록 전쟁 및 불법행위에 대해 더욱 엄중한 법적·도의적 책임을 져야 함에도 피해자들 목소리에 귀 기울이기는커녕 거꾸로 강제동원 사실 자체를 부인하며 어처구니없는 발뺌과 책임회피로 일관해온 것이다. 미쓰비시중공업 소속 작업장에 동원됐던 근로정신대 할머니들이 65년 만에 커피 한 잔 값도 안 되는 돈을 받은 '99엔 사건'이 이를 단적으로 상징한다.

전범기업들은 강제동원 과정에서 인신구속, 혹사, 여성과 18세 미만 미성년자 사역, 자유와 휴식 박탈, 임금 미지급, 히로시마와 나가사키에서의 원자폭탄 폭발 후 구호조치 불이행, 패전 뒤 안전귀국 의무 위반 등 '전쟁범죄 및 인도人道에 대한 죄'를 비롯해 수많은 불법행위를 자행했다. 특히 조선인 노무자가 사고나 폭력, 질병, 영양실조, 자살 등으로 사망했을 경우 유족에게 사망통지서를 보내거나 유골을 인계해주는 등 반드시 취했어야 할 최소한의 조치를 도외시하고 임의로 화장하곤 해 상당수 유족이 지금도 가족의 유골을 찾아 헤매고 있다.

게다가 지금까지도 한국 피해자들의 진상규명 노력에 전혀 협조하지 않고 관련 자료를 은닉·왜곡하는 데에만 급급하고 있다. 각 전범기업은 고용했던 조선인들 인원이 얼마나 되고 한 사람 한 사람이 언제 어디서 무슨 일을 했는지에 대한 모든 정보를 갖고 있다. '기록의 나라'답게 이름, 생년월일, 본적, 가족관계, 노무작업장, 노무일수, 지급 또는 미지급 급료, 저축액 등을 담은 개인카드 및 명부를 꼼꼼히 작성해놨다. 강제동원 당시 상부로부터 지시공문을 받고 감독관청에 상신하는 문서도 생산했다. 모두 피해자들의 강제동원 사실 판정과 피해보상에 절대적으로 중요한 자료다. 유골을 어떻게 처리했는지에 대한 기록도 보관하고 있을 가능성이 매우 높다. 강제동원 피해자들이 해당 기업들을 상대로 끊임없이 소송을 제기하고 가족의 유골 소재를 묻는 이유가 여기에 있다.

기업들은 특히 막대한 액수의 미지급 임금을 일본 법원에 공탁해놓은 상태이기 때문에 이들의 태도 변화가 중요하다. 기업들은 패전 이후 일본 주둔 연합군총사령부(GHQ)의 지시에 따라 조선인 노무자에 대한 미불임금을 일본 후생성에 신고하고 공탁해놨는데, 당시 액면가로 2억 4,000여만 엔에 달한다. 이 돈을 현재가치로 환산하면 최소 3~4조 원 규모다. GHQ가 신고를 강제한 것이 아니기 때문에 공탁이 안 된 미불임금 액수가 더 많을 것으로 추정되고 있지만, 우선

일본의 군국주의자 도조 히데키(가운데). 진주만의 미국함대기지를 기습 공격해 태평양전쟁을 일으켰다. 종전 후 A급 전쟁범죄자로 극동국제군사재판에 회부되어 교수형에 처해졌다.

현재의 공탁금만이라도 지급이 이뤄져야 한다. 이 부분은 3부 5장 「미불임금과 공탁금 미스터리」 편에서 자세하게 다룬다.

해당 기업들은 "우리는 '전범기업'이 아니다. 법적·제도적으로 '전범' 판정을 받은 적이 없다"고 항변한다. 형식적으로는 틀린 말은 아니다. 종전 이듬해 미군정 주도로 열린 도쿄전범재판(극동군사재판)에서 도조 히데키東條英機 등이 기소될 때 기업 관계자들은 단 한 명도 회부되지 않았다. 사실 침략전쟁에 적극 동조한 정계, 학계, 언론계의 민간인들은 전범재판에 일절 회부되지 않았다. 그렇다고 해서 이들이 '전쟁범죄'를 저지르지 않았다고 할 수 있을까. 그렇다면 태평양전쟁의 명백한 주범임에도 재판에 회부되지 않은 히로히토 당시 천황 역시 전쟁범죄 책임이 없다는 결론이 도출된다. 무의미한 형식논리에 불과하다.

미군정의 여러 정치적 고려와 현실적 제약 탓에 도쿄재판이 그 시작부터 한계가 뚜렷했음은 주지의 사실이다. 존 다우어John W. Dower 미국 매사추세츠 공대MIT 역사학과 교수는 패전 직후 일본 사회를 치밀하게 그려낸 명저 『패배를 껴안고』Embracing Defeat에서 이렇게 서술했다.

특정 집단이나 범죄가 빠져 있다는 사실은 확연했다. 공포의 대상이던 헌병대 수뇌 중 기소된 자는 아무도 없었다. 초국가주의 신비 단체의 지도자는 물론 침략에서 이익을 챙겼을 뿐만 아니라 '전쟁으로 향하는 과정'에 긴밀하게 개입했던 산업가 중에도 기소가 된 인물은 없었다. 조선과 대만에서 사람들을 강제로 징용했던 책임자는 물론 수만 명의 비일본계 젊은 여성을 대규모로 징집하여 '위안부'로 만든 뒤 일본 제국 군대의 성적 노리개로 삼았던 당사자들도 기소되지 않았다.[12]

전범재판에서는 타깃으로 삼지 않았지만 재판 몇달 뒤 미군정이 주요 일본 재벌을 전격적으로 해체한 것은 이들 기업의 전쟁범죄 책임을 심각하게 묻기 위해서였다. GHQ는 1945년 11월 6일 '지주회사 해체에 관한 건'이라는 문서를 발표하고 일련의 조치를 채택해 미쓰이, 미쓰비시, 스미토모, 야스다 등 대표적 재벌을 수십에서 수백 개의 회사로 해체토록 했다. 연합군총사령부는 "자원이 빈약한 일본이 무사시武藏, 야마토大和와 같은 세계 제일의 군함을 만들어 강대한 미국과 영국에 도전했다는 것은 일본에 재벌이라는 특수조직이 있기 때문이다. 일본의 재군비를 억제시키기 위해서는 재벌을 없애고 그 재생을 막는 것이 선결과제다"라는 결론하에 재벌해체를 지시했다.[13]

1946년 1월 '일본 재벌에 관한 조사단' 단장으로서 방일한 코윈 D. 에드워즈Corwin D. Edwards 역시 재벌해체가 일본의 군국주의적 충동을 발생시킨 구조를 와해시키는 정책이라고 규정지었다. "재벌의 지배는 정치적인 면에서는 군국주의에 대항하는 세력으로서의 중산계급의 발흥을 억눌러버렸고, 경제적인 면에서는 노동자에 저임금을 강제하여 국내시장을 축소시키고 수출의 중요성을 높여 제국주의적 노동을 강화시켰다."[14]

이 작업을 위해 설립된 지주회사 정리위원회는 1946년 8월 27일 제1회 총회를 열어 앞서 열거한 4대 재벌에 후지富士산업을 추가한 5대 재벌을 제1차로 지정하고 해체의 근본방침을 결정했다. 이어 같은 해 11월에는 가와사키川崎중공업 이하 회사 40개를 제2차로 지정하고, 12월에는 미쓰이광산 이하 20개사를 제3차로 지정했다. 이에 따라 재벌 가족 56명이 관계회사의 중역을 모두 사임하고 그 외의 재벌임원 2,210명도 632개사에서 퇴임했다. 또한 재벌해체와는 별도로 1947년 1월 4일자로 GHQ의 문서에 의하여 약 2,500개사의 주요 임원이 공식 추방되었다.[15]

이후 조치가 완화돼 해체 대상 기업의 숫자가 줄기는 했지만 주요 재벌에 대한 해체 작업은 예정대로 진행됐다(수많은 소규모 회사로 찢어졌던 각 재벌기업은 1952년 샌프란시스코 강화조약으로 일본이 미군정으로부터 독립된 이후 단계적으로 재결합했다). 그 구체적 내용은 1부에서 차례로 짚어보겠다. 요컨대 도쿄전범재판에 회부되지 않았다고 해서 침략전쟁의 한 축으로 활동했던 기업의 각종 범죄사실과 윤리적 책임이 지워질 수는 없다는

윤윤덕 씨(왼쪽에서 세번째) 등 조선인 징용자들이 러시아 사할린 레소고르스크 지역 도요하타 탄광의 야적장과 탄차를 배경으로 찍은 사진. 윤 씨는 1941년 사할린으로 강제동원돼 여러 탄광에서 노역했으나 해방 뒤에도 귀환하지 못했다. *

것이다.

피해자들은 아직 살아 있더라도 대부분 80~90대의 고령이다. 몹시 늙고 지친 이들은 생의 마지막을 분노와 한으로 마치고 싶지 않아 오히려 용서해주고 싶은 마음이 간절하다. 더 늦기 전에 역사적 정의와 진실을 밝히고 문제해결을 서둘러야 할 시점이다. 강제동원 문제에 오랫동안 천착해온 최봉태 변호사는 이렇게 단언한다. "해당 일본 기업은 강제동원에 주도적으로 나서 군수산업을 성장시키고 이익을 얻은 직접 당사자다. 피해자들에게 사과하는 한편 미불임금을 현재가치로 환산해 지급할 책임이 존재한다. 너무 당연하지 않은가?"

3
모리야 요시히코 총괄 인터뷰

모리야 요시히코守屋敬彦 전 교수는 일제 강제동원 분야를 연구하는 국내 전문가들 사이에서도 탁월한 실증적 이론가로 명성이 높은 학자다. 1940년생으로 일본 근현대사를 전공한 그는 홋카이도의 도우토道都 대학, 나가사키長崎의 사세보佐世保 공업고등전문학교에 재직하면서 일본 대기업과 관련된 조선인 노무동원자 명부를 샅샅이 분석하고 검증하는 데 전력을 기울여왔다. 「기업자료로 본 아시아태평양 전쟁하의 조선인 강제동원 연행」을 비롯해 수십 편의 논문을 발표했다.

그는 어디까지나 철저한 사료분석에 주안점을 둔다. 특히 도도대학 조교수로 있던 1978년 스미토모住友 그룹 산하 고노마이鴻之舞 광산의 한 창고에서 아무렇게나 방치돼 있던 방대한 양의 조선인 명부를 발견하고 수년에 걸친 치밀한 자료정리 작업을 통해 조선인 노무동원의 실태를 밝혀냄으로써 학계에 이름을 널리 알렸다(이 작업의 자세한 내용은 1부 3장 스미토모 편에서 소개한다). 1997년 사세보 공업고등전문학교로 옮기고 나서는 후쿠오카·사가·나가사키 등 규슈 지역의 사료를 조사했다. 아울러 홋카이도에도 봄·여름 휴가를 이용해 매년 찾아가 기업 자료를 지속적으로 연구했다. 본래는 일본 근대 지방행정사 연구자였는데, 지난 30년간은 전시 외국인 강제연행·강제노동 연구에만 집중했다고 한다.

2004년 3월에 교수직을 정년퇴직했지만 현재도 4개 기업의 10만 쪽에 달하는 강제동원 자료를 정리 중이라는 노학자를 일본 나가사키현 오무라大村 시에 있는 자택에서 만났다. 그에게 일본 기업의 강제동원 과정 전반을 물었다.

_ 강제동원 과정에서 일본 정부와 기업의 역할은 어떤 것이었습니까? 어느 쪽이 더 책임이 크다고 할 수 있을까요?

"강제동원 책임을 묻자면 어느 쪽이 주主라고 할 수 없습니다. 양쪽이 같이 한 일이니까요. 1937년 중일전쟁 이후 일본에서는 노동력이 크게 부족한 상황이었습니다. 일본 정부는 아시아 침략을 위해 탄광 등 군수산업에서 증산에 박차를 가하라고 기업에 요구했는데, 이에 대해 기업 측에서는 증산을 완수하기 위한 노동력이 극히 부족하다며 조선인 대량 동원을 요구했습니다. 이 같은 기업 요구에 응해 일본 정부와 조선총독부가 법적 근거를 만들고 강제동원 시스템을 만들어 실행에 착수했어요. 즉, 1938년 4월 국가총동원법을 공포하고 1939년 7월에는 그해 말까지 8만 5,000명의 조선인을 동원하라고 기업에 숫자를 정해준 것이지요. 처음에는 모집 형식으로 동원하다가 이후에 징용령이라든가 여러 관련 법률을 만들었습니다.

기업들은 사실 처음부터 징용을 기대했어요. 하지만 정부가 반대했습니다. 조선인들이 일본에 갑자기 많이 들어오면 치안이나 식량

등 여러 가지 문제가 생긴다는 이유였지요. 또 하나 조선총독부 측이 저항할 것이라는 점도 감안했습니다. 당시 조선 내에서 남한 지역은 식량 생산, 북한 지역은 공업 분야의 노동력이 많이 필요했기 때문에 갑자기 일본 본토로 조선인들을 많이 징용하겠다고 하면 총독부에서 반발한다는 것이죠. 그래서 징용으로 안 하고 일단 모집 형식으로 시작한 것입니다. 요컨대, 조선인 강제동원은 일본 정부와 기업의 '공동모의'에 의해 이뤄진 것입니다."

_ 일본 기업들이 모집 단계에서 어느 정도로 적극적으로 나섰나요?
"모집 주체는 면이나 읍, 경찰 관계자들이지만 실제 그걸 움직인 건 기업이지요. 모집을 위해 비용을 지불하고 노무자들을 응모시키기 위해 선전도 하고 했으니까. 사실상 모집의 주체는 기업인 것입니다.

어떤 기업이 정부에 신청을 해서 100명 모집을 할당받았다고 합시다. 그러면 기업은 조선 현지에 직접 직원을 보내 농민 등 주민들에게 선전을 합니다. 임금을 많이 주고 대우도 좋다고요. 또 해당 지역의 면장, 구장, 경찰 등 유력자들에게 선물을 주고 접대를 합니다. 그러면 이들이 힘을 쓰고 개입해 주민들을 함께 끌어모읍니다. 당시 조선에 흉작이 심하게 들어 처지가 어렵던 상황에서 일본에 가면 일자리가 많고 돈도 많이 준다고 하니까 조선인들이 따라갔지요. 그런데 막상 가보니까 그게 아니에요. 보통 탄광 같은 경우는 위험하고 기술이 필요하기 때문에 당연히 충분한 훈련이 필요합니다. 보통 3년은 지나야 숙련되는데 조선인들의 경우 겨우 3~4일 정도만 훈련을 시키고 일을 시켰습니다. 노동력이 급하니까 제대로 훈련을 시키지 않고 바로 노동에 투입한 것이죠.

2010년 1월 18일 일본 나가사키 현 오무라 시 자택에서 만난 모리야 요시히코 전 교수 *

임금은 처음에 들었던 것보다 너무 낮고, 노동조건은 엄청나게 나쁘고, 아침에 일어나자마자 바로 탄 캐러 들어가서 '노르마'¹라고 불리던 할당량을 채우기 위해 12시간씩 일해야 했습니다. 그러니 조선인들이 고향에 있는 가족들에게 편지를 쓰면서 그게 아니다, 경험해 본 일도 아니고 힘들다, 처음에 들었던 것과 노동조건이 다르고 임금도 너무 싸다고 전해서 사람들에게 소문이 다 났습니다. 그래서 모집을 점점 기피하게 됐습니다."

_ 현재 일본 기업들은 조선인들이 모집에 '자발적으로' 응했다고 주장합니다. 제 발로 일본 작업장에 갔다는 것인데, 어떻게 생각하십니까?
"지금 일본 기업이나 우익들이 모집은 강제연행이 아니라고 합니다.

그러나 나는 '모집 방식의 강제연행'이라고 말합니다. 당시 기업은 '어느 작업장에 언제까지 조선인 노무자 몇 명이 필요하다'라고 정부에 신청을 하고, 이에 따라 정부가 동원 숫자를 정해주는 식이었어요. 일반적으로 자유 모집이라고 하면 그런 식이 아니지요. 기업이 바로 모집 공고를 내고 노무자가 자유롭게 계약을 해야 하는 것입니다. 그런데 이건 처음부터 기업이 아예 정부에 곧바로 요청을 하고, 이를 정부가 받아 조선총독부에 전달해서 다시 총독부가 각 도에, 도는 군에, 군은 읍·면·동에 하달하는 방식이었습니다. 그러면 해당 지역 관官, 즉 군청이라든가 면사무소라든가 경찰 등이 전부 개입해 모집을 한 것입니다. 이걸 자유 모집이라고 할 수는 없습니다.

예를 들어 홋카이도의 북해도탄광기선 같은 회사는 조선에서 한 번에 30~200명씩 모집을 했습니다. 일본 정부에 요구할 때는 보통 3개월치 모집 인원을 한꺼번에 얘기했는데, '3월부터 6월까지 3개월간 1,000~2,000명이 필요하다'는 식입니다. 1,000명으로 정해졌다고 하면 총독부는 해당 도에 그걸 지정해주고 도는 군에, 군은 면에 배분하는데 보통 한꺼번에 딱 모이지 않으니까 모이는 대로 바로 바로 일본에 보내는 시스템이었습니다. 한 개 면의 인구가 500~1,000명밖에 안 되니까 한 번에 10명 이상 모으기 힘들어요. 그래서 몇 개 면에서 모아서 30명 이상 되면 즉각 일본에 보내는 것입니다. 이렇게 기업이 몇 명 필요하다고 신청을 해서 노무자를 모으는 기본적인 방식이 모집은 물론 관 알선이나 징용에서도 공통적으로 적용됐습니다.

조선인들 입장에서도 자발적인 지원이라고 할 수 없습니다. 당시 조선은 식민지 시스템 속에 있었고 심각한 흉작에 토지조사사업이니 뭐니 해서 온갖 수탈을 당해 실업자가 많이 생길 수밖에 없는 상황이었어요. 그런 상태에서 숙련공에게나 해당되는 액수의 임금을 주겠다고 부풀려서 선전을 하니까 지원한 것인데, 그걸 자발적으로 갔다고 할 수는 없는 것이지요. 과장되고 거짓된 선전에 속아서 간 것이니까요. 폭력적인 방법으로 끌려간 사람들은 말할 것도 없습니다."

_ 모집을 거부하고 안 갈 수는 없었습니까?
"본인이 절대 안 가겠다고 하면 안 갈 수도 있었을 것입니다. 모집에 종사하는 일본인들도 절대 안 가겠다고 하는 조선인은 싫어했다고 합니다. 그런 사람은 일본에 데려가도 일을 열심히 안 하고 도중에 도망갈 거라고요."

이 대목에서 취재팀과 동행한 강제동원조사위원회 하승현 팀장이 이의를 제기했다. 위원회에서 조사한 바로는 절대 안 가겠다고 한 조선인은 거의 없었다는 것이다. 당시 해당 지역에서 절대권력을 휘두르던 경찰이나 면장, 구장, 이장이 와서 일본에 가라고 하면 대부분 거부할 수 없었다는 얘기다. 아울러 한 마을에 사는 주민들에게는 '공평하게' 한 집에 한 명씩은 일본에 꼭 가야 한다는 의무감 같은 게 주입돼 있었다고 한다. '다른 집에서 갔으니까 이번에는 우리 집에서도 가야 한다', '내가 안 가면 결국 다른 사람이나 우리 가족 일원이 피해를 본다'는 어쩔 수 없는 상황인식. 하 조사관의 이런 얘기를 듣고 모리야 씨는 자기도 그렇게 생각한다고 수긍했다.

_ 조선인 동원 방식이 모집에서 관 알선으로 바뀐 이유는 무엇인가요?
"모집 방식에 돈이 많이 들어서 기업들이 정부에 강하게 요구해 관 알선으로 바꾼 것입니다. 모집은 면 단위에서부터 기업이 직접 조선인들을 끌어모으는 것입니다. 이에 비해 관 알선은 말 그대로 관청이 행정력을 동원해 각 면에서 조선인들을 차출한 뒤 군 단위에 집결시킵니다. 그러면 기업 측이 이를 수월하게 인계받는다는 점에서 차이가 있습니다.

비용문제를 구체적으로 설명하면 이렇습니다. 1940년을 기준으로 기업이 조선인 한 명을 모집하는 데 드는 비용은 규슈 지역이 50~60엔, 홋카이도는 70~100엔이 들었습니다. 홋카이도는 거리가 머니까 이동시키는 데 교통비가 더 들지요. 당시 홋카이도의 조선인 탄광 노무자 월급이 35~45엔 됐으니까 2~3개월치 월급을 들여 모집한 셈입니다. 그 모집비용의 40%가 조선 각 지역의 유력자들에게 접대비로 들어간 것입니다. 나머지는 노무자들 교통비와 식사비 등이고요. 보통 한 번에 100명 정도를 모집하는 데 드는 비용이 수천 엔, 지금 돈으로 수천만 원이니까 기업에서는 그 돈이 아깝고 비용을 줄일 생각을 하게 된 것입니다. 그래서 아까 얘기한 대로 기업들이 정부에 강하게 요구해 관 알선으로 바뀌었습니다. 모집단계에서는 기업 직원들이 면까지 와서 조선인 동원에 직접 개입했기 때문에 비용이 많이 들었는데, 알선단계에서는 군에 집결한 조선인을 데려가기만 하면 됐어요. 그래서 동원비용이 조선인 1인당 11~16엔 정도로 줄었어요. 처음과 비교하면 아주 싸진 것이죠. 기업이 원했던 대로.

그런데 관 알선단계에서는 기업 측이 지역 유력자들에게 접대를 안 하다보니까 노무자가 잘 모이지 않는다는 문제가 생겼습니다. 1942년 3월부터 관 알선이 시작됐는데 처음 2~3개월간 기업들이 접대를 멈췄어요. 마을 실력자들로부터 동원대상 조선인들에 대한 정보를 얻지 못하고 이런저런 협조를 받지 못하다보니까 동원 실적이 떨어졌습니다. 그래서 결국엔 다시 면 단위 모집 방식으로 돌아가 기업 직원들이 전과 똑같이 유력자들을 접대하고 설득하고 다녔습니다. 관 알선 방식이 등장했지만 내용상으로는 모집 때와 똑같아진 것이지요. 처음엔 토목 관련 기업들이 접대를 다시 시작하면서 조선인 노무자들을 더 많이 모았고, 그걸 본 탄광기업들도 따라하면서 다들 접대를 하고 원래대로 돌아갔다는 얘기입니다."

_ 강제동원 방식이 관 알선에서 징용으로 발전한 것도 같은 맥락인가요?
"그렇습니다. 1944년 9월부터 시작된 징용의 경우도 마찬가지로 기업이 비용을 적게 들이고 절차를 편하게 하려고 정부에 요구해서 시작된 것입니다. 징용은 법률에 의해 아예 징용영장을 발부했지요. 그래서 조선인들은 군대 끌려가듯이 안 갈 수가 없는 시스템이었습니다. 징용단계에서는 조선인들이 부산으로 모였고, 기업에서는 그렇게 부산에 모인 사람들을 바로 배에 태워 데려가기만 하면 됐으니까 비용이 더욱 줄었습니다. 다만 동원사무를 관장하는 총독부 산하 조선노무협회에 조선인 1인당 얼마간의 돈을 지급했습니다.

관 알선단계에서도 징용영장을 받았다는 사람들이 꽤 있는데, 그건 정식영장이 아니라 지역 군이나 면에서 임의로 만든 것입니다. '영장 나왔으니까 너는 가야 한다'는 식으로 써먹은 것이죠. 모집단계에서는 도망가는 사람이 상대적으로 그렇게 많지 않았는데, 알선이나 징용으로 가면 도망자 숫자가 점점 많아져요. 정말 가기 싫은 사람들을 억지로 데려갔다는 사실을 반증하는 겁니다. 어쨌든 모집에서 관 알선, 관 알선에서 징용으로 가는 조선인 동원의 각 단계는 모두 기업이 주도했습니다."

_ 조선인들을 일본 본토까지 이동시키는 과정은 어땠습니까?
"모집단계에서는 면장이 사람들을 면에 모아놓으면 각 기업의 직원이 직접 일본으로 인솔해 데려갔습니다. 기차를 타고 가는 도중에 일본인 감시자들이 창을 모두 밀폐하고 화장실도 지켰습니다. 조선인들이 화장실에 혼자 못 가게 하고, 가게 할 경우에도 감시자가 따라가 밖에서 문을 열쇠로 잠글 정도였어요. 역에 정차하면 출입문마다 역시 감시자가 배치됐습니다. 좀더 효과적인 감시를 위해 기업 측에서 기차 차장이나 관부연락선 선원들에게 돈을 줘가면서 협조를 받았습니다. 이런 방법은 모집이나 알선, 징용 단계에 전부 적용됐습니다. 조선인들의 도망을 방지하기 위해 교통수단 관계자들에게 다 돈을 준 것이지요. 부산, 시모노세키, 아오모리靑森, 하코다테函館 등 각 항구에 정박할 때는 수상경찰서에 연락을 해서 비호를 받으며 움직였어요. 물론 도망을 방지하기 위해서입니다.

그렇게 해도 이동 중에 도망하는 조선인들이 생겨났습니다. 가령, 다른 기차로 갈아타는 틈을 이용했어요. 보통 오사카나 도쿄 역에 도착하면 조선인들을 기차에서 다 하차시키고 새로운 기차로 갈아타게 했는데, 인근 경찰서 직원들을 다 나오게 해서 감시하는데도 노무자들이 도망가곤 했습니다. 그래서 북해도탄광기선 같은 회사는 오사카나 도쿄를 거치지 않고 시모노세키 항에서 바로 아오모리까지 가는 루트를 선호했습니다. 통상적인 루트는 일본 열도 동쪽 해안가 철도를 이용하는 것인데, 그쪽 길로 가면 도쿄나 오사카에서 기차를 갈아타야 하고 그 틈에 조선인들이 도망하니까요.

모집단계에서는 조선의 면 단위에서 홋카이도까지 보통 4일이 걸렸습니다. 중간에 내려서 숙박하는 일은 없었고요. 그러던 것이 관 알선단계에서는 6~7일, 징용단계에서는 7~8일로 이동기간이 늘게 됩니다. 북해도탄광기선의 경우를 예로 들면, 면 단위 1회 모집인원이 최소 30명에서 최대 200명으로 평균 100명 정도였어요. 이런 식으로 1939년 10월부터 1945년 3월까지 총 260회에 걸쳐 모두 3만 3,000여 명의 조선인을 동원했습니다. 화물열차를 이용해 운송했는데 100명을 동원하려면 화물차 1~2량을 확보해야 했습니다. 그러나 시간이 흐를수록 일본 군부대의 이용 증가, 미군의 폭격 등으로 열차 사정이 어려워져서 필요한 량을 제때 못 구하고 연착 횟수도 늘게 됐습니다. 각 지방 면 단위에서 부산까지 가는데, 매번 연착이 반복되다 보니까 그만큼 부산에 머무는 인원이 쌓여 이동 기간이 길어지게 된 것이지요."

_ 일본 본토의 각 작업장에 도착한 조선인 노무자들을 기업들은 어떤 식으로 관리했습니까?

"노무관리는 엄격했습니다. 기업에 따라 정도의 차이는 있어요. 가장 심했던 곳이 토목과 항만 하역 작업장이었습니다. 폭력이 일상다반사였고, 반죽음의 지경에 이르도록 때리는 경우도 많았지요. 특히 도망하다 붙잡힌 조선인은 다른 사람들이 보는 앞에서 구타를 당했는데, 폭력의 정도가 극심했습니다. 노무계 관리사무소에는 곤봉, 일본도, 엽총, 셰퍼드 등을 상비하고 있던 곳이 많았습니다. 노무감독관은 폭력단, 즉 야쿠자 구미원組員 출신들이 많았고요.

탄광 역시 가혹했습니다. 홋카이도 고노마이 광산의 경우 조선인 광부들은 숙소에서 탄광의 갱구까지 노무계 계원이나 지도원 등 감독

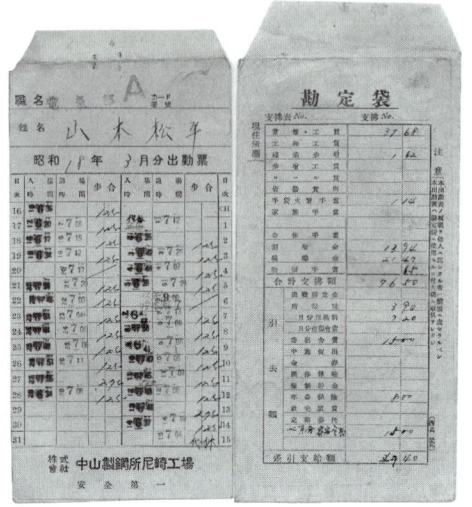

일본의 한 제강공장에 동원된 조선인 노무자의 1943년 3월분 출근표. 날짜별로 출퇴근 시간이 꼼꼼하게 적혀 있다.*

관의 감시 아래 행렬을 지어 출근했습니다. 갱구에서 점호를 한 뒤에 갱내 계원에게 인계됐어요. 갱내 작업 현장에서도 감시가 이뤄졌고, 갱외 공장이나 거리 요소요소에도 노무계원 파수소把守所와 경찰관 출장소가 설치돼 조선인들 움직임을 감시했습니다.

숙소에서는 아침과 저녁, 출근 시와 복귀 시, 취침 전 등에 점호를 하고 야간에는 30분마다 노무계원이 순찰을 돌았습니다. 휴일에도 조선인들은 숙소 주변 청소는 물론 집합, 해산, 분열행진 등 군사교련과 같은 훈련을 해야 했고 일본어 교육과 황국신민 훈화 교육까지 받아야 했기 때문에 자유시간이 거의 없었지요.

민족의식과 동포의식이 강해 조선인 동료들의 선두에 서서 처우개선을 요구했거나 반항, 도망한 사람에 대해서는 제재가 강력했습니다. 노무계 사무실이나 경찰소에서 폭행과 고문을 가했어요. 다른 노무자들을 지나치게 동요시키거나 조선 현지에 소문이 나 강제동원에 악영향을 줄 수 있다는 계산하에 폭행과 고문을 죽기 일보 직전에야 멈추곤 했습니다. 그럼에도 경관이나 군인 출신의 악질적인 노무계원들이 조선인을 사망에 이르게 한 사례가 있습니다. 이 경우에도 기업 측은 다른 조선인들에게 새어나가지 않도록 사망 사실을 숨기고 가해자의 행위를 불문에 부치곤 했어요."

_ 임금 수준은 어땠습니까? 처음 약속한 액수에 비해 현저히 떨어지는 임금을 주거나 아예 한 푼도 지급하지 않은 경우가 많았다고 알고 있습니다. 게다가 자꾸 빚을 만들어 애초에 돈을 모을 수 없도록 하는 일종의 '포주방식'이었다고도 들었습니다.

"당시에 경력 1년 이상의 숙련 노동자 일당이 보통 2~3엔이고 월급으로는 50~70엔이었습니다. 그 돈을 주겠다고 기업이 처음 조선인들을 모집할 때 약속했어요. 그러나 실제로는 미숙련자 월급으로 쳐서 35~50엔으로 정했습니다. 약속보다 20엔이나 적은 것이죠. 일당으로는 1엔도 안 되는 60~90전을 주기도 했습니다. 실제로 손에 쥘 수 있는 임금은 그보다 훨씬 적었습니다. 그러다 보니 저축이나 조선으로의 송금은 좀체 할 수 없었어요.

처음 일본 작업장에 도착해서 밥 먹는 것부터 식사비로 월급에서 공제했습니다. 조선인 노무자의 1개월 생활비에서 보통 숙소비와 식사비로 15~18엔이 들었는데, 거의 월급의 절반 수준이죠. 여기에 담배와 속옷 구입비, 세금과 건강보험료, 각종 명목의 강제저금 등에 35~40엔을 써야 했습니다. 심지어 삽과 곡괭이 등 작업도구도 회사에서 그냥 지급하는 게 아니라 노무자들이 돈을 내고 빌려야 했고 이불

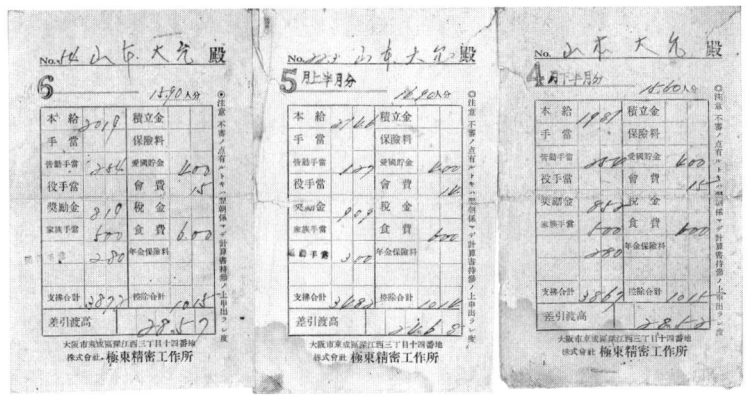

오사카의 정밀공작소에 동원된 조선인 노무자가 받은 1945년 4~6월 분의 월급봉투. 본급과 수당, 애국저금, 식비 등의 내역이 적혀 있다.

까지도 사용료를 물어야 했기 때문에 돈을 모으기는커녕 빚을 지기 쉬운 구조였습니다.

식사가 하도 부실해 배가 너무 고프니까 노무자들은 작업장 안팎의 판매소(매점) 등에서 오뎅(어묵), 빵, 떡 같은 음식을 우선 외상으로 먹고 나중에 임금에서 제하는 경우가 많았어요. 기록에 보면 어떤 노무자는 한 달에 판매소에서 100엔까지 외상을 지기도 했더군요. 노무자 100명 중에 가족에게 송금하는 경우는 30명 정도밖에 안 됐습니다. 사실 일본 정부나 총독부는 노무자들이 송금하는 걸 아주 싫어했어요. 가족들이 그 돈으로 먹고살 만하면 일을 안 할까봐.

저금도 노무자들이 돈을 모을 수 없는 주요 원인이었어요. 저금에는 강제저금과 임의저금이 있었습니다. 전자는 월급날에 회사 측에서 일방적으로, 후자는 가능한 한 저금하도록 권유하는 형식을 통해 월급에서 징수했습니다. 일정 금액이 모이면 저금보다 이자가 유리하다고 유혹해 일본 정부와 기관에서 발행하는 각종 채권을 구입하도록 했어요. 이는 가능한 한 조선인 노무자들이 현금을 갖지 않도록 하기 위해서입니다. 그래서 결국 월급날에는 현금을 10엔 이상 건네주지 않았습니다. 그 최대 이유는 현금을 많이 갖고 있으면 도망한다는 것이었지요. 대부분의 조선인 노무자가 '월급을 하나도 못 받았다'고 하는 데에는 이런 이유들이 있었던 것입니다."

_ 조선인 동원 규모가 크거나 노무관리가 가혹하기로 유명했던 기업은 어떤 곳이 있습니까?

"단일 기업으로는 북해도탄광기선의 동원 규모가 최대일 것입니다. 홋카이도에서만 3만 3,000명을 동원했어요. 그다음이 아소 탄광으로 1만 수천 명 되는 것으로 추정합니다. 그 밖에 미쓰비시, 미쓰이, 스미토모 등 대기업 계열사들이 꼽힙니다. 북해도탄광기선이 미쓰이 계열로 분류되기도 하지만, 단일 회사로 워낙 압도적이었습니다. 노무관리가 가혹하기로 악명이 높았던 곳은 지자키구미, 가와가치구미 등 '구미'組 자가 들어가는 토건회사들입니다. 주로 야쿠자들이 운영했어요."

_ 현재 일본의 야쿠자 조직에도 야마구치구미山口組라든가, 나가이시구미永石組 같이 '구미'가 들어가는 이름이 많던데 무슨 관련이 있습니까?

"그렇습니다. 에도시대 때부터 야쿠자 조직이 토목 회사를 많이 운영한 유례가 있어서 그렇게 이름이 이어져온 것 같습니다. 가와가치구미, 지자키구미가 하도 악명이 높으니까 미쓰이, 미쓰비시, 스미토모 같은 큰 기업도 말을 안 듣는 노무자들을 몇 개월씩 구미로 보냈습니다. 이런 큰 기업이 운영하는 탄광에서는 '굴진'掘進이라고 해서 석탄이 아닌 암석을 뚫고 뽑아내는 작업을 구미에 하청 줬어요. 그래서 탄광에 가와가치구미나 지자키구미 같은 토건회사를 두고 있었고, 노무자 중 민족의식이 강하거나 다루기 힘든 조선인이 있으면 폭력이 난무하는 이들 구미에 몇 개월씩 보내는 겁니다. 그러면 구미에서는 뼈도 못 추릴 정도로 사람을 '개조'시켰어요. 조선인뿐 아니라 일본인 노무자들도 구미에 가서 고생을 많이 했습니다.

구미에는 '다코베야'タコ部屋라는 시스템이 있었습니다(한국말로 '문어방'인 이 다코베야에 대해서는 2부 5장 북해도탄광기선 편에서 자세하게 소개한다). 홋카이도에 특히 많았던 다코베야는 수용소처럼 노무자들을 가둬놓고 개처럼 취급하는 곳이었어요. 일이 끝나면 바로 감금시켜놓고 숙소 열쇠를 채우고 외출을 금지해서 일절 자유가 없었습니다. 강제동원 피해자들에게 이런 증언이 많이 남아 있죠. '너 자꾸 그러면 다코베야 보낸다', '누가 다코베야에 잡혀갔다' 등등. 구미의 다코베야는 노무자들에게 공포의 대상이었습니다."

_ 2010년은 한일병합조약에 의해 조선이 일본의 식민지로 전락한 뒤 100년이 되는 해입니다. 지금까지 얘기했던 대로 수많은 조선인들이 강제동원의 피해자가 돼 극심한 고통을 겪었습니다. 더 늦기 전에 가해기업들이 어떻게 해야 한다고 생각하십니까?
"다 아시는 대로 1910년 한일병합 이후 일본 제국주의 국가는 토지조사사업과 산미증산계획 등으로 조선 민중으로부터 토지와 자원을 수탈하고, 1931년부터는 중공업화 정책에 의해 한반도를 병참기지화했습니다. 그 최종적인 단계로 1938년 이후 아시아 침략을 위해 조선의 물적·인적 자원을 총동원했지요. 특히 인적인 면에서 방대한 조선인들을 국내외의 노무자로, 군인·군속으로, 위안부로 동원해 막대한 희생을 강요한 것입니다.

　이에 대해 사죄와 보상이 있어야 합니다. 1965년 한일협정이 맺어져서 과거사 문제는 다 해결됐다고 하지만 한국과 일본, 북한과 일본의 미래지향적 우호관계를 전면적으로 전개할 수 있는 기초가 만들어졌다고는 할 수 없습니다. 그 상태가 현재까지 이어져왔다고 봅니다. 조선인 노무자들에 대한 미지급 임금의 문제, 각종 비인도적 행위에 대한 보상 문제는 종전 이후 적극적인 투쟁을 벌여 배상을 받은 아주 일부의 한국인을 제외하면 완전히 미해결 상태에 있습니다. 강제동원 문제를 계속 연구해온 일본 국민의 한 사람으로서 저는 그 책임이 일본 정부와 기업, 국민들에게 있다는 점을 가슴속 깊이 새겨두지 않으면 안 된다고 평소 생각하고 행동하고 있습니다.

　해당 기업들은 피해자들에게 사과하고 보상해야 합니다. 그러나 기업들은 아예 관련 자료도 공개하지 않고 강제동원 사실 자체를 인정하지 않으려 합니다. 인정하면 보상해야 하고 골치 아프니까. 그러나 자꾸 숨기려고만 하지 말고 사실을 그대로 밝히는 것이 기업에도 도움이 될 것입니다. 그렇게 하지 않으면 국제적인 기업이 되기 어렵기 때문입니다. 한국, 중국 등과 계속 거래를 해야 할 것 아닙니까. 생존해 있더라도 피해자들 나이가 고령인데, 빨리 서둘러야 합니다."

1부
일본 3대 재벌의 전쟁범죄

1
군수산업의 대명사, 미쓰비시

나가사키의 두 얼굴

태평양전쟁과 연관해 생각할 때 일본 나가사키는 흔히 '피해자의 공간'으로만 인식된다. 히로시마에 이어 미군의 원폭투하로 무참히 파괴됐던 도시. 전쟁의 비극을 온몸으로 겪은 일본인의 성지.

그러나 우리에게 나가사키는 '가해자의 공간'이기도 하다. 일제 강점기 수많은 조선인이 일본 정부와 기업에 의해 이 대표적인 '군수도시'로 끌려와 혹독한 육체노동에 내던져졌다. 나가사키 군수산업의 중심에는 일본의 손꼽히는 재벌 미쓰비시가 있었다. 그러나 일본 정부나 시 당국, 미쓰비시 측은 조선인 피해 사실에 대해서는 아무 관심이 없다. 각종 전시물을 통해 오직 '일본만의 피해'에 대해서만 강조할 뿐이다. 가해자로서의 기억은 이미 그들의 머릿속에서 모두 휘발된 것일지도 모른다.

2010년 1월 19일 오전 미쓰비시의 조선인 강제동원 흔적을 찾아

나가사키 항 터미널에 도착했다. '나가사키 재일 조선인 인권을 지키는 모임'의 다카자네 야스노리高實康稔 대표와 시바타 도시아키柴田俊明 사무국장의 안내를 받았다. 부두 건너편, 즉 나가사키 만 서해안 쪽에 거대한 조선소가 자리 잡고 있었다. 시바타 사무국장이 설명했다. "저기 보이는 게 미쓰비시중공업 나가사키 조선소 본사입니다. 1945년 패전 직전까지 저곳에 최소 4,700명의 조선인 노무자가 있었지요."

고속여객선을 타고 10여 분 가자 조선소 전경이 가까이 다가왔다. 육중한 크레인들 사이로 도크에 거대한 군함이 한 척 떠 있는 게 보였다. 다카자네 대표가 말했다. "미쓰비시가 건조 중인 해상자위대 소유 이지스 구축함이군요. 일본에서 만드는 이지스 함의 30%를 미쓰비시 조선소에서 제조합니다."

미쓰비시는 여전히 초대형 군수기업으로서 나가사키를 장악하고 있는 것으로 보였다. 태평양전쟁 때 미쓰비시는 '일본의 자랑' 무사시 전함을 비롯해 수많은 군사용 선박을 건조한 조선소, 일본군이 사용한 어뢰의 8할을 만들었다는 병기제작소, 그 밖에 제강공장과 각종 탄광 등 일제 침략전쟁을 뒷받침하던 작업장들을 나가사키 곳곳에서 가동했다. 나가사키는 전쟁의 주동력이었던 미쓰비시 군수산업의 요람이었던 셈이다.

이 같은 일본의 전쟁 거점에 수만 명의 조선인 노무자가 투입됐다. 1944년 당시 조선인 노무자와 그 가족이 나가사키 시에는 2만 명, 나가사키 현 전체를 통틀어서는 7만 5,000명이나 거주했다. 나가사키 시 조선인 2만 명 가운데 절반 이상이 미쓰비시 소속으로 조선소에만 4,700여 명이 배치됐다. 강제동원조사위원회 측이 녹취한 피해자들의 구술기록은 당시 상황을 생생하게 전한다.

나가사키 만 서해안 쪽에 위치한 미쓰비시중공업 나가사키 조선소를 바다 쪽에서 바라 본 모습. 오른쪽 대형 크레인 아래 건조 중인 전함이 있고 왼쪽 뒤편으로는 미쓰비시 마크가 새겨진 조선소 본사 건물이 보인다. *

7층 높이에서 일했는데 저승이 어딘가 했는데, 죽어나오는 사람이 자꾸 날마다 몇이 나오거든. 전기하다가 감전돼 죽는 사람, 널쩌가(떨어져서) 죽는 사람. 그게 한정 없이 나옵니다. 날마다 죽어나오는 거를 예사로 보고 뭐. 내가 죽을 고비 한정 없이 넘겼어. (김종술, 1922년생, 경남 산청군 천평리) 1

나가사키 조선소 가서 첨에 한 달 교육받는데 부소장이라 카는 사람이 우리한테 와가지고 '우리 조선소 와가지고 여러분들 기분이 어떠냐. 우리 조선소는 동양에서 으뜸가는 조선손데, 전쟁 안 났을 거 같으면 한국 사람이라 카는 거는 도저히 일할 생각도 못했다. 지금은 우리가 내선일체니깐, 너희들은 우리 회사에 온 걸 큰 영광으로 생각해라' 이라더라고. (김성수, 1925년생, 부산 용호 3동) 2

한 7층 정도 높이로 고꾸보깡(항공모함)을 만드는데, 제일 작은 게 2만 톤이거든. 미쓰부시라 카먼 일본서 제일 재벌입니다. 대동아전쟁 때 미쓰부시, 미쓰이, 스미또모 세 군데서 몬 하굿다 크면요, 대동아전쟁 몬 합니다. 그 군수물품이 어데서 생산이 될 낍니까. 그 세 군데 회사서 좌우를 안 합니까. (박정태, 1922년생, 경남 함안군 고사리)3

원폭 재앙까지 겪어야 했던 조선소 징용자들

일제 강제동원 노무자 중에서도 히로시마와 함께 나가사키 피해자들은 원폭투하라는 전대미문의 재앙까지 겪어 그 고통이 이루 말할 수 없었다. 피폭 당일인 1945년 8월 9일부터 그해 12월 31일까지 피폭 사망자가 나가사키 시 전체에서 7만 4,000여 명이 발생했는데, 그 가운데 조선인 사망자는 1만 명 안팎일 것으로 추정된다. 미군이 하필 나가사키를 지목해 원자폭탄 '팻맨'fat man을 투하한 것은 군수시설 파괴에 주목적이 있었다. 그리고 그 핵심 타깃에 미쓰비시 조선소가 있었다.

10시쯤 돼서 원자탄이 터졌는데(정확히는 오전 11시 2분) 아이고, 고마 나무뿌리고 뭐고 싸악 다 뽑혀나가고 이러는데, 딱 우째서 엎드렸어. 막 흙 같은 거 날아오고 돌 파편도 날아와서 맞아가지고 뭐 꼼짝을 할 수가 있습니까. 내 여기 허리 흉터가 있거든요. 흉터가 여 많이 있어요. 조선소 안에 병원이 있어서 40일 넘게 치료를 받았어요. 뼈가 상해가지고 꼼짝을 못했거든요. (배한섭, 1926년생, 경남 남해군 문의리)4

조선소에서 일하던 공장이 폭탄 떨어진 데서 3.2km 떨어졌어. 폭발 직후 큰 철문에 깔렸는데 피가 얼마나 흘렀는지 옷이 뻘겋게 젖은 거예요. 그래서 살라고 기어 나와서 병원으로 막 갔더니 병원은 맨 송장투성이라 사람이 들어갈 수도 없고 아주 뒤죽박죽 다 난리야요. 공장에 조선 사람이 한 2,000명 있었지. 살아난 사람은 많지 않아요. 한 80%는 죽었을 거야. 한 놈은 얼굴이 홀랑 다 타버렸는데, 뭘 멕일라면 입을 벌리지 못해서 참대(왕대)를 잘라서 입에다 넣어가지고 그 참대에 다 밥을 이렇게 쑤셔서 넣었어요. 먹어야 사니깐 억지로 멕일라고. 그러니깐 싫다는 거예요. '이 자식아, 넌 먹어야 살아! 먹어야 살아서 같이 나가지. 이놈아!' 그러니께 막 성을 내더니 '너 이놈의 자식, 나 낫기만 해봐' 그랬는데 결국은 죽었다구……. (김한수, 1918년생, 대전 용전동)5

전시 때의 바로 그 자리에서 지금도 가동되고 있는 미쓰비시중공업 나가사키 조선소. 그 내부로 들어갈 수 없는지 다카자네 대표에게 물었다. 불가능하다고 했다. 예전에도 강제동원 피해자 몇 명이 진입을 시도했지만 미쓰비시 측이 완강히 거부해 무산됐다고 한다.

조선인 유골 무참히 버려진 다카시마 탄광

조선소를 뒤로하고 30여 분 더 배로 이동해 다카시마高島에 도착했다. 나가사키 항구에서 18.5km 떨어진 이 섬은 미쓰비시 소유의 해저탄광이 있던 곳이다. 나가사키에는 육지나 섬 지하로 굴을 파 들어가 바다 밑 수백 미터 아래까지 채굴하는 해저탄광이 여럿 발달해 있었다. 그중에서도 다카시마는 증기기관을 갖춘 일본 최초의 근대적 탄광이

다카시마 선착장 인근에 서 있는 안내판에는 섬 전경과 관광 코스가 소개돼 있다.

자 최대 해저탄광으로 널리 알려졌다. 본래 감옥노동, 즉 발목에 쇠사슬을 찬 죄수들의 노동력으로 개발돼 사측의 노무관리가 가혹하기로도 유명했다. 1881년 미쓰비시 광업이 인수한 이후에도 인권의 사각지대로 악명을 떨쳤던 이곳에 조선인 노무자들이 대거 끌려와 막장에서 신음했다. 1944년 기준으로 조선인 광부 및 그 가족의 숫자는 3,500명이나 됐다.

다카시마 부두에서 20분 정도 걸어 들어가자 석탄자료관이 나타났다. 1986년 폐광한 다카시마의 역사를 한눈에 볼 수 있게 꾸민 곳이다. 혹시나 하고 각 전시물과 연표를 하나하나 주시했지만 그 많던 강제동원 조선인 광부에 대한 흔적이나 기록은 일절 보이지 않았다.

다카시마가 일본 근대화에 공헌했다는 문구만 가득했다. 다카자네

미쓰비시중공업 나가사키 조선소

대표는 "조선의 식민지화와 노동력 동원을 빼놓고 일본 근대화를 말할 수는 없는데……"라고 탄식처럼 말했다. '기록의 나라'라는 일본. 하지만 불리한 기록은 은폐하고 누락한다.

자료관 옆 공원에 바다 쪽을 향해 청동상이 하나 우뚝 서 있었다. 어떤 역사적 위인이기에 저렇게 큼지막한 전신상으로 건립돼 있나 궁금했다. 알고 보니 바로 미쓰비시 창업자 이와사키 야타로(岩崎彌太郎, 1835~1885)의 동상이다. 이와사키는 본래 신분이 낮은 하급 무사였지만 메이지유신의 기틀을 마련한 일본의 국민적 영웅 사카모토 료마(坂本龍馬, 1836~1867)와 동향 출신이었다. 이와사키는 메이지유신 실세들과의 유착관계로 미쓰비시 성장의 중요한 발판을 마련했다. 그가 죽은 뒤에도 미쓰비시는 정부의 강력한 비호 속에 군수품 수송을 독점

미쓰비시 창업자 이와사키 야타로의 동상

하고 해운업, 조선업, 중공업, 광산업에서 급속도로 몸집을 불리며 군수재벌로 발돋움했다. 동상으로 남은 이 창업자는 회사 성장에 수많은 조선인의 피와 땀과 눈물이 섞여 있다는 사실을 알고 있을까.

번듯한 미쓰비시 창업자의 동상과는 대조적으로, 조선인 노무자들의 유골은 투박한 돌비석 아래 처참한 상태로 버려져 있다. 섬 중앙에는 해발 120m 높이의 산이 있다. 언덕 정상에 자리 잡은 일본인 공동묘지를 지나 수풀을 이리저리 헤치며 반대쪽으로 내려가다 보니 산기슭 후미진 귀퉁이에 있는 비석 하나가 홀연 눈에 들어왔다. 아무 장식 없이 우둘투둘한 표면에 '供養塔'(공양탑)이라는 세 글자만 음각된 낡고 볼품없는 석비. 그 밑에 탄광에서 죽은 연고 없는 조선인과 일본인 유골이 묻혀 있다고 했다. 인근 하시마 탄광에서 죽은 노무자들 유골

다카시마 내 산속 후미진 곳에 서 있는 공양탑(왼쪽)과 사찰 긴쇼지에 보관돼 있는 유골함 *

도 함께 포함돼 있다. 하시마 내에는 화장시설이 없어 바로 옆 섬 나카지마中島의 화장터에서 시신을 태우고 유골은 다시 하시마로 가져와 한 사찰에 보관했는데, 1974년 하시마 탄광이 폐광하면서 그 유골도 전부 다카시마로 옮겨왔다.

본래는 공양탑 근처에 콘크리트로 만들어진 사각형 모양의 납골시설이 있었고, 그 안에 유골항아리와 조선인 이름이 적힌 위패 등이 안치돼 있었다. 그러나 미쓰비시 광업 측이 다카시마 탄광을 폐광하고 1988년 완전 철수할 때 납골시설을 모두 파괴했다. 그러면서 각 유골의 뼈 일부를 제멋대로 분골分骨해서 인근 사찰 긴쇼지金松寺로 옮겼다. 결국 나머지 유골은 난잡하게 섞인 채 탑 밑에 한꺼번에 매립되고 말았다.

그나마 긴쇼지에 보관된 종이컵 정도 만한 크기의 작은 유골함에도 한국인 이름이 쓰여 있는 것은 없었다. 전체 106개 가운데 10여 개에 일본인 이름만 적혀 있을 뿐, 나머지 유골함에는 아무것도 기재돼 있지 않았다. 일본인 광부들은 대개 가족이 있었던 만큼 무연고 유골은 주로 조선인 노무자의 것일 가능성이 높다. 하지만 지금은 최소한의 성명 분류도 없이 뼈가 뒤섞인 상태여서 유골 주인을 확인할 도리가 없는 상황이다.

다카시마는 현재 낚시공원과 해수욕장이 있는 관광지로 탈바꿈했다. 가장 인구가 많던 1976~1979년에는 2만 5,000명 이상이 살았지만 석탄산업이 내리막길을 걸으면서 인구도 급속히 줄어 이제는 주민이 800명 정도에 불과하다. 나가사키 시 당국에서는 '코발트빛 바다' 운운하면서 이곳을 호젓한 관광지로만 선전하고 있다.

최악의 지옥 섬, 하시마 탄광

다카시마에서 개인이 운영하는 소형 선박으로 갈아타고 무인도 하시마端島로 향했다. 다카시마에서 5km쯤 떨어져 있는 이 섬은 나가사키 징용자들에게 가장 공포스러운 작업장이었다. 상상을 초월하는 열악한 노동조건과 잔인한 폭력이 육지와 철저히 고립된 광부들을 사투의 나날로 내몰았기 때문이다. 조선인 노무자 사이에서 하시마는 '지옥 섬'으로 통했다.

가까이 다가갈수록 외관상으로도 극도의 황량함이 섬 전체를 감돌았다. 보통 섬을 둘러싸고 자라는 울창한 숲이 이 섬 주변에는 없다. 모래가 깔린 해변조차 볼 수 없었다. 수목이 자라지 않는 불모의 섬.

배에서 바라본 하시마 전경

오직 시멘트로 싸 바른 10m 높이의 방파제가 섬과 바다의 경계를 두르고 있어 자연이 아닌 인공 섬의 분위기를 물씬 풍겼다. 섬 전체가 탄광으로 개발된 곳. 바다 속 지하 곳곳으로 수백 미터씩 갱도를 파내려간 전형적인 해저탄광이다.

미쓰비시 광업은 다카시마 탄광에 이어 1890년 하시마 탄광을 인수했다. 이곳 석탄은 순탄발열량이 높고 유황과 인의 함유량이 적은 최고급 탄으로, 주로 제철이나 선박용으로 쓰였다. 일제가 전쟁에 광분하면서 하시마 탄광은 채탄량을 증가시키라는 심한 압박을 받았고, 이는 그대로 올가미가 되어 조선인과 중국인 노무자의 목을 조였다. 이곳에는 조선인 징용자 500명, 중국인 전쟁포로 200여 명이 강제노역에 종사하고 있었다. 이제 몇 명 남지 않은 하시마 탄광 생존자 가운데 박준구(1920년생, 전남 순천시 장안리) 씨는 당시를 이렇게 회상했다.

"징용 갔더니 하시마에 있던 사람들이 '아이고, 당신들도 고생혀. 여기 온 지 3년 됐는데도 안 내보내줘서 이러고 있어. 여기 들어오면 못 나가요' 그래. 그 소리를 들응께 아이고메, 우리는 다 살았네, 아주 포기를 했어요……. 월급이 어디가 있어, 월급이? 밤낮 일만 하고. 식사라고는 주먹밥, 요만씩 한 놈을 두덩이 줘. 그래서 탄광에서 위메, 우리 한국이 그렇게 좋았구나 싶은 생각이 나고. 말도 못해. 안 죽고 산 것이 천운이지."

징용자들은 매일 12시간씩 2교대로 노동했다. 승강기를 타고 수직 갱도를 내려가 굴착장에 도착했다. 비좁은 막장에서 서 있지도 못하고 바닥에 엎드리거나 옆으로 누운 채 탄을 캐곤 했다. 매일 책임 출탄량(할당량)이 있었기 때문에 그것을 채우지 못하면 나올 수도 없었다. 노무감독들은 모두 곤봉 모양의 몽둥이를 들고 다녔다. 1944년엔 기시 노부스케岸信介(아베 신조 전 일본 총리의 외조부) 당시 통상산업대신이 시찰을 나왔다. 그는 "여긴 전쟁터다. 적을 물리치기 위해 더 열심히 탄을 캐라"고 생산력 증대를 지시했다(패전 후 그는 A급 전범이 됐다). 이 섬은 멀리서 보면 군함 한 척이 바다에 떠 있는 것 같다고 해서 일본인 사이에 '군칸지마'軍艦島라는 별칭으로 더 유명하다. 섬에 최대한 근접해서 보니 과연 그랬다. 전체적인 지형도 그렇지만 그 위로 빼곡히 들어찬 아파트와 학교, 채탄시설들이 거대한 군함 형상을 이루고 있었다.

하시마는 동서로 160m, 남북으로 약 480m 길이에 둘레 1.2km, 면적 6.3ha에 불과한 작은 섬이다. 그럼에도 탄광개발이 진전되면서 한때 5,300명이 거주해 일본 내에서 인구밀도가 가장 높은 지구로 꼽혔다. 좁은 터에 최대한 많은 인원을 상주시키기 위해 7~10층짜리

하시마는 섬 둘레가 10m 높이의 시멘트 방파제로 에워싸여 있다.
원 안은 조선인 노무자들이 '지옥문'이라고 불렀던 갱도 입구 *

철근 콘크리트 아파트가 1944년까지 10여 동 세워졌고, 거기엔 주로 일본인 광부와 직원이 거주했다. 조선인 노무자들은 아파트에서 떨어진 두 동짜리 허름한 건물에 따로 수용됐다. 건물 창문에는 전부 쇠창살이 쳐 있었고, 부근에는 10m 높이의 감시탑이 있었다고 한다. 전쟁 포로로 잡혀온 중국인들도 있었는데, 이들 역시 별도의 숙소에 수용됐다.

   섬을 반 바퀴 돌아 반대편 측면 쪽으로 접근하자 접안시설이 있는 부교 뒤편으로 컴컴한 동굴 같은 게 눈에 들어왔다. 시바타 사무국장이 알려줬다. "저기 보이는 문이 갱도로 들어가는 입구입니다. 한 번 들어가면 빠져나올 수 없다고 해서 '지옥문'이라고 불렸지요." 그것은 지하 700m까지 내려가는 해저탄광의 입구 가운데 섬 안에서 제일 큰 것이었다. 광부들은 거기서 철망으로 만든 승강기를 타고 까마득한 땅 밑 막장으로 내려가 칠흑 같은 절망과 싸웠다.

지옥 섬에서의 탈출은 거의 불가능했지만 많은 조선인이 죽음을 무릅쓰고 탈출을 시도했다. 바다에 뛰어들어 무모하게 헤엄쳐 도망가다 빠져 죽고, 도중에 일본인 노무관리자들에게 잡혀 맞아 죽기도 했다. 일제 강제동원 실태를 앞장서 고발했던 고 서정우(2001년 별세) 씨는 생전에 이런 증언을 남겼다.

"열네 살 때 하시마로 징용됐습니다. 나는 매일 급속도로 쇠약해져갔습니다. 그런데도 일을 쉬면 감독이 와서 관리사무소로 끌고 가 마구 구타를 했습니다. '예, 일하러 나갈게요'라고 말할 때까지 린치를 당했습니다. 제방 위로 멀리 조선 쪽을 보면서 몇 번이나 바다에 뛰어들어 죽으려고 생각했는지 모릅니다. 동료 중에 자살한 사람이나, 육지로 헤엄쳐 도망하려다가 빠져 죽은 사람이 40~50명 있었습니다."

이 같은 사실을 알고 있는 일본 국민은 거의 없다. 심지어 나가사키 시 당국은 하시마의 아파트가 일본 최초의 철근 콘크리트 주거용 건물이라며 유네스코 세계문화유산 지정을 한창 추진 중이다. 한국인들도 무지하기는 마찬가지다. 여행이나 음식문화에 관심이 많은 한국인들에게 나가사키는 푸치니의 오페라 〈나비부인〉의 무대, 카스텔라와 짬뽕의 고향 정도로만 입력돼 있을 뿐이다.

하시마는 1974년 폐광된 이후 거주자가 모두 떠나 지금은 아무도 살지 않는 완전한 무인도로 남았다. 남은 건물도 몹시 낡은 데다 일부는 무너져 내려 거대한 잿빛 폐허를 이룬다. 일본 정부와 미쓰비시가 침묵과 외면으로 일관하는 동안, 그리고 한국 정부와 시민들이 과거사에 눈을 감는 동안 참혹했던 강제동원의 진실은 망각의 늪으로 깊숙이 잠겨가고 있다.

미쓰비시 만행 고발하는 시민운동가 다카자네 대표와 시바타 사무국장

취재팀이 일본 현지에서 만난 시민운동가들은 대체로 네 가지 특성을 띠고 있다. 정치적 의도나 야심이 없다는 점, 권위주의나 상명하달이 아니라 수평적인 연대와 상호존중이 몸에 배었다는 점, 조직의 규모나 사회적 영향력에 신경 쓰지 않고 누가 뭐라고 하든 꾸준히 열성을 유지한다는 점, 나이 지긋한 장·노년층이 백발에 아랑곳없이 정력적으로 활동한다는 점 등이다.

미쓰비시의 조선인 강제동원 취재를 위해 만난 '나가사키 재일 조선인 인권을 지키는 모임'의 다카자네 야스노리 대표와 시바타 도시아키 사무국장도 마찬가지였다. 이들은 적지 않은 나이와 일본 우익들의 협박에도 불구하고 아무 대가 없이 일제시기 조선인들에게 가해졌던 인권유린 실태를 추적하는 데 온 힘을 기울이고 있다. 특히 미쓰비시의 조선인 강제동원에 관심이 많다. 1939년생으로 나가사키 대학 불문과 교수로 재직하다 퇴임한 다카자네 대표가 그 이유를 말했다.

"나가사키에서 미쓰비시는 다른 기업에 비해 세력이 큰 정도가 아니라 압도적이지요. 경제 자체가 미쓰비시 조선소에 의존하고 있습니다. 나가사키의 경제기반 세 가지가 관광, 수산, 미쓰비시입니다. 그러나 미쓰비시는 태평양전쟁 때 조선인 강제연행을 가장 많이 한 기업이에요. 노무자가 부족하면 몇 명이 더 필요하다고 일본 정부에 요구했지요. 일본 정부나 군 당국과 한 몸이나 다름없었어요. 그럼에도 사실을 인정하지 않고 책임을 회피하려고만 합니다."

1951년생인 시바타 사무국장은 원폭 2세대로, 조선인들이 많이 끌려갔던 다카시마에서 성장했다. 조부모와 부모가 다카시마에서 생선가게를 운영해왔는데, 나가사키 시내로 이사했다가 원폭피해를 입었다고 한다. 시바타 사무국장은 태어날 때부터 심장기형으로 여러 번 수술을 했다. 그는 심장병 중증장애인이다.

두 사람은 오랜 세월에 걸쳐 조선인 피폭자 문제, 나가사키 조선소와 다카시마 탄광, 하시마 탄광 강제연행자 등에 대한 자료를 수집하고 정리해왔다. 그 성과물이 1982년 7월 제1집을 시작으로 6집까지 발간한 『원폭과 조선인』이다. 이 책자를 통해 나가사키 내 조선인 인구 추이, 피폭자 현황 등을 자세하게 소개했다. 하시마 탄광 문제에 대해서도 상당 부분을 할애했다. 특히 1986년 하시마 한구석에 버려져 있던 '매화장인허증'埋火葬認許證을 무더기로 입수해 그곳에서 사망한 조선인이 1925년부터 1945년까지 총 122명이고, 그중 강제동원기인 1938~1945년 사망자가 56명이라는 사실을 밝혀냈다.

사망자가 발생했을 때 지역 관청이 발급하는 공문서인 이 매화장인허증에는 해당 사망자의 신원, 사망일시, 원인, 매장 또는 화장 여부 등이 기록돼 있다. 다카자네 대표가 제시하는 자료를 보니 사망원인이 한자와 일본어로 '병사', '익사', '발육불량', '역병', '변사', '자살', '추락에 의한 뇌진탕', '두개골 골절', '매몰로 인한 질식', '두부 타박상', '복부내장 파열' 등으로 기재돼 있었다. 조선인들이 어떻게 비명에 갔는지 한눈에 보이는 듯했다. 도망가다 물에 빠져 죽었거나 일본인 노무계에게 린치를 당해 숨진 조선인들의 한 맺힌 사연들은 이런 건조한 의학용어 속에 은폐돼 있다.

두 사람은 1986년 당시 신원공개를 꺼리는 어떤 일본인으로부터 매화장인허증 원본을 건네받은 뒤 자료 분석과 보고서 작성을 마치고 규슈대 석탄자료관으로 보내 관리를 맡겼다. 이 같은 기록을 보고 가족의 유골을 찾으러 온 한국인도 있었다. 다카자네 대표가 분노를 담은 목소리로 그 전말을 전했다.

"하시마에서 1944년 6월 6일 사망한 이완옥(사망 당시 22세)이라는 노무자가 있어요. 높은 곳에 설치된 컨베이어 벨트를 이용해 석탄을 운반하다가 레일 틈에 빠지는 바람에 밑으로 떨어져서 죽었습니다. 그 사람의 조카가 규슈대에서 매화장인허증을 찾아본 뒤 백부의 사망 사실을 알고 유골을 한국으로 옮기고 싶다고 미쓰비시 측에 요청했습니다. 하시마에 있던 유골이 현재 다카시마의 '공양탑' 아래 밀폐된 공간에 묻혀 있으니 그곳을 확인하고 싶다고 한 거죠. 그러나 미쓰비시 광업의 후신인 현 미쓰비시 머티어리얼 측에서 '지금 굳이 땅을 파겠다는 것은 사자를 모독하는 짓'이라고 거절했습니다. 자기들이 생명을 모욕해놓고 그걸 제대로 수습하려는 행위를 모욕이라고 하는 건 용서할 수 없는 일입니다."

두 사람이 보기에 미쓰비시가 취해야 할 자세는 분명하다. 시바타 사무국장이 강한 어조로 말했다.

"한마디로 말해서 배상해야지요. 미쓰비시가 기업으로서 아시아에서 살아나가려면 조선인이나 중국인 강제연행에 대해 책임을 져야 합니다. 지금이라면 회사 일을 하다 죽거나 다친 사람에 대해 당연히 보상을 하고 연금을 주거나 가족 생계를 책임집니다. 하물며 강제로 끌려와 그렇게 됐던 사람들에 대해 책임을 회피하려는 건 말도 안 되는 행동이에요."

다카자네 야스노리 대표(왼쪽)와 시바타 도시아키 사무국장은 조선인 강제동원 및 피폭 관련 자료를 전시하는 '평화자료관'을 나가사키 시내에서 운영하고 있다. 두 사람 사이에 보이는 사진은 하시마를 상공에서 촬영한 것이다.

다카자네 대표도 전적으로 같은 생각이었다. "시바타 얘기에 100% 찬성입니다. 미쓰비시는 미군정 때 재벌그룹들이 해체됐기 때문에 태평양전쟁기의 미쓰비시와 지금의 미쓰비시는 별개의 기업이라고 주장합니다. 강제동원 피해자들이 미쓰비시를 상대로 손해배상 청구소송을 제기하면 일본 법원에서는 이 같은 '별別회사론' 논리를 그대로 받아들여 미쓰비시 손을 들어주지요. 그러나 1952년 샌프란시스코 강화조약에 의해 일본이 미군정에서 독립한 뒤 미쓰비시의 흩어진 기업들은 다시 합체되지 않았습니까. 사원의 근무연수라든가 급료, 모든 업무와 기록이 같은 회사로서 연결이 됩니다. 자기들도 기업 역사, 사시社是 등을 얘기할 때 '미쓰비시 100년사'라고 말하면서 서로 다른 회사라고 하니 얼마나 궤변입니까. 그때그때 자기들 편할 대로 어쩔 때는 같은 회사라고 했다가, 어쩔 때는 다른 회사라고 하는 것입니다. 미쓰비시는 '국가가 책임지면 기업도 화해에 나설 준비가 돼 있다'라는 식으로 말하기도 합니다. 기업 스스로 사과하고 책임지겠다는 것이 아니고, 국가가 책임지지 않을 걸 뻔히 아니까 끝까지 회피로 일관하는 것입니다. 국가를 방패 삼아 그 뒤에 숨는 행태를 그만둬야 합니다."

미쓰비시는 어떤 기업인가

에도 막부 시절인 1835년 도사 번(土佐藩, 지금의 시코쿠 지방 고치 현)에서 출생한 하급 무사 출신 이와사키 야타로가 1870년 배 세 척을 가지고 해상무역에 손을 대면서 기업사가 시작됐다. 1873년 회사명을 '미쓰비시상회'로 내걸면서 미쓰비시라는 상호가 처음 등장하게 된다. 미쓰비시三稜는 이와사키가의 문장紋章이었던 3개의 마름(陵. 바늘꽃과의 1년생 식물)에서 따온 것이다.

야타로는 이른바 '사가佐賀의 난'[6]이 발생했을 때 정부를 도와 반란군을 진압하는 등 메이지유신으로 정권을 잡은 인사들과 긴밀히 접촉하며 기업을 성장시켰다. 그는 막부 정권을 무너뜨리고 대정봉환(大政奉還, 1867년 에도막부가 천왕에게 국가통치권을 넘겨준 사건)을 성사시킨 일본의 국민적 영웅 사카모토 료마의 사업을 승계한 데다 일세를 풍미한 사상가이자 실력자였던 후쿠자와 유키치(福澤諭吉, 1835~1901)와도 밀접한 관계를 이어갔다. 야타로는 1874~1884년에 걸쳐 후쿠시마, 아오모리, 오카야마 등 여러 곳에 광산을 개발했는데 그 중심이 된 것이 훗날 조선인 강제동원으로 악명을 떨치게 되는 다카시마 탄광이었다.

야타로는 미쓰비시 재벌이 완성되기 전인 1885년에 위암으로 사망했지만 그 이전에 미쓰비시가 성장할 수 있는 기초를 확고하게 다져놓았다. 그가 죽은 뒤 동생 야노스케彌之助가 사장직을 물려받아 일류 재벌로 발돋움시켰다. 야노스케는 1887년 정부 소유 나가사키 조선소를 불하받은 데 이어 미쓰비시조선, 미쓰비시제지, 미쓰비시상사, 미쓰비시광업, 미쓰비시은행, 미쓰비시전기 등을 차례로 설립하며 그룹을 부흥시켰다. 야노스케의 뒤를 이어 야타로의 장남 히사야久彌가 미쓰비시 총수를 맡았다. 야타로의 사위들은 미쓰비시 재벌의 성장에 두고두고 도움이 됐는데, 맏사위와 넷째 사위가 총리를 역임했고 둘째 사위는 교토지사를 지냈다. 이들은 미쓰비시와 민정당 등 정계를 연결하는 파이프 역할을 했다.[7] 야노스케 또한 일본 정계의 거물 고토 쇼지로(後藤象二郎, 1838~1897)의 딸과 결혼해 혼인으로 막강한 인맥을 구축하는 데 일조했다. 이래저래 미쓰비시 집안은 정경유착의 대명사로 일컬어질 수밖에 없었다.

미쓰비시 그룹은 미쓰비시합자회사를 지주회사(持株會社, 주식 소유에 의해 기업을 지배하는 회사로 재벌 본사들이 대부분 지주회사 역할을 한다)로 개편시켜 산하 회사들을 총괄 관리하는 콘체른Konzern 형태를 갖추면서 크게 성장했다. 1930년 들어 산하 회사 120개사, 자본금 9억 엔에 달하는 초대형 재벌의 면모를 갖추게 됐다.[8]

정부의 강력한 지원 속에 사세를 확장한 미쓰비시는 특히 중일전쟁과 태평양전쟁 기간 중 군수산업으로 급성장했다. 나가사키 조선소를 모태로 1934년 탄생한 미쓰비시중공업에서 당시 세계 최대 전함으로 일컬어졌던 6만 9,000톤급 무사시 호, 진주만 폭격과 가미카제 자살공격으로 맹위를 떨친 제로센零戰 전투기 등을 만들어 일본 군국주

미쓰비시 가문과 기업의 역사를 소개하는 다카시마 석탄자료관 전시물

의의 상징으로 자리매김했다. 그 발판에 수많은 조선인들의 육체노동이 있었다. 일본 학자 및 시민운동가들이 2006년 발간한『전쟁책임 연구』[9]에 따르면, 미쓰비시 작업장에 끌려간 조선인은 총 10만 명에 달했다. 이 중 1만 명 이상이 나가사키의 조선소와 병기공장, 제강공장, 탄광 등에 동원됐다. 일본 패망 뒤 연합군총사령부는 전쟁에 적극 협력한 책임 등을 물어 군수재벌을 해체하면서 미쓰비시도 작은 회사로 뿔뿔이 해체했다. 1946년 9월 조사 때 미쓰비시 재벌계 기업 76개 회사의 총자본금은 27억 350만 엔으로, 자본 규모에서 미쓰이 재벌과 양대 산맥을 이루고 있었다. 그 무렵 미쓰비시 총수인 이와사키 고야타岩崎小彌太는 "나라를 위해서였다. 그런데 패전했기 때문에 그 명령에 따라 해체할 수밖에 없단 말인가. 자발적 해체는 나의 신념으로는

석탄자료관에 전시돼 있는 미쓰비시 로고 조형물. 과거 탄광 갱구의 벽면에 부착돼 있던 것이다.*

할 수 없다. 미쓰비시는 국가의 명령에 따라 당연히 국민으로서 해야 할 의무를 다했기 때문에 돌이켜보아도 한 점 부끄러울 것이 없다"며 강력하게 반발했다.[10]

결국 해체조치가 단행돼 미쓰비시중공업은 동일본중공업, 중일본중공업, 서일본중공업 등 3개 회사로 분할됐다. 미쓰비시상사는 무려 120개사로 세분화됐다. 그러나 미쓰비시 그룹은 제2차 세계대전 종결을 위한 '샌프란시스코 평화조약'이 1952년 발효된 이후 단계적으로 재결합했다. 미쓰비시중공업도 1964년 재통합했다. 현재 미쓰비시 그룹의 중핵은 미쓰비시중공업과 미쓰비시 UFJ은행, 미쓰비시상사다. 이 중 미쓰비시중공업은 차량과 선박, 각종 터빈, 발전기 등을 제조하는 세계적 기업으로 일본 중후장대重厚長大 산업의 간판으로 통한다. 종업원 수가 계열사를 합쳐 총 6만 2,000명이며 전체 매출은 4조 4,000억 엔이다(2008년 기준). 한편으로는 역사 왜곡으로 유명한 '새로운 역사 교과서를 만드는 모임'(약칭 새역모) 측에 막대한 후원금을 주는 등 과거사 문제에 아무 반성이 없는 대표적 우파기업으로 꼽힌다.

조선인 강제동원 문제와 관련해서는 1944년 일본 나고야의 미쓰비시중공업 산하 군용 항공기(정찰기) 공장에 근로정신대로 끌려갔던 할머니 7명이 2009년 후생연금 탈퇴수당 명목으로 1인당 고작 99엔씩을 받은 사건이 널리 알려져 있다. 엄밀히 말하면, 99엔 지급의 주체는 일본 정부지만 이를 미쓰비시중공업과 분리해 생각하는 건 별 의미가 없다. 애초에 할머니들이 후생연금 가입 여부에 대한 확인을 일본 정부에 요청한 이유가 미쓰비시중공업의 은폐 때문이었다. 미쓰비시중공업 사업체에 근무했다는 지극히 단순하고 명백한 사실마저 기업 측은 한사코 부인하며 자료를 감춰왔다. 할머니들이 1998년 확인요청을 한 때로부터 무려 12년이 지난 2009년 9월 7일에야 일본 후생노동성 산하 사회보험청은 이들의 미쓰비시중공업 근무 사실을 공식 인정했다. 후생노동성은 후생연금 중도탈퇴에 따른 수당을 1940년

후생연금

일본은 1942년 6월부터 노동자가 10명 이상인 공업·광업·운수업 사업장에 대해 남자 노동자를 강제 피보험자로 하는 노동자연금보험법을 시행했다. 보험료는 급료의 6.4%(갱내부는 8%)이며 노사가 절반씩 부담했다. 1944년 2월부터는 노동자보험법을 대체해 후생연금보험법이 전면 시행됐다. 여성을 포함해 노동자 5명 이상인 사업장에 강제 적용됐다. 보험급부에는 양로연금, 폐질(廢疾)연금, 유족연금, 탈퇴수당 등이 있다. 조선인 노무자도 여기에 가입해야 했다. 일정 기간 보험료를 납입하면 귀국 때 탈퇴수당을 지급받도록 되어 있지만 조선인 노무자들은 그런 규정이 있다는 사실 자체를 모르고 귀국한 경우가 대부분이었다. 일본 사회보험청은 2007년 후생연금 기록 전체의 확인 작업을 위해 옛 연금대장을 모두 데이터베이스화했다. 이에 따라 가입자의 이름과 성별, 생년월일을 입력하면 가입 여부를 확인할 수 있다. 사회보험청 담당자인 스즈키 요시노리는 2009년 2월 16일 "1943년 이후의 모든 연금에 대해 전산화를 완료했다. 하지만 대조 작업에 필요한 항목으로 성명, 생년월일, 성별 항목만 전산화했기 때문에 한국인인지 여부에 대한 특정은 불가능하다. 사업소명과 가입·탈퇴 연월일은 전산화되어 있지 않다. 가입자의 국적과 주소는 원래부터 연금명부에 기입되어 있지 않다"라고 밝혔다. 일본 정부는 후생연금 탈퇴수당에 대해서는 한일회담의 청구권 협정으로 '소멸'된 재산·권리에 포함되지 않으며 신청주의를 취하고 있기 때문에 지금도 급부신청을 해서 인정만 되면 지급한다는 입장이다.

대 당시의 화폐 액수 그대로 계산해 피해자들에게 99엔을 지급했지만, 미쓰비시중공업은 단돈 1엔도 내놓은 적이 없다.

한국에 대한 이 같은 심각한 원죄에도 불구하고 우리 정부는 다목적 실용위성 '아리랑 3호'의 발사 사업자로 미쓰비시중공업을 선정해 논란을 빚은 바 있다. 한국항공우주연구원은 2008년 10월 아리랑 3호 발사 용역의 우선협상 대상업체로 미쓰비시중공업을 최종 선정했다. 2009년 1월 이명박 대통령과 아소 다로 일본 총리는 정상회담에서 아리랑 3호 발사체 용역업체로 미쓰비시중공업이 선정된 것을 환영한다고 공식 발표했다.

위성을 탑재한 로켓 발사는 일본 다네가시마 우주센터 요시노부 발사장을 이용할 예정이다. 우리 정부가 아리랑 3호 발사에 일본 로켓을 쓰기로 함에 따라 미쓰비시중공업은 해외 상용 로켓시장에 최초로 진입하게 됐으며, 추가 해외시장 개척에도 발판을 놓게 됐다.

2. 극우진영과 결탁한 최대 재벌, 미쓰이

조선인 강제노역 흔적 지우고 세계유산 추진

일본 후쿠오카 현의 오무타大牟田 시를 찾은 때는 2010년 1월 22일이었다. 한국은 칼바람이 살을 에고 눈발까지 어지러운 한겨울이지만 이곳은 규슈 지방답게 날씨가 온화했다. 전날 흩뿌리던 약한 비도 그쳤다. 이 남부 지방 탄광에 끌려왔던 조선인 노무자들에게 그나마 위안이 된 단 한 가지가 상대적으로 따뜻한 기온이었다. 장독에 손이 쩍쩍 달라붙는 매서운 조선 겨울보다 낫다는, 그리고 영하 20도를 넘나드는 저 머나먼 북쪽 홋카이도에 끌려간 사람들 보다는 낫다는……. 그리고 더 이상 다른 위안거리는 없었다.

    탄광은 일제의 강제노역 제물이 된 조선인 노무자들이 가장 두려워하는 작업장이었다. 강제동원 시기인 1939~1945년 사이 일본 본토에 끌려간 조선인의 약 45%가 각 기업체 탄광에 배치됐다. 단일 업종 가운데 가장 높은 비율이다. 노동 강도가 혹심하고 사망률이 가장 높은 작업장이 탄광이었기에 조선 청년들은 징용 전부터 '제발 탄광만은……'이라며 불안에 떨어야 했다. 그래서 일반 금속을 캐는 광산으로만 징용돼도 다행으로 생각하곤 했다. 1944년 2월 기후岐阜 현 히다飛驒 시에 있는 미쓰이 재벌 소유 가미오카神岡 광산으로 동원됐던 김득중(1926년생, 전북 익산시 송천리) 할아버지의 증언에서 그런 심리를 확인할 수 있다.

도착하고 이틀인가 사흘인가 지나서 굴속으로 들어갔어. 거기가 광산이여. 탄광이 아니라 쇳돌 파는 광산. 그놈을 깨트려서 녹이면 쇠도 나오고 금도 나오고. 그래도 조선 사람이 많이 죽었어. (……) 처음에 갈 적에는 우리를 탄광으로 보낼 줄 알았어. 그랬더니 용케 그저 쇳돌 파는 광산으로 다녔당게. 탄광이 그거보다 더 위험혀. 공기도 나쁘고.[1]

조선인이 아무리 탄광을 피하고 싶어도 당시 탄광업으로 몸집을 키워가던 일본 기업들의 손아귀를 벗어날 수는 없었다. 그중에서도 미쓰이 재벌 계열사 미쓰이 광산주식회사가 운영하던 미이케 탄광은 한때 일본 석탄 생산량의 4분의 1을 차지할 정도로 손꼽히는 탄전炭田이었다. 메이지 정부 때 관영으로 개발됐던 것이 1898년 미쓰이에 불하됐다. 태평양전쟁으로 군수물자인 석탄 수요가 폭발하면서 미이케 탄광을 관리한 미쓰이 광산주식회사는 미쓰이 물산, 미쓰이 은행과 함께 미쓰이 재벌의 주축기업으로 떠올랐다. 후쿠오카 현 오무타 시와 구마모토熊本 현 아라오荒尾 시에 걸쳐 있는 이 탄광에 조선인 노무자 수천 명이 있었다. 중국인 징용자도 많았다. 이들은 탄광에서 가장

아라오 시 미이케 탄광 만다 갱 정보관에 전시돼 있는 탄광 가동 시절의 자료사진 *

위험한 갱내 노동에 주로 투입됐다.

오무타 역에서 재일교포 우판근 씨를 만나 그가 운전하는 자동차에 올랐다. 고향이 전주인 우 씨는 재일본대한민국민단(약칭 민단) 간부로 오랫동안 일했으며 오무타지부 민단 지단장을 맡고 있었다. 차를 타고 20분쯤 가자 '마와타리 공원'이 나타났다. 지금은 헐리고 없지만 이 인근에 조선인들이 묵었던 사택舍宅, 즉 노무자 숙소가 있었다. 우 씨가 말했다. "마와타리는 지명인데 한자로 '馬渡'(마도)입니다. 땅바닥에 물이 많아 진흙탕을 걸어다니기 어려워서 일본인들은 말을 타고 다녔다고 붙은 이름이에요. 얼마나 살기 나쁜 곳에 조선인 숙소가 있었는지 알 수 있지요."

미이케 탄광 일대에는 조선인 노무자 숙소가 10군데 있었다. 그중

조선인 노무자 숙소였던 마와타리 사택 사진 *

하나인 마와타리 사택은 1939년 건립됐다. 여러 개의 방이 있었고 징용 조선인들이 한 방에 30명씩 거주했다. 채탄 작업에 지쳐 누더기가 된 육신을 눕히던 거처. 본래는 15명만 겨우 누울 수 있는 면적이었다고 한다. 그런데 어떻게 30명씩 잤을까.

"2교대로 12시간씩 근무했어요. 15명은 일 나가고 다른 15명은 자는 것이지요. 1조가 전부 일을 나가서 교대해주면 2조가 들어와서 취침하는 식입니다. 그런데 아픈 사람이라도 생겨서 자리가 모자라면 어떡했을까요. 미이케 탄광 임원으로 일했던 일본인 노인한테 이런 얘기를 들었습니다. 병들어서 일을 못 나가고 누워 있는 조선인 환자를 산 채로 우물에 집어넣고 덮개를 닫은 일도 있었다고."

그 시절 조선인 노무자들은 고향을 그리며 사택의 구석진 벽에 일

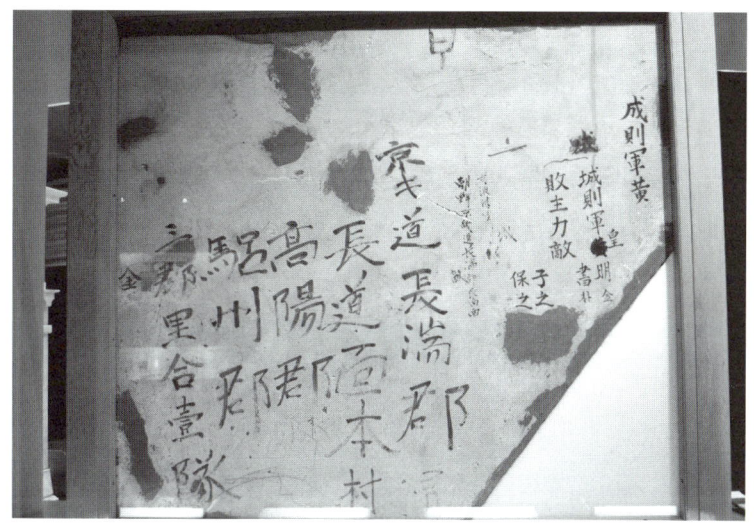

오무타 시 석탄산업과학관에 보관돼 있는 마와타리 사택의 벽면 낙서

본인들 몰래 낙서를 했다. 한자와 한글을 아는 대로 섞어 '경기도'니 '고양군'이니 '자력갱생'이니 하는 낱말들을 비뚤비뚤한 글씨체로 새겨 넣었다. 공원 한쪽에 그 낙서를 사진으로 찍어 기념비로 만든 게 있었다(이 낙서들이 새겨진 벽면 실물은 오무타 시 석탄산업과학관에 보관돼 있다). 기념비의 글귀는 이렇다.

제2차 세계대전 때 미이케 탄광에 조선인 수천 명이 강제 연행돼 가혹한 노동을 했다. 그중 약 200명이 마와타리 사택에 수용돼 있던 중 망향의 염원이 담긴 낙서를 해놓은 것이 1989년 발견됐다. 조선인에게 막대한 희생을 가져다준 고통을 생각할 때 다시는 그런 행위가 일어나서는 안 되겠다. 1997년 2월 오무타 시.

낙서 발견 뒤 마와타리 사택은 민단, 조총련 등 재일교포 단체들의 반대에도 불구하고 결국 철거됐다. 미이케 탄광의 일본인 직원 숙소는 아직도 남아 있지만 조선인 숙소는 현재 보존돼 있는 게 없다. 1997년 2월에 조성된 마와타리 공원은 조선인 징용자들을 추모하기 위해 지역의 뜻 있는 재일교포들이 시 당국을 설득하는 등 오랫동안 애를 써서 만든 공간이다.

차를 돌려 미야하라宮原 갱 터를 둘러본 뒤 구마모토 현 아라오 시에 있는 만다万田 갱으로 향했다. 오무타 역에서 차로 20분 거리다. 미이케 탄광에는 가장 많을 때 41곳의 갱이 있었는데, 지금은 이 두 곳의 갱만 제대로 흔적이 남아 있다. 1898년 문을 연 미야하라 갱은 1931년에 일찌감치 폐광했다. 따라서 조선인들이 강제노역에 종사했던 갱은 1951년까지 존속했던 만다 갱이 유일하게 남아 있는 셈이다. 1902년부터 개발된 만다 갱은 미이케 탄광 최초의 서양식 설비를 갖추고 주력 갱 역할을 했다.

대부분 농촌 출신이었던 조선인들은 어떻게 이곳까지 오게 됐을까. 이에 대해서는 미이케 탄광 인사과장으로 일했던 도미타 와타루(1918년생)라는 인물이 우 씨에게 남긴 증언이 있다. 정년퇴임 후 시집 『오수午睡의 꿈』을 내는 등 시인으로 활동했던 그는 1993년 2월 27일 우 씨를 만나 이렇게 털어놨다. 기업이 어떤 식으로 조선인들을 끌고 왔는지 그 전형이 담겨 있다.

"내가 조선 현지에 직접 가서 사람들을 데려왔다. 직접 가야 많이 모을 수 있다. 여러 번 가서 총 4,000명을 데려왔다. 말이 데려온 것이지 실제로는 잡아온 것이다. 갈 때마다 지역 면장, 일본 헌병 등 힘 있는 사람들을 만나 돈과 선물을 건네주고 협조를 받았다. 면 단위 시골

미야하라 갱(위)과 만다 갱(아래) 터에 남아 있는 권양기 등 부대시설 *

마을에 낮에 가면 남자들은 다 도망가 있었다. 그래서 밤에 갔다. 조선인 면장이 '걱정마라. 결혼한 지 일주일 된 남자도 있는데, 밤이 되면 꼭 집에 들어온다. 저 집엔 아들이 있고, 저 집엔 여자만 있다'라는 식으로 정보를 줬다. 면장이 알려준 집에 헌병과 함께 침입하니 젊은 남자가 부인과 함께 잠자리를 하고 있었다. 다가가서 일본도를 들이대고 잡아왔다. 길에서 지나가는 조선인을 잡아 트럭에 싣기도 했다. 마을을 떠날 때면 힘 있는 사람들한테 '다음에 언제 올 테니 준비해달라'고 얘기했다.

만다 갱은 오래전 근대화 유산이라는 이유로 미야하라 갱과 함께 1999년 '국가중요문화재'로 지정됐다. 그래서 본래 일반인 출입금지 구역인데, 우 씨의 주선으로 현장에 나와 있던 담당공무원의 허락을 얻어 안으로 들어갈 수 있었다. 거대한 망루 모양으로 우뚝 서 있는 25m 높이의 수직갱도 탑(堅坑櫓)을 비롯해 권양기(捲揚機, winch)실, 탄차, 레일, 선탄장 등이 넓은 지대에 펼쳐져 있었다. 특히 핵심 시설인 권양기실 내부를 확인할 수 있었다. 아라오 시청 사회교육과장이라는 담당공무원은 굳게 잠겨 있던 자물쇠를 열면서 "당신들은 권양기실 내부로 들어온 최초의 일반인"이라며 "이 권양기를 이용해 깊이 274m의 갱도 바닥까지 1분이면 도달할 수 있었다"고 말했다.

삐걱거리는 녹슨 철제계단을 밟아 2층으로 올라가니 육중한 권양기가 보였다. 권양기는 원통형의 드럼에 쇠밧줄(와이어로프)을 감고 도르래를 돌려 무거운 것을 끌어올리거나 내리는 기계다. 쇠밧줄 한 끝은 드럼에, 다른 한 끝은 탄차 등에 연결돼 감거나 푸는 동작으로 왕복운동을 한다. 작동원리가 엘리베이터와 비슷한데, 탄광에서는 갱도 안팎으로 석탄이나 장비, 광부들을 운반하는 데 사용된다. 조선인 노

만다 갱 내 권양기실 2층에 설치돼 있는 원통형 드럼과 쇠밧줄 *

　무자들은 이 권양기를 이용해 지하 막장으로 내려갔다. 이들이 캐낸 석탄도 탄차에 담겨 권양기로 지상에 끌어올려졌을 것이다.

　조선인들은 처음에 2년 계약으로 탄광에 왔다. 그러나 계약기간이라는 건 애초에 아무 의미가 없었다. 탄광 측은 온갖 비열한 방법으로 조선인들을 농락했다. 도미타 와타루 전 미이케 탄광 인사과장은 이런 얘기도 했다.

　"조선인들한테 2년만 미이케에서 일하고 계약기간이 끝나면 보내주마 하고 약속했다. 조선인들은 그 말만 믿고 따라왔다. 2년 뒤에 일부를 돌려보내긴 했다. 그런데 방법을 좀 썼다. 오무타 역에서 기차를 태워 보냈다. 시모노세키까지 가야 항구에서 배를 타고 조선에 돌아갈 수 있다. 하지만 우리가 끊어준 기차표는 오무타에서 얼마 안 떨어

만다 갱 내 터널과 광부 및 석탄운반 설비들

진 하이누즈카羽犬塚까지만 갈 수 있는 것이었다. 조선인들은 그것도 모르고 기차에 탔다가 헌병의 검문을 받았다. 하이누즈카 역에서 헌병이 기차에 올라타 표를 보자고 한 뒤 '여기까지만 올 수 있는 표이니 당장 내려라'라고 했다. 그렇게 헌병이 돌려보낸 조선인들은 다시 탄광으로 돌아오곤 했다."

탄광 측은 조선인 광부들을 관리하는 데 효율적이라며 같은 조선인을 반장으로 기용했다. 말이 통하고 조선인들 심리를 잘 안다고 해서 악역을 맡긴 것인데, 그중 신씨 성을 가진 반장이 악명이 높았다. 그는 광부들에게 딱 세 가지 말만 했다고 한다. "밥 먹어라", "일 나가라", "도망가지 마라." 전쟁이 끝난 직후 신 씨를 비롯해 조선인 반장 세 명이 죽었다. 동포들을 괴롭힌 죄책감에 스스로 목숨을 끊은 것이다.

미이케 탄광은 1997년 3월 마지막 갱구를 닫고 폐광을 선언했다. 탄광 총무처에서 일했던 옛 직원에 따르면, 당초 지하창고에 보관돼 있던 조선인 노무자들에 대한 각종 자료는 폐광과 함께 다 소각됐다. 그렇게 긴 세월이라고 할 수도 없는 시간이 흘렀지만 이곳을 조선인 강제동원의 시공간으로 떠올리는 일본 국민은 거의 없다. 기껏해야 미이케 탄광은 일본에서 전후 최대의 노동쟁의가 벌어졌던 곳으로만 알려져 있을 뿐이다. 조합원이 한때 2만 5,000명에 달했던 이 탄광 노조는 1959년 "탄광 노동자가 사람으로 살기 위해 열악한 작업환경의 개선과 부당해고의 철회를 요구한다"며 사측을 상대로 투쟁에 돌입했다. 여기에 재계와 노동계가 전면적으로 가세하면서 '총자본 대 총노동'의 싸움으로 일본 사회를 뒤흔들었다. 그러나 그 어떤 일본인 광부보다 열악한 환경에 처해 있었던 조선인 노무자들은 그때도, 그 이전에도, 그 이후에도 일본 사회에서 소실된 존재였다.

만다 갱을 떠나 다시 차를 타고 오무타 시 석탄산업과학관에 들렀다. 입구 쪽 천장에 세로로 길게 대형 플래카드가 내걸려 시야를 가로막았다. '축! 미이케 탄광의 미야하라 갱과 만다 갱, 세계유산 잠정 리스트에 기재.'

일본 정부와 오무타 시, 아라오 시 당국은 이들 갱의 세계문화유산 지정을 적극 추진 중이다. 이미 유네스코의 잠정 목록에 올라 공식심의가 진행되고 있고 일본 내 기대감도 높다고 했다. 이 머나먼 땅까지 끌려와 음습한 지하갱도 안에서 탈진과 전율의 시간을 보내야 했던 조선인들. 그 암흑의 핵심이었던 미이케 탄광이 이제 '세계인의 문화유산'으로 변신하려 한다.

얼어붙은 동토凍土에서 끓는 가마솥 막장으로 떨어진 이중징용 피해자

심재길(1918년생) 할아버지는 강제노역 피해자 중에서도 이중으로 고초를 겪은 경우다. 느닷없이 일본 최북단 홋카이도로 끌려가 살을 저미는 추위에 떨며 3년 넘게 중노동을 하고, 다시 최남단에 속하는 규슈 지방으로 내몰려 막장을 달구는 불더위에 시달려야 했다. 일제에 의해 이른바 '전환 배치'를 당한 것이다. 극과 극의 탄광을 오가며 겪은 고통을 다시 되살리기 싫어 처음엔 취재팀의 인터뷰 요청을 고사하다 겨우 말문을 열었다.

해방 이후에도 계속 일본에서 살아온 심 할아버지를 구마모토 현 아라오 시 자택에서 만났다. 92세인 그는 결코 목청을 높이거나 흥분하는 법 없이 순박한 얼굴로 질문에 답했다. 심 할아버지는 기본적으로 아주 유순하고 우직한 성품의 소유자다. 그래서 일본인 노무관리자의 악독한 폭력에도 그저 몸으로 감내하면서 핍박을 묵묵히 삭여냈다. 그 시절 대개의 조선인 노무자들이 그랬던 것처럼.

"고향이 경기도 여주군 북내면 외룡리에요. 어느 날 탄광회사의 일본 사람들이 여주군에 와서 '사람 내놔라. 데려가야 한다. 탄광에서 탄을 캐야 폭탄도 만들고 전쟁을 한다'고 했어요. 그러니까 그건 강제로 내놓으라는 거였어요. 그래서 외룡리 구장이 동네 사람들 모이라고 해서 회의를 했습니다. '누가 갈래?' 하는데 아무도 안 가. 탄광 가면 다 죽는다고. '그럼 할 수 없다. 형제가 많은 집에서 한 사람 보내야 한다'고 해서 내가 가게 됐어요. 내가 3형제 중 막내라. 나 말고 북내면에서 최영일이라는 사람이 5형제 집안이라 갔고, 박창순이라는 사람도 몇 형제인지는 기억 안 나지만 가게 됐지요. 그래서 1941년

심재길 할아버지(오른쪽)와 부인 강성예 할머니 *

5월 8일에 나까지 세 사람이 북내면에서 갔어요. 여주군 전체에서는 53명이 갔고."

형제가 많은 집에서 최소 한 명은 징용에 응해야 한다는 강요된 불문율이 청년 심재길, 그리고 최영일과 박창순으로 하여금 하릴없이 마을을 등지게 만들었다. 심 할아버지는 당시 23세였고 부인 강성예 할머니는 17세였다. 결혼한 지 불과 3개월밖에 안 된 때였다. 강 할머니는 "결혼하고 금세 남편이 '당꼬'(탄광의 일본어식 발음)로 갔다. 시집와서 석 달 만인데 나를 자기 아버지한테 맡겨놓고……"라며 아직도 한이 맺혀 있는 듯 연신 한숨을 쉬었다.

여주에서 수원, 수원에서 부산까지 기차를 탔다. 그리고 부산에서 관부연락선을 타고 홋카이도로 향했다. 홋카이도 쿠시로 탄전炭田에는 태평양탄광주식회사가 운영하는 하루토리春採 탄광이 있었다.

"처음에 갔더니 공회당으로 모이게 해서 몇 명씩 분반을 해요. 1구에는 몇 명 가라, 2구에는 몇 명 가라 그렇게 배치를 했어. 그리고 이러더라고. '탄 파는데도 미국 사람 아다마(머리) 찍는 것처럼 파라.' 허허. 곡괭이로 미국 놈들 머리 찍듯이 석탄을 파라니. 탄광일은 한 번도 해본 적이 없는데 농사짓던 사람이 훈련도 안 받고 바로 굴 안으로 들어가서 석탄을 팠지. 들어가서 구멍을 파고 거기다 고무로 된 베르또 기가리(벨트 기계)를 넣는 거야. 전기로 기가리를 돌리면 고무로 된 베르또가 탄을 싣고 팽팽 돌아가지. 입구 높이가 6척 또는 5척밖에 안 되는 굴에 들어가서 탄을 파고, 무너지지 않게 나무(고임목)를 세워 받치고 다시 굴 파고 하면서 둘이 다 작업을 해. 굉장히 힘들었어요. 하루 2교대로 일했는데, 아주 고단했지. 정해진 시간이 없고 노르마(할당량)가 있어요. 그 양을 전부 파내고 베르또를 넣어서 탄을 다 옮기고 나서야 나올 수 있었어요. 그걸 못 하면 몇 시간이 지나도 못 나와. 새벽 4시에 일을 나갔는데 걸어서 10분 가면 탄광 문턱에 도착했어. 거기서 덴조(전등)를 차고 잭을 허리에 차고, 그리고 전차 타고 굴속으로 한 15분 내려가서 탄을 팠지요."

식사는 당연히 형편없었다. 쌀을 줄 때는 별로 없고 콩밥 아니면 수수밥, 보리밥이었다. 콩밥이라도 많이 주면 좋은데 기본적으로 양이 너무 적어 늘 배가 고팠다. 그래서 식당에 가서 일본인 여자 배식원들에게 사정해 눌은밥이나 탄 밥을 얻어먹었다. 고향 북내면에서 같이 갔던 두 사람은 어떻게 됐을까.

"둘 다 죽었어요. 박창순은 돌구멍을 파내는 일을 했는데, 일하고 나오면 흰 소복 입은 것처럼 하얀 돌가루를 뒤집어쓰고 나왔지. 막 고

단하다고 했는데 그렇게 일하다 나중에 피를 토하는 거라. 그땐 뭐 아나. 그런데 탄광 근처 병원에 갔더니 돌가루가 들어가서 폐병에 걸렸다고 얘기해. 병원에 다녔지만 낫지도 않고. 그래서 화장하고 상자에 넣어서 근처에 있는 일본 절에 맡겼어요. 최영일은 탄광에서 발을 다쳤어요. 그리고 나서 전차에 또 발을 치어서 결국 죽었어."

다행히 3년이 지나 부인이 탄광으로 왔다. 당시 각 기업 작업장에서는 동원된 지 2~3년이 지난 조선인에게는 부모나 아내 등 가족을 불러들일 수 있도록 했다. 숙련공의 탈주를 방지하고 작업장에 정착시키기 위한 의도적인 정책 수단이었다. 그러나 부인이 온 지 몇 달밖에 지나지 않은 1944년 9월 심 할아버지를 비롯한 동료 광부 470명은 규슈 지방에 있는 미이케 탄광으로 옮기게 됐다. 이 대목에서 강 할머니는 또 넋두리를 했다. "시집가서 석 달 만에 저이가 일본으로 갔는데, 그래서 내가 3년 만에 홋카이도로 갔는데, 또 몇 달 있다가 규슈 이짝(이쪽)으로 갔어. 그때 애기는 없었지. 같이 있은 시간이 얼마 없었으니까."

이전移轉 이유에 대해 심 할아버지는 "하루토리 탄광에서 탄을 다 파내다 보니까 더 캘 탄이 없어져서 문을 닫았다"라고 설명했지만, 실제 이유는 그게 아니었다. 전시의 일본 정부는 원활한 군수물자 보급 및 생산량 증대를 위해 필요에 따라 일부 광산의 운영을 종료시키고 노무자들을 다른 작업장으로 옮겨 배치하는 정책을 썼다. 전황 악화에 따라 석탄의 해상수송이 곤란해졌거나, 탄질에 문제가 생겼거나, 채굴조건이 불리하다는 점 등이 배경으로 작용했다. 하루토리 탄광의 경우 1944년 8월 정부의 긴급조치에 의해 폐광되고 노무자들은 일괄적으로 규슈의 미쓰이 계열 탄광으로 전환 배치됐다. 다른 사례를 보면 홋카이도의 유베쓰湧別 탄광 같은 경우는 노무자들이 규슈의 미쓰비시 계열 탄광으로 전원 이동했다. 그렇게 해서 심 할아버지는 미이케 탄광의 여러 갱 가운데 오치야마 갱에 배치됐다.

"홋카이도에서는 너무 추웠는데 여기서는 굴에 들어가면 너무 더워. 전부 빨가벗고 훈도시만 입고 일했어요. 홋카이도는 추우니까 잔뜩 입고, 또 탄이 딱딱해서 닿으면 다치니까 각반도 차고 일했는데 여기는 탄이 물렁해서 빨가벗고 들어가도 다치지는 않았어요. 일 끝나고 나오면 까만 고양이 같았지. 얼굴이고 뭐고 전부 새까맸으니. 제일 추운 데서 제일 더운 데로 와서 참……. 그런데 몸이 아파서 한번은 일을 못 나갔더니 왜 노느냐, 죽을 때까지 파야 한다면서 도리시마 야코라는 노무감독관하고 또 한 사람이 나를 불러서 막 패. 홋카이도에서는 맞은 적은 없는데, 여기서는 있는 힘껏 뺨을 때리고, 사람 하나 때려죽여도 죄가 안 된다면서 사무소 안에서 옷을 다 벗기고 두껍고 넓적한 베르또(벨트)로 두 사람이 같이 때려. 하도 피가 많이 나서 신발까지 넘쳐서 흘렀어요. 그러게 우리는 죽을 때까지 파야 하는 거야. 아직도 그때 상처가 남아 있어요. 다른 사람들은 사쿠라 나무로 많이 맞았지. 나중에 해방되고 나서 일본인 노무관리자들은 다 도망갔어. 나쁜 짓을 많이 했으니까. 조선인들이 그때까지 당한 게 있어서 폭동이나 그 밖에 단체행동을 할 수 있으니까. 나도 그때 나를 때렸던 감독관을 찾아갔어요. 만나면 내가 때릴라고. 허허. 근데 도망갔더라고."

심 할아버지는 해방 뒤에도 미이케 탄광이 있던 아라오 시에 계속 머물렀다. 한국 사정이 어려울 때라 일본에서 조금 더 살다 돌아가자고 생각한 것이 현지에서 자녀를 낳고 키우며 늦어졌다고 한다. 생계수단이 막막해 고생도 많았다. 그러나 탄광 일은 다시는 하지 않았다고 한다. 만 4년이 넘도록 내내 그 일만 한 베테랑 숙련공이었는데도.

"다른 이런저런 노동하면서 살았어요. 탄광회사에서는 내가 일을 잘한다고 자꾸 찾아와서 오라고 그랬는데, 나는 계속 안 간다고 했지. 더 이상 탄광 일은 하기 싫었으니까."

그는 몇 년 전에 서울을 찾은 적이 있다. 강제동원 피해자들에게 한국 정부에서 얼마큼씩 배상금을 준다

훈도시만 입고 탄을 캐는 조선인 탄광 노무자·

는 얘기를 민단 측으로부터 듣고 언제 받을 수 있는지 관청에 문의하기 위해서였다. 그러나 그는 지원 대상에 해당되지 않는다는 얘기만 들었다. 2007년 제정된 '태평양전쟁 전후 국외 강제동원 희생자 등 지원에 관한 법률' 규정상, 심 할아버지처럼 일본에 거주하고 있는 피해자들에게는 돈을 주지 않고 국내 거주자들에게만 지급한다는 것이다. 이 규정의 배경에는 박정희 정권 때인 1974년 시행된 '대일 민간 청구권 보상에 관한 법률'이 있다. 이 법은 '1947년 8월 15일부터 1965년 6월 22일까지 일본국에 거주한 자'를 보상 대상자에서 제외했다. 2007년 신법 역시 이를 그대로 준용해 지원범위를 한정한 것이다.

그는 과거 미이케 탄광이 폐광하기 전 탄광 사무실을 찾아간 적이

있다. 일제 때 탄광 측에서는 조선인 노무자들 임금 중 상당 부분을 '애국저축', '신년저축' 등의 명목을 달아 강제로 저금시켰다. 전쟁비용에 충당하려는 속셈이었는데, 심 할아버지 역시 임금에서 원천 징수된 이 돈을 해방 뒤에도 못 받았다. 그래서 본인 임금에서 저축용도로 얼마를 떼었는지 매달 꼼꼼히 기록한 종이를 갖고 미이케 탄광 사무실을 방문했던 것이다. 그가 "내 예금을 찾고 싶다"고 하자 회사 직원이 "나는 기억이 없다"라며 얼버무렸다. 이에 심 할아버지가 "나는 이 회사의 자료를 보러 온 거지 당신 기억을 더듬어주러 온 게 아니다"라고 따지며 언성을 높였지만 결국 박대만 당하고 허탈하게 발길을 돌릴 수밖에 없었다. 사무실에서는 그 시절 자료가 아예 없다고 하면서 심 할아버지에게 집에 갈 때 쓰라고 택시비만 몇 푼 억지로 쥐어 줬을 뿐이다. 미이케 탄광을 떠올릴 때면 그의 늙은 영혼은 다시금 방황한다.

언제, 어디서, 어떻게 죽어갔을까

'이름 김연수. 나이 30세. 사망연월일 1943년 8월 26일. 본적지 경상남도 남해군 창강면 오용리.'

단지 이뿐이다. 사망원인은 없다. 나라를 잃고 자유를 잃은 그들은 일본 땅에 끌려와 생명까지 잃었다. 그러나 무슨 일로, 어떻게 스러져 갔는지는 지금 누구도 알 길이 없는 상태. 이들이 이역만리에서 유배자의 삶을 마감했다는 사실은 단지 빛바랜 종이 몇 장으로 남아 있을 뿐이다.

취재팀은 현지 취재 과정에서 미쓰이 산하 작업장에 강제 동원됐다가 고국에 돌아오지 못하고 숨을 거둔 희생자 46명의 명단을 확인했다. 일제시기 후쿠오카 현 오무타 시에 있던 미쓰이의 3개 계열사에서 노동하다 1942~1945년 사이 사망한 조선인이다. 3개 계열사는 미쓰이 광산주식회사 미이케 탄광, 미쓰이화학공업주식회사 미이케 염료공업소, 미쓰이 전기화학주식회사 오무타 공장이다. 이들 작업장은 미이케 탄광을 중심으

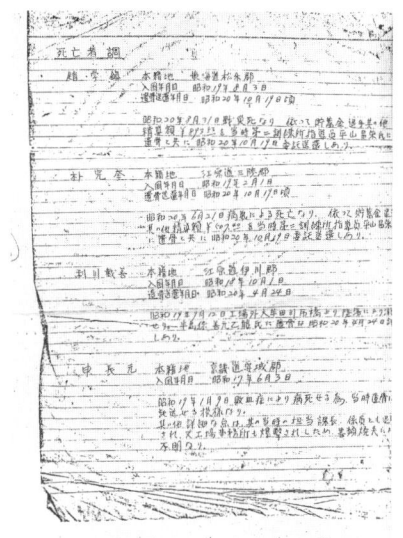

일제 시기 미쓰이 재벌의 각 계열사 작업장에 강제 동원됐다 숨진 조선인 노무자들 명부. 사망 연도가 서력이 아닌 일본 쇼와(昭和) 연호로 적혀 있다. 쇼와 20년은 1945년이다.

로 유기적으로 결합해 있었다. 지리적으로 서로 인접한 환경에서 석탄을 원료로 합성염료, 화학비료 등을 생산하는 일종의 화학 콤비나트를 형성했던 것이다.

계열사별로 명부를 자세히 살펴봤다. 이 중 미이케 탄광에서는 모두 34명의 조선인 노무자가 사망한 것으로 나타났다. 명부에는 이름, 나이, 사망연월일, 본적지 등 네 가지 항목별로 신원이 기록돼 있다. '金連守', '張基赫', '李龍鳳' 등 원래 이름대로 표기된 것도 있지만 대부분 '金田鍾淳', '吳山且碩', '金井河源' 식으로 창씨 개명된 이름이 적혀 있었다. 어떤 사고나 질병으로 죽었는지 사망원인에 대해서는 전혀 기록이 없었다.

미이케 염료공업소 사망자는 여덟 명이다. 명부에는 이름과 사망일시만 있고 나이와 본적지는 항목 자체가 아예 없었다. 사망일시 항목의 괄호 속에 '爆死'(폭사), '病死'(병사)라고만 적혀 있었다. 다만 업무·유골 항목이 있는데 사망자가 맡았던 업무는 모두 제품 하조(荷造, 운송할 짐을 꾸림)와 운반으로, 유골은 모두 귀국하는 동료 조선인이 가지고 갔다는 내용으로 기재돼 있었다.

전기화학 오무타 공장 사망자 명부에는 네 명의 신상이 적혀 있다. 이름, 본적지, 일본 입국일, 유골송환일, 저축금액과 함께 '전쟁재해', '패혈증', '추락' 등 사인死因이 간단하게나마 적혀 있어 다른 명부보다 조금 자세하다. 그러나 네 명의 사망내역이 A4 용지 한 장에 한꺼번에 기재돼 정확한 사망이유를 알 수 없는 것은 마찬가지다.

이들 명부는 모두 우판근 씨가 1990년대 미쓰이 관계자를 통해 입수했다. 우 씨에 따르면, 명부는 1957년 12월 작성됐다. 당시 재일본조선인연맹(조총련과 민단으로 나뉘기 전 재일교포 통합단체) 오무타 지부에서 미쓰이 측에 조선인 노무자 사망자료를 강력하게 요구해 이를 마지못해 받아들였다는 것이다. 명부마다 각 계열사 이름이 인쇄돼 있고 인장도 찍혀 있어 기업 측에서 직접 작성한 서류임을 어렵지 않게 알 수 있다. 그러나 미쓰이 측은 재일본조선인연맹에 자료를 전달하면서 패전 후 혼란 상황, 분실, 소각, 책임자 퇴직 등의 이유로 더 정확한 기록이 없다고 변명한 것으로 전해진다. 기업 측에서 규모를 줄였을 가능성이 높아 전체 사망자 숫자는 46명보다 훨씬 많을 것이라는 게 우 씨의 단언이다.

조선인 사망자 위령비가 세워지기까지

오무타 시 한구석에 있는 야마기甘木 공원에는 '징용희생자 위령비'가 서 있다. 한적한 시골역인 히가시야마기東甘木 역에 내려 산길을 따라 20분 정도 걸어 올라가면 공원 정상 한쪽에 이 위령비가 보인다. 미이케 탄광, 미쓰이 염료공업소, 미쓰이 전기화학 작업장에 강제 동원됐다 광복을 맞지 못하고 중도에 숨진 조선인 징용자들을 추모하기 위해 1995년 건립됐다. 위령비 앞 비문에는 한글과 한자로 이렇게 쓰여 있다.

> 사랑하는 부모, 처자, 형제자매와 어쩔 수 없이 이별하고 이 먼 이국땅에서 온갖 고난을 겪으신 영령들이시여.
> 몽매夢寐에도 그리던 고국산천을 멀리 하고 여기 잠드신 대한인 고혼孤魂의 한, 언제나 가시리이까.
> 제2차 세계대전 시 이 땅에 강제로 징용되어 과혹過酷한 노동에 시달리시다가 불구의 객이 되신 지 어언 오십여 성상星霜. 세월은 흘렀어도 사무친 한이야 어찌 잊을 수 있으리오.
> 일본 땅에서 운명을 같이하여온 동포들이여. 여기에 있어 고인들의 넋에게 위로의 정을 담아 이 비를 세우노니, 이로써 지난날의 불행이 다시는 없기를······.
> 애처로운 영령들이시여 고이 잠드소서.

일본 전역에 이런 종류의 비가 아주 없는 것은 아니다. 하지만 야마기 공원 위령비는 대리석과 화강암으로 공들여 꾸민 덕에 다른 지

오무타 시 야마기 공원에 건립돼 있는
미쓰이 징용희생자 위령비

역 석비와 달리 외관이 결코 옹색하지 않고 위엄이 있다. 그보다 더 중요한 점은 해당 기업과 시 당국 명의의 애도문이 담겨 있다는 점이다. 위령비 뒤쪽으로 돌아가니 비문과는 별도로 일본어로 쓰인 건립문이 보였다.

제2차 세계대전 시 이 땅에 징용되어 고생하고 돌아가신 영령에 대해 심심深心한 애도의 뜻을 표함과 동시에 다시는 이런 불행한 일이 일어나지 않기를 소원하며 전후 50년째 되는 해를 맞아 이를 기념하여 여기에 위령비를 건립한다.

서력 1995년 3월 길일吉日
건립자 재일코리아오무타 대표 우판근

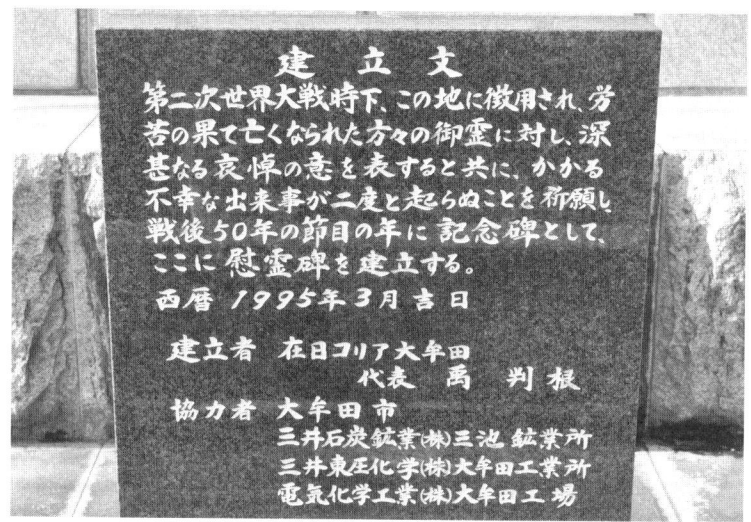

위령비 건립문

협력자 오무타 시
　　미쓰이 석탄광업(주) 미이케 광업소
　　미쓰이 동압화학(주) 오무타 공업소
　　전기화학공업(주) 오무타 공장

　　조선인 강제동원의 주범이면서도 사실 은폐에 급급한 일본 대기업들의 평소 역사인식에 비쳐보면 이 같은 건립문은 상당히 의외라고 할 수 있다. 미쓰이 측이 처음부터 자발적으로 세운 것일까. 그건 아니다.
　　이 위령비와 비문은 사실상 거의 한 사람의 힘으로 건립됐다. 그 주인공이 우판근 씨다. 그는 전주에서 태어나 네 살 때 부친을 따라 일본으로 건너왔다. 부친은 1941년 노무자 모집을 따라 현 규슈대학교 근처에 있던 육군비행장에서 노동했다고 한다. 우판근 씨는 민단 오무타 지부에서 활동하는 한편, 개인 토목회사를 운영하면서 재일교포 인권 문제에 대해서도 오래전부터 천착해 지역사회에서는 꽤 널리 알려졌다. 한국 정부로부터 국민훈장 목련장을 받았고 민주평화통일자문회의(민주평통) 해외자문위원으로도 활동했다. 자택에 있는 사진첩을 들춰보니 2008년 10월 다른 민단 간부들과 함께 청와대를 방문했다가 이명박 대통령과 나란히 서서 찍은 사진이 있었다. 우 씨는 이 대통령과의 면담 자리에서 조선인 강제동원 사망자 위령비에 대한 얘기를 꺼내며 대통령이 한 번 방문해주십사 부탁했다. 나중에 대통령 대신 이기택 민주평통 수석부의장이 현지를 찾아와 위령비에 대한 설명을 듣고 갔다고 한다. 그는 1990년부터 위령비 설립에 뛰어들었다. 계기가 있다.

"어느 날 민단에서 노인들 몇 명이 모여 술을 마셨습니다. 그런데 한 노인이 술병을 들고 바깥으로 나가더니 여기 조금 저기 조금 술을 뿌리면서 '니네 어디 갔노. 나는 이래 혼자 살고 있는데 나도 따라갔으면 좋았을걸. 나는 어찌하면 되나'라고 혼잣말을 하면서 울어요. 물어보니 일제 때 한국에서 친구 열 명과 함께 징용을 왔는데, 그중 네 명은 죽고 두 명은 도망가고 나머지는 본국으로 돌아갔는지 어쨌는지 소식이 끊겨서 자기만 혼자 남았다는 겁니다. 불쌍하고 비애를 느꼈어요. 그 이후로 내가 뭔가 할 일이 없을까 생각하게 됐지요. 사망자들 유골이라도 찾을 수 있을까 해서 퇴근하고 밤에 아내와 함께 탄광 근처 무덤을 찾아다녔어요. 밤이라 어두워서 안 보이는데 사유지라 허락 없이 불을 밝힐 수도 없어 손으로 더듬으며 비문을 읽었습니다. 혹시나 조선인 묘비가 아닐까 싶어서."

우 씨는 그렇게 혼자 조선인 강제동원의 단서를 찾아다니던 중 미

우판근 씨

이케 회사 직원 출신인 다케마츠竹松라는 사람이 징용자 자료를 갖고 있다는 걸 알게 됐다. 우여곡절 끝에 다케마츠를 만나니 회사에 의해 자료가 인멸되기 전에 내부고발을 염두에 두고 모아놓은 것이라고 했다. 다케마츠를 통해 사망자 명부 등을 입수한 우 씨는 오무타 시의 미쓰이 계열사들을 상대로 본격적인 설득 작업에 나섰다. 3개 회사를 무려 250회나 찾아갔고, 때론 "평생 걸려도 세우겠다"고 강하게 밀어붙여 결국 5년 만에 위령비 설립에 성공했다. 그는 그때 과정을 이렇게 회상했다.

"5년간 250일을 찾아갔어요. 약속 시간에 단 한 번도 늦지 않았지요. 그쪽 회사 과장들을 만나는데, 너무 일찍 가도 안 좋고 늦게 가도 안 좋기 때문에 약속시간이 오전 10시 10분이라고 하면 몇 시까지

가는 게 가장 좋을지 연구했습니다. 자동차 세일즈맨에게 물어보니까 5분 전에 가는 게 제일 좋다고 하더군요. 그래서 차를 타고 10분 전에 회사 주차장에 도착해서 5분 있다 사무실로 가면 일본에서 제일 높은 회사의 과장이 내가 오는 걸 보고 문을 딱 열어줍니다. 그때 기분이 좋았지만 스스로 '네가 잘난 게 아니다. 네가 하는 일이 좋은 일일 뿐이다'라고 마음에 새겼습니다. 결국 회사 쪽에서 '지출 용도를 밝히지 않는 방법으로 예산을 만들어보겠다. 당신 소원대로 위령비 세우자'라고 승낙하는 말을 듣고 내 차로 가서 한참 울었습니다. 위령비에 시 당국과 기업 이름을 새겨 넣는다는 건 당사자들이 조선인 강제동원과 사망 사실을 인정한다는 것이지요."

부지는 오무타 시에서 무상으로 제공받았고 나머지 비용은 다 기업에서 지원받았다. 위령비의 기본 설계는 우 씨가 직접 했다. 높낮이와 면적, 돌 개수에 이르기까지 의미를 부여해 설계했다. 가령 위령비 기단의 높이가 46cm인데 이는 희생자가 46명임을 뜻한다. 윗단의 면적은 22.09m²(4.7m×4.7m)인데 이는 한반도의 총면적이 22만 km²임을 고려한 것이다. 거북이 조각의 등 부위에서 위령비 꼭대기까지 높이는 1,995cm로 설정해 설립연도를 반영했다. 건축에 필요한 대리석과 화강암은 모두 일본이 아닌 한국에서 가져왔다. 주문한 돌이 부지에 도착했을 때 우 씨는 밤에 가서 돌을 끌어안고 또 한 번 흐느꼈다.

1995년 4월 4일 제막식 때는 지역 국회의원들과 시장, 시의회 의원, 기업 관계자 등 300여 명이 모여 성황을 이뤘다. 미이케 탄광 소장 등 미쓰이 계열사 사람들은 혹시라도 봉변을 당할까봐 보디가드들의 호위를 받으며 참석했다고 한다. 관계자들은 지금도 매년 4월 첫째 주 일요일에 추모제를 갖는다. 하지만 위령비에 사망자들 명단은 새기지 못했다. 이름을 넣으려면 유족들의 허락을 받아야 하는데, 소재를 파악할 수 없었기 때문이다. 그는 소원을 말했다.

"추모제에 매년 50명 안팎이 참석합니다. 2010년에 어언 15회째를 맞았군요. 지난해 추모제 때는 오무타 시 시장, 시의회 의장, 한국 총영사 등이 참석했고 재일교포와 인근 학교 학생들도 왔습니다. 소학교 6학년생이 자기가 직접 쓴 추도문을 감동적으로 읽어서 재일교포들이 모두 큰 소리로 울었어요. 그러나 유족들은 위령비가 세워진 사실도 모르니 지금까지 한 명도 온 적이 없지요. 위령비 이야기가 한국에 널리 알려져서 유족들도 알고 찾아왔으면 좋겠습니다."

미쓰이 어떤 기업인가

미쓰이는 전전戰前 일본의 최대 재벌그룹이자 오늘날에도 일본을 대표하는 6대 기업집단 중 선두로 꼽힌다. 잡화상 미쓰이 다카토시(三井高利, 1622~1694)가 1673년 에도(江戶, 지금의 도쿄) 니혼바시日本橋에 '에치고야'越後屋라는 포목점을 연 것이 기업의 효시다. 미쓰이 가문은 정부와의 돈독한 관계에 힘입어 1876년 미쓰이 물산과 미쓰이 은행, 1892년 미쓰이 광산을 차례로 설립했다. 에치고야는 1904년 일본 최초의 백화점인 미쓰코시三越 백화점으로 재탄생했다.

1904년 구미를 시찰하고 돌아온 마스다 다카시益田孝 미쓰이 물산 사장의 귀국 보고서에 기초해 미쓰이 재벌의 재편이 시작됐다. 핵심은 지주회사로서 미쓰이 은행·미쓰이 물산·미쓰이 광산 등의 직계사업을 비롯해 미쓰이가家의 사업을 지배하는 자본금 5,000만 엔의 미쓰이 합명合名을 설립한 것이다. 그러나 1914년 1월 뇌물 스캔들인 이른바 '지멘스 사건'이 터지면서 수렁에 빠졌다. 일본 해군이 독일의 무기회사인 지멘스 몰래 더 높은 수수료를 제의한 영국의 비커스와 계약한 사실이 드러난 것이다. 지멘스 사건에 대한 수사가 진전되면서 미쓰이 물산이 비커스의 대리점으로서 해군 측에 뇌물을 건넨 혐의가 포착됐으며, 이에 따라 미쓰이 물산의 중역들이 모두 퇴진했다. 같은 해 8월 마스다 다카시가 미쓰이 합명 고문직에서 사임하고 경영 수뇌인 이사장 자리에 미쓰이 단다쿠마三井團琢磨가 취임했지만, 미쓰이에 대한 세간의 감정은 매우 악화된 상태였다.

제1차 세계대전의 발발로 교전국들의 무역 수요가 급증하자 미쓰이는 다른 대기업들과 마찬가지로 사세를 대폭 신장시켰다. 제1차 세계대전은 러일전쟁을 치르느라 대량의 외채를 모집했던 일본을 채무 불이행의 위기에서 건져냈을 뿐만 아니라 비약적인 경제 부흥으로 재벌들의 독점화까지 크게 진전시켰다. 미쓰이를 필두로 미쓰비시, 스미토모 등 종합재벌은 지주회사인 본사(미쓰이 합명, 미쓰비시 합자, 스미토모 합자 등)를 정점으로 생산·유통·금융에 이르는 거의 전 산업 분야에 자회사를 두는 다각적 콘체른 시스템을 확립했다. 산하 회사의 인사, 자금, 원재료 조달, 제품 판매 등의 기본 정책은 본사를 중심으로 한 수직적 통제원리를 따랐다.[2]

미쓰이의 경우 단다쿠마가 이를 진두지휘했다. 그는 일본경제연맹 회장과 공업클럽 이사장을 겸하면서 일본 재계의 대부가 됐다. 1931년 만주사변에 따른 군수 경기의 부활 등으로 일본 재벌들은 다시 한 번 호황을 누렸다. 미쓰이 역시 사업 범위를 더욱 확장하며 황금시대를 맞았다. 반면, 당시 일본 사회는 실업자 대량 발생, 연이은 흉작으로 인한 농촌 황폐화 등 심각한 사회불안을 겪고 있었다. 이와 함께

반反재벌 정서가 강해지고 파시즘적 국가개조를 주장하는 군부소장파와 민간 우익단체들의 움직임이 활발해졌다. 미쓰이는 특히 그 표적이 됐다. 당시 이누카이 스요시犬養毅 내각이 공황탈출을 명분으로 세계 화폐제도의 대세였던 금본위제에서 이탈하며 금 수출 금지조치를 단행했는데, 이를 예견한 미쓰이가 미리 엔화를 처분하고 달러를 사들이는 환투기 행각을 벌여 거액의 이득을 챙겼기 때문이다. 재벌과 정치권의 유착과 부패에 대한 국민의 비판은 강해졌다.[3]

그런 상황에서 1932년 3월 4일 미쓰이의 최고경영자 단다쿠마가 암살됐다. 오전 11시쯤 평소처럼 자동차를 타고 미쓰이 본사에 도착해 현관으로 향할 때 극우파 테러단체 혈맹단血盟團 소속의 한 청년이 뛰어나와 권총을 발사한 것이다. 1932년에는 이누카이 총리가 관저에서 대낮에 해군 청년장교들에 의해 피살당하는 5·15 사건까지 벌어졌다.

이후 미쓰이는 이미지를 바꾸기 위해 고심했다. 자신들이 탐욕스럽게 이윤추구에만 매달리지는 않으며 재벌도 국가정책에 협력한다는 점을 부각시키면서 본격적으로 우익세력 및 군부와 유착했다. 육사생도들을 만주로 시찰 보내고 우익단체 관계자들을 만주 국경으로 이주시키는 비용도 부담했다. 또 우익의 거물 기타 잇키北一輝에게 매년 2만 엔을 기부하면서 극우파의 반反미쓰이 행동을 자제해달라고 부탁하기도 했다. 단다쿠마의 뒤를 이은 최고경영자 이케다 시게아키池田成彬는 이 같은 유착을 주도하면서 퇴임 직후인 1937년 운신의 폭을 넓혀 일본은행 총재에 취임했고 1938년에는 급기야 대장상 겸 상공상으로 입각했다(그는 패전 뒤 A급 전범 용의자로 지목됐다).

이런 연장선상에서 미쓰이는 1937년 중일전쟁 발발 이래 병기와

만다 갱 정보관에 전시돼 있는 선탄장 가동 시절의 자료사진.
탄 가루와 땀 때문에 수건을 두른 여인들이 석탄과 잡석을 골라내고 있다.*

함정, 탄약, 석탄 등 군용물자 공급에 전방위적으로 기여하는 방법으로 정부와 군부의 침략전쟁 수행에 결정적 도움을 줬다. 미쓰이는 1938년 7월 국가총동원법이 발표되자 군수산업에 대규모 투자를 단행했다. 시바우라 전기, 도요 고압공업, 도요타 자동차, 일만 알루미늄, 일본제강 등 철강·기계·화학 부문 공장을 대폭 확장했을 뿐 아니라 나카지마中島 항공기를 인수해 군부의 전쟁도발에 적극 호응하는 군수생산에 앞장섰다. 아울러 미쓰비시 등과 합자해 북지나北支那개발회사와 중지나中支那진흥회사를 설립해 중국 현지의 철광석과 석탄, 소금들을 약탈했다.⁴

미쓰이는 조선인 강제동원에도 앞장섰다. 일본 석탄통제회 통계에 따르면, 1944년 10월 당시 미쓰이 계열 탄광에만 최소 3만 3,000

명의 조선인 노무자가 재직하고 있었다. 통상 작업장별 실제 강제노역 노무자 수가 재직자 수의 두 배에 달했다는 점을 감안하면 6만 명 이상이 미쓰이 계열 탄광에 동원됐을 것이라는 게 일본 연구자들의 추정이다. 물론 조선소와 제강회사 등 다른 계열사에도 많은 인원이 끌려갔으나 일부 자료만 남아 있을 뿐, 전체적인 통계를 내기는 어렵다. 미쓰이 작업장에서의 생활에 대해 피해자들은 이렇게 증언한다.

기숙사에서 한 방에 25명씩 잤어. 크기가 학교 교실 한 칸만 하데. 벼룩이 그렇게 많은 건 세상 처음 봤네. 아주, 이 벌판에 걸어가면 뛰어올라와, 아주. 기숙사에서도 침대를 이렇게 높게 만들어놓고 잤어. 그렇지 않으면 자지 못해, 깨물어서. 땅에 시커멓게 있지. 그런 놈의 데는 처음 봤네. (양승우, 1923년생, 강원도 인제군읍 가리산리, 1944년 8월 오카야마 현 미쓰이 조선 다마노 조선소에 동원) 5

거기서 한 번 폭격 와가지고는 고창 사람 하나 죽었고, 진안 사람은 아홉 죽었어. 어째서 그래 됐냐 하면은. 폭격은 소이탄 적어도 대여섯 번 맞았는데, 큰 폭격은 한 번 당했어. 3교대조로 일하고 갔다 와서 자는데 '공습경보!', '달려, 뛰어!' 하면서 인자 사이렌 불고 비행기가 수십 대가 와서 공중을 돈게, 밑에서 시방 고사포를 쏴. 고사포를 쏜게, 삐리리 하고 비행기 한 대가 떨어진게 사방서 와가가 소리가 나. (……) 그래 갖고 비행기 한 대 떨어지니깐 공장이 다 부서졌어. 그러고 다쳐 갖고 와가지고 병원에서 치료하다가 죽은 사람도 있고 그라제. 무장 사람 하나는 2대 독잔가, 3대 독자인디. 몇 살 먹지 않았는디 다 죽게 돼서, 송장으로 오고 그랬지. 쪼간한 게 장가갔는디. 태워서 화장해가지고 궤짝에다 넣고, 그리고 뼛가루는 갖고 왔어. (김한중, 1921

년생, 전북 고창군 용계리, 1945년 2월 후쿠오카 현 미쓰이 염료 오무타 공장에 동원)6

조선 사람이 많이 죽었어. 큰 병원이 있당게. 그래도 많이 죽었
어⋯⋯. 그 사람도 가난하고 외아들이라고 합디다. 그 사람을 어떻게
하는고 하니, 병원 문 앞에다 간 게로 산속에서 불로 막 그러드랑게(화
장을 하는 모습). 첨에 가서 못 했당게, 징그러워서. 그런 디를 일하러 갈
랑게. 내가 이 벤또 싸가서 저녁 꿈만 잘 못 깨도 내가 이 벤또를 먹고
는 일을 잘하고 나올 것인가, 거기서 죽을 것인가, 그런 생각부터 들
어간당게. 꿈을 어떻게 잘 못 꾸면 걱정이 된당게.(김득중, 1926년생, 전북 익산시 송천리,
1944년 2월 기후 현 히다 시 미쓰이 광산 가미오카 광산에 동원)7

일본 패망으로 마침내 전쟁 협력의 징벌적 대가가 미쓰이에게 찾
아왔다. "제2차 세계대전에 한정한다고 가정해도 미쓰이 재벌의 전쟁
책임은 추궁해야만 한다"라는 연합군총사령부의 강경방침에 따라 재
벌해체 1순위로 도마 위에 올랐다. 해체에 앞서 각 재벌의 재산내역
을 조사한 자료에 따르면, 미쓰이 본사와 미쓰이 물산, 미쓰이 광산
등 7개의 미쓰이계 지주회사 소유주식 총액이 20억 3,500만 엔으로
라이벌이었던 미쓰비시의 1.3배, 스미토모의 1.9배에 달해 일본 최대
의 재벌임을 증명했다. 당연히 미쓰이 재벌은 일본의 침략전쟁에 앞
장서서 협력한, 해체되어야 마땅한 존재라는 결론이 내려졌다.

할 수 없이 미쓰이 가문 일족회는 1945년 11월 3일 해산을 결정했
다. 이어 미쓰이 그룹 각 회사의 사장이 일제히 퇴진하고 임원들 역시
전원 사임했다. 본격적 재벌해체를 위한 기구인 지주회사 정리위원회
가 발족한 것이 1946년 8월이었다. 두 달 뒤인 10월 8일 미 육군 헌병

의 호위 아래 대형 군용트럭이 미쓰이 본관에 정차했고 이어 미쓰이 본사의 공사채와 출자채권, 각 계열사의 주식 등 장부상으로 7억 엔이 넘는 유가증권이 트럭에 고스란히 실렸다. 연합군총사령부는 1947년 7월 전면적 해산을 단행해 자본금 19만 5,000엔 이하, 사원 200명 이하, 지점장급 2명 이하, 기존 미쓰이 상표와 사무실 사용 금지라는 지침과 함께 미쓰이를 수백 개의 작은 회사로 분산시켜 거의 궤멸 상태로 만들었다. 그중 주요 타깃이 된 미쓰이 물산은 170여 개 회사로 분할됐다.

미쓰이는 그렇게 산산이 해체됐지만 1950년대부터 계열사별로 다시 결집했다. 무엇보다 한국전쟁 발발이 미국의 대일본 정책 방향에 변화를 가져왔을 뿐만 아니라, 군수 특수를 일으켜 미쓰이 같은 재벌계 대기업들이 부활하는 결정적 계기를 만들어줬다. 현재 미쓰이는 미쓰이 상사와 미쓰이 부동산 등 50여 개의 직계·방계 대기업을 거느리고 있으며 미쓰비시와 더불어 일본 재벌그룹의 양대 산맥을 이루고 있다.

3
군국주의의 배후 조종자, 스미토모

혹한과 원한의 땅, 홋카이도

홋카이도北海道는 일본 안에서도 이국적 풍광으로 손꼽히는 곳이다. 남한 면적에 버금가는 광대한 크기의 섬 대부분이 개꿈지다. 도로는 바둑판 모양으로 정돈돼 있고, 포플러 나무의 녹음은 높푸른 하늘과 어우러져 상쾌함을 선사한다. 한여름에도 평균 18도를 넘지 않는 기온 탓에 일본 제1의 피서지다. 10월부터 내리는 눈은 이듬해 4월까지 홋카이도 전체를 설국으로 만든다. 이와이 순지 감독의 영화 〈러브레터〉에서 여주인공 나카야마 미호가 드넓은 설원을 향해 '오겐키데스카?'(잘 지내세요?)를 외친 무대도 바로 홋카이도다.

그러나 일본 식민통치를 경험한 한인들에게 홋카이도는 혹한과 원한의 땅이다. 일제는 1938년 국가총동원법을 제정해 1945년 종전 때까지 약 15만 명의 조선인을 이곳 홋카이도로 끌고 왔다. 일본 전역에 동원한 민간인 노무자의 약 5분의 1에 해당한다. 노무자들은 대부분

지옥 같은 탄광, 광산, 토목 공사 현장에 배치됐다. 의사 출신인 이와부치 겐이치岩淵謙一는 일본 공산당 기관지 『아카하타』赤旗 1959년 10월 15일자에 홋카이도 강제노역의 참혹함을 이렇게 기록했다.

철로 밑에는 지금도 빈 시멘트 통에 넣어 묻은 인부들의 백골이 나온다. 홋카이도나 사할린에서는 너무도 흔한 일이고, 다른 지역에서도 볼 수 있다. 홋카이도에서는 철도 침목 수만큼 인부들이 죽었다는 이야기가 전해져온다.¹

취재팀이 홋카이도 중부 아카비라赤平 시 스미토모住友의 옛 석탄 광업소를 찾은 건 2010년 2월이었다. 한반도의 2월은 겨울의 끝물이지만, 홋카이도의 2월은 겨울의 절정이다. 날마다 새로 내리는 눈은 지층을 이뤄 도로 양옆에 1~2m씩 쌓여 있다. 영하 10도를 밑도는 기온으로 길은 이미 빙판이다. 삿포로札幌에서 아카비라까지 홋카이도를 남북으로 관통하는 12번 고속도로를 따라 두 시간여를 달렸다. 하나둘 눈발이 날리는가 싶으면 금방 앞서 달리던 차의 형체가 사라진다. 차가 아닌 썰매를 타고 설원을 질주하는 기분이다. 그래도 이날은 다행히 눈으로 고속도로가 통제되지는 않았다.

광업소 입구에서 일본인 역사교사 이시무라 히로시石村弘 씨를 만났다. 1946년생인 그는 30년 넘게 홋카이도 지역 조선인 강제동원 문제를 연구해온 향토사학자다. 감색 바지에 오리털 파카를 입고 마스크까지 쓴 중무장 차림이었다. 칼바람이 부는 현장에서 그가 눈으로 새하얗게 덮인 광업소 뒤편 민둥산을 가리켰다.

"'즈리야마'(찌꺼기 산)라고 합니다. 석탄과 섞여 있던 돌들을 선별

스미토모 아카비라 석탄광업소 전경

해 버린 곳입니다. 그게 산이 됐습니다. 엄청난 양의 탄을 캔 것이죠."

현재 즈리야마는 총 777개의 계단을 차곡차곡 밟아야 오를 수 있는 해발 197m의 관광지가 됐다. 갑자기 튀어나오는 곰을 조심하라는 표지판이 붙어 있다. 겨울에는 곰이 동면에 들어가 상관없지만, 대신 눈이 사람 키보다 높이 쌓여 폐쇄되기 일쑤다.

스미토모 아카비라 광업소는 1938년에 문을 열었다. 1945년 일제 패망 때까지 전쟁특수를 톡톡히 누렸으나 이후 석탄산업의 침체로 어려움을 겪다가 1994년 채탄을 멈췄다. 일본 3대 재벌로 꼽히는 스미토모 그룹 가운데 스미토모 석탄광업 소속의 중심탄광이었다. 이곳에서 가장 많은 조선인이 노역했던 시기는 1944년 5월이다. 모두 1,344명이 중노동을 했다.

회사 이름이 적힌 붉은색 대형 간판은 내려졌지만 43.8m 높이의 철제 권양기는 웅장한 규모로 남아 있다. 아파트 15층 높이는 될 법하다. 철골 구조물에는 직경 5.5m의 대형 수레바퀴가 걸려 있다. 그 아래 지하 300m까지 내려가는 수직갱도가 있었다. 스미토모는 1994년 탄을 다 캐낸 뒤 지금은 여기서 나오는 탄소를 가지고 인공 다이아몬드를 만들거나 콤팩트디스크(CD) 자재로 쓴다. 광업소 부지도 아직까지 스미토모 소유이며 몇 명의 직원이 핑크색 건물에서 일하고 있다. 폐광한 지 한참 지났지만 아직도 마을 주민들의 요청에 의해 수직갱 시설을 남겨두고 있다. 아카비라 시는 이런 시설을 통해 일본의 근대화 시절 채탄으로 보국報國했던 역사를 기억하려고 한다. 광업소 한쪽 구석에 세워진 혼비魂碑가 보였다. 조선인 출신 노무자의 영혼을 위로하는 문구라도 새겨져 있는 걸까.

"강제동원과 상관없는 것입니다. 스미토모 자신을 칭찬하는 내용뿐입니다."

이시무라 씨는 비석 쪽으로 눈길조차 주지 않았다. 그가 손가락으로 발밑을 가리켰다.

"바로 이 지점에서 조선인 노무자들이 땅속으로 들어가 일을 했습니다. 지하 수백 미터 막장으로 내려가 1일 2교대로 12시간씩 탄을 캤습니다. 하루 채탄량을 채우지 못하면 식사량을 줄이거나 연장근무를 시켰습니다. 노예가 따로 없었습니다."

스미토모는 어떤 기업인가

스미토모 그룹은 스미토모 상사, 미쓰이스미토모 은행, 스미토모 금속공업 등 20여 개 핵심 계열사를 거느리고 있다. 2010년 일본 최대 경제단체인 게이단렌經團連의 수장도 스미토모 화학 출신의 요네쿠라 히로마사米倉弘昌 회장이다.

그룹의 창업주는 스미토모 마사토모(住友政友, 1585~1652)라는 이름의 승려다. 가문은 원래 사무라이 출신이었지만, 양친은 그가 승려가 되길 원했다. 출가는 했지만 염불에는 관심이 없던 그는 1630년대 교토의 한 사찰에서 책과 약을 파는 상점 '후지야富士屋'를 세우며 승복을 벗었다. 상점에 새긴 마사토모의 창업정신은 "정직하라, 베풀라, 깨끗하라"였다.[2]

스미토모 가문은 2대 때 오사카로 거점을 옮기고 동 제련 사업과 이 과정에서 추출되는 은으로 막대한 자본을 축적했다. 에도시대였던 1691년부터 1973년까지 282년간 일본 내 민간 유일의 동 제련 사업자였다. 총 70만 톤 이상의 동을 생산했다.

제2차 세계대전이 끝난 시점에 스미토모는 130여 개 회사를 거느린 일본 최대 재벌 가운데 하나가 되었다. 공개적으로 밝힌 자본금만 100억 엔을 넘겨 최대 재벌 미쓰이를 능가할 기세였다. 연합군총사령부가 일본 군국주의의 배후조종자로 중화학공업계 재벌들을 지목하면서 1945년 10월 본사의 해산을 알렸다. 당시 스미토모의 총괄이사였던 후루다 슌노스케古田俊之助는 고별사를 통해 "형태상의 연계는 없어졌다 해도 정신적인 연계는 결코 잊지 않기를 바란다"라고 종업원들에게 주문했다.[3]

이후 동서냉전이 촉발돼 미국이 일본을 전범이 아닌 전략적 동반자로 받아들이자 후루다는 1951년 자민당 요시다 내각의 최고경제고문 자리에 올랐다. 그의 소원대로 그룹의 재결집도 이뤄졌다. 이전처

아카비라 탄전지대를 흐르는 소라치 강변에서 설명 중인 이시무라 히로시 씨 *

럼 가족 소유의 지주회사는 없다. 하지만 사장단 간의 비공식적 정책 조정이 이뤄지고, 개별 기업들이 재정적으로 상호 의존하고 있다. 느슨한 재벌 형태로 재탄생한 것이다.

아카비라 탄전지대에는 스미토모의 수직갱 시설뿐만 아니라 유베쓰雄別 탄광철도의 모시리茂尻 탄광과 북해도탄광기선北海道炭鑛汽船의 아카마赤間 탄광, 쇼와전공昭和電工의 도요사토豊里 탄광이 밀집해 있다. 탄광과 탄광 사이는 거미줄처럼 뻗어 있는 철도 네무로혼센根室本線으로 연결된다. 한때 징용된 조선인만 5,000~6,000명이 몰려 있을 정도였지만 지금은 징용 1세대들도 모두 사망하거나 이주해버렸다.

홋카이도 취재에는 채홍철 '강제연행·강제노동 희생자를 생각하는 홋카이도 포럼' 공동대표가 동행해주었다. 그는 홋카이도 지역 재

'강제연행·강제노동 희생자를 생각하는 홋카이도 포럼' 공동대표 채홍철 씨

일본조선인총연합회(약칭 총련) 부위원장 직함을 가진 동포 2세다. 그의 부친 채만진 씨는 경북 문경이 고향으로 1940년부터 홋카이도와 규슈의 탄광과 광산 등에서 노역했고, 광복 후에도 홋카이도에 남아 강제동원 체험 증언활동을 하다 1984년 세상을 떠났다. 아들 채 대표가 이후 그 일을 물려받아 활동하고 있다.

채 대표는 취재팀과 함께 부친이 홋카이도에 첫발을 내디뎠던 모시리 탄광과 기차역을 둘러보았다. 채 대표는 "다른 사람들의 강제동원 사실을 규명하러 홋카이도 전역을 돌아다녔는데, 정작 우리 아버지가 일본에 처음 내린 역은 오늘에야 비로소 처음 와봤다"라고 말했다. 채 대표의 부친은 1940년 12월 이곳 모시리 탄광에서 시작해 소라치空知 군 가모이神威 탄광과 우류雨龍 군 크롬·사백금 광산 등 홋카이도에서만 네 군데를 전전하며 생을 이어갔다. 그가 아버지의 증언한 대목을 소개했다.

"홋카이도 징용자들이 자주 속은 게 있습니다. 깊은 산골에 갇혀 있다 보면 거센 바람소리가 마치 파도소리처럼 들립니다. 이름도 홋카이도라서 섬이라는 느낌을 줍니다. 이 때문에 일본인들은 조선인에게 어차피 도망가도 바다이므로 이곳을 벗어날 수 없다는 식으로 거짓말을 했다고 합니다. 홋카이도가 일본 전체 면적의 22%를 차지하는 넓은 곳인데도 그랬습니다."

채 대표는 최근 '재일在日의 특권을 허용치 않는 시민의 회'라는 극우단체가 활동하는 일이 많아졌다고 했다. 한일 강제병합 100년을 맞아 강제동원을 조명하는 기사들이 일간지에 나오기라도 하면 업무를 보지 못할 정도로 신문사에 항의전화를 퍼붓는다고 했다. 전국적으로 조직된 단체는 아니지만 인터넷에서 주로 의견을 교환하며 움직인다. 일본 내 조선학교에 대한 협박을 선동하는 일도 종종 있다.

모시리 역에는 1시간 30분마다 한 량짜리 열차만 지나갈 뿐이고, 역 주변을 벗어나면 한낮에도 사람의 흔적을 찾기 어렵다. 홋카이도는 인구 3만 명이 넘으면 시市로 인정하는데, 지금 그 기준을 들이댄다면 인근 시들은 모두 시라는 명칭을 반납해야 할 지경이다.

아카비라 탄전지대를 굽이쳐 흐르는 소라치空知 강으로 이동했다. 강을 굽어보던 이시무라 씨가 조용히 말문을 열었다.

"강둑 주변에서는 거의 매일 아침 매질이 있었다는 마을 노인들의 증언이 있습니다. 주로 조선인을 감금하며 일을 시키던 가와구치구미川口組 등 청부기업들의 소행이었습니다. 조선인 노무자들은 맨몸으로 매질을 당하다가 견디기 어려우면 탄이 섞여 새까매진 강물 속으로 몸을 던지기도 했습니다. 익사해 떠내려가도 시신조차 찾을 수 없었다고 합니다. 도망을 시도했거나 불만을 말했다는 게 구타 이유였습니다."

강가에는 강제동원의 과거를 덮고 가려는 일본 기업의 오늘을 말해주는 듯 흰 눈이 무심하게 쌓여 있었다. 눈이 많고 날씨가 춥지만 고도차가 심해 강물이 어는 일은 드물다. 검푸른 강물은 탄전지대를 거쳐 남하한 뒤 삿포로를 지나 한반도와 인접한 동해를 향해 흐른다.

이시무라 씨는 조선인 숙소가 있던 아카비라 인근 숲 속에 당시 징용자의 유해를 매장했다는 증언을 수집했다. 이를 규명하기 위해 그는 아카비라 시청과 홋카이도 청사로 뛰어다녔다. 일부 매장 관련 문서들을 입수하고 유해발굴의 가능성을 타진하던 중, 홋카이도 지방정부와 땅 주인인 홋카이도전력의 반대에 부딪혔다. 매장지 위치가 좌표로 찍히지 않아 대규모 발굴 작업이 불가능하다는 이유였다.

이시무라 씨는 "협력하지 않으려는 사람들은 분명히 있다"고 말했다. 그나마 마을 노인들을 중심으로 반평생 가슴에 묻어둔 짐들을 조금씩 털어놓고 있는 상황이라고 전했다. 그는 "이런 게 일본의 대체적인 분위기라고 보면 된다"라고 덧붙였다. 강제동원 진상규명 작업이 더딜 수밖에 없는 이유이기도 하다.

일본인 역사교사의 노력

이시무라 씨는 2009년 12월 한국을 찾았다. 손에는 아카비라 스미토모 광업소 옛 조선인 숙소 자리에서 파온 흙이 한 줌 들려 있었다. 방한 목적은 1945년 이곳에서 사망한 한인 박경석(당시 29세) 씨의 유족을 찾기 위해서였다. 이시무라 씨가 입수한 시청의 매화장인허증에는 박 씨의 사인이 '병사'病死로 기록돼 있다. 그러나 검안기록에는 '두개골절', '복부내출혈', '하악골(아래턱뼈), 우쇄골 및 우견(오른쪽 어깨) 골절' 등이 적혀 있었다. 이시무라 씨는 "당시 별다른 탄광 사고기록이 없었기 때문에 병사가 아닌 집단 린치에 의한 것으로 보인다"라고 말했다. 그는 강제동원조사위원회의 도움으로 광주광역시에 사는 박 씨의 유족을 만났다. 유족에게 박 씨가 머물던 숙소 자리의 흙을 건넸다. 또 일본 정부와 기업을 대신해 사죄했다. 유족은 "유골이 없어 대나무에 천을 입힌 인형을 넣어 무덤을 만들었는데……"라며 눈물을 흘렸다.

한국인보다 더 적극적으로 일본의 과거를 추적해 반성을 이끌어내려는 이시무라 씨. 그는 아카비라 고등학교에서 20여 년간 일본사와 세계사를 가르쳤다. 2009년 정년퇴임 이후에는 인근 지역 신도쓰가와 농업고등학교에서 강사 신분으로 계속 역사를 가르치고 있다.

그가 조선인 강제동원에 관심을 가지게 된 계기는 아버지였다. 아버지 역시 탄광노동자였다. 어릴 적 그의 기억 속에는 해방 후 고국으로 돌아가는 조선인들이 부친에게 인사하러 들렀던 장면이 있다. 인정 많은 성격의 아버지는 타지에 끌려와 강제노역에 시달리는 조선인에 대해 동정적이었다. 이시무라 씨는 "부친이 큰 도움을 준 것은 아니고 먹을 것을 가져다 줬던 정도"라며 겸손해 했다.

그의 조선인 강제동원 연구 작업에는 항상 학생들이 함께했다. 일본의 미래세대에게 좀더 정확한 역사적 사실을 알리기 위한 노력이다. 그가 이끌었던 아카비라 고교 향토사연구부 학생들은 2005년 2월 스미토모 광업소 인근 호쇼지寶性寺 납골당에서 경남 사천 출신 조용문

이시무라 씨의 방한 사실을 보도한 『홋카이도신문』.

씨의 유골을 발굴했다. 이듬해에는 조 씨의 유족을 초청해 61년 만에 유골을 대면하는 행사를 주선하기도 했다.

 이시무라 씨는 "보수적 자민당 정권이 무너진 2010년이 기회다. 한국은 일본에 더 강하게, 더 세게 나가야 한다"라고 주문했다. 일본은 외국에서 크게 압력이 들어오면 태도가 바뀌는 나라라는 점도 강조했다. 일본 기업의 책임을 묻는 것과 동시에 한국인 스스로 강제동원 문제에 관심을 더 갖길 바랐다. 그는 "광주에서 만난 박 씨의 손녀가 강제동원 문제를 몰랐다가 할아버지 유골을 통해 새로 알게 됐다고 하더라. 일본뿐 아니라 한국의 더 많은 젊은 세대들이 이 문제에 대해 공부했으면 한다"라고 거듭 강조했다.

징용자 아리랑 부르는 일본 포크록 가수

홋카이도에는 일본의 다른 지역보다 이런 전향된 인식을 공유하는 일본인들이 많다. 홋카이도를 부르는 고유명사로 '다이치'大地라는 말이 있다. 드넓은 땅이어서 사람들의 기질에도 여유가 있다. 또 원래 아이누 민족의 땅이었던 탓에 다민족문화에 대한 관심이 본토보다는 높다. 여기에 개척시기 본토에서 빈민들이 대거 유입됐기 때문에 이역에 끌려온 한민족에 대해 본토 사람들보다 동정적인 시선을 가지고 있는 게 사실이다.

홋카이도 제2의 도시 아사히카와旭川에서 즈카다 다카야塚田高哉 씨를 만났다. 그는 아사히카와 인근 히가시카와東川 정町에서 '에오로시 발전소 및 주베쓰 강 유수지 조선인 강제연행의 역사를 발굴하는 모임' 사무국장을 맡고 있다. 2008년 3월 발족한 이 모임은 일제강점기 이 지역 토목공사에 동원됐던 조선인과 중국인 관련 증언을 수집하고 자료를 조사한다. 2009년에는 한국 강제동원조사위원회의 도움으로 부산과 경북 안동 등을 방문해 피해자 할아버지들을 직접 면담하기도 했다. 이때 히가시카와 자치정부가 전폭적 지원을 했다. 일본 내에서 지방자치단체가 강제연행 문제 해결을 위해 함께 뛰어든 것은 유례가 없는 일이다. 에오로시회라는 민民이 히가시카와 정이라는 관官을 움직인 것이다.

즈카다 씨의 직업은 포크록 가수다. 1994년 《평화의 단편》Piece of Peace 앨범을 낸 이후 줄곧 밴드로 활동을 하다가 2007년에 솔로로 데뷔했다. 그의 솔로 앨범 《푸르른 바다》蒼い海에는 일본에 침략당하고

강제 병합된 아이누 민족은 물론 대만과 한반도 사람들의 이야기와 리듬이 담겨 있다. 특히 10번 트랙에는 민중가수 정태춘 씨가 2004년 작사·작곡한 곡 〈징용자 아리랑—달아 높이곰······〉이 수록돼 있다. 즈카다 씨는 앞부분은 한국말로, 뒷부분은 일본말로 불렀다.

> 달아, 높이나 올라 이역의 산하 제국을 비추올 때
> 식민 징용의 청춘 굶주려 노동에 뼈 녹아 잠 못 들고
> 아리 아리랑, 고향의 부모 나 돌아오기만 기다려
> 달아, 높이나 올라 오늘 죽어 나간 영혼들을 세라
>
> 달아, 높이나 올라 삭풍에 떠는 내 밤을 비추올 때
> 무덤도 없이 버려진 넋들 제국의 하늘 떠도는데
> 아리 아리랑, 두고 온 새 각시 병든 몸 통곡도 못 듣고
> 달아, 높이나 올라 내 넋이라도 고향 마당에 뿌려라
>
> 아리 아리랑, 버려진 넋들 고향에 돌아가지 못하고
> 달아, 훤히나 비춰 슬픈 영혼들 이름이나 찾자
> 고향엘 들러야 저승길 간단다 달아, 높이곰 올라라
> 달아, 높이곰 올라라

"2005년 홋카이도 포럼 주최로 삿포로 별원에 모셔진 유골에 대한 한국인 유족 초청행사가 있었습니다. 당시 정태춘·박은옥 부부가 함께 왔습니다. 저는 음향 기자재 준비를 돕고 있었는데, 돌연 정 선생님이 제게 함께 노래하자고 했습니다. 저도 외할머니가 한국인이지

즈카다 다카야 씨(왼쪽)와 그의 솔로 앨범 《푸르른 바다》 *

만 일본인으로서 '조선인 희생자의 유골과 유족 앞에 서는 것이 부끄러워 할 수 없습니다'라며 거절했습니다. 하지만 정 선생님은 '일본인인 당신이 함께 노래해 이 노래가 일본에서 불려졌으면 좋겠다'라고 거듭 요청했습니다. 꼬박 하루 동안 가사와 멜로디를 익혔지만 막상 유족 앞에 서니 온몸에서 땀이 폭포수처럼 흘렀습니다. 노래를 마치자 한국 유족 할머니가 울면서 제게 와 고맙다며 악수를 청했습니다. 저는…… 진심으로 안심해서…… 눈물이 흘렀습니다……."

환한 웃음과 빛나는 눈빛을 지닌 즈카다 씨는 한쪽 다리가 불편하다. 그에게 실례가 되지 않는다면 언제부터 다리가 불편했는지 들려달라고 했다.

"만 1세 때 전염병인 폴리오Polio에 걸려 소아마비가 왔습니다. 폴리오는 탄광 인근 빈민지구에서 발생해 홋카이도에서 대유행했습니다. 어머니가 그러시는데 폴리오에 걸렸다는 이유로 살고 있던 공동주택에서 나가라는 요구도 들었다고 합니다. 어렸을 때 밖에서 다리를 끌며 놀고 있었는데 다른 엄마가 자기 아이에게 '너도 말을 듣지 않으면 쟤처럼 다리가 나빠진다'라고 말했습니다. 어머니는 부엌에서 그 소리를 듣고 맨발로 뛰어나와 그 여성의 손을 치며 싸우셨다고 합니다. 저는 어머니의 혈통을 이어받은 것 같습니다. 약한 사람을 괴롭히는 것을 보면 잠자코 있지 못합니다. 그래서 아이누 인권 문제와 재일조선인 문제, 강제연행 문제에 관심을 갖게 되었습니다. 다리가 불편한 것에 진심으로 감사하고 있습니다."

가난하고 힘없는 다수의 역사

홋카이도 현지 취재를 마치고 한국에 돌아와 스미토모 아카비라 광업소 출신 징용자를 수소문했다. 광복 직후인 1945년 12월 한국으로 귀환하는 아카비라 광업소 귀선자 명부에는 총 1,023명의 조선인이 등재돼 있다. 그런데 65년이 지난 2010년 강제동원조사위원회의 도움으로 찾은 국내 생존자는 11명뿐이었다. 강제징용의 한을 씻지 못한 채 상당수가 이미 세상을 등진 것이다.

취재팀은 영동 지방에 닷새째 대설특보가 이어지던 2010년 3월 강원도 강릉시 초당동에서 최찬국 할아버지를 만났다. 1928년생인 최 할아버지는 열다섯 살이던 1943년 12월 형을 대신해 홋카이도로 끌려갔다. 대부분의 징용자보다 열 살 가까이 어린 나이였다.

"형님이 몸이 아팠는데요. 징용 영장이 네댓 번 나오니까 견딜 수가 없었어요. 내가 대신 갔댔죠. 삼형제인데 난 둘째고요. 셋째는 6·25때 전사했어요."

당시 강릉군청으로 끌려간 최 할아버지는 양양에서 기차를 타고

열다섯 나이에 형님을 대신해 아카비라로 끌려갔던 최찬국 할아버지

서울 청량리역을 거쳐 부산으로 갔다. 이후 다른 징용자들처럼 연락선을 타고 시모노세키로, 이어 혼슈本州 최북단 아오모리青森를 거쳐 홋카이도로 들어갔다. 최종 목적지도 회사 이름도 몰랐다. 그는 "아무것도 모르고 개처럼 끌려갔다"고 했다.

징용 시절 최 할아버지를 가장 힘들게 한 것은 배고픔이었다. 60여 년이 지난 오늘날에도 그는 자유를 구속당했던 설움보다, 지긋지긋했던 굶주림이 더 참기 힘들었다고 했다.

"쌀은 훅 불면 날아가는 안남미고요. 대두박(콩깻묵. 콩기름 짜고 남은 찌꺼기) 넣고 밥을 지어서 줬어요. 깻묵 안에 어쩔 때는 곰팡이가 피었어요. 그걸 덜어내면 쌀이 한 줌도 안 돼요. 새벽에 그걸 먹고, 밥과 단무지로만 싸준 점심 도시락 가지고 막장으로 내려가 교대해줄 때까

1939년 촬영된 홋카이도 탄광지역 조선인 노무자들

지 일했드래요. 고향에서 가져온 미숫가루를 아껴 하루 두 순갈씩 물에 타 마시면서 버텼지요."

그가 기억하는 아카비라 광업소 지하 300m 깊이의 막장은 온전히 조선인들만의 공간이었다.

"위험한 일은 전부 조선사람 시켰어요. 갱 안에서는 전부 우리말만 했고요. 공사장에서 쓰는 투망을 어깨에 짊어지고 오르락내리락 했어요. 처음엔 나도 탄을 캐다가 낙석을 맞아 입술이 찢어졌어요. 세월이 오래돼 이제 흉터도 없어졌어요."

최 할아버지는 그래도 자신은 운이 좋은 편이라고 했다. 나이가 어려 막장에서의 채탄 작업은 처음 몇 개월만 했고 이후엔 탄차 운전을 해 괄시를 덜 받았다고 기억했다. 광복 후 고향으로 돌아오게 됐으니, 홋카이도를 넘어 러시아 사할린까지 끌려갔다가 전후 소련 점령지가 되어 돌아오지 못한 사람들보다 운이 좋았다고 했다. 다만 두 가지가 마음에 걸린다고 했다.

"열일곱이 되어서 한국에 도착했지요. 근데 부친이 내가 일본에 있을 때 장질부사(장티푸스)로 돌아가셨어요. 임종을 못 지켜 많이 울었어요. 또 면 단위에서 많이 갔는데, 보니까 마을에서 제일 약한 사람들부터 잡아가는 거래요. 면에서도 가난하거나 성씨가 다른 사람들부터. 힘없는 집은 순사가 와서 한 번 잡아가고 또 다음 사람 잡아가고 했지요."

그의 세대에게 강제동원은 특별할 게 없는 보통의 이야기였다. 하지만 대한민국 정부 수립 후 60여 년간 제대로 조명받지 못한 가난하고 힘없는 수백만 명의 역사이기도 하다.

고노마이 광산 명부 이야기

은폐와 침묵의 세월을 뚫고 오직 기록만이 살아남았다. 영영 묻힐 뻔했던 일본 기업의 조선인 대상 강제노역 방식을 오롯이 담고 있는 스미토모 고노마이鴻之舞 광산 명부 이야기다.

명부는 노무동원자 개개인의 이름, 주소, 특징 따위를 적어놓은 장부를 뜻한다. 스미토모를 비롯한 일본 전범기업들은 조선인 관리를 위해 당시 각종 기록을 작성했다. 그러나 1945년 패전 이후 기업들은 책임소재를 꺼려해 대부분 자료를 파기하거나 감춰왔다. 스미토모 역시 아카비라 탄광을 폐광할 때 트럭 세 대 분량의 문서를 한꺼번에 소각했다는 증언들이 있다.

그래서 방대한 분량이 지금까지 남아 있는 고노마이 명부는 상당히 예외적인 경우다. 물론 고노마이 명부도 이를 작성한 스미토모 측이 스스로 내놓은 것은 아니다. 한평생 이 문제를 연구한 모리야 요시히코 전 사세보 공업전문학교 교수가 우연한 기회에 발견해 비로소 햇빛을 보게 된 것이다. 2010년 1월 규슈 나가사키 현 오무라大村 시

고노마이 광산 소각로 굴뚝(왼쪽)과 갱구

자택에서 취재팀을 만난 모리야 교수는 수만 쪽에 달하는 명부를 입수하게 된 계기를 이렇게 털어놓았다.

"1978년 신설된 홋카이도 몬베쓰紋別 시의 도우토 대학에 부임했습니다. 고노마이 광산 사무소의 흙벽으로 된 창고에 자료가 있고, 쥐가 들끓는다는 정보를 얻었습니다. 이듬해 학생들과 함께 2톤 트럭으로 세 번 왕복하며 자료를 옮겼습니다. 가져온 자료를 단순 분류하는 데만 3년이 걸렸습니다."

고노마이 광산은 홋카이도 동북부 몬베쓰 시 내륙 방향 안쪽 산지에 있다. 사방이 300~600m의 산으로 둘러싸여 11월부터 이듬해 4월까지는 눈에 묻혀 있다. 지금도 야생 곰이 살고 있는 지역이다. 1917년 금·은·동 채굴권을 얻은 스미토모는 1939년부터 일제의 '노무동원계

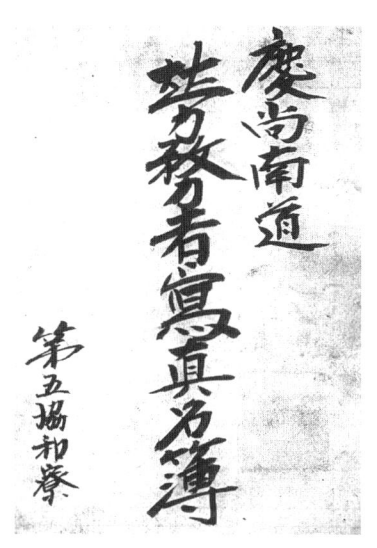

스미토모가 작성한 『경상남도 노무자사진명부』

획'에 근거해 조선인 노무자를 끌고 왔다. 1942년 6월 말에는 조선인 노무자 수가 2,000명을 넘었다.

모리야 교수가 입수한 자료에는 '사진명부'에서부터 '임금대장', '발신전보내역', '노동재해기록', '사망자 명부'에 이르기까지 스미토모가 기록한 조선인의 일거수일투족이 적혀 있다.

개인별 사진명부는 다른 강제동원 관련 기록물에선 찾아볼 수 없는 독보적 자료다. 스미토모는 조선에서 노무자가 오면 사진을 찍어 '고입고사표'雇入考査表를 만들었다. 본적지와 모집지, 태도와 풍채, 용모와 지능 정도, 사상 경향까지 총 열네 가지를 기록했다. 본인 희망 업무와 실제 담당업무도 기록에 포함돼 있었는데, 조선인 대부분은 가장 힘든 '갱내부'에 배치된 것으로 나타났다.

1942년 경남 양산에서 끌려온 오소득 할아버지의 경우 "태도: 불량, 풍채: 노동자풍, 용모 신장: 4척 9분 둥근 얼굴, 사상경향: 없는 것으로 사료됨" 이런 식으로 기재돼 있다. 첨부된 사진 속 스무 살의 오 할아버지는 짧은 머리에 부리부리한 눈매를 보인다. 이는 강제동원조사위원회 구술집 내용과 정확하게 일치한다.

머리를 갈 적에는 말이여, 다 깎았다. '매매(전부 다 확실히) 깎아라.' 깎고 나서 우리 옷도 다 벗어불고 국방색 같은 이런 얼금얼금한 거를 똑같이 입히고 머리 다 깎아놔. 도망 못 가라고.[4]

스미토모는 징용자가 탈주를 시도했을 때도 철저하게 기록해놓았다. 「소화 17년(1942년)도분 반도인 도망관계철」이라는 보고서에는 언제 어떻게 탈출해 어디서 붙들렸는지가 나온다.

지난 3월 21일 도망자 梁○○는 다른 2명을 선동하여 도망을 계획. 오후 7시경 도망하여 료(숙소)의 뒷산으로 잠입. 산속에서 날이 새기만을 기다려 해가 뜨자 경비본부(공사 중) 부근으로 도달. 몬베쓰 방면으로 가려다가 수색 중인 경비수에게 체포.
　원인: 식사 불만 때문이라고 하나, 일반 상황보다 계획적이었다고
　　　사료됨.
　처치: 당 경찰에 강렬한 조사를 의뢰.[5]

이 밖에 탈주자의 인상, 의복, 특징, 휴대금품, 소재불명 시 상태 등도 세세히 기록돼 있다.
　명부가 중요한 이유는 강제동원의 사실관계를 객관적으로 증명해

주고 복원해주기 때문이다. 피해자들의 구술만으로는 한계가 있다. 대부분 무학으로 끌려간 할아버지들은 기업이나 작업장 이름을 기억하는 건 고사하고, "앞사람 뒤통수만 바라보고 다녀왔다"고 말하는 경우도 있다.

한 할아버지는 강제동원조사위원회에 제출한 피해신고서에서 자신이 일했던 작업장 이름을 '북해도 꽁지군 오리발 탄광'이라고 적었다. 실제로는 미쓰비시가 운영한 '홋카이도北海道 소라치空知 군 오유바리大夕張 탄광'이다. 혼슈 최북단 아오모리를 '아홉머리'로, 동남아시아 말레이시아를 '마레이자지'로 기억하는 경우가 허다하다.[6]

반평생을 기다린 끝에 자신의 강제노역 사실을 소명해줄 기회가 왔는데도 정확한 작업장 이름조차 댈 수 없는 것이 피해자들의 현실이다. 한국 정부와 언론이 이들의 진상규명에 적극적으로 도움을 주어야 하는 이유가 바로 여기에 있다.

명부는 또한 단순히 피해 판정 근거 자료를 넘어 강제동원의 디테일한 일상을 그려내는 데도 도움이 된다. 강제동원조사위원회 하승현 팀장은 "아직도 충분히 들여다보지 못한 자료의 기초 검증이 이루어진다면 한 개인의 강제동원 스토리를 통해서 강제동원 방식과 회사관리 방법 등이 고스란히 역사로 기록될 수 있을 것"이라고 말했다.

■ 강제동원, 이것이 궁금했다면
관부연락선

강제동원 루트를 살펴가다 보면 꼭 마주치는 게 관부연락선의 존재다. 요즘 세대에게는 고개를 갸우뚱하게 할 만한 낯선 유물이겠지만 피해자들에게는 지금도 잊으려야 잊을 수 없는 또렷한 기억으로 회상된다. 그 시절 피해자 다수가 농촌에서 흙만 파고 살아온 터라 바다라는 건 생전 본 적이 없었다. 물론 그렇게 거대한 선박을 탄 적도 없었던 만큼 경이와 충격으로 다가왔던 것은 당연했다. 10~20대 홍안의 조선 젊은이들은 고국 땅에서 차츰 멀어져 검푸른 물결만 가득한 대해 한가운데로 들어가며 이 배의 갑판에서 견딜 수 없는 불안과 비애에 몸을 떨어야 했다. 그리스신화에 나오는, 저승의 강 스틱스를 건너는 카론의 배에 타고 있다고 해도 그토록 암담하지는 않았을 것이다. 관부연락선은 결과적으로 조선인들에게 현해탄을 건너는 '죽음의 배' 노릇을 했다.

이 배의 역사는 1905년으로 거슬러 올라간다. 1905년 1월 부산의 초량역과 서울의 영등포역을 잇는 경부선 철도가 개설되자 일제는 대륙 침략의 통로를 구축하기 위해 연락선 운행을 추진했다. 즉, 일본의 산요山陽 선 철도와 조선의 경부선 철도를 연결해 인적·물적 수송로를 연결하겠다는 목적으로 시모노세키에서 부산까지 약 320km 구간을 운항하는 정기항로를 만들기로 한 것이다. 이에 따라 같은 해 9월 일본의 산요철도 주식회사(나중에 일본의 국철이됨)가 관부연락선을 취항시켰다. '관부'라는 이름은 시모노세키下關와 부산釜山의 한자에서 한 글자씩 따 지었으며 부관연락선이라고도 불렀다. 연락선이라는 명칭이 사용된 것은 경부선과 일본의 간선을 연결시켜주는 '해상철도

운행 당시의 고안마루·

역할을 한다는 의미에서였다. 이로써 일본 본토와 아시아 대륙을 최단거리로 잇는 루트가 탄생했다.[1]

관부연락선으로 이용된 배는 여러 종류가 있는데, 1905년 9월 최초로 취항한 배는 1,600톤급 이키마루壹岐丸다. 후일 대표적 전범기업으로 부상하는 미쓰비시의 나가사키 조선소에서 건조했다. 길이 79m, 폭 10.9m의 규모로 당시 일본이 가진 조선造船 기술을 집대성하고 있었다. 이어 같은 해 11월에 역시 1,600톤급인 쓰시마마루對馬丸가 취항했다. 두 선박은 승객 정원이 317명이며 매일 한 차례 부산과 시모노세키를 오가는 데 11시간 정도 걸렸다. 부관연락선은 1906년 3월 철도와 항로를 국가의 직접 통제 아래 두기 위한 일본 정부의 철도국유법 공포에 따라 국영으로 귀속됐다. 이후 업그레이드된 연락선이 잇따라 등장하는데, 그 명칭에는 조선 지배와 대륙 침략의 야욕이 노골적으로 담겨 있었다.

경술국치로 한반도가 식민지로 전락한 이후 1913년에 취항한 3,000톤급 신예선 두 척의 이름은 각각 고려, 신라의 이름을 딴 고마마루高麗丸, 시라기마루新羅丸다. 1922년과 이듬해 차례로 취항한 3,600톤급 게이후쿠마루景福丸, 도쿠주마루德壽丸,[2] 쇼케이마루昌慶丸는 조선 왕조의 상징인 궁궐들조차 일본 제국의 손아귀에 있음을 드러내려는 작명이다. 중일전쟁을 앞두고 1936년과 그 이듬해에는 더욱 웅장해진 7,000톤급 곤고마루金剛丸와 고안마루興安丸가 가동됐다. '현해탄의 여왕'으로 불린 두 배의 명칭 역시 조선의 대표적 명산인 금강산과, 일제의 괴뢰국 만주국 내에 있던 중국 동북지방 훙안령(현재 내몽골)에 대한 지배권을 과시하고 있다. 태평양전쟁이 확대일로를 치닫던 1942년과 1943년에는 수송력 증대를 위해 당시로서는 역대 최대 규모인 8,000톤급 덴잔마루天山丸, 곤론마루崑崙丸가 등장한다. 중국의 천산산맥과 곤륜산맥을 넘어 팽창하려는 일제의 야욕을 그대로 반영하고 있다.[3] 모든 연락선의 이름은 '둥글 환丸' 자를 써서 '마루'로 끝나는데, 이는 일본에서 비전투함의 이름을 지을 때 관행적으로 붙여온 일종의 접미사다. '~호'라는 식으로 이해하면 된다. 신라호, 고려호, 경복호 등등.

작가 염상섭이 1924년 출간한 소설 『만세전』萬歲前에는 당시 조선인이 주로 이용했던 관부연락선 3등실의 상태가 이렇게 묘사돼 있다. "승객들은 북적거리며 배에 걸쳐 놓은 층층다리 앞에 일렬로 늘어섰다. 나도 틈을 비집고 그 속에 끼었다. 아스팔트 칠漆을 담았던 통에 썩은 생선을 담고 석탄산수를 뿌려서 저리는 듯한 고약한 악취에 구역질이 날 듯한 것을 참으며 제각기 앞을 서려고 우당퉁탕대는 틈을 빠져서 겨우 삼등실로 들어갔다. 참외 원두막으로서는 너무도 몰풍경하고 더러운 침대 위에다가 짐을 얹어 놓고……."

노무동원 피해당사자들의 기억은 이렇다.

부산 맞은편이 하관이지. 거기까지를 일본 놈이 인솔할 때, 좋은 배에다가 싣고 간 게 아니여. 좋은 배가 아니고 무슨 물건 싣는 배 같은 데에다가 막 처넣고 싣고 간 거지. 배는 3층인데 1만 6,000명(기억의 착오인 것으로 보인다)을 한 배에다가 싣고서 갈 때, 그 사람들이 사람대우 받고 가겠어? 맨 꼭대기 3층에다가 말이야. 누구한테 대화할 여가도 없고, 죽으라면 죽는 시늉이지 뭐.(박용식, 1927년생, 1944년 1월 규슈 지방 탄광에 강제동원)[4]

부산항에서 배를 기다리는 조선인들 *

울 어머니가 '우리 득중이 살아와야 할 텐데, 살아와야 할 텐데' 그라고. 연락선 배를 타고 밤새 울었당게. 그때만 해도 이렇게 많이 안 돌아댕겼을 때라, 군郡에서 송아지 터트래기처럼 떼 나간 게로 많이 울었지. '내가 다시 한국에 돌아올라나', '울 어머니나 우리 동상은 못 보고 죽을라나' 그런 생각하고 내가 많이 울었지. (김득중, 1926년생, 1944년 2월 일본 기후 현 미쓰이 광산주식회사 가미오카 광산에 강제동원) 5

배는 점점 심하게 흔들렸고 여기저기서 웩웩거리며 토하는 사람이 생겼다. 그러나 배 안에는 의사는커녕 약을 주는 사람도 없었다. 나는 수건을 입에 대고 올라오는 구역질을 참고 있을 수밖에 없었다. 생전 처음 타보는 큰 배였고, 이렇게 흔들려보기도 처음이었다. 결국 나는 뱃속에 들어 있던 모든 음식물, 아마도 똥물까지를 모조리 토해낸 것 같았다. 뱃속이 칼로 에이는 듯 아팠고 입에는 씁쓸한 쓸개물이 고여 있었다. (이흥섭, 1927년생, 1944년 5월 사가 현 가라쓰 탄광에 강제동원) 6

여러 관부연락선 중 노무동원 피해자들이 주로 탔던 배는 곤고마루, 고안마루, 덴잔마루, 곤론마루 네 척이다. 이들 초대형 연락선에 이르면 부산—시모노세키 간 운행시간이 일곱 시간으로 단축되고 승객 정원은 한 척당 1,700~2,000여 명에 달한다. 운항 횟수가 대폭 늘면서 이들 네 척이 하루에 편도 항로만으로 1만 4,000명의 인원을 수송한 기록도 있다. 일반 여객의 이용은 거의 통제된 상태에서 배 안에는 조선과 대륙으로 진출하는 일본군, 그리고 일본으로 끌려가는 징용자·징병자들로 가득 채워졌다. 피해자들 입장에서는 '전시노예선'에 다름 아니었다. 이 중 곤론마루는 취항한 지 반년 만인 1943년 10월 미국 잠수함의 어뢰공격을 받아 침몰함으로써 583명의 승객과 승무원이 대한해협에서 수장되는 비극적인 종말을 맞았다. 이 참변은 부관 정기항로 사상 최악의 인명피해를 낸 사건이다. 곤고마루와 고안마루도 어뢰에 맞아 일부 파손되는 사고가 있었다. 이와 관련된 노무동원 피해자의 증언을 보자.

부산에서 하관까지 가는데, 배가 갈 지之 자로 가. 이렇게 지그재그로 가는 거야. 그 어뢰를 피해 이런 식으로 가서 열 시간이 걸려서 거기 일본으로 가는 거예요. 그전에는 여덟 시간이면 갔는데, 그 어뢰에 맞아가지고서 일본 군인들이 몰살하는 바람에……. (정덕환, 1926년생, 1943년 후쿠오카 현 아마다 탄광에 강제동원)7

이처럼 전쟁 격화로 미군에 의한 어뢰·기뢰 공격이 계속되자 시모노세키 인근 해협은 거의 봉쇄되기에 이르렀다. 결국 일본 정부는 1945년 6월 20일 부관 항로의 모든 연락선을 안전한 항로로 옮길 것을 지시했다. 이에 따라 고안마루와 덴잔마루가 조선 원산과 일본 마이즈루 사이의 항로에 배치되는 등 전면적인 이동이 이뤄지면서 일제시기의 부관연락선 시대는 사실상 막을 내리게 됐다. 1905년 9월 개통돼 1945년 6월 폐쇄될 때까지 40년에 걸쳐 연락선이 운송한 승객은 3,000만 명 이상으로 추정된다. 일제 패망 직후에는 일시적으로 조선인 귀환자들을 실어 나르는 데 이용돼 하카타, 센자키, 하코다테,

사세보 항구 등에서 부산항을 왕복했다(당시 시모노세키 항은 미군이 뿌린 각종 어뢰가 무수히 부설돼 있고 일본군이 부설한 어뢰·잠수함 방어그물까지 널려 있는 상태였기 때문에 귀환용 항구로 거의 이용되지 못했다).

이후 개별 부관연락선의 운명은 자못 처량하기까지 하다. 곤고마루와 도쿠주마루, 쇼케이마루는 1950년 6월 한국전쟁 발발과 함께 미군에 징발돼 군용수송선으로 쓰였다. 그 가운데 곤고마루는 1951년 부산항을 나섰다 태풍을 만나 좌초함으로써 '현해탄의 여왕'으로서의 일생을 마감했다.

2부
낯선 기업, 숨은 가해자

1
근로정신대 징용의 주범, 후지코시

도야마에 비가 내렸다

우리나라 동해와 접한 일본 중서부 지역. 고개를 돌리면 어디서나 병풍 같은 산을 볼 수 있는 도시가 있다. 도야마富山 현 도야마 시다. 3,000m에 가까운 산봉우리가 줄을 서 있는데, 일본말로 다테야마 렌포立山連峰라고 부른다. 세계에서 손꼽히는 산악관광 루트다. 도야마 역에서는 한글로 된 관광안내 책자를 여러 권 만날 수 있다.

겨울이면 특히 설경이 아름다운 이 도시 한구석이 2010년 3월 9일 한국 할머니들의 욕설과 울부짖음으로 가득 찼다. 다음은 태평양전쟁 피해자 보상추진협의회 송경섭 간사가 당시 국제전화를 통해 들려준 그날의 도야마 시 풍경이다.

"본격적인 항의 활동은 오후에 한 건데요. 워낙 날씨가 안 좋았어요. 눈이 내렸다가 비가 내렸다가……. 할머니들은 우비를 입었는데 신발도 다 젖고 몸도 다 젖었죠. 공장 남문이 중요하다고 해서 그쪽으로 갔는데 경비 인력이 벌써 열 명 정도 와 있더라고요. 김정주 할머니하고 안○○ 할머니가 경비원을 밀치고 남문 앞까지 갔는데 문이 잠겨 있었어요. 경비원 중에는 여자도 있더라고요. 그전까지 공장 앞에서 시위를 여러 차례 했는데 여자를 배치한 건 처음이었어요. 할머니들은 '사장 도둑놈 새끼 나와라', '우리를 왜 막아. 사죄하란 말이다'라고 외쳤지만 저쪽에서는 아무런 반응이 없었어요."

두 할머니는 하루 전날인 3월 8일의 재판 결과 때문에 잔뜩 화가 나 있었다. 두 사람을 비롯한 한국인 스물세 명은 2003년 4월 일본 대기업 후지코시不二越를 상대로 소송을 내 2007년 9월 이미 한 차례 패소했다. 8일은 항소심이었다. 결과는 또 패소였다.¹ 할머니들은 일을 했으니 월급을 달라고 소송했다. 상식적인 요구였다. 그런데 결과는 상식적이지 않았다.

"1965년 일·한 청구권 협정으로 한국 국민 개인의 청구권은 상실됐습니다." 나고야 고등재판소 가나자와 지부의 항소심 재판부 와타나베 노부아키 재판장은 표정 없는 얼굴로 판결문을 읽었다. 법정이 소란스러워졌다. 한국어 욕설이 들렸다. 송경섭 간사는 당시 법원 안의 모습을 이렇게 전했다.

"할머니들은 오열하면서 법정에서 도망치듯 나가는 재판관을 향하여 분노했으며, 한때는 후지코시 측 변호사 바지를 잡는 등 항의를 했습니다. 법정을 나와서는 재판소 앞에서 일본의 '호쿠리쿠연락회'北陸連絡會 사람들과 함께 항의를 했어요."

재판에 참석하려고 일본을 방문한 할머니는 다섯 명이었다. 원고 스물세 명 가운데 그때까지 네 명이 세상을 떠났다. 올해 여든 살의 전옥남 할머니는 먼저 고인이 된 임영숙 할머니의 영정을 재판소 건

2010년 3월 8일 2심 재판 뒤 나고야 고등재판소 가나자와 지부 앞에서 주저앉은 근로정신대 할머니

물 앞 바닥에 내려놓고 주저앉았다.

할머니 다섯 명은 재판소 정문 앞에 현수막을 걸고 진을 쳤다. 그런데 경찰관 수십 명이 나타나 할머니들을 번쩍 들어 정문에서 멀리 떨어진 곳으로 옮겼다고 한다. 재판소 앞은 다시 아수라장이 됐다.

다음 날 아침, 할머니들은 후지코시 공장 정문 앞에서 추도식을 치렀다. 먼저 세상을 등진 네 명을 추모하는 행사였다. 언니이거나 여동생이거나 친구였던 이들의 얼굴이 하나하나 떠올랐다. 어린 소녀 시절 낯선 땅에 끌려와 함께 일했던 동료들. 1년 가까이 공장에 있으면서 말 한 번 해보지 못한 동료도 있었다. 후지코시 근로정신대라는 이름만으로 일흔이 넘어 뜻을 모은 동료들이었다. 후지코시라는 말만 나와도 몸을 부르르 떨던 그들. 하늘나라로 간 동료들의 눈물이 진눈

깨비가 돼 어깨 위로 떨어지는 것 같았다.

후시코시 상대 소송 일지	
1992. 9	이종숙 등 3명, 일본 도야마 지방재판소에 손해배상 청구 소송(1차 소송)
1996. 7	도야마 지방재판소, '시효 소멸됐다'며 기각
1998. 12	나고야 고등재판소 가나자와 지부, 1심과 같은 이유로 기각
2000. 7	최고재판소에서 화해(합의) 성립. 피해자 4명이 더 합류해 후지코시에서 합의금 3,500만 엔을 받음
2003. 4	김정주 등 23명, 도야마 지방재판소에 미지급 임금 등 손해배상 청구 소송(2차 소송)
2007. 9	도야마 지방재판소, '한·일 협정으로 개인 청구권 포기됐다'며 기각
2010. 3	니고야 고등재판소 가나자와 지부, 1심과 같은 이유로 기각. 원고 상고

바다 건너로 끌려간 소녀들

다섯 명의 할머니가 일본에 끌려갔던 시기는 1944년에서 1945년 초반 사이이다. 증언을 들어보면 국민학교 6학년을 마치고 끌려간 사람이 많았다. 기껏해야 열세 살, 열네 살짜리 소녀였다. 그보다 더 어린 경우도 있었고 10대 후반, 20대 초반인 경우도 있었다. '직장 다니다 온 언니', '시청 다니던 언니'가 있었다는 생존자 진술도 있다. 상당수가 미성년 여성이었음은 확실하다.

어린 소녀들을 한곳으로 모아 내건 조직 이름은 '조선여자근로정신대'였다. '정신대'挺身隊란 어떤 일에 몸소 앞장서 나간다는 뜻이다. 이 이름이 훗날 삶에 큰 비극이 될 것이라는 사실을 소녀들은 미처 알지 못했다. 뒤에서 더 이야기하겠지만 할머니들은 근로정신대를 '종군 위

'안부'로 오인한 주변의 시선으로 귀국 이후에도 모진 삶을 살게 된다.

조선여자근로정신대는 일제가 노동력 착취의 수단으로 만든 것이었다. 근로정신대는 1944년 8월 여자정신대근무령이 공포되면서 공식화됐지만 그 이전 근로정신대 모집 사실이 기록돼 있다. 소녀마다 근로정신대에 속하게 된 사연은 제각각이다. '네가 안 가면 부모를 징용한다'며 반강제로 끌고 간 경우가 있고, 한창 호기심 많던 소녀들 가슴에 불을 지른 경우도 있다. '일본에 가면 공부를 시켜주겠다', '새로운 문물을 볼 수 있다'고 소녀들을 꾀었다. 주로 일본인 교사들이 그 일을 했다.

6학년 때 학교도 못 마치고, 거기 2년만 있다 오면 고등학교 졸업장 준다고 아주 그냥 말도 못하게 꼬셔가지고. 한 반 사람들이 3분의 1만 안 하고 다 움직였지.^{(박모 씨, 1932년생)2}

태도도 단정하고 선생님 말도 잘 듣고 모범생이라 제가 찍혔어요. 찍혀가지고 정신대에 가는데 막 거기서 하여튼 가게끄름 설명을 했어요. 내가 잊어먹어서 그렇지 그래서 제가 간다고 지원을 했어요.^{(다른 박모 씨, 1932년생)3}

일본 가서 군수물자를 맨들어주만, 인제 중학교 과정을 밟을 수 있고, 일반 가정에 부역을 면제해준다고, 우리 벌어 우리 공부하고, 그래 가지고 열세 명 중에 일곱이 간다고 선생님하고 약속을 해놓고 졸업을 했어.^{(최모 씨, 1929년생)4}

조선의 소녀들이 끌려간 일본 공장은 현재까지 확인된 바로 세 곳이다. 후지코시 도야마 공장과 미쓰비시중공업 나고야 항공기제작소, 도쿄 아사이토 누마즈 공장이다. 이 가운데 미쓰비시중공업 나고야 항공기제작소는 이른바 '99엔 사건'의 피해자 할머니들이 동원됐던 곳이다.

공장 세 곳 중 조선인 소녀가 가장 많이 끌려간 곳이 바로 후지코시 도야마 공장이다. 1953년 발간된 『후지코시 25년사』를 보면 1945년 5월 말 조선여자근로정신대 공원工員 숫자는 1,089명이다. 2010년 현재 후지코시 도야마 공장 종업원 수가 2,500여 명이므로 조선여자근로정신대 규모가 어떤 수준인지 짐작할 수 있다. 나머지 두 곳, 미쓰비시중공업 나고야 항공기제작소와 도쿄아사이토 누마즈 공장에는 각각 300명씩 조선인 소녀가 있었던 것으로 추정된다.

흔히 소녀들이 하기 쉬운 일로 청소나 음식 만드는 일 등을 떠올리기 쉽다. 그들은 그런 허드렛일을 하지 않았다. 소녀들은 쇠를 깎았다. 육중한 선반 앞에서 비행기에 들어갈 베어링을 만들었다. 아침 5시에 일어나 하루 10시간씩 중노동을 하는 날이 많았다.

1944년 10월 30일자 『매일신보』 기사에 따르면, 소녀들은 매일 오전 6시 50분 기숙사에서 공장까지 줄을 지어 행진했다. 걸으면서 〈반도정신처녀대의 노래〉를 합창했다.[5] 첫 한 달 동안 공장 기숙사에서 군사훈련을 받았다. 운동장으로 산으로 뛰어다녔다. 가늘고 하얗던 팔뚝이 굵고 까매졌다. 기숙사에서는 거의 매일 밤 소녀들의 울음소리가 들렸다.

한편, 후지코시에는 남자도 동원됐다. 2010년 3월 1일 '잊혀진 만행…… 일본 전범기업을 추적한다' 연재기사 첫 회가 나가고 며칠 뒤

후지코시 도야마 공장의 1950년대 전경(위)과 2007년의 모습 *

편집국에 전화가 걸려왔다. 강원도 원주에 산다는 고덕환 할아버지. 88세인 그는 자신을 후지코시 피해자라고 밝혔다. 나중에 알고 보니 그는 후지코시 1차 소송의 원고 중 한 사람이었다.

『후지코시 25년사』를 다시 확인했다. 남자가 있었다. 1945년 5월 말 기준으로 후지코시 남자 공원은 1,688명이다. 이 중 '반도'半島라고 표시된 사람이 419명이었다. 반도는 조선을 뜻했다.

강제동원조사위원회에 확인을 부탁했다. 지금까지 후지코시 남성 피해자 아홉 명이 위원회에 피해신고를 했다는 답변이 왔다. 기록상 숫자 419명에 비하면 턱없이 적다. 왜 피해신고 숫자가 적을까.

고덕환 할아버지와의 전화통화에서 그 이유를 알아냈다. 1922년 생인 고 할아버지는 고령에도 불구하고 징용자 숫자를 정확히 기억했다. 그는 남자 징용자 숫자가 535명이었으며 함경북도 성진, 청진, 회령 출신이 약 300명, 전라도 출신이 약 200명 있었다고 말했다. 북한 출신이 많아 그동안 남자 피해자가 크게 부각되지 않은 것이다.

남자 피해자는 거의 20대였다. 특히 22세 이상이 많았다고 한다. 21세는 군대에 끌려갔기 때문이다. 고 할아버지는 일본 군수회사 직원들이 청년들을 데려가려고 직접 고향인 함북 성진에 왔다고 했다.

징용 청년과 근로정신대 소녀는 같은 공장에서 일했지만 엄격한 통제 탓에 이야기를 나눌 기회는 거의 없었다. 남자들은 고향의 여동생 같은 소녀들이 추위와 배고픔에 고생하는 것을 보고 마음속으로만 안타까워했다. 남자들의 삶도 고달프기는 마찬가지였다.

옛 자취는 빨간 벽돌담뿐

후지코시는 우리에게 낯선 이름이다. 현지에 도착하기 전까지 이곳이 얼마나 큰 회사인지 생각해보지 않았다. 도야마 후지코시 공장 앞에 이르러서야 회사의 규모를 실감했다. 후지코시사 홈페이지에 공개되어 있는 자본금은 2010년 1월 18일 현재 160억 엔이다. 국내에 29곳,

해외에 25곳 계열사가 있다. 전체 계열사에 5,350명이 근무하고 도야마 공장에서는 2,550명이 일한다. 산업용 로봇과 공업용 절삭공구, 베어링 등을 생산한다. 위키피디아 일본어판에도 이 회사가 소개돼 있는데 산업용 로봇은 주로 자동차 제조용 로봇이라고 한다.

후지코시 옛날 로고(위)와 지금 로고

후지코시는 1928년 '후지코시 강재공업주식회사'로 문을 열었다. 기업을 급성장하게 도와준 것은 전쟁이었다. 중일전쟁과 태평양전쟁을 거치면서 대기업으로 도약했다. 후지코시는 무기에 들어가는 자재와 부품을 집중적으로 생산했다. 1945년 상반기 종업원 수는 현재의 6배가 넘는 3만 6,253명이었다. 도야마 본사와 공장은 설립 때부터 지금까지 같은 자리를 지키고 있다.

도야마 시 후지코시 공장을 찾은 건 2010년 1월 27일이었다. 현지 안내를 도와준 사람은 강제동원조사위원회 정현영 조사관과 '제2차 후지코시 강제연행·강제노동 소송을 지원하는 호쿠리쿠 연락회'의 신야 히로시新谷宏 씨였다.

신야 씨가 우리나라 티코 승용차 크기의 작은 차를 몰고 왔다. 그 차를 타고 후지코시 공장 주위를 둘러봤다. 비용을 주고 그를 고용한 것이 아니었는데 신야 씨는 연신 "차가 작아 불편하지 않느냐. 미안하다"고 말했다.

공장은 꽤 넓어 보였다. 공장 주변을 한 바퀴 돌려면 승용차로 10분은 걸릴 것 같았다. 공장은 울타리와 담으로 둘러싸여 있었다. 울타리 안으로는 낮은 건물이 대부분이었다. 밖에서는 안에서 무슨 일이 벌어지는지 알 수 없었다. 연기가 나는 굴뚝이 있지 않을까 했는데 찾기 어려웠다. 추운 날씨 탓인지 평일인데도 공장 주변은 무척 조용했다. '나치NACHI 후지코시'라는 마크가 공장 이곳저곳에서 보였다. 나치가 무슨 뜻이냐고 묻자 신야 씨는 이 회사 생산품에 붙는 상표 이름이라고 했다.

나중에 다시 알아보니 '나치'가 기업 이름에 붙게 된 데는 사연이 있었다. 1929년 일본 쇼와 천황이 오사카에서 후지코시가 만든 금속 절삭공구를 구경했다. 당시 후지코시 사장은 천황이 자사제품을 지켜봐줬다는 데 감동해 쇼와 천황이 이용했던 군함 이름 '나치'를 상표로 쓰기로 했다. 후지코시는 그 이름을 21세기까지 계속 사용해온 것이다. 쇼와가 누구인가. 조선인에게 창씨개명을 강요하고 제2차 세계대전을 일으킨 장본인 아닌가. 후지코시의 낮은 역사의식은 기업 이름만 봐도 알 수 있었다.

먼저 차를 세운 곳은 공장 정문 앞. '株式會社 不二越'이라는 글자가 돌로 된 울타리에 붙어 있었다. 회사 간판을 배경으로 사진을 찍었다. 신야 씨를 그 앞에 세우고 손가락으로 간판을 가리키게 했다.

사진을 찍고 다시 차로 이동을 하고 있는데 공장 안에서 트럭 한 대가 나오더니 신야 씨 차와 중앙선을 사이에 두고 멈춰 섰다. 트럭 안의 두 사람은 경비원 복장이었다.

"무슨 일로 사진을 찍었습니까? 어디서 온 사람들입니까?"

후지코시 도야마 공장 앞 정문에서 신야 히로시 씨 *

"당신들하고 상관없는 일입니다."

신야 씨는 그들을 향해 씩 웃고는 다시 가속 페달을 밟았다. 이어 도착한 곳은 공장 북문 앞이었다. 이쪽 빨간 벽돌담만 1940년대 모습 그대로 남아 있는 구조물이라고 한다. 벽돌담 높이는 3m가 넘어 보였다. 벽돌담 안쪽 낡은 건물을 손으로 가리키며 신야 씨에게 혹시 옛 건물이 아닌지 물었다. 아니라는 대답이 돌아왔다. 그때 정현영 조사관이 발꿈치를 들고 벽돌 위로 오른팔을 뻗더니 입을 열었다.

"지금 제가 팔을 뻗어도 담 중간 정도밖에 닿지 않는데 옛날 10대 소녀들은 이 담을 넘어 도망갈 생각은 꿈에도 하지 못했을 거예요."

정현영 조사관에게 팔을 뻗은 채로 잠시만 멈춰달라고 부탁했다. 셔터를 눌렀다. 이 사진이 신문 지면에 실렸다.

1940년대 구조물은 빨간 벽돌담이 유일하다.
높이를 재보려 팔을 뻗은 정현영 조사관 *

북문 앞을 떠나려 할 때 공장 안에서 누군가가 나왔다. 경비원 제복을 입은 일본인이었다. 가슴에 '다카다 마사미'라고 쓰인 명찰이 붙어 있었다.

"사진은 무슨 목적으로 찍는 것입니까. 뭐하는 사람들입니까. 빨리 이곳을 떠나십시오. 그렇지 않으면 시끄러운 일이 발생할 것입니다."

신야 씨가 경비원을 향해 잔뜩 인상을 썼다.

"나는 재판을 지원하는 사람입니다. 이곳은 공장 밖인데 우리가 무엇을 하든 당신이 무슨 상관입니까. 우리는 지금 휴대전화 번호를 주고받고 있습니다. 개인정보에 관한 것이니 당신은 좀 떨어져 있으세요."

신야 씨가 강하게 나가자 경비원도 더 이상 말을 하지 못하고 뒤로 물러섰다. 우리를 지켜보는 사람은 없었다. 주위는 조용했다. 하지만 그곳은, 속으로는 그 어느 곳보다 큰 포성을 내는 역사의 현장이었다.

싸늘한 일본 시민들

다음 방문지는 도야마 현립 중앙병원이었다. 1940년대에도 같은 자리에 병원이 있었다고 한다. 할머니들 증언에는 일하다가 다쳤거나 몸이 심하게 아프면 걸어서 10~15분 걸리는 '후지코시 병원'에 갔다는 대목이 여럿 있다. 일부러 후지코시 공장에서 도야마 현립 중앙병원까지 걸어보니 10분 정도 걸렸다. 어린 소녀들이어서 어른보다 걸음이 약간 느렸을 것이다.

신야 씨가 병원 행정실을 찾았다. 1944~1945년 조선인 소녀에 관한 기록이 있는지 여부를 알아보기 위해서였다. 병원 측은 잘 모르겠다는 답변을 했다고 한다. 신야 씨는 병원에서 내준 소개 책자 하나를 들고 행정실을 나왔다. 책자 맨 뒤의 병원 연혁은 쇼와昭和 26년 4월부터 시작하고 있었다. 쇼와 26년은 1951년이다. 옛 후지코시 병원은 1951년 도야마 현립 중앙병원으로 바뀌었다.

병원 건물 앞에서 지나가는 시민을 붙잡았다. 무턱대고 인터뷰를 하기로 한 것이다. 병원에 오는 사람들은 아무래도 노인이 많으니 후지코시 공장에서 일했던 조선인 소녀를 기억할 수 있지 않을까 생각했다. 질문은 두 가지를 해보기로 했다. 첫번째는 기업으로서 후지코시를 어떻게 생각하느냐, 두번째는 후지코시가 태평양전쟁 중에 조선에서 조선인 소녀 1,000여 명을 끌고 와 일을 시킨 사실을 아느냐는 것이었다.

그런데 문제가 생겼다. 신야 씨가 곤혹스러운 표정을 지은 것이다. 우리나라에서는 길가는 사람에게 잠시 양해를 구하면 간단한 인터뷰가 어렵지 않다. 오히려 지방 도시에서는 기자가 물어보면 평소 하고 싶은 애기까지 포함해 일장연설을 하는 사람도 있다. 하지만 일본에서는 다르다는 게 신야 씨 애기였다. 미리 약속을 잡지 않으면 말 붙이기가 어렵다는 것이었다.

신야 씨에게 '기사를 쓰기 위해 꼭 필요한 일'이라고 설명했다. 할머니들에게 도움이 될 수 있다고 얘기했다. 신야 씨 태도가 조금 바뀌었다. 첫번째로 인터뷰한 사람은 1943년생 하야시 노부코라는 여성이었다. 그녀는 미디어를 통해 후지코시 근로정신대 이야기를 들어본 적이 있다고 했다. 후지코시에 관해서는 근무하기에 안정적인 회사이며 주변에 후지코시에서 일하는 사람이 있다고 말했다.

그 다음으로 인터뷰한 사람은 1931년에 태어나 도야마에서 계속 살았다는 가나가와 도요지 씨였다.

"우리는 후지코시 회사에 관해 취재 중입니다. 전쟁 당시 이 회사에 조선인 소녀들이 와서 일했던 것을 아십니까?" 신야 씨가 물었다.

"최근 뉴스를 통해 알게 됐습니다. 나도 중학교 때 동원돼 해안 근처 공장에서 일했어요. 프로펠러 만드는 공장이었죠."

"현재 후지코시 기업 이미지는 어떻습니까?"

"도야마를 대표하는 큰 기업입니다. 정년이 지나 그만둬도 후지코시에서 아르바이트로 일을 할 수 있게 해줘요. 내 주변에도 65세인데 후지코시에서 일하는 사람이 두 명 있습니다." 가나가와 씨는 그 사실이 자랑스러운 것 같았다.

신야 씨의 목소리는 계속 커졌다. 그는 조선여자근로정신대가 무엇인지, 얼마나 어린 소녀들이 일을 했는지, 근무 환경이 얼마나 가혹했는지 시민들에게 열 올려 설명했다. 신야 씨 감정이 최고조에 오른 것은 뒤이어 만난 일본인 남성과의 대화에서였다.

"전후에 태어나셨나요?"

"직후입니다. 1946년생입니다."

"한국에서 전쟁 중 많은 소녀들이 끌려와서 후지코시에서 일했던 사실을 알고 있나요?"

"들어본 적이 있죠."

"어린 여자애들이었다는 것도 알고 있나요? 열두 살 정도 어린이도 있었습니다."

"그렇게 어린애들이 끌려왔다는 것은 처음 듣는 이야기네요."

"기숙사에서 생활하면서 선반 기계를 다루는 일을 했다고 합니다."

"열두 살 어린애들한테 그런 일을 시켰다는 게 과연…… 사실인지 잘 모르겠네요."

"후생연금에 가입돼 있었습니다. 자료가 나왔고 이름과 생년월일이 일치해요."

"당신한테 들은 이야기는 갑작스럽군요. 당신, 한국인입니까?"

"나는 이시카와 현에 살고 있고, 취재에 동행하고 있습니다."

"나는 정부가 여러 가지로 그 일에 대응해왔다고 생각하는데, 한국 사람들은 언제까지 그 문제를, 벌써 몇십 년 전 일을 들춰낼 것인지 모르겠네요. 재판에서 화해해서 보상금이 지불됐다고 신문에 실렸어요. 한국은 대통령이 바뀔 때마다 책임 문제를 되풀이한다는 인상을 받아요. 한국 사람들 참 대단합니다."

"이 문제는 아직 해결된 게 아닙니다. 보상은 아주 일부만 받았을 뿐이라고요."

대화는 일본어로 진행되고 있었지만 두 사람은 강한 톤으로 말을 주고받고 있었다. 그대로 두면 싸울 수 있겠다 싶어 신야 씨에게 다른 곳으로 가자고 눈짓했다. 논쟁은 그렇게 끝났다. 신야 씨는 일본인 대부분이 저렇게 생각한다고 말했다. 취재는 후지코시 주변의 다른 가게로 이어졌다. 신야 씨는 더 적극적이 됐다.

식료품 가게 이토오 상회를 운영하고 있는 1941년생 이토오 씨는 마을에서 운동회를 하면 프로그램 책자를 만드는데 이때 후지코시가 돈을 내고 광고를 실어준다고 했다. 운동회 비용을 대는 것이다. 그녀는 시아버지가 후지코시에서 일을 했었고, 그래서 태평양전쟁 당시 군에 끌려가지 않았다고 했다. 미용실 내추라에서 손님 머리를 다듬고 있던, 30대 초반으로 보이는 다카바타케 씨는 동료 가운데 미용실을 그만두고 후지코시에 들어가 일을 하는 사람이 있다고 했다. 옛 조선인 소녀들 얘기는 '처음 듣는다'는 반응이었다.

가락국수 가게 뒷방에서 나온 1924년생 여성 오쿠라 씨는 옛 지인 가운데 당시 한국 사람들 숙소를 관리했던 분이 있다고 했다. 겨우 찾은 작은 연결고리였다. 하지만 오쿠라 씨는 숙소 관리를 맡았던 그분이 지금은 어디서 사는지 모르겠다고 했다. 그는 조선 소녀들에 관해 무엇인가 더 기억이 있는 눈치였지만 낯선 이들에게 말하는 걸 조심스러워했다. '기억이 없다'는 말만 되풀이했다.

후지코시 공장 주변은 대기업 공장이 있는 우리나라 몇몇 지방도시와 다르지 않아 보였다. 후지코시는 지역 일자리 상당수를 제공하고 때로는 지역사회 발전에 기여하는 기업이었다. 우리가 보는 후지코시는 염치를 모르는 무책임한 전범기업이지만 이곳에서 후지코시는 생활의 기반인 지역 대표 기업이었다. 이런 사회적 분위기에서 근로정신대 출신 할머니들이 일본 측에 의해 순순히 보상받기를 기대하는 것은 참 힘든 일인 것 같았다.

한편, 우리나라 삼성전자와 이 기업의 관계가 재미있다. 두 회사는 2003년 공동으로 산업용 로봇 개발에 성공했다. 삼성은 11월 이 사실을 발표했으나 곧 강한 반발에 부딪혔다. 김경석 씨가 주도한 태평양전쟁 한국인 희생자 유족회가 이듬해 1월 삼성전자를 항의 방문해 후지코시와 협력 체제를 중단하지 않으면 삼성전자 제품 불매운동을 벌이겠다고 했다(김경석 씨는 일본 전범기업 상대 소송의 선구자 격 인물로 2부 6장과 4부 1장에서 자세히 다룬다). 취재팀은 도야마에 다녀온 뒤 삼성전자 홍보실에 전화를 걸어 협력이 중단됐는지 질문했다. "그 뒤 기술 제휴는 더 이상 진행되지 않았다"라는 답변을 들었다.

"돌아온 뒤 삶이 더 힘들었지"

도야마 현지 취재를 마치고 한국으로 돌아와 김정주 할머니를 만났다. 2010년 3월 서울 송파구 할머니 집에서였다. 1931년생인 할머니는 열다섯 살 때인 1945년 2월 일본 도야마로 가는 배를 탔다. 김 할머니가 일본으로 간 이유는 특이하다. 언니 때문이었다. 두 살 위 언니인 김성주 할머니는 1944년 5월 먼저 근로정신대로 일본 나고야에 갔다. 김정주 할머니는 일본에 가면 언니를 만날 수 있다는 일본인 여성 교사의 꾐에 넘어갔다. 할머니는 66년 전 그 일본인 여성 교사의 이름을 지금도 기억하고 있었다.

"오가키 선생님이었지. 선생님 집은 순천극장 앞이었고, 우리 집은 경찰서 앞인데 걸어서 5분도 안 걸렸어. 나를 시켜서 언니를 왔다가라고 하더라고. 지금 생각하니까 언니를 꼬여 일본으로 보낸 거 같아. 1년 뒤에는 나를 불렀어. 가서 언니를 만나볼 수 있고 같이 공부

2010년 3월 2심 재판에 참석하려고 일본 도야마를 찾은 김정주 할머니

할 수 있고 조선에도 오려면 얼마든지 올 수 있다고 하더라고. 우리 할머니가 언니 갈 때 울고불고하는 것을 봤어도 그때는 내가 초등학교 5학년 때인가 그래서 철이 없어서 또 도장을 몰래 돌려다가 가서 찍었지."

일본으로 갔지만 언니는 없었다. 김정주 할머니는 당황했다. 다시 고향으로 돌아올 수는 없었다. 도야마 현 후지코시 공장. 그곳은 마음대로 빠져나올 수 없는 곳이었다. 언니도 마찬가지였다. 김성주 할머니는 나고야에 있는 미쓰비시중공업 항공기제작소에 있었다. 동생이 일본에 왔다는 얘기를 전해 듣긴 했지만 그렇다고 공장을 옮길 수는 없었다. 두 사람은 나중에 언니가 공장에서 손가락을 잘린 뒤 일을 못하게 되자 동생을 면회해 한 차례 만났지만 김정주 할머니는 이 일이 기억나지 않는다고 했다.

김정주 할머니의 후지코시 공장 생활은 비참했다. 기상시간은 새벽 5시. 아침밥은 잡곡밥 한 덩이와 일본 된장국 한 국자였다. 건더기가 없는 국이었다. 반찬도 없었다. 딱 한 벌뿐인 군복을 입고 선반기계에서 일을 했다. 키가 작으니 나무 상자 두 개를 올려놓고 그 위에 올라서서 일했다. 전투기와 군함에 들어갈 베어링을 깎았다. 점심은 식빵 한쪽이 전부였다. 삼각형 모양이어서 '삼각빵'이라고 불렀는데 요즘 식빵의 절반 크기였다. 배가 고파 풀을 뜯어먹다가 조선인 소녀들이 집단으로 병에 걸린 일도 있었다. 일터로 오갈 때는 군대처럼 인원 보고를 했다.

"밤에 자기 전에 고향이 어느 쪽인지도 모르는데 한 사람이 울면 전부 다 따라서 울었어. 엄마야, 아버지야 부르고."

작은 방에서 수십 명이 머리를 맞대고 잤다. 잘 때도 신발을 벗지 못했다. 전쟁이 막바지에 이른 시기였으므로 미군의 공습이 언제 있을지 모를 일이었다. 베개는 사치였다. 처음 공장에 도착했을 때 하나씩 받은 손바닥만 한 위생주머니를 베고 잤다.

도야마는 눈이 많이 내리는 곳이다. 김정주 할머니는 2월에 그곳에 도착했다. 가자마자 손발에 동상이 걸렸다. 귀국한 10월까지 8개월 동안 목욕 한 번 못했다. 숙소 안은 여름내 썩은 냄새가 진동했다. 같은 시기 후지코시는 신나게 군수물자를 팔아 돈을 긁어모았다. 지금까지 수십 년째 대기업으로 존속해온 기반은 이때 마련된 것이다.

"누가 제일 원망스럽나요?"

"오가키 선생님이 제일 원망스럽지. 거짓말로 해서 날 일본으로 보낸 것이 원망스럽지. 언니 보려고 간 것이 내 신세가 이렇게 돼 일

평생 한이 맺혀. 가정을 이루고 똑바로 살지를 못해서. 남편이 월급 타 갖다 줘서 살아본 적이 없어. 열아홉 살에 결혼했지만, (결혼) 생활이라는 것을 해본 적이 없어."

김정주 할머니의 한은 후지코시 공장에서 일한 그 자체가 아니었다. 후지코시 공장에서 일한 시간은 8개월 정도. 어떻게 보면 인생에 잠깐 재수 없는 시기가 있었다고 생각하면 될 일이다. 후지코시는 그 뒤 인생에 훨씬 더 커다란 영향을 미쳤다. 김정주 할머니는 '정신대'로 일본에서 일을 하고 왔다는 이유로 결혼에 실패했다.

"언니하고 나는 일본 갔다 온 거 큰일로 생각 안 했어. 남한테 알리지도 않았지만 숨기려고 생각도 안 했어. 먼저 사실이 알려진 건 언니였어. 우리 언니가 결혼한 지 얼마 안 돼서 사는데, 형부가 대문 뒤로 들어와서 창문을 두드려. 그러고는 대문 앞으로 돌아와서 어떤 놈이 창문을 두드렸느냐, 그렇게 언니를 못살게 했어. 몇 놈을 상대했냐고 묻고. 형부는 술로 돌아가셨지. 나중에 내가 결혼하게 되니까 나까지 알려졌어. 결국 두 자매가 일본 근로정신대를 갔다 왔다고. 아, 그때는 위안부라고 했지 정신대라고도 안 했어."

언니만 남편에게 괴롭힘을 당한 게 아니었다. 김정주 할머니도 학대를 당했다. 남편은 전국을 떠돌며 집에 오지 않았다. 시부모를 모시고 살던 김정주 할머니는 결국 아들을 데리고 집을 나왔다. 서른다섯 살 때였다. 떡을 이고 다니며 팔아 자식을 키웠다.

"재혼 생각은 안 해봤나요?" 취재팀이 김정주 할머니에게 물었다.

"누가 이북 사람을 중신해준다고 했는데 싫다고 했어. 아이코, 나 또 버림받으라고. 또 버림받으라고?" 할머니는 허리를 곧추 세우며 질색했다.

김정주 할머니와 아들, 손자 이렇게 세 식구는 반지하방에 산다. 수입은 정부지원금 월 60만 원이 전부다. 아들은 결혼에 실패했고 지병으로 돈을 벌지 못하고 있다. 중학생인 손자를 학원에 좀 보내봤으면 하는 게 할머니 마음이다. 그런데 얼마 전 손자의 말이 할머니를 놀라게 했다.

"할머니, 위안부가 뭐예요. 할머니, 위안부 갔다 왔어요?"

"응? 누가 할머니보고 위안부라고 하디? 할머니 위안부 아니야. 할머니는 저 맨(먼) 후지코시 공장에 가서 일했어."

김정주 할머니는 아들에게도 근로정신대로 일본에 다녀온 사연을 이야기하지 못하다가 손해배상 청구소송을 준비 중이던 2002년이 돼서야 털어놨다.

다른 근로정신대 출신 할머니들도 같은 이유로 평생 위안부라는 오인을 받으며 살았다. 근로정신대 출신 가운데 결혼생활을 제대로 한 사람은 많지 않다. 2010년 3월 8일 재판에 참석했던 할머니 다섯 명 가운데 세 명은 이름이 신문 지면에 소개되길 원치 않았다. 얼굴 사진 공개도 꺼려했다. 일본에서는 공개집회에 참석하고 기자간담회에서 사진도 찍히지만 한국에서는 무조건 익명이기를 원했다. 그들이 겪은 오인과 억울함은 그렇게 깊고 무거웠다. 취재진은 후지코시 근로정신대 사연을 보도할 때 본인의 의사를 물은 뒤 신원을 공개해도 괜찮다고 한 두 할머니만 이름을 밝혔다.[6]

핏줄보다 고마운 호쿠리쿠 연락회

신야 히로시 씨의 첫인상은 반듯한 모범생이었다. 그는 한 국내 언론

보도에 변호사로 소개돼 있다. 현지에서 신야 씨에게 변호사가 맞느냐고 물었다. 아니라고 했다. 신야 씨는 얌전한 이미지와 달리 평생 일본 내 군국주의를 견제해온 사회운동가였다.

그는 후지코시 근로정신대 할머니들 소송을 돕기 전에는 고마쓰 군사기지 건설을 반대하는 운동을 했다. 고마쓰 군사기지는 일본 항공자위대가 있는 곳이다. 신야 씨는 고마쓰 기지가 조선 침략을 위해 건설된 것이라고 주장했다. 직접적으로는 북한이 공격대상이지만 유사시에는 남한이든 북한이든 가리지 않고 제압하려는 의도가 있다고 했다. 더 나아가 중국을 포함한 아시아를 장악하려는 의도가 있으므로 건설을 저지해야 한다는 게 신야 씨 생각이다.

신야 씨는 1967년에 대학에 입학했다. 스스로 '전공투' 세대라고 했다. 본인을 '사회운동가'로 기사에 소개해도 되냐고 묻자 손을 저었다. "그냥 후지코시 소송을 지원하는 사람이라고 하는 게 좋겠습니다."

그가 있는 단체의 정식 이름은 '제2차 후지코시 강제연행·강제노동 소송을 지원하는 호쿠리쿠 연락회'다. 세상에 이런 단체가 다 있나 싶을 정도로 헌신적이다.

호쿠리쿠 연락회는 2010년 3월 항소심에 참석하러 일본에 간 할머니 다섯 명과 유족인 할아버지 한 명의 경비를 전부 댔다. 여성 사무국원인 나카가와 미유키 씨는 본인의 집을 할머니들 숙소로 내줬다. 할머니들이 일본을 방문할 때마다 번번이 그랬다고 한다. 더 중요한 것은 이 단체가 지금까지 소송비용을 전부 제공해왔다는 것이다. 소송을 시작할 때도 호쿠리쿠 연락회의 역할이 컸다.

호쿠리쿠는 '北陸'(북륙)을 일본어로 읽은 것이다. 일본 중서부 지역 도야마 현, 이시카와 현, 후쿠이 현 세 곳을 묶어 호쿠리쿠 3현이라고 한다. 이 지방에 가면 호쿠리쿠 은행北陸銀行 등 '北陸'이 들어가는 상호가 많다.

호쿠리쿠 연락회 회원은 약 200명이다. 3개 현뿐 아니라 다른 지역에도 회원이 있다. 회비는 연 2,000엔. 단순 합산하면 약 40만 엔이지만 실제로는 200만 엔 정도 모인다. 여윳돈이 생기면 더 내는 사람이 많기 때문이다.

회원은 공무원, 회사원, 교사, 연구자, 주부 등 평범한 사람들이다. 회원들의 평균 나이는 약 60세. 신야 씨는 학생을 비롯한 젊은 세대가 이 문제에 관심을 보이지 않고 있는 점을 안타까워했다.

신야 씨는 변호인단도 자원봉사 수준으로 일한다고 전했다. 소송을 맡은 변호사는 15명인데 호쿠리쿠 연락회는 연간 20만 엔을 변호인단에 지급한다. 변호사 한 사람당 연 20만 엔 정도를 지급해야 '시세'에 맞지만 그렇게 하기 힘들다. 회비를 할머니들의 일본 방문 경비로 쓰다 보니 변호인단에 건넬 돈이 충분치 않은 것이다.

호쿠리쿠 연락회는 소송을 안내하는 홈페이지(www.fitweb.or.jp/~halmoni)를 운영한다. 또 매달 소식지도 발간한다. 홈페이지 주소에 '오바아상'(일본어로 할머니)이 아닌 '할머니'라는 이름을 넣을 정도로 그들은 세심하게 피해자를 생각한다.

정적인 활동만 하는 것은 아니다. 이른바 '행동'에도 나서고 있다. 2010년 3월 2심 재판에서 진 뒤에는 후지코시 도쿄사무소를 찾아 할머니들과 함께 1층에서 농성을 벌였다. '투쟁'이라는 단어도 서슴지 않고 사용한다. 신야 씨는 일본의 젊은 세대뿐 아니라 한국의 젊은이들에게도 불만을 내비쳤다.

"과거의 추한 부분을, 보기 흉한 부분을 그냥 흘려보내는 일은 한국 사람에게도 있을 수 없는 일 아닙니까. 한국의 젊은이들은 선배들의 상처를 치유하기 위해 일본에 책임을 추궁해야 합니다. 한국의 젊은 사람들에게도 책임이 있다는 얘기입니다. 물론 우리 일본인은 그 이상의 책임이 있습니다."

도야마 취재를 마치고 고민이 생겼다. 하루 시간을 내준 그에게 비용을 치르고 싶었으나 받지 않을 것 같았다. 정현영 조사관이 아이디어를 냈다. 자동차 기름 값과 가이드 비용이 아니라 호쿠리쿠 연락회에 기부를 하자는 것이었다.

도야마 역 앞에서 신야 씨에게 1만 엔이 든 봉투를 건넸다. 예상대로 손을 흔들며 사양했다. 호쿠리쿠 연락회에 기부할 테니 할머니들을 위해 써달라고 하자 그제야 그가 겨우 손을 내밀었다.

2
일본제철, 철을 녹여 포탄으로

63년 만에 돌아온 유골과 사진

사진 속 소년의 눈매는 가늘고 길다. 챙이 짧은 모자 아래 귀밑머리는 솜털 같은 느낌이다. 1943년 4월 고향 경남 사천에서 일본 홋카이도 무로란室蘭 시 일본제철 와니시輪西 제철소로 끌려온 구연석은 당시 열다섯 살이었다. 훈련생 신분으로 기차 신호수 일을 맡았다. 성인이 아닌 소년이었기 때문에 '노무자'가 아닌 '훈련생'이었다.

소년은 주머니에 넣고 다니던 작은 수첩에 일기를 썼다. 꼼꼼히 펜을 눌러 홋카이도 전도全圖를 그리기도 했다. 1945년 6월 26일에는 '최초 B-29 정찰'이라고 적었다. 제2차 세계대전 막바지 미군의 주력 폭격기 B-29는 일본 혼슈를 넘어 홋카이도까지 항속거리를 늘려 출몰하기 시작했다. 일기는 1945년 7월 3일에 멈췄다. '밤 1시 반경 느닷없이 무로란에 경보 발령, 2시경 공습경보 발령.'

1945년 7월 15일 무로란 만灣에는 불벼락이 떨어졌다. 오전 8시

유골함에 담겨 60여 년 세월을 보낸 뒤 가족 품으로 전달된
구연석의 징용 당시 사진 *

30분부터 9시 30분까지 60분간 직경 40cm, 길이 150cm의 포탄이 비 오듯 떨어졌다. 860여 발의 포탄은 무로란 만과 30여 km 떨어진 태평양 해상의 미국 해군 미주리 함과 아이오와 함에서 발사됐다. 처음 30분은 니혼 광업日本鑛業, 후반 30분은 일본제철 와니시 제철소를 향했다.

소년 구연석은 다른 조선인 훈련생 네 명과 함께 제철소 내 작업장에서 폭사爆死했다. 모두 15~17세였다. 일본 패망을 꼭 한 달 앞둔 시점이었다. 희생된 소년들의 유체는 화장돼 인근 사찰에 방치됐다. 이들 중 세 구가 한국으로 돌아오기까지 63년이 걸렸다.

취재팀은 2010년 2월 홋카이도 무로란 시의 하쿠초白鳥 대교를 건넜다. 바다 위에 놓인 다리에 오르자 신일본제철 무로란 제철소이자 이전 일본제철 와니시 제철소의 전경이 한눈에 들어왔다. 무로란 만

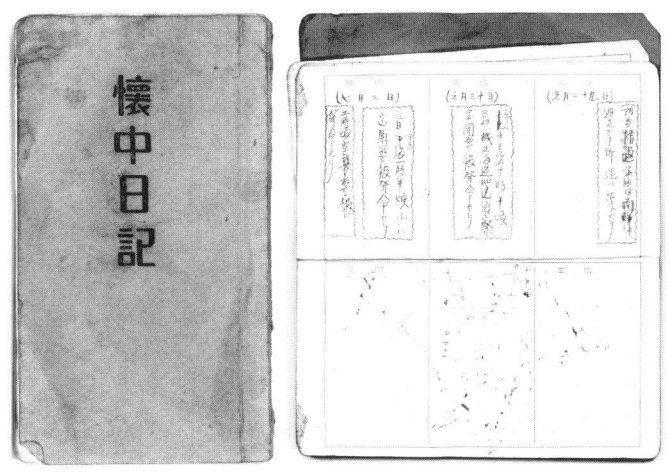

메모 형태로 전황을 담은 구연석의 일기 •

은 제철소와 제강소, 정유시설 등이 들어선 군산복합지역이다. 만 자체가 태평양을 향해 갈고랑이 모양으로 뻗어 나와 있어 일제강점기는 물론 지금까지도 전략적·지정학적 요충지일 수밖에 없다.

무로란 제철소는 1951년 이전까지 일본제철의 와니시 제철소였다. 와니시 제철소는 제2차 세계대전 당시 후쿠오카福岡 현 야하타八幡 제철소에 이어 일본 내 2위의 무쇠 생산량을 자랑했다. 홋카이도 각지에서 캐낸 석탄과 철광석은 이곳으로 집결해 일제의 대륙 침략 무기로 변신했다. 1945년 8월 광복 때 와니시 제철소에는 모두 2,248명의 조선인 공원이 있었다.

이곳에서 생환한 주인출 할아버지는 제철소 규모를 묻는 질문에 "두루 80리"라고 답했다. 담장 길이만 수십 km였다는 기억이다. 실제 제철소 면적은 418만km²다. 회사 쪽 설명으로는 도쿄돔의 86배 크기

무로란 만 일대·

다. 1926년생인 주 할아버지는 1943년 2월 경남 김해에서 무로란 시까지 끌려갔다. 그는 "일본 가면 좋은 회사에 취직시켜주니까 가라고 해서 가게 됐다"라고 말했다.

"모집하는가 뭐 하는가 그것도 모르고, 주재소 앞에 그래 지나가니께네 직원이 일본 가라고 말이지. (……) 그래 가서 보니까 두 달간 훈련을 시키고 하는 거 보니까 내 맘에 안 맞고 막 그래. 맞고 안 맞고 인제 우짤끼고, 일본에 와버렸는데. 즈그 하라는 대로 하는 기지. 죽으라고 하면 죽고 뭐 그뿐이지. 그래 있었지."[1]

그의 기억대로 일본제철은 소년들을 군대식으로 관리했다. 1943년 경남에서 끌려온 고 최계광 씨(2000년 3월 삿포로에서 사망)는 회고록을 통해 "숙소 운영은 군대 편성을 따랐다. 숙소마다 6~7명씩 군대 하사관

바다 위에 놓인 하쿠초 대교에서 바라본 무로란 제철소 전경 *

출신 지도원이 있었다. 아침저녁으로 점호도 있고, 교대로 감시를 했다. 식사 때마다 황국 신민의 선서를 했고, 행진 총검술 등을 배웠다. (……) 일철은 기술을 익혀준다는 말로 우리를 데려왔지만, 결국 기술 같은 것은 익히지 못했다. 철물공장에 있어도 고작 모래를 운반하는 정도였다"라고 증언했다.

무로란 제철소 촬영을 위해 인근 소쿠료잔測量山에 올랐다. 산 정상에서는 무로란 만에 걸친 시 전경이 펼쳐진다. NHK를 비롯한 방송 송수신탑이 서 있다. 시 일대를 전망할 수 있어서 무로란을 찾는 사람들은 누구나 한번쯤 들르는 곳이다. 갑자기 눈보라가 심해져 촬영을 할 수 없었다. 대신 정상에 오른 몇몇 일본 시민들에게 녹음기를 내밀었다.

"태평양전쟁 당시 무로란 제철소에 조선인이 와서 일했다는 이야기를 들어보셨나요?"

"나는 이곳 출신이 아닙니다. 삿포로에 살아서 잘 모릅니다."

"조선인이 최대 3,000명 일했다고 합니다. 종전 꼭 한 달 전 미군의 함포사격으로 일본인과 함께 조선인 소년 다섯 명도 사망했는데요?"

"함포사격이 있었던 것도 몰랐습니다."

"성함과 나이를 알려줄 수 있겠습니까?"

"(손사래를 치며) 1953년 5월생인데요. 나는 전쟁 후에 태어났습니다. 그래서 전부 다 모릅니다. 감상이고 자시고 모릅니다."

무관심하고 쌀쌀맞은 표정의 이 50대 남성을 포함해 모두 다섯 명의 일본인에게 조선인 강제동원 사실을 물었으나, 어디선가 들어본 것 같다는 대답조차 기대할 수 없었다. 눈보라 속에서 그들은 서둘러 자신들이 타고 온 차량으로 몸을 숨겼다.

무로란 시내에 거주하는 향토사학자 우에노 시로上野志郞 선생의 자택을 방문했다. 1930년생인 그는 홋카이도 일대 중학교에서 42년간 사회과 교사로 봉직했다. 은퇴 후에는 강제연행 문제를 계속 추적하고 있다. 명함에는 다른 직함 없이 '강제연행문제연구자'라고 새겨 놓았다.

우에노 선생은 취재팀에게 "1942년 5월부터 미성년 공원이 포함된 조선인 노무자들이 끌려와 이듬해 1년 만에 1,130명을 기록했다"라며 홋카이도 경찰의 노무배치 정보 문건을 보여주었다. 일본제철주식회사 자료에도 "1942년부터 남자 미성년 공원과 여자 공원을 채용하고, 특수노무자로 조선인 공원과 학도, 여자정신대, 근로보국대를

보조적 작업 부문에 투입했다"라고 적혀 있다.[2]

종전 당시 와니시 제철소에 있던 조선인 공원은 모두 2,248명으로 특수노무자 가운데 45.1%, 전체 노동자 중에는 15.5%의 비율을 차지했다. 전국의 일본제철 소속 제철소 가운데 이곳 무로란의 조선인 동원 비율이 가장 높다.

매달 100명씩 나이를 가리지 않고 조선에서 끌려온 소년들은 제철소 담장

직함 없이 '강제연행문제연구자'로 활동하는 우에노 시로 씨

밖 철길 옆 협화료(協和寮)에서 생활했다. 일본과 협력(協)하고 화합(和)하라는 뜻에서 만들어준 숙소에는 침실 하나당 10여 명이 수용돼 칼잠을 잘 수밖에 없었다. 100여 명이 머무는 한 채의 목조건물 안에 침실, 식당, 변소, 사무실이 모두 들어 있고 출입문은 한 개뿐이었다. 창에는 창살이 달려 있어 사실상 구금상태였다.

'협화'라는 말만큼 기만적인 표현도 없다. 일제는 전쟁수행을 위해 더 많은 조선인의 노동력을 동원해야 했다. 일본에 와 있는 조선인들이 부락을 이루면서 김치를 만들어 먹고, 아이들에게 한글을 가르치는 등 쉽사리 일본 관습에 동화되지 않는 것도 골칫거리였다. 1936년 일제는 재일조선인의 일본화를 위한 '협화사업비'(協和事業費)를 정식 예

훗카이도 지역 협화훈련대 집회 모습

산으로 책정했다. 1938년 11월에는 일본 내무성 경보국장, 탁무성 관리국장, 조선총독부 정무총감, 문부성 전문학무국장, 후생성 사회국장 등이 발기인이 되어 '중앙협화회'를 만들었다. 경찰력과 행정력을 총동원해 재일조선인의 동향을 신속히 파악하는 동시에 반민반관 강제동원 협조체제를 완성한 것이다.

협화회는 수첩을 만들었다. 조선인이 일본에 거주하기 위해선 반드시 이 수첩을 지녀야 했다. 그런데 이게 전범기업들의 노무자 구금 수단으로 전락한다. 기업주가 조선인 노무자의 협화회 수첩을 보관하면서 거주 이전의 자유를 막는 것이다. 오늘날 한국의 악덕 사업주들이 외국인 노동자들의 여권을 압수해 협박하는 것과 쏙 빼닮았다. 1944년 11월 협화회는 '중앙흥생회'로 이름을 바꾼 뒤 8·15해방 때까

1955년 항공 촬영된 무로란 만 일대의 전후 복구 모습

지 조선인 단속통제기관으로 힘을 썼다.

우에노 선생의 관심은 비단 조선인에게만 머물지 않는다. 무로란에서는 조선인뿐 아니라 중국인 수천 명과 소수의 태평양전쟁 당시 연합군 포로들도 강제노역에 종사했다. 선생은 "내선일체였으니 그래도 조선인은 일본인 다음으로 여겨졌다. 그러나 중국인은 그보다 못한 대접을 받았다. 강제연행 기간 중 홋카이도 전체 조선인 사망률이 6%대였던 데 비해 무로란의 중국인 사망률은 33%나 됐다"라고 했다. 그와 시민들의 노력으로 무로란에는 중국인 강제연행 노무자를 추념하는 비석이 세워져 있다.

우에노 선생에게 일본제철의 후신 신일본제철이 전향적 조처를 취한 적이 있는지 물었다. 무로란 시 전체가 제철소와 공생관계이고 전후 60여 년이 지난 만큼 지역 차원에서 작은 추모 사업이라도 하지 않았을까 하는 기대에서였다. 그는 고개를 가로저었다.

"가해자로서 전후에도 한 게 전혀 없어요. 신일철 간부들에게 강제동원 문제를 제기하면 '그건 옛날 일철, 지금은 신일철이다'라는 대답이 녹음기처럼 돌아옵니다."

신일철과 일철은 어떤 관계인가

일본제철은 1934년 1월 야하타八幡 제철소, 와니시輪西 제철소, 가마이시釜石 제철소 셋이 합쳐져 출범했다. 야하타는 관영, 와니시와 가마이시는 미쓰이 자본 계열이었다. 일본 제국 정부와 이에 부역한 재벌들이 대륙 침략용 총탄을 제조하기 위해 설립한 매머드급 철강 트러스트였다. 출범 당시 자본금은 3억 4,594만 엔이었고, 정부가 직접 감독권, 명령권, 인사권을 갖고 있었다.

제2차 세계대전 이후 일본제철은 연합군총사령부에 의해 야하타 제철과 후지富士 제철로 분리됐지만 1970년 재합병한다. 이때 이름을 신일본제철로 바꾼다. 2008년 말 종업원은 5만여 명, 매출은 4조 7,698억 엔을 기록했다. 조강粗鋼 생산량 기준으로 2008년 세계 철강업계 2위였으나 2009년에는 8위로 내려앉았다. 한국, 중국, 인도 철강업체의 맹추격 때문이다.[3]

신일본제철은 법적으로 일본제철의 채권과 채무를 모두 승계한 것으로 본다. 회사 분할 당시에도 특허권을 모두 공유했을 뿐만 아니라, 이사진과 종업원 모두 그대로 이어받았다. 신일본제철은 지금도 홈페이지에 그들의 근원이 1887년 가마이시 제철소에서 유래했다는 점을

당당하게 기록하고 있다. 회사의
복잡한 합병, 분할, 재합병 역사
를 알리기 위해 친절하게 다이어
그램까지 그려 그 뿌리가 일본제
철임을 밝히고 있다.[4] 하지만 신
일본제철은 강제동원 관련 책임
을 묻는 지적을 당할 때는 언제
나 일본제철과 별개의 법인격을
갖는 회사라는 점을 내세우는 이
중적 태도를 보인다.

일본제철의 옛날 로고(위)와
신일본제철의 자사 홈페이지용 로고 *

신일본제철은 특히 한국의 포스코가 기술을 배워온 회사로 유명하다. 강제동원 역사와 별개로 두 제철회사는 2000년 8월 전략적 제휴를 맺은 이래 지금까지 연대를 이어오고 있다. 투자, 기술개발, 원자재 구매는 물론 인력 양성 방법까지 공유한다. 2010년 현재 포스코가 신일본제철 지분 3.5%를, 신일본제철은 포스코 지분 5.04%를 보유하고 있다.

포스코는 매년 6월 도쿄에서 열리는 신일본제철의 주주총회에 주주 자격으로 참가하고 있다. 하지만 과거 신일본제철의 강제동원 책임에 대해 어떠한 질문도 공식적으로 제기한 적이 없는 것으로 소송 자료를 통해 밝혀졌다. 두 회사는 2008년 4월 도쿄에서 수억 원의 경비를 들여 '뷰티플 프랜즈 콘서트'를 여는 등 강제동원 역사를 뛰어넘는 진정한(?) 우호관계를 유지하고 있다.

신일본제철의 책임도 묻지 않고 사과도 없는 상태에서 강제동원 피해자인 우리 측이 전략적 제휴까지 맺는 아량을 베풀었던 이유는 뭘까. 세계 최고 수준의 관용을 가져서일까. 아님 그 반대인 굴종의 정신일까. 다른 기업도 아닌 한일 청구권 협정의 수혜기업인 포스코가 이런 일을 하기에 강제동원 피해자들은 두 번 세 번 상처를 입는 것이다.

일본 정부의 지켜지지 못한 약속

다시 63년 만에 유골과 함께 돌아온 사진 속 소년 구연석 이야기다. 반세기가 지날 동안 유골이라도 돌려받고 싶다는 유족의 소박한 바람은 일본 기업뿐만 아니라 일본 정부로부터도 철저히 외면당했다. 취재팀이 입수한 일본 외무성 기밀해제 마이크로필름 사본에는 다음과 같이 적혀 있다.

> 대신 비서관/북동아시아과/소화昭和 41년 7월 14일 (……)
> 6. 일한회담이 타결을 본 오늘, 문제가 되고 있는 도모도 에이이치(구연석의 창씨명)에 대해서는 물론, 다른 유골 3위에 대해서도 그 유족을 확인하고 모든 유골 인도를 완료할 것.

1966년(소화 41년) 내각 총리대신 사토 에이사쿠佐藤榮作는 무로란 와니시 제철소에 끌려와 사망한 조선인 소년들의 유골 처리에 관해 참의원 의장의 질의를 받았다. 당시 외무성 북동아시아과에서 작성해 총리 비서관에게 보낸 답변 자료가 바로 이 문서다. 한일회담이 1965년 타결됐으므로 소년들의 유골을 돌려보내겠다는 다짐을 총리의 이름으로 밝히고 있다.

일본 외무성이 기밀문서로 작성한 '태평양전쟁 종결에 따른 구일본국적인의 보호인양 관계, 조선인 관계, 유골 송환 관계'의 마이크로필름 사본. 오른쪽 사진 여섯번째 항목에 구연석을 비롯한 소년들의 유골을 반환하겠다는 내용이 들어 있다.

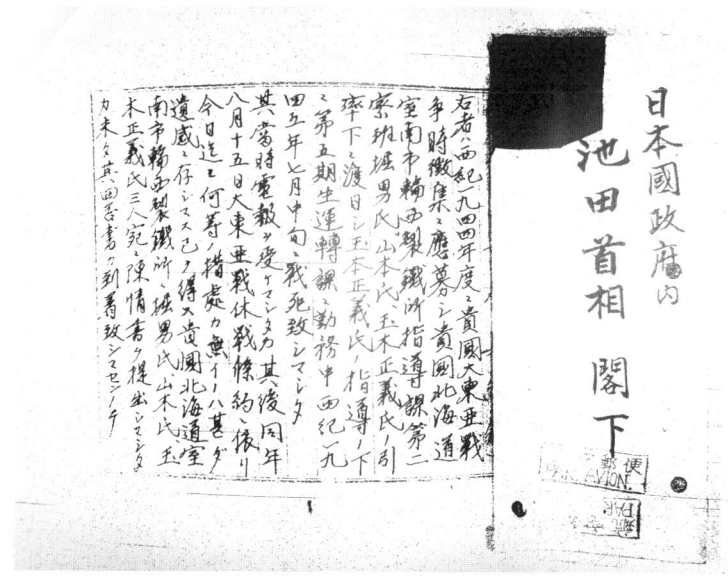

구연석의 아버지 구성조 씨가 1963년 이케다 하야토 일본 총리 앞으로 보낸 편지 사본

앞서 일본 정부를 움직이게 한 이는 구연석의 아버지였다. 1963년 아버지 구성조 씨는 홋카이도에서 미군의 포탄에 부서진 아들의 뼛조각이라도 한 번 만져보고 싶었다. 그래서 펜을 들었다. 전임 이케다 하야토池田勇人 총리 앞으로 세 차례 편지를 보냈다.

(제 아들) 구연석은 훈련생으로 운전과 근무 중 1945년 7월 중순에 전사(당시 17세)하였습니다. 그때 전보를 받았습니다만 같은 해 8월 15일 대동아전 휴전조약에 의해 지금까지 아무런 조치가 없는 것은 참으로 유감으로 생각합니다.

그러나 '유골을 돌려주겠다'던 일본 정부의 이 약속은 끝내 지켜지지 못했다. 유골 네 구 가운데 한 구만 1970년대 민간의 도움으로 반환됐다. 구연석을 포함한 세 구의 유골은 계속 일본에 남아 있다가 2008년 2월에야 고국 땅을 밟는다. 일본과 한국 정부의 지지부진한 유골 협상을 보다 못해 대신 나선 한·일 양국의 시민단체에 의해서다. 편지를 썼던 구성조 씨는 아들의 뼛조각을 보지 못하고 결국 세상을 떴다.

구연석과 같이 사망한 정영득(당시 16세), 이정기(당시 15세) 등 무로란 소년 세 구의 유골과 아카비라赤平에 보관돼 있던 조용문(당시 28세)의 유골까지 총 네 구가 2008년 2월 28일 충남 천안 국립 '망향의 동산'에 안치됐다. 안치식에서는 양국 시민단체를 대표해 서울 봉은사의 명진 스님과 '강제노동·강제연행 희생자를 생각하는 홋카이도 포럼' 공동대표 도노히라 요시히코殿平善彦 스님이 경을 올렸다. 도노히라 스님은 "돌아가신 분들의 죽음을 헛되이 하지 않고 동아시아의 화해와 평화를 실현해야 할 것"이라고 말했다.

구연석의 동생 구연승 씨는 형보다 다섯 살이 어린 1933년생이다. 그는 취재팀이 형의 사진과 아버지의 편지 등을 게재하는 것에 동의해주었다. 하지만 유골 봉환 당시의 느낌 등 과거의 기억을 들춰내는 질문에는 괴로워했다. 형의 유골을 돌려받기까지 그의 가족이 받은 상처가 그만큼 깊었기 때문이다. 그는 "생각할수록 너무 고통스럽다. 이젠 유골이 돌아왔으니 아예 생각 않는 게 좋은 것 같다"라며 인터뷰를 고사했다.

유골봉환 이뤄낸 무로란 시민 모임

일본 정부도 기업도 외면한 조선인 강제징용 소년들의 유골은 평범한 일본 시민들의 힘으로 봉환됐다. 2010년 2월 홋카이도 무로란 시 비영리조직 센터 회의실에서 만난 '무로란 시민의 모임' 소속 회원들이 그 주인공이다. 30대 청년에서 80대 노인까지 전체 회원 30명 가운데 14명이 취재진과 마주앉았다.

쌀가게 주인이자 모임 대표 격인 마스오카 도시조增岡敏三 씨가 말문을 열었다.

"국치 100년이란 표현을 올해 처음 한국 언론을 통해 접했습니다. 그런데 이건 한국이 부끄러운 게 아닙니다. 오히려 일본이 부끄러워해야 합니다."

반성 없는 일본의 오늘을 꼬집은 마스오카 씨는 강제동원 역사와 관련, "기업과 나라는 사죄를 하지 않았지만, 대신 우리가 마음을 다해서 유골을 보내드렸다"며 깊이 머리를 숙였다.

취재팀을 초청해 간담회를 개최한 무로란 시민의 모임 *

시민 모임은 2006년 무로란의 한 사찰에 구연석 등 일본제철 와니시 제철소 징용 소년 세 구의 유골이 방치돼 있다는 소식을 알게 됐다. 홋카이도 전역에서 조선인 강제동원 문제를 추적해온 홋카이도 포럼을 통해서였다. 시민 모임은 그때부터 주민들에게 편지를 쓰고 거리로 나가 모금 활동을 했다. 유골 반환 비용을 마련하고 무관심한 사람들에게 방치된 유골의 슬픔을 전하는 것이 목표였다. 2년간의 활동 끝에 가두모금과 우편송금 등을 합쳐 총 427건 121만 7,193엔을 모았다. 그리고 2008년 2월, 세 소년의 유골을 충남 천안 '망향의 동산'으로 모셨다.

시민들과 담장을 맞대고 있는 일본제철의 후신 신일본제철은 어떤 반응을 보였을까. 무농약 농산물가게를 운영하는 토미 모리 씨는 "한국에 같이 찾아가 사죄하자고 몇 번이나 이야기했다. 정중하게 공식 문서를 만들어 팩스로도 보내봤다. 하지만 돌아온 대답은 '당시 회사와 지금 회사는 다르다'였다. 그렇게 이야기하면서도 지난해 창업 100주년 행사를 성대하게 하더라"고 말했다. 무로란 제철소는 1909년 옛 와니시 제철소에 첫번째 용광로가 들어선 시점을 창립기념일로 삼고 있다.

국치 100년은 한국이 아닌 일본이 부끄러워해야 한다는 마스오카 도시조 씨.

회원들은 한국 정부의 소극적 자세에 분통을 터뜨리기도 했다. 재일동포 2세이자 모임 회원인 금상일 씨는 "일본과 국교를 수립한 지도 45년이 지났다. 그동안 민주화가 늦어지는 등 여러 사정이 있는 줄은 알지만 유골을 찾지도 않고 그냥 방치해뒀다는 건 한국 정부에도 큰 문제가 있다는 것"이라고 지적했다.

간담회를 마치고 나오는 길에 시민모임에서 2008년 당시 활동했던 유인물을 보여주었다. 그중 한 회원의 유골 봉환 후기가 가슴을 쳤다. 이 문제에 무관심한 다른 일본인에게 보내는 모임의 메시지가 농축돼 있었다.

취재팀의 방문 사실을 전한 『무로란민보』(왼쪽)와 『아사히신문』 지면

　강제연행이라는 '비극'이 없었더라면 우리들처럼 가족과 친구들에게 둘러싸여 보통의 삶을 보냈을 사람들. 그러나 '비극'이 그들에게 일어난 것이 아니다. 무자비한 권력, 거대한 폭력이 그들을 덮친 것이다. 희생된 사람들의 존재를 우리들은 가슴에 새긴다. 그들이 받은 고통을 몸으로 느껴보자. 전에는 침략을 저지른 우리들이 이번에는 모든 침략을 저지하자. 인간으로 살아가기 위해서.

　취재팀이 무로란 일대를 방문한 사실은 다음 날 지역일간지 『무로란민보』에 소개됐다. 홋카이도 최북단 사루후쓰猿拂 촌 방문 때는 일본 3대 일간지인 『아사히신문』 미야나가 도시아키宮永敏明 기자가 동행 취재했다. 한국 언론이 일본으로 건너와 강제동원 흔적을 더듬는 것 자체가 이들에게 뉴스가 되는 것일까. 그만큼 국내 미디어의 강제동원 현장 보도가 드물기 때문이었다. 전범기업 책임 문제를 다루려고 한다는 취재진의 말에 미야나가 기자는 알 듯 모를 듯한 미소를 지으며 "건투를 빈다"라고 말했다. '취재 의욕은 높이 사지만 기업의 책임 인정을 받아내는 일은 쉽지 않을 것이다'라는 말이 악수를 나누는 동안 귓가에 들리는 듯했다.

일본 노교수의 일철 비판

고쇼 다다시古庄正 교수는 강제동원 문제를 학계에서 오랫동안 연구한, 몇 명 되지 않는 일본인이다. 특히 일본제철에 강제 동원된 조선인 명단을 발견하고 임금 미지급 문제를 집중적으로 거론해 학계와 조선인 피해자에게 큰 영향을 미쳤다.

그를 만나기로 한 곳은 사이타마埼玉 현 신사야마新狹山 역 앞이었다. 역 주변은 한산한 주택가였다. 고쇼 교수는 아주 느린 걸음으로 걸어서 모습을 나타냈다. 그의 집까지 약 10분 동안 함께 걸었다. 그는 병으로 몸이 불편하다고 말했다. 수년 전 췌장암 수술을 받았다고 했다. 오랫동안 말하는 게 힘들어 보였다. 과연 인터뷰를 할 수 있을까 걱정됐다. 기우였다. 인터뷰가 시작되자 그는 질문할 틈을 주지 않았다. 일본이 잘못한 점을 이야기할 때는 성난 사람처럼 눈을 치켜떴다.

1933년생인 고쇼 교수는 지금은 정년퇴직하고 일본 도쿄 고마자와駒澤 대학 명예교수로 있다. 그에게 신일본제철 강제동원 문제에 관심을 갖게 된 계기를 물었다. 그는 옛 일본제철이 만든 한 자료를 발견한 얘기부터 꺼냈다. 우연한 발견이었다.[5]

"저는 사실 일본 경제사가 전공입니다. 그때가 1974년이었는데 14~16세기 무로마치시대 직물산업 연구를 하고 있었어요. 같은 대학 동료 교수가 옛 일본제철 관련 자료 176권을 도서관에 가져다놨으니 한번 보지 않겠느냐고 했어요. 그때는 그냥 흘려듣고 말았죠."

그가 자료에 관심을 갖게 된 것은 약 17년 뒤. 176권을 하나하나 훑어보고 있는데 성격이 다른 자료 하나가 눈에 띄었다. 자료 이름은 '조선인 노무자 관계'. 일본제철 본사 총무부가 작성한 회사 내부 자료였다. 일본제철 야하타 제철소, 가마이시 제철소 등에 동원된 조선인 3,929명의 이름과 미지급금 공탁 내역이 고스란히 적혀 있었다. 조선인 강제연행 분야 대가인 고 박경식 선생을 찾아갔다. 엄청나게 중요한 자료라는 대답이 돌아왔다.

고쇼 교수는 자료를 정리해 논문을 썼다. 논문은 1991년 6월 고마자와 대학 경제학논집에 실렸다. 사망자 명부도 논문에 실었다. 일본 북동부 이와테岩手 현 가마이시 제철소에서 미군의 폭격으로 숨진 32명이었다.

"동료 교수는 회사가 당연히 유족에게 사망통지를 했겠지만 혹시 모르니까 명부사본을 유족에게 보내는 게 좋겠다고 했습니다."

1991년 11월 편지를 보냈는데 그해 연말과 다음 해 답장 열 통이 한국에서 날아왔다. 고맙다는 것이었다. 일본어를 몰라 편지를 보내지 못한 유족도 있었다. 고쇼 교수에게서 편지를 받은 유족은 깜짝 놀랐다. 그저 일본 어디선가 숨졌을 것이라고 생각했던 아버지, 할아버지가 어디서 어떻게 숨졌는지 알게 됐다. 고쇼 교수가 보내준 편지에는 고인들이 받지 못한 임금명세서도 있었다.

유족 가운데 열한 명은 일본제철 후신인 신일본제철과 일본 정부를 상대로 도쿄지방재판소에 소송을 냈다. 1995년 9월의 일이다. 명세서에 있는 미지급금을 돌려달라는 게 소송 취지였다. 1심에서 신일본제철과는 합의를 봤지만 일본 정부는 한 치도 물러서지 않았다. 소송은 최고재판소에서 유족의 패소로 끝났다. 1심에서 신일본제철이 사과의 뜻을 밝힌 것인지 고쇼 교수에게 물었다.

"아닙니다. 신일본제철은 사죄의 마음이 조금도 없었습니다. 1997년 9월 22일자 『마이니치신문』을 보면 신일본제철 대리인은 '유골 반환 의무나 손해배상 책임을 인정한 게 아니다. 유골이 돌아가지 못하는 사실을 위로한 것'이라고 기자들에게 말했습니다."

고쇼 다다시 명예교수·

재판부는 "숨진 조선인의 주소가 불명 상태여서 공탁내용을 유족에게 알릴 수 없었다"라는 신일본제철과 일본 정부의 주장을 받아들였다. 고쇼 교수는 말도 안 되는 주장이라고 반박했다.

"말이 안 되죠. 충분히 조선인에게 공탁사실을 전달할 수 있었어요. 일본제철은 조선인의 본적지 주소를 갖고 있었어요. 그런데 본적지는 거주지가 아니라는 이유로 공탁통지서를 보내지 않은 거죠. 기록에 따르면 숨진 조선인 노무자의 유족 중에는 일본제철 연락을 받고 연금을 일시금으로 변경해 686엔을 공탁하게 한 경우도 있습니다.

일본제철의 노무동원 조선인 공탁금액 (단위: 엔)

지역 제철소	야하타	가마이시	오사카	와니시	후지	히로하타
임금·상여	87,215	9,045	12,953	2,520	48	
퇴직수당		2,310	121	98,558	221	
퇴직적립금	140,066	1,326	4,064	4,490		
예금과 저금	40,168	35,425	62,891	23,458	378	
후생연금				27,659		2,490
보험금		39,251	8,900			
징용보급금		2,219	4,122			
취로기간연장수당		2,531			226	
조위금	1,301	18,101	2,500			
유족부조료		7,609		17,114		
그 외 공탁	269,530	120,035	97,350	173,799	873	2,490
계	538,280	237,852	192,901	347,598	1,746	4,980

* 이 표는 고쇼 다다시 교수가 일본제철 본사 총무부 자료인 '조선인 노무자 관계'를 토대로 작성한 것임.
실제 공탁금은 이보다 더 많을 수 있음. (자료: 고쇼 교수 논문「연행 조선인 미불금 공탁보고서」, 고마자와 대학 경제학논집, 1991)

본적지를 통한 연락이 가능했다는 뜻이에요."

고쇼 교수는 일본제철 '조선인 노무자 관계'로 논문을 쓴 뒤 약 열 편의 강제동원 관련 논문과 책을 냈다. 그는 또 다른 '놀라운' 얘기를 들려줬다. 일본기업은 전쟁 뒤 조선인에게 줘야 할 돈을 정부에 공탁했는데 이때 빠진 부분이 많다는 것이었다.

"가마이시 제철소의 예를 들어보겠습니다. 각종 기록에는 그곳에 약 1,200명의 조선인이 있었다고 나와 있어요. 그런데 임금이 공탁된 건 690여 명밖에 없습니다. 나머지는 기록이 없어요. 그 사람들이 가져간 돈이 아닌데, 어디로 갔다는 기록이 없습니다."

그는 기업이 조선인 임금을 사실상 빼내 챙겼다고 보고 있다. 고쇼 교수가 조사한 바에 따르면, 조선인을 강제 동원한 석탄광업 108개 회사 가운데 22%인 24곳만 공탁을 했다. 금속 광산 관련 기업은 8%만, 토목건설 기업은 1.7%만 공탁했다. 기업 수천 곳이 조선인을 공짜로 부리고 흔적까지 감춘 셈이다.

고쇼 교수는 이 점이 가장 큰 문제라고 역설했다. 힘이 없어 눈을 제대로 뜨지 못하다가도 미지급금 이야기만 나오면 눈이 커졌다.

"미지급 공탁금은 일본 기업이 '돈을 지불하지 않고 사람을 썼다'는 의미가 담겨 있습니다. 밥 안 주고 때리고 이런 것도 나쁜 일이지만 저는 조선인 노무자를 공짜로 부린 게 가장 큰 문제라고 봅니다. 지금이라도 지급해야 할 돈은 다 줘야 합니다. 일부만 줘도 안 됩니다. 그건 피해자를 바보 취급하는 것이거든요."

3
아키타 현 대표 전범기업, 도와홀딩스

조선인 11명이 숨진 나나쓰 다테 사건

도와홀딩스가 위치한 아키타秋田 현으로 가는 교통수단은 야간기차였다. 야간기차를 타자고 제안한 건 강제동원조사위원회였다. 일본 본토로 동원된 조선인들이 홋카이도나 일본 북부 아키타 현, 아오모리青森 현으로 옮겨질 때 바로 그 철길을 따라갔다. 낯선 길에서 느낀 그들의 처연함을 조금이나마 공감해보라는 게 강제동원조사위원회의 취지였다.

겨울 밤, 차가운 도야마 역사에서 기차를 기다렸다. 니혼카이선日本海線. 동해에 접한 일본 육지를 따라 이동하는 길이다. 일본인 눈에는 일본해 해안철도쯤 될 것이다. 니혼카이선은 오사카에서 출발해(오후 5시 47분) 아오모리까지(다음 날 오전 8시 34분) 하루 한 차례 운행한다.[1]

기차가 도야마에 도착한 시간은 오후 10시 20분. 객차 안은 전부 2층 침대였다. 침대에 걸터앉아 창밖을 내다봤다. 칠흑 같은 어둠 속에서 간간이 불빛이 보였다. 위치를 가늠하기 힘들었다. 기차가 북쪽으로 가고 있으니 분명 왼쪽이 동해다. 바다 건너 우리나라 땅이 있을 텐데. 조선인들은 하염없이 왼쪽 창을 바라봤으리라.

기차는 오전 7시 12분 아키타 현 오오다테大館 역에 도착했다. 출발지에서부터 614km 거리였다. 역에서 내리니 온통 눈이었다. 길옆으로 치워 둔 눈이 1m 이상 쌓여 있었다. 가벼운 모래가 날리듯 눈발이 휘날렸다. 춥고 황량한 기운이 느껴졌다. 기차를 마음대로 탈 수 없다면 이곳에서 한국으로 되돌아가는 길은 영영 찾을 수 없을 것 같았다. 60~70년 전 타인의 의지로 이곳에 온 조선인은 조국이 이보다 훨씬 더 멀리 있다고 느꼈을 것이다.

일본 노인 네 사람이 길을 안내했다. 차타니 주로쿠, 도가시 야스오, 이토 타모쓰, 쇼지 도키지다. 네 사람은 강제동원 역사를 연구해 온 시민단체 회원이다. 차타니 씨가 1941년생, 도가시 씨와 이토 씨가 1935년생, 쇼지 씨가 1940년생이다. 이토 씨가 자신의 9인용 승합차를 끌고 왔다. 그가 차 트렁크에서 장화 한 짝을 꺼내 신으라고 했다. 네 노인을 보니 모두 장화를 신고 있었다. 아키타 현에서 장화는 겨울철 필수품이다. 허리까지 빠지는 눈더미를 어디서 만날지 모른다. 네 노인이 입은 양복바지와 장화는 묘한 조합을 이루고 있었다.

승합차를 타고 도착한 곳은 아키타 현 오오다테 시 하나오카마치花岡町의 신쇼지信正寺라는 절이었다. 절 바로 옆에는 크고 작은 비석이 가득했다. 그 가운데 유독 키가 큰 비석이 있었다. 높이가 3m에 가까웠다. 비석의 폭은 두께가 얇아 어딘지 모르게 빈약해 보였다. 비석 밑 부분은 눈이 쌓여 잘 보이지 않았다.

비석 앞에는 '七ツ館弔魂碑'(나나쓰 다테 조혼비)라고 쓰여 있었다. 나

나나쓰 다테 조혼비 옆에 서 있는 도가시 야스오 씨 •

나쓰 다테의 넋을 위로한다?

1944년 5월 29일 일본 아키타 현 하나오카 광산 나나쓰 다테 갱도에서 끔찍한 일이 일어났다. 갱이 붕괴돼 지하수가 쏟아져 나왔다. 수몰된 갱 안에 있던 조선인 열한 명과 일본인 열한 명이 숨졌다. 이른바 '나나쓰 다테' 사건이다.

사고로 숨진 피해자 스물두 명의 유골은 아직도 옛 하나오카 광산 근처에 묻혀 있다. 전쟁 뒤 사고 현장이 노천 채굴 터로 개발되면서 유골 발굴이 불가능해졌다. 차타니 씨가 아쉬운 얼굴로 말했다.

"처음에는 누가 어디서 일했는지 알고 있었어요. 그때 그곳을 파서 시체를 발굴했으면 신원 파악에 어려움이 없었을 겁니다."

그때는 전쟁 시기였다. 이곳을 운영했던 회사 후지타구미藤田組(나중에 '도와광업'을 거쳐 '도와홀딩스'가 된다)는 시신을 발굴할 뜻이 없었다. 사고 현장에 비석을 하나 세우는 것으로 일은 끝났다. 1957년 사고 현장은 노천 채굴터로 개발됐다. 유골 발굴이 더 어려워졌다. 현장에 있던 비석은 근처 사찰인 신쇼지로 옮겨졌다.

조혼비 뒷면에는 숨진 조선인의 이름이 창씨로 적혀 있다. '山田魯元'(朴魯元),

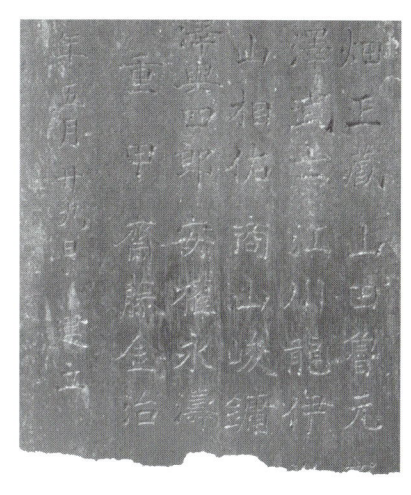

나나쓰 다테 조혼비 뒷면에 새겨진 창씨개명한 조선인 이름들

'江川龍伊'(韓龍伊), '星山段載'(全段載) 식이다. 죽어서도 식민지 국민이다. 열한 명 가운데 세 명(崔泰植, 林炳山, 吳重甲)만 조선 이름이다. 두 명은 아직 정확한 이름을 찾지 못했다.

열한 명은 조선에서 동원된 사람들이었다. 차타니 씨가 정리한 '조선인강제연행자명부 후지타구미 하나오카 광업소'에서 열한 명 모두의 이름(두 명은 추정)이 발견된다. 박노원 씨는 1914년생으로 경상북도 영천군 용성면(행정구역이 바뀌어 지금은 경산시 용성면인 것으로 추정)이 본적이다. 29세 때인 1942년 7월 7일 하나오카 광업소에 '입소'했다. 그는 이른바 '관 알선' 방식으로 동원됐다. 살아있다면 지금 97세다. 1923년생인 임병산 씨는 21세 때인 1943년 4월 입소했다. 직종은 '갱내연락부'였다. 갱에서 캐낸 석탄과 광석을 나르는 일을 했다. 생존했

入所經路	氏名	年齡 入所時	現年齡 1945年	現年齡 2010年	生年月日				本籍				職種	入所年月日			
					年号	年	西暦	月日	道	郡	面	里		年号	年	西暦	月日
官斡旋	益山 三大	20	23	88	大正	12	1923		慶尚北道	慶山郡	河陽面	琴典洞	坑内運搬夫	昭和	17	1942	7 7
官斡旋	全 一岩	20	23	88	大正	12	1923		慶尚北道	慶山郡	押梁面	新岱洞	坑内運搬夫	昭和	17	1942	7 7
官斡旋	新井 泰源	20	23	88	大正	12	1923		慶尚北道	慶山郡	河陽面	東西洞	坑内運搬夫	昭和	17	1942	7 7
官斡旋	大原 仁寿	20	23	88	大正	12	1923		慶尚北道	慶山郡	河陽面	東西洞	事務員	昭和	17	1942	7 7
官斡旋	山住 壬戌	20	23	88	大正	12	1923		慶尚北道	慶山郡	瓦村面	所月洞	坑内運搬夫	昭和	17	1942	7 7
官斡旋	崔 台文	20	23	88	大正	12	1923		慶尚北道	慶山郡	瓦村面	博沙洞	坑内運搬夫	昭和	17	1942	7 7
官斡旋	金丸 奥石	27	30	95	大正	5	1916		慶尚北道	慶山郡	瓦村面	赴川洞	坑内運搬夫	昭和	17	1942	7 7
官斡旋	高田 先得	31	34	99	大正	1	1912		慶尚北道	慶山郡	瓦村面	赴川洞	坑内運搬夫	昭和	17	1942	7 7
官斡旋	光山 水龍	20	23	88	大正	12	1923		慶尚北道	慶山郡	瓦村面	博沙洞	坑内運搬夫	昭和	17	1942	7 7
官斡旋	金本 和彦	21	24	89	大正	11	1922		慶尚北道	慶山郡	瓦村面	博沙洞	坑内運搬夫	昭和	17	1942	7 7
官斡旋	富田 ○祥	31	34	99	大正	1	1912		慶尚北道	慶山郡	珍良面	冨基洞	坑内運搬夫	昭和	17	1942	7 7
官斡旋	金川 泰岩	22	25	90	大正	10	1921		慶尚北道	慶山郡	珍良面	冨基洞	坑内運搬夫	昭和	17	1942	7 7
官斡旋	南田 京学	21	24	89	大正	11	1922		慶尚北道	慶山郡	珍良面	冨基洞	坑内運搬夫	昭和	17	1942	7 7
官斡旋	金本 泰秀	31	34	99	大正	1	1912		慶尚北道	慶山郡	珍良面	北洞	坑内運搬夫	昭和	17	1942	7 7
官斡旋	金本 相用	20	23	88	大正	12	1923		慶尚北道	慶山郡	珍良面	南仁浦	坑内運搬夫	昭和	17	1942	7 7

차타니 씨가 입수, 정리한 하나오카 광업소 조선인 명부

다면 88세다.

　명부는 차타니 씨가 은밀히 입수한 것이다. 차타니 씨는 재단법인 민족예술연구소에서 일하는 연구원이다. 일본 전통무용과 민요에 관한 연구를 해왔다. 더불어 아키타 현에 강제 동원된 조선인의 흔적을 찾는 일을 하고 있다. 차타니 씨는 엑셀 파일로 정리한 명부를 흔쾌히 공개했다. 하지만 명부를 어떻게 입수했는지는 알려주지 않았다. 자신에게 명부를 넘긴 사람에게 피해가 가는 걸 원하지 않는 것 같았다. 일본 정부가 갖고 있는 명부임은 확실하다고 했다. 차타니 씨는 이 명부를 우리나라 강제동원조사위원회에도 전달했다.

　차타니 씨가 공개한 '조선인강제연행자명부 후지타구미 하나오카 광업소'에는 무려 2,025명의 본적과 생년월일, 입소시기, 퇴소 시 대우(월급) 등이 적혀 있다. 물론 월급은 장부상의 것일 가능성이 크다. 명부에 있는 사람 중 생존자들은 월급을 받은 일이 없다고 하니까. 명부에는 또 각 개인이 사망했는지, 도주했는지, 전쟁이 끝나 집에 갔는지 등도 표시돼 있다. 차타니 씨는 1996년 명부를 입수한 뒤 깜짝 놀

도와홀딩스 하나오카 광산과 고사카 광산 위치. 괄호 안은 동원된 조선인 숫자.

랐다고 했다.

"굉장히 자세했거든요. 강제동원 피해자의 본적과 생일까지 다 나와 있습니다. 그것을 보고 일본 제국주의의 조선인 지배라고 하는 게 얼마나 치밀한 것이었는지 느꼈습니다. 자료가 없어서 보상을 못한다는 건 말이 안 됩니다."

차타니 씨는 하나오카에서 일했던 한국인과 일본인 생존자의 증언으로 봤을 때 실제로는 2,025명보다 많은 4,000명에 가까운 조선인이 있었다고 보고 있다.

나나쓰 다테 사건은 오랫동안 우리에게 '잘 모르는 일'이었다. 아키타에 거주했던 총련계 조선인 몇 사람만 가끔 조혼비를 찾았다. 숨진 열한 명이 거의 모두 남한 쪽에 본적을 두고 있었음에도 말이다. 일본인 열한 명이 같이 숨졌기 때문에 그 유족들은 이따금 사고 장소를 방문한다고 한다.

2009년 5월 29일, 사고 65주년을 맞아 드디어 우리나라 정부 관계자가 현지를 찾았다. 강제동원조사위원회 심재욱 팀장을 비롯한 직원들이었다. 이들은 차타니 씨를 비롯한 일본 측과 함께 '추도회'를 열었다. 의미심장한 순간이었다.

하지만 우리나라 정부가 이곳을 찾는 일이 해마다 되풀이될 것으로 기대하긴 힘들다. 강제동원조사위원회는 한시적 조직이다. 관련법상 활동기간이 최대 2012년 3월까지다.

차타니와 최광순

차타니 씨는 2008년 8월 나나쓰 다테 사건의 희생자 고 최태식 씨의 딸 최광순 씨를 우리나라에서 만났던 이야기를 들려줬다. 차타니 씨가 먼저 만나자고 요청했다고 한다. 그는 왜 희생자의 딸을 만나고 싶어 했을까.

"한국 정부가 강제동원조사위원회를 만들었다는 이야기를 듣고 조사위에 명부를 전달했습니다. 그리고 생존하고 있는 유족이 있느냐고 물었어요. 최태식 씨 따님이 생존해 있다는 사실을 알게 됐습니다. 최광순 씨는 1940년 7월생입니다. 저는 1941년 2월생입니다. 거의 동급생인 셈입니다. 나의 아버지도 중국에 가서 전쟁을 했습니다. 무사히 돌아오긴 했지만 제 동기들 중에서는 아버지가 전사한 친구들이 많습니다. 나와 같은 세대의 한국 사람이 네 살 때 아버지가 돌아가신 겁니다. 아버지에 관한 기억이 없겠지요. 나는 이 사람을 꼭 만나고 싶었습니다."

차타니 씨는 전쟁을 겪지 않았지만 그 유산을 운명처럼 껴안고 사는 같은 세대 한국인은 어떻게 살고 있는지, 일본을 어떻게 생각하는지 알고 싶었다. 강제동원조사위원회의 허광무 과장에게 만남을 부탁했다. 처음에는 일이 잘 진행됐다. 최광순 씨 측도 만나겠다는 의사를 밝혔다. 차타니 씨는 서울행 비행기를 탔다. 숙소에서 연락을 기다렸다. 그런데 전화를 주기로 한 허 과장에게서 연락이 없었다. 차타니 씨가 더 참지 못하고 연락했는데 기다려보라는 답이 돌아왔다. 오후 9시쯤 연락을 받았다. '내일 승용차로 안내할 테니 조사위로 오라'는 것이었다. 허 과장은 뒤늦게 차타니 씨에게 연락이 늦어진 이유를 설명했다. 최광순 씨 아들이 '왜 일본인이 지금 와서 만나겠다고 하는 거냐. 정부에서 나오는 위로금을 뺏으러 오는 게 아니냐'는 생각을 했다는 것이었다. 차타니 씨는 경기도 평택시에서 만난 최광순 씨가 '무서운 얼굴을 하고 있었다'고 기억했다.

"점점 이야기를 하면서 '이 사람(차타니)은 좋은 사람이다'라는 걸 알게 된 것 같아요. 이야기를 많이 나눴습니다. 전쟁이 끝나고 해방돼 한국 사람들이 집으로 돌아왔는데 아버지는 돌아오지 않았다고 하더군요. 어머니는 친정으로 돌아가서 재가를 했고요. 자기는 할머니 밑에서 컸다고 합니다. 초등학교도 못 가고 굉장히 힘들게 살았다고 해요. 이렇게 힘든데 왜 날 낳았을까, 하는 생각에 아버지 어머니를 원망했답니다. 할머니에게 아버지가 홋카이도에서 죽었다는 이야기를 듣고 이후부터는 일본을 원망했다고 합니다.[2] 지금은 아들, 딸, 손자도 많고 행복해 보였습니다. 그걸 보고 좀 안심이 됐습니다."

차타니 씨는 최광순 씨에게 2009년 5월 29일 연 나나쓰 다테 추도회에 참석해달라고 요청했다. 차타니 씨가 주도하는 추도회였다. 최광순 씨는 참석 의사를 밝히고 항공기 좌석을 예약했다. 그런데 출국 2주일을 앞두고 갑자기 뇌수술을 받았다. 일본행 일정을 포기했다. 그러자 꿈에 얼굴도 모르는 아버지가 나타나 '수술 결과가 괜찮을 것이니 너무 걱정하지 마라'고 위로했다고 한다.

도와홀딩스와 학살당한 중국인들

현지에 가기 전 도와홀딩스를 인터넷에서 검색했다. 전범기업으로 이 회사를 소개한 기사는 찾을 수 없었다. 도와홀딩스는 버려진 가전기기에서 희귀금속을 추출하는 '선진 기업'으로 국내에 소개돼 왔다. 전범기업들이 사죄와 보상에 응하지 않고 뻔뻔하게 버틸 수 있었던 배경에는 이러한 국내의 무관심도 있었을 것이다.

도와홀딩스의 옛 사명社名은 창업자의 이름을 딴 '후지타구미'藤田組였다. 1945년 도와광업으로 바뀌었고, 2006년 10월 지금의 이름이 됐다. 도와홀딩스는 구리와 아연 등 비철금속 분야에서 유명한 대기업이다. 최근에는 버려진 전자기기에서 리튬, 인듐, 바나듐 등 희귀금속을 추출하는 사업으로 주목받고 있다. 이 사업이 바로 강제징용의 옛 현장인 고사카 광산에서 이뤄지고 있다.

회사의 기원은 19세기 후반으로 거슬러 올라간다. 1869년 창업자인 후지타 덴자부로가 오사카에서 사업을 시작했다. 이어 1884년 정부에서 아키타 현 고사카 광산을 매입해 본격적으로 금속 분야 사업을 벌였다. 태평양전쟁을 지렛대 삼아 회사 규모를 키웠다. 홈페이지에 기재된 주식회사 설립 시점은 1937년 3월이다. 강제동원이 본격화되기 직전이다. 따라서 도와홀딩스가 다른 기업처럼 '조선인 강제동

하나오카 광산의 다른 갱도는 오래전 문을 닫았고, 지금은 산을 종단으로 뚫고 광물을 캐내는 '수직갱'만 남았다. 갱도 입구가 유별나게 야산 위에 있다. 옛 조선인도 수직갱에서 광물을 캐 날랐다.*

원 당시 회사와 지금 회사는 다르다'라는 논리는 펴기 어려울 것으로 보인다.

주요 사업을 담당하는 계열사가 5곳, 그 밖의 계열사가 9곳 있다. 종업원 숫자는 약 5,000명이고, 자본금은 약 364억 3,700만 엔(약 4,381억 원)이다. 2008년 매출이 약 5,340억 엔(약 6조 4,200억 원)이었다.

1944년 6월 30일 밤 도와홀딩스가 위치했던 하나오카 광산(고사카 광산과 가깝다)에서 봉기가 일어났다. 강제노동의 가혹함을 참지 못한 중국인 800여 명이 집단행동에 나선 것이었다. 유명한 '하나오카 사건'의 시작이다. 중국인 노무자들은 건설회사 '가지마구미'鹿島組 소속이었다. 가지마구미에는 중국인 1,000여 명이 강제 동원돼 일하고 있었다. 가지마구미는 도와홀딩스의 전신인 후지타구미에서 공사를 하청

받은 회사였다. 도와홀딩스는 이른바 원청업체로 사태가 발생한 데 책임이 있었다.

봉기는 폭동 수준은 아니었다고 한다. 중국인들에게는 폭동을 일으킬 만한 힘이 없었다. 밥을 제대로 먹지 못해서였다. 그 정도로 노동조건은 가혹했다. 진압과정에서 100여 명이 숨졌다. 나머지 300여 명이 목숨을 빼앗긴 과정은 더 비참하다.

가지마구미 측은 붙잡은 중국인을 한곳에 모았다. 광산 사무소 앞마당이었다. 그곳에서 중국인을 묶어놓고 주동자를 색출했다. 광산 맞은편에 경찰서 주재소가 있었다. 경찰은 가혹 행위를 말리기는커녕 주재소를 취조 장소로 내줬다. 중국인들은 무려 3일 동안 결박당한 채 맨바닥에 무릎을 꿇고 있었다. 물도, 음식도 주어지지 않았다. 배고픔과 더위에 지쳐 한 명씩 두 명씩 쓰러졌다. 그렇게 숨진 사람이 300명이 넘었다. 학살이었다.

이 사건은 중국인들에게 엄청난 분노와 충격을 안겼다. 중국에서는 일제 강제동원 피해 이야기를 할 때 하나오카 사건이 빠지지 않는다. 사건은 전후 아키타 현의 일본인들에게도 상처를 남겼다. 비록 자신이 한 일은 아니었지만 자신이 사는 곳 주변에서 이런 일이 일어났다는 사실을 용납할 수 없는 일본인들이 목소리를 내기 시작했다.

현지 안내를 해준 도가시 야스오富樫康雄, 이토 타모쓰伊藤保, 쇼지 도키지庄司時二 씨도 양심의 가책을 느끼는 사람들이다. 그들이 속한 단체의 이름은 '하나오카의 땅·일중 부재전 우호비를 지키는 모임'花岡の地·日中不再戰友好碑をまもる會이다. 하나오카에서 일본과 중국이 다시는 싸우지 말자고 기록한 우호비를 지키겠다는 뜻이다. 회원은 약 60명. 거의 모두 오오다테 시에 거주한다. 1년 회비가 500엔인데 대부분

지금도 가동 중인 고사카 광산 건물 *

1,000엔씩 낸다고 한다.

　세 사람은 모두 초등학교 교사 출신이다. 젊었을 때부터 하나오카 사건으로 숨진 유골을 발굴하고 추모하는 활동을 해왔다. 은퇴한 뒤에는 이곳에 견학 오는 외지인과 학생에게 현장을 안내하고 사건의 참혹함을 설명하는 일을 한다. 물론 보수는 없다.

　다음 방문지는 도와홀딩스가 지금도 운영하고 있는 고사카 광산이었다. 신쇼지에서 자동차로 동쪽 방향 20여 분 거리. 주소는 가즈노군鹿角郡 고사카마치小坂町다. 거대한 광산이 눈에 덮여 하얀 연기를 피워 올리고 있었다. 공장을 가동하고 있다는 뜻이다. 눈과 연기는 비슷한 흰색이었지만 느낌이 전혀 달랐다.

　광산이 한눈에 보이는 뒷산에 올라서자 화학약품 냄새가 스멀스멀

고사카 광산으로 강제 동원됐던 김경용 씨

올라왔다. 10여 분 동안 뒷산에 서 있는데 머리가 아팠다. 냄새는 광석이 금속으로 제련되는 과정에서 나오는 것이다. 1940년대는 악취가 더 심했다고 한다. 산은 메이지유신(1868년) 때부터 100년 동안 민둥산이었다. 유해물질을 배출하려고 굴뚝을 만들었는데 굴뚝으로 유해물질이 담긴 연기가 퍼져서 일대 나무가 다 죽었다고 한다. 1970년대 이후 녹화사업으로 지금은 나무가 많다.

이곳에 끌려온 조선인은 후생성 명부상 482명이다. 실제로 일한 사람은 더 많았을 것이다. 그러나 조선인의 흔적을 찾기는 어려웠다. 조선인 숙소가 있었다고 하는 곳은 지금은 메마른 골짜기로 변했다. 앙상한 겨울나무만 눈에 덮여 있을 뿐이었다.

고사카 광산에서 일했던 생존자를 대구에서 만났다. 수성구 매호동에 살고 있는 1928년생 김경용 씨다. 김 씨는 경북 경산군 고산면 출신(고산면은 나중에 행정구역 개편으로 대구 수성구에 편입됐다)으로 자신이 징용가지 않으면 아버지가 대신 가야 한다는 협박을 견디지 못하고 일본으로 갔다. 큐슈에 도착한 뒤 이틀 동안 기차를 타고 아키타로 갔다. 1944년 12월의 일이다.

김경용 씨는 고사카 광산에서 화차를 타고 광석을 나르는 일을 했다. 늘 배가 고팠다. 밥은 콩이 3분의 2, 쌀이 3분의 1이었다. 소금으로 간을 한 시래깃국이 나왔다. 반찬은 없었다. 우리나라에 없던 목욕탕이 있었다. 하지만 목욕을 할 수 없었다. 탈수가 두려웠기 때문이다.

"우리 고향에는 목욕탕이 없는데 거기(고사카 광산) 가니 목욕하라고 불을 때주더라고요. 근데 못했어요. 들어갈 용기도 안 나고. 배고프면 목욕 못합니다. 목욕하면 죽어요."

김 씨는 일본인이 전쟁광임을 깨달았던 순간이 있었다. 아이러니하게도 자신을 아껴줄 때였다.

"나는 열일곱 살에 갔어요. 일본말 못 알아듣는다고 두드려 맞기도 했지만 나이 많은 사람을 더 많이 때리더라고요. 이유를 몰랐는데 어느 날 함께 일하던 일본인 화차 운전수가 그러더라고요. '가네모토(김 씨의 일본 성), 너는 좀 있으면 군대 간다. 군인 한 사람 양성하려면 20년 걸려. 다치면 안 된다.' 나중에 생각을 해보다가 깜짝 놀랐습니다. 참 무서운 얘기 아닙니까."

김 씨는 현재 작은 아파트에 살고 있다. 아들 가족과 사는 것 같았다. 한눈에도 형편이 넉넉해 보이지 않았다. 김 씨는 강제동원 피해자임을 인정받아 정부에서 1년에 80만 원씩 의료지원금을 받는다. 받지 못한 옛 월급을 받아내는 것은 그에게 현실적인 일이 아니었다.

"그때는 돈이 있어봐야 사먹을 것도 없고 살 것도 없었어요. 돈을 받으면 좋겠지만 줘야 달라카지. 일본 정부나 (도와홀딩스가) 돈을 내주면 고맙지. 근데 어디 가서 무슨 말을 하나. 내 돈이 (얼마나) 있었는지, 없었는지도 모르고."

대부분의 강제 징용자가 이런 마음일 것이다. 분노는 세월에 씻겨 흔적만 남았다. 김 씨에게 예전에도 광산에서 악취가 났는지 물었다. 그는 악취가 쇳물 냄새라고 했다. "냄새를 탁 맡으면 사람이 자빠져버릴 정도로 냄새가 심했어." 김 씨는 조선인들이 묵었던 기숙사가 산골짜기 아래 있었다고 기억했다. 마치 현장이 눈에 선한 듯 한마디를 덧붙였다.

"골짜기 위에 헌병이 근무하는 곳이 있었지요. 늘 감시를 당했기 때문에 우리는 도망갈 생각도 못했습니다."

드라마 〈아이리스〉의 장소, 다자와 호의 비밀

현지를 방문한 시기는 화제의 드라마 〈아이리스〉가 끝난 지 얼마 되지 않은 때였다. 아키타 현에 한국인 관광객이 몰려들고 있었다. 특히 주연 남녀배우가 사랑을 속삭인 호수, 다자와田澤 호 주변이 인기였다.

다자와 호는 화산 폭발로 생긴 칼데라 호다. 다자와 호는 텔레비전에서 본 것보다 훨씬 거대했다. 이 호수를 한 바퀴 돌려면 시속 20km로 달리는 차에 한 시간을 앉아 있어야 한다. 호수의 최대 수심은 423.4m로 일본에서 가장 깊은 호수다.

이곳으로 향하는 기차에서부터 우리나라 관광객을 만날 수 있었다. 오오다테 시에서 다자와 호로 가려면 깊은 산을 지나는 아키타 내륙선을 타야 한다. 눈 덮인 호숫가를 찾은 관광객 20여 명은 거의 다 우리나라 사람이었다. 빨간색 관광버스 한 대가 서 있었다. 50대로 보이는 남녀가 황금색 여인상, 다츠코 히메辰子姬[3]를 배경으로 사진을 찍었다. 관광객 두 사람을 붙잡고 물어봤다. 일제시대 이곳에 조선인이

다자와 호 다츠코 히메 상(왼쪽)과 호수 전경

끌려와 일한 사실을 알고 있느냐고.

"아, 그런 일이 있었나요. 우리 선조들이……? 전혀 몰랐습니다." (50대 남성)

"가이드가 아무 말 않던데……." (50대 여성)

그들이 무식한 게 아니었다. 우리는 다 몰랐으니까. 그들을 나무랄 수는 없다.

1930년대 후반 들어 일본은 심각한 전력난을 겪었다. 군수물자를 생산하는 데 전기는 필수였다. 도처에서 발전소 건설 공사가 시작됐다. 아키타 현은 수력발전을 하기 좋은 곳이었다. 산맥 중심인 지형에다가 물이 풍부했다. 다자와 호 주변의 수력발전 방안으로 기막힌 아이디어가 채택됐다. 상류 강줄기를 호수로 연결하면 낙차를 이용해

산간 지역 낙차를 이용한 아키타 현 수력발전소.
산꼭대기에서 아래까지 물길을 내는 도수로 공사에 조선인이 동원됐다.

발전을 할 수 있다. 호수로 들어온 물을 다시 하류로 내려 보내면 발전을 한 차례 더 할 수 있다. 강과 호수를 잇는 도수로 공사에 사람들이 동원됐다. 조선인 약 2,000명도 공사장에서 일했다.

도수로 공사는 힘든 일이었다. 굴착기와 같은 기계가 있는 것도 아니었다. 설령 그런 기계가 있었더라도 전쟁에 이용됐을 것이다. 여러 기록과 일본인 생존자 증언에 따르면, 도수로 공사는 거의 모두 사람 손으로 진행됐다. 노무자들은 곡괭이와 삽으로 흙을 파냈다. 자재를 나를 때도 마차나 뗏목 등 원시적 수단을 썼다.

일제는 겨울에도 쉬지 않고 공사를 진행했다. 암벽에 다이너마이트를 설치하는 일은 조선인을 시켰다. 많은 조선인이 공사 중 숨졌다. 추위와 굶주림도 목숨을 앗아갔다.

공사는 1938년 2월 시작돼 1940년 1월 끝났다. 도수로 공사 구간은 8.5km.[4] 공사 현장에서 일한 조선인이 모두 동원된 사람들인지는 기록으로 남은 게 없다. 하지만 그 시기는 국가총동원법이 시행된 시기와 겹친다. 공사장에 있던 조선인은 동원된 것으로 봐야 한다. 조선인의 피와 땀으로 만든 다자와 호 발전소와 오보나이 발전소는 지금까지 가동 중이다.

인천과 아키타를 오가는 비행기는 2010년 상반기 내내 만석이었다. 고통과 차별의 현장은 드라마의 낭만을 추억하는 장소가 됐다. 조선인의 한숨과 비명은 온데간데없이 사라졌다. 후손의 여유 섞인 감탄이 대신 그 자리를 채우고 있다. 이건 다만 세월이 가져다준 역설일 뿐일까.

차타니 주로쿠의 꿈, 한일 평화공원 조성

차타니 주로쿠茶谷十六 씨가 강제동원조사위원회에 나타나면 직원들은 '열여섯 선생님 오셨다'라는 말을 주고받는다고 한다. 그의 이름이 일본어로 16을 뜻하는 '주로쿠'이기 때문이다.

차타니 씨는 이시카와 현에서 태어났다. 국립 가나자와 대학교를 졸업하고 고교 교사를 하다가 전통예술 연구의 길에 나섰다. 대학에서는 사학을 전공했는데 그중에서도 조선사, 조선사 가운데서도 고려사를 주로 공부했다. 조선이라는 존재는 아주 오래전부터 그와 함께해온 셈이다. 무엇이 그를 이웃나라와 가깝도록 이끌었을까. 차타니 씨에게서 의외의 대답이 나왔다. 그것은 식민지 시절 조선의 근대 무용가 최승희였다.

아키타 현 민족예술연구소 연구실에서 차타니 주로쿠 씨.
서재에는 근대 무용가 최승희에 관한 책이 50여 권 꽂혀 있다.

"네, 무용가 최승희입니다. 고등학교 2학년 때 최승희 사진을 봤습니다. 브로마이드였죠. 그때 일본 곳곳에 최승희 브로마이드가 있었어요. 학교 도서관에는 식민지시대 한국의 사진첩이 있었는데 그 안에도 최승희 사진이 있었고요. 한눈에 반했다고 할까요. 참 예쁜 모습이었습니다."

이웃나라 무용가에게 마음을 뺏긴 청년은 그때부터 최승희 관련 책을 모조리 읽었다. 지금도 그의 연구실 서재 한 칸이 온통 최승희 관련 책이다. 50권은 넘어 보였다. 일본에서 출판된 책뿐 아니라, 우리나라에서 출간된 책까지 있다.

차타니 씨는 이시카와 현에서 고교 교사로 지낼 때 가르쳤던 재일교포 여학생을 잊지 못한다. 성적이 줄곧 전교 1등인 데다 학교 대표

배구 선수로 뛸 만큼 운동을 잘하는 학생이었다. 그 여학생은 조선인이라는 사실을 숨겼다. 차타니 씨는 수업시간에 한국 역사를 가르치면서 한국 역사가 중요하다고 강조했다. 그러자 여학생이 그를 찾아와 '저는 사실은 조선 사람입니다'라고 했다. 더 나중에는 '다른 학생에게도 내 진짜 이름이 김○○라는 걸 알리고 싶다'라고 말했다. 차타니 씨는 '좋은 일이지만 친구들이 놀랄 수 있다. 너랑 친했지만 떠나는 친구가 있을지도 모른다'라고 했다. 며칠 뒤 수업시간에 여학생은 교실 앞에서 자신이 조선인임을 밝혔다. 걱정과 달리 일본 학생들이 한국과 일본의 관계에 더 관심을 보였다고 한다.

이 일은 차타니 씨에게도 중요한 영향을 미쳤다. 일본 사회에서의 조선인 차별, 식민지 시절 일본에 건너온 조선인에 관해 더 깊게 생각하게 된 계기가 된 것이다.

"일본의 긴 역사 속에서 한국을 식민지화한 것이 일본이 범한 가장 큰 잘못입니다. 특히 그중에서도 조선 사람의 이름을 바꾸고 문자를 뺏고, 언어를 뺏고, 무엇보다 조선인이라고 하는 프라이드를 뺏은 것은 절대 용서할 수 없습니다. 전쟁 막바지 강제연행은 인도적으로 용서할 수가 없어요. 일본 역사에서 가장 나쁜 부분입니다."

차타니 씨는 1969년 아키타 현으로 이주해 민족예술연구소와 전통 무용·민요 극단 '와라비자'에서 활동한다. 직접 공연 무대에 오른 것은 아니고 관련 연구를 했다. 민족예술연구소는 지금까지 민요 15만 곡을 수집했다. 일본에서 최대 규모다.

차타니 씨는 아울러 강제로 징용된 조선인 문제를 연구했다. 여러 명부를 모으고 생존자 증언을 채집했다. 그가 확인한 아키타 현 내 조선인을 강제 동원한 사업소는 모두 71곳. 강제동원 인원은 1만 3,535명

다자와 호 기슭의 히메 관음상

이다. 그가 근거로 찾은 것은 일본 후생성 명부(6,759명)와 그 밖의 자료(866명)다. 아울러 각종 증언 등 조사를 통해 파악한 인원이 5,910명이다. 차타니 씨는 자신이 확인한 숫자는 전체 강제동원의 일부이며 실제로는 더 많은 조선인이 끌려와 일했을 것으로 보고 있다.

차타니 씨는 꿈이 있다. 다자와 호 기슭 한곳을 한·일 평화공원으로 조성하는 것이다. 황금색 다츠코 상에서 호숫가를 따라 약 6km 떨어진 곳에 오래전부터 관음상 하나가 서 있다. 이름은 히메 관음상姬觀音像. 사연이 독특하다. 1938년 11월, 발전소 공사로 숨진 물고기를 위로한다는 취지로 주민들이 관음상을 세웠다. 앞서 언급한 1940년 전후 도수로 공사로 산성인 강물이 호수로 유입돼 토종 물고기인 쿠니마스가 멸종됐다.

그런데 1990년 관음상 건립 목적이 물고기뿐 아니라 도수로 공사에서 숨진 희생자를 위로하는 것이었다는 사실이 밝혀졌다. 인근 사찰 덴타쿠지田澤寺에서 '히메 관음상 건립 취의서趣意書'가 발견된 것이다. 취의서에는 '숨진 희생자를 위해 관음상을 세운다'라고 적혀 있다.

숨진 희생자 중에는 일본인도 있지만 조선인이 더 많았을 것이란 게 차타니 씨 생각이다. 히메 관음상이 실상은 숨진 조선인을 추모하는 상징이라는 것이다. 그는 1991년 9월 22일 히메 관음상 앞에서 조선인 희생자를 위로하는 추모제를 열었다. 그 뒤로 해마다 추모제를 주관하고 있다. 차타니 씨는 일본인이 숨진 조선인의 넋을 위로한 이곳에 공원 조성을 추진하고 있다. 한일 양국의 청년들이 공원에서 함께 이야기를 나누고 문화공연을 열어 다시는 식민지배와 강제징용 같은 일이 벌어지지 않게 하자는 것이다.

차타니 씨에게 이우봉 씨 얘기를 잠깐 들었다. 이우봉 씨는 우리나라에 거의 알려지지 않은 인물이지만 아키타 현의 강제연행 연구자 사이에서는 유명인사다. 애초 취재일정에는 이우봉 씨와 인터뷰가 예정돼 있었으나 이뤄지지 않았다. 취재팀의 방문 직전 그가 숨졌기 때문이다.

이우봉 씨는 경상북도 상주 출신으로 일제시대 하나오카 광산에 강제 동원됐다. 전후 재일본조선인연맹을 만든 주역 가운데 한 사람이다. 재일본조선인연맹은 그 뒤 재일본조선인총연합회(총련)와 재일본대한민국거류민단(민단)으로 나뉜다. 이우봉 씨는 총련을 택했다. 총련의 아키타 현 지부위원장을 지냈고 사망 전까지 총련 간부였다고 한다.

이우봉 씨는 해방 직후 하나오카 광산 노무자를 모아 노동조합을 결성하고 후지타구미에 미불 임금을 지급하라는 운동을 했다. 늘 열린 태도를 보여 조선인과 일본인 모두에게서 큰 존경을 받았다. 차타니 씨는 "조선인을 북한으로 단체 귀국시키는 일을 북한 방침에 따라 이우봉 선생이 했어요. 그런데 몇 년이 지나도 연락이 오지 않아 선생이 많이 가슴 아파했습니다"라고 했다.

이우봉 씨는 2002년 『재일 1세가 말하다, 일제 36년간 조선 민족에게 눈물이 마를 날은 없었다』라는 책을 냈다. 자신의 강제동원 경험과 시대상을 고스란히 적었다. 옛 안기부와 국가정보원은 이우봉 씨의 움직임을 면밀히 살폈던 것으로 알려졌다. 이 때문에 가족들도 굉장히 힘든 시간을 보냈다고 한다. 가족들은 그가 사망한 사실을 곧바로 밝히는 것을 꺼려했다. 차타니 씨는 고 이우봉 씨가 숨진 시점이 2010년 1월 18일이라고 전했다.

세 노인의 과거사 수다

도가시, 이토, 쇼지 세 노인이 저녁 식사를 하자고 손을 이끈 곳은 재일교포가 운영하는 한국 식당이었다. 그들은 불고기를 주문하더니 술도 우리나라 소주와 막걸리, 사케를 시켰다. 도가시 씨가 먼저 한국에 왔던 이야기를 했다.

"2002년 한국을 방문했어요. 저희는 인천공항에 내리자마자 충남 천안 독립기념관으로 갔습니다. 저와 이토, 쇼지 씨 이렇게 세 사람이요. 전시된 걸 봤는데 충격적이었어요. 마네킹이 고문을 재연한 모습을 보고 깜짝 놀랐습니다. '이크, 일본어 쓰면 안 되겠다. 잘못하면 여기서 한 대 얻어맞겠다' 하는 생각이 들었어요."

쇼지 씨는 서울 서대문형무소가 가장 놀라웠다고 했다. "우리가

왼쪽부터 쇼지, 차타니, 이토, 도가시 씨. 쇼지 씨 뒤로 고사카 광산에서 내뿜는 연기가 보인다.

독립기념관과 서대문형무소를 차례로 방문하니 이런 형태의 가이드를 처음 맡은 한국 여성이 이상한 일본 할아버지들이라고 하던데요. 가이드는 역사적 배경 설명도 제대로 못했어요. 그다음부터는 자격증이 있는 가이드만 찾았습니다."

이토 씨는 중국인이 학살당한 하나오카 사건을 접하면서 강제동원 문제에 눈을 뜨게 됐다. "친구가 하나오카 광산에 나를 데려간 적이 있습니다. 그곳 오락시설 '교락칸'이 해체됐을 때죠. 거기서 안타까운 일(하나오카 사건)이 있었다는 이야기를 들었어요. 최근에는 조선사 관련 책도 읽었습니다."

세 사람은 아키타 대학 교육학부를 졸업하고 반평생 초등학교 교사를 지냈다. 수업시간에 학생들에게 하나오카 사건과 강제연행 문제를 가르쳤다. 도가시 씨는 1963년부터 강제연행 관련 활동을 했다. 하나오카 사건으로 숨진 중국인 유골을 발굴했다. 전국의 아키타 출신 300여 명이 발굴 작업을 위해 모였다. 그는 처음에는 선배들 일을 거드는 것부터 시작했는데 그런 와중에 평화를 지키기 위해 내가 무슨 일을 할 수 있을까 하는 생각을 했다고 한다. 쇼지 씨는 자신의 한글 명함을 건넸다. 그만큼 한국에 관심이 많다는 뜻이다. 그는 오오다테 시 '한국 역사 문화 교류 모임' 회원이다.

하나오카 사건 관련 기업이자 강제연행의 주범 도와홀딩스 이야기가 나오자 세 노인의 목소리가 높아졌다. 도가시 씨는 강제연행을 하도록 일본 정부를 압박한 게 기업이라고 했다.

"재계와 정부가 일체가 돼 (강제연행을) 자행한 것입니다. 지금도 그렇지만 재계가 하는 말은 정부가 반드시 듣지요. 그 둘이 똑같이 책임이 있습니다. 둘을 구분지어 책임을 물을 수가 없어요. 지금은 법률적으로는 시효의 문제가 있어 더 이상 방법이 없지만 도의적 책임은 기업과 정부가 지고 있습니다. 서로 논의를 해서 어떤 식으로든 해결을 해야 해요." 도가시 씨 말에 이토 씨가 맞장구를 쳤다.

"대부분의 일본 국민이 역사의식이 없는 게 문제입니다. 일본 사람들 한국 역사를 전혀 몰라요. 차별의식도 쉽게 없어지지 않는 것 같고요. 일본인은 근대 일본이 한 일을 생각하지 않고 있습니다. 군사예산은 펑펑 쓰면서 징용피해자에게 보상하지 않는 것은 말이 안 됩니다."

세 노인은 일본 젊은이들이 역사 문제에 관심이 없는 점을 안타까워했다.

"우리 회원 가운데서도 젊은 사람은 줄고 있습니다. 학교에서 배우지 않아서 그런 것 같아요. 특히 민비 살해는 대부분 일본인이 몰라요. 한 나라 왕비를 살해한 것은 굉장히 커다란 일인데 일본 정부가 그런 일을 했다는 게 놀라울 뿐입니다. 한국 역사를 가르쳐야 합니다. 조선 역사를 배우는 것은 일본 근대사를 다시 배우는 것과 같아요."

근대화 산업 유산이 된 징용 현장

일본 아키타 현 가즈노 시 오사리자와 광산. 강제동원 현장 가운데 드물게 현재까지 옛 모습이 남아 있는 곳이다. 내부를 관찰할 수 있는 몇 안 되는 징용 현장이기도 하다. 지금 관광지로 변모해 있기 때문이다. 여기서 옛 조선인의 흔적은 발견하기 힘들다. 설령 그런 게 있었다고 해도 회사 측이 관광지로 조성하면서 이미 다른 곳으로 옮기거나 버렸을 것이다.

현재 이곳의 공식 명칭은 '사적史蹟 오사리자와 광산'이다. 영어로는 'Osarizawa Mine Historical Site'다. 갱도를 모두 합친 길이가 800km인 거대한 광산이다.

동굴 안은 아주 깊었다. 관람코스를 따라 30분을 걸었는데도 출구가 보이지 않았다. 어둠 때문에 눈앞 20m 너머는 사물이 흐릿했다. 앞사람이 점점 작게 보이자 발걸음이 빨라졌다. 갱도는 개미집처럼 사방으로 뚫려 있었다. 이곳을 운영하는 측이 관람코스가 아닌 갱도를 미리 막아뒀으니 망정이지 초행자는 쉽게 길을 잃을 것 같았다.

오사리자와 광산은 태평양전쟁 당시 일본 군수업체에 동銅을 공급하는 역할을 했다. 이곳을 운영한 회사는 미쓰비시였다. 광산 안에 걸린 연표에는 1893년 미쓰비시 합자회사가 설립됐고 1918년 미쓰비시 광업주식회사가 설립됐다고 적혀 있다.

사적 오사리자와 광산 내부

연표에는 이런 내용도 있다. "제2차 세계대전으로 군수성의 요청이 있었다. 초비상시 증산체제를 갖추고 월 10만 톤을 생산했다."

701년부터 금金 광산으로, 1600년부터 동 광산으로 유명했던 이곳의 생산량은 1943년 월 평균 10만 톤으로 정점에 이른다. 일본은 전쟁에 모든 것을 퍼부었다. 일할 사람이 부족하자 미쓰비시는 조선에서 인력을 끌어왔다. 조선인들은 새벽에 광산에 들어가 밤늦게 나왔다. 모든 게 낯선 곳에서 조선인들은 광산에 들어갈 때마다 수렁에 빠지는 느낌이었을 것이다.

오사리자와 광산은 1976년 폐광하고 1982년부터 관광객을 받기 시작했다. 일본에서 가장 오래된 광산이라는 상품가치를 이용했다. 관람코스는 두 가지다. 약 30분이 걸리는 1.1km 코스가 있고, 약 45분이

과거 월 생산량과 종업원 수 등이 기록된 오사리자와 광산 연표(왼쪽)와 미쓰비시 로고가 박힌 화차 위의 마네킹

걸리는 1.7km 코스가 있다. 너비 2m, 높이 3m의 길은 흙바닥이고, 벽과 천장은 노랗고 붉은 광석이다. 바닥에는 동광석을 실어 날랐던 레일을 뜯어낸 자국이 남아 있다.

갱내 휴게소는 옛 모습으로 복원됐다. 인부로 분장한 마네킹이 물을 마시는 자세로 긴 나무 의자에 앉아 있었다. 조선인은 저 의자 사이에 앉아서 땀을 닦았을까. 아니면 휴게소조차 들어갈 수 없는 처지였을까.

과거를 알려주는 건 미쓰비시 로고였다. 동광석을 실어 나른 화차 전면부에 빨간색 마름모 세 개가 그려져 있었다. 기념품 매장에 전시된 골드 바 위에도 미쓰비시 마크가 선명하다. 이곳에서 캐낸 금으로 만들었다는 표시다.

사적 오사리자와 광산 미노루 엔도 소장에게 조선인이 이곳에 강제 동원된 사실을 알고 있느냐고 물었다. "조선 사람이 강제 동원됐는지는 잘 모릅니다. 역사적 자료는 없습니다. 아마 여기도 있었겠지요."

광산 바깥도 세월이 많은 것을 변화시켰다. 70년 전과 똑같은 것은 높이가 30m쯤인 굴뚝뿐이다. 조선인을 비롯한 인부들이 숙식을 했던 나가야長屋[5]도 흔적만 남았다. 이곳 광산 역사관 연표에만 '1945년 조선인, 중국인 징용노무자가 귀국했다'라고 적혀 있다.

조선인은 어떤 삶을 살았을까. 재일 역사학자인 고 박경식 씨가 1965년 쓴 『조선인 강제연행의 기록』에는 오사리자와 광산에서 일했던 김석태 씨의 증언이 실려 있다.

김 씨에 따르면, 강제 동원된 조선인은 약 700명이었다.[6] 식사가 형편없어 늘 배고픔에 시달려야 했고, 목욕시설도 없었다. 김 씨와 박 씨는 1944년과 1945년 조선인 여덟 명이 이곳에서 사망했다는 사실을 알아내고 이 가운데 네 명의 사인을 찾아냈다. 두 사람은 독미나리 중독이었다. 배가 고파 아무 풀이나 뜯어먹다가 숨진 것이다. 다른 한 사람은 혀를 깨문 게 사인이었다. 나머지 한 사람은 두개골 골절이었다.

엔도 소장은 채광의 원리를 설명하느라 여념이 없었다. "광산은 동서로는 3km, 남북으로는 2km 규모입니다. 560개의 동 광맥이 세로로 길고 가늘게 뻗어 있어요. 밑에서부터 위로 파 올라갑니다."

그에게 물었다. 이곳이 아직도 미쓰비시 소유냐고. "네. 미쓰비시 관광부문 계열회사입니다." 미쓰비시 광업주식회사는 1962년 관광업을 시작하고 1970년에는 아예 관광부문을 맡을 별도 회사, 고루덴 사도를 차렸다. 고루덴 사도는 2006년 사적 오사리자와 광산을 인수했다. 이곳은 2007년 일본 정부에 의해 근대화 산업 유산으로 지정됐다.

고루덴 사도가 사적 오사리자와에서 올리는 연 매출은 약 1억 엔(약 12억 6,000만 원)이다. 1년에 약 5만 명 정도가 이곳을 찾는다고 한다. 엔화 가치가 비교적 낮았던 2008년에는 한국인 관광객도 이곳을 찾았다. 갱 입구 앞 안내판은 한국어와 일본어, 영어로 병기돼 있었다.

4
아소, 골수 우익 가문의 탄광 잔혹사

어린이 놀이터와 골프장을 떠도는 원혼

요코가와 데루오橫川輝雄 씨는 취재팀을 어린이 놀이터로 안내했다. 강제동원 현장을 취재하기 위해 각종 탄광과 광산, 조선소 자리, 공장터 등을 두루 찾아다녔지만 놀이터는 뜻밖이었다. 일본 후쿠오카 현 이즈카飯塚 시 게이센桂川 정 야사카八坂 마을에 위치한 한적한 주택가. 지붕에 기와를 얹은 단층의 공민관(주민회관) 건물이 한쪽에 있고 그 옆 공터에 노란색 미끄럼틀과 그네, 뱅글뱅글 돌아가는 지구봉 놀이기구가 아기자기하게 들어서 있었다.

"여기 놀이터 자리에 탄광 노무자들 공동묘지가 있었지요. 이곳 아소광업 요시쿠마吉隈 탄광에서 일하다 죽은 조선인들이 묻혀 있었습니다. 공민관 자리에서 저기 그네 있는 곳까지 땅 밑에……. 화장해서 사찰에 안치하려면 돈이 드니까 아소 측에서 묘비도 없이 그냥 여기다 매장한 것입니다."

요시쿠마 탄광 공동묘지가 있던 어린이 놀이터*

1941년생인 요코가와 씨는 나지막하면서도 또박또박한 말투로 당시 상황을 설명했다. 그는 이즈카 시 일대의 공·사립 고교에서 오랫동안 지리 교사로 일하다 정년퇴직한 뒤 일본 내 양심적 민간단체인 '강제동원 진상구명 네트워크' 사무국에서 활동하고 있다.

아소광업 산하 탄광 가운데 가장 규모가 컸고 조선인 노무자 역시 가장 많았던 요시쿠마 탄광은 1960년 폐광했다. 이후 주민들은 이 묘지의 존재도 서서히 잊었다. 그러다 1985년 마을 공민관을 짓느라 불도저로 땅을 파다 보니 사람 뼈가 나왔다. 노인들은 그 자리에 묘지가 있었다는 사실을 기억해냈다. 땅 주인인 아소 측은 시신 발굴에 착수해 모두 504명분의 유골을 수습했다. 좁은 장소에 유골이 그렇게 많이, 그것도 요시쿠마 탄광 한 곳의 사망자가 그렇게 많이 묻혀 있어

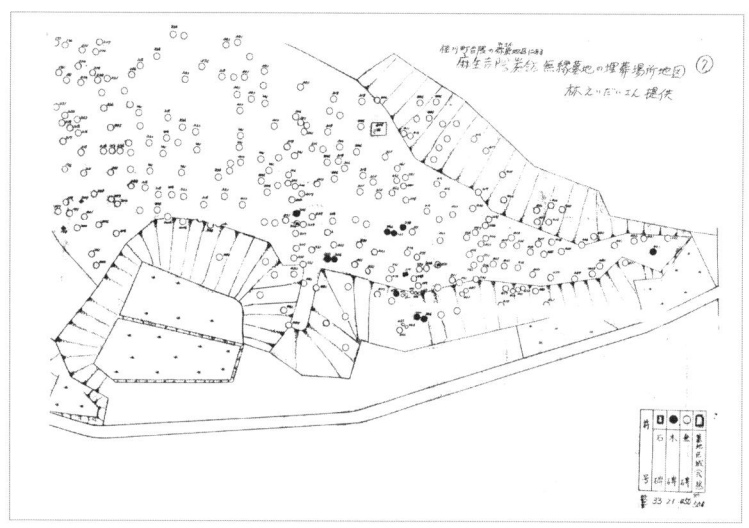

묘지에서 발굴한 504명의 유골 위치를 순번을 매겨 표시한 1980년대 지도 일부.
이 중 450명에 달하는 무연고자의 유골에 'o' 표시를 했다.

사람들이 모두 놀랐다고 한다. 504명 중 비석이나 위패 등 신원을 확인할 어떤 단서도 함께 묻혀 있지 않은 450명이 무연고자로 파악됐으며 이들 대부분은 조선인으로 추정됐다. 아소광업이 내부용으로 작성한 요시쿠마 탄광 공동묘지 매장 지도를 보니 유골이 묻혀 있던 곳이 빼곡하게 기록돼 있었다.

2010년 1월 21일, 전날 저녁부터 내리던 비는 그쳤지만 아침부터 짙은 먹구름이 낮게 깔려 몹시 흐린 날씨. 유골이 옮겨졌다는 납골당으로 향했다. 놀이터에서 자동차로 5분 정도 떨어진 야산 한 귀퉁이. 차에서 내려 갈대가 우거진 언덕의 샛길을 따라 올라가 보니 초라한 외관의 납골당이 나타났다. 비석에 '요시쿠마 탄광 공동묘지 납골당'이라고 쓰여 있었다.

요코가와 데루오 씨가 무연고자 유골이 옮겨져 있는 납골당 비탈길을 걸어 올라가고 있다.

그러나 납골당에서 조선인의 유골은 찾을 수는 없었다. 애초에 가족이나 본적지 등 연고가 없는 이들의 유골이었다. 그나마 언젠가부터 납골당 지하실에 무분별하게 버려져 개별 신원을 확인하는 건 불가능하다고 한다. 처음부터 연고가 없는 사람이 있을 수 있을까. 제터전에서 뿌리 뽑혀 먼 이국땅에서 쓸쓸히 객사한 뒤 시신마저 방치됐을 뿐이다.

요시쿠마 탄광에는 조선인의 또 다른 비극이 어려 있다. 1936년 1월 25일 큰 눈이 내려 몹시 추운 날 밤 10시쯤, 탄광 갱내에서 화재가 발생했다. 광부 86명이 갱 안에서 작업 중이었는데 피신하지 못한 29명이 끝내 주검으로 발견됐다. 그중 25명이 조선인이었다. 당시 아소 측은 불이 탄진(炭塵, 갱내 공기 속에 떠다니는 미세한 석탄 가루)에 옮겨 붙으면 화재가 커질 수 있다는 이유로 잔인하게도 입구를 갱목으로 막고 틈새마다 점토를 발라버렸다. 화재 사흘째 되는 날 입구를 열어 보니 광부들이 밀폐된 벽 안쪽에 차례차례 쓰러져 죽어 있었다. 출구를 찾아 처절하게 발버둥친 듯 손톱이 다들 벗겨진 상태였다. 일주일 뒤인 2월 1일 발행된 재일조선인 신문 『민중시보』民衆時報에는 '탄광지옥의 희생'이라는 제목으로 다음과 같은 기사가 실렸다.

> 탄광이 폭발하야 애닲푼 로동에 억메인 동포들의 생명을 무참히도 빼앗고 말엇다. 일반적 생산부문에서 완전히 도태를 당하고 오직 위험로동에 호구의 길을 어더 말할수업는 로동조건에서 노예적으로 노역하는 이들에게 (……). 조난자의 대다수는 조선 로동자로서 유족들의 설음에 잠긴 울음소리는 듣는 사람으로 하여곰 눈물을 먹음게하고 목불인견의 처참한 사체는 보는 사람의 가삼에 눈물겨운 비분을 늣기게 하고잇다.

아소 탄광은 예로부터 최악의 작업환경으로 악명 높았다. 여기에서 말하는 아소 탄광이란 후쿠오카 현 소재 요시쿠마, 아카사카赤坂, 가미미오上三緒, 쓰나와키綱分, 산나이山內, 마메다豆田, 요시오芳雄, 아타고愛宕 탄광과 사가 현에 위치한 구바라久原 탄광 등 아소광업주식회사 산하 총 9곳의 탄광을 총칭하는 이름이다. 이곳 징용자들은 다른 기업 탄광보다 상대적으로 더 심한 압제와 저임금에 시달렸다. 게다가 전염병으로 인한 참상까지 겪어야 했다. 스물한 살 때 아카사카 탄광에 끌려갔던 공재수(1923년생, 서울 월계동) 할아버지는 이렇게 회상한다.

아소 탄광 아홉 곳 중 후쿠오카 현 이즈카 시에 있던 여덟 곳. 나머지 한 곳 구바라 탄광은 인접한 사가 현에 존재했다. 지금은 모두 폐광됐다.*

1943년 6월경에 장티푸스. 그게 모두 걸려 가지고 우리 환자가 병원에 한 150명 갔을 거예요. 첫날은 보니깐 뭐 병원이라고 창고에 다다미 깔아놓고 (환자들을) 쭉 집어넣었어요. 근데 하루 저녁만 자고 나면 20~30명씩 없어져버리는 거예요. 그래서 간호사 보고 '옆 사람 어디 갔느냐'고 그러니깐 '아 뭐 어디 다 갔다'고 하더라고요. 어디 나간 게 아니고 전부 죽은 거예요. 전염병으로 150명가량 이즈카시 병원으로 갔는데, 나올 적에는 몇 명이 안 됐어. ……당시 우리가 강제노동을 한 것을 본 우리 또래의 일본인들이 분명히 살아 있을 거란 말입니다. 그 일본인들이 자기 자식들에게 있는 그대로 사실을 전해주길 바랍니다. 있는 사실을 없다고 하지 말고.¹

요코가와 씨는 취재팀에게 1944년 3월 후쿠오카 현 경찰부 특별

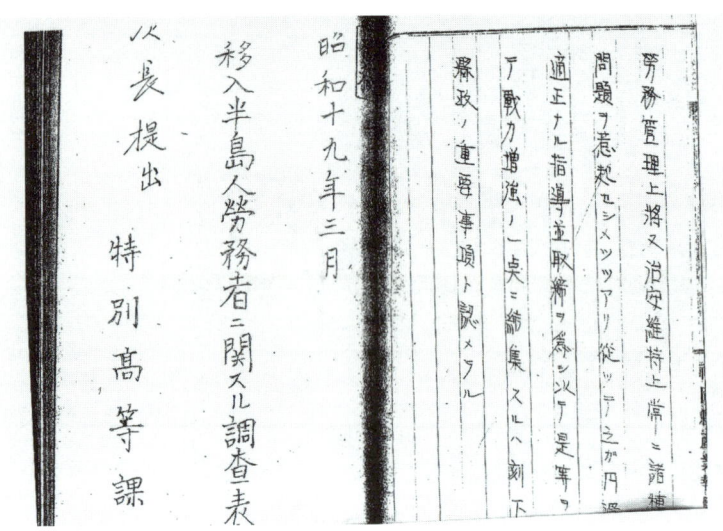

1944년 3월 후쿠오카 현 특별고등경찰이 작성한 조선인 노무자 현황 비밀문건

고등과(특고)에서 작성한 「노무동원계획에 의한 이입移入 노무자 사업장별 조사표」를 건네줬다. 겉표지에 '극비'라고 표시된 이 문건은 일본의 비밀정치경찰인 특고가 지역 내 조선인 노무자 현황을 세세히 기록한 것이다. 요코가와 씨가 현립도서관에서 조선인 관련 자료를 끈질기게 뒤지다 1992년 발견했다고 한다.

문건을 보면 1944년 1월 말 현재, 후쿠오카 현 내 석탄·토건·공장·금광 등 각 기업 작업장에서 동원한 조선인 총수는 11만 3,061명이었다. 그 가운데 아소 탄광 '이입자 수'가 7,996명을 기록해 단일 기업 중 단연 최다로 나타났다. 그런데 아소 탄광 조선인 노무자의 '현재 인원'은 2,903명에 그쳤다. 나머지는 '탈주' 4,919명, '발견재취로' (탈주 노무자를 잡아 다시 탄광에 보낸 경우) 643명, '사망' 56명 등이다. 탈주자 비율이 다른 기업 작업장에 비해 압도적으로 높고 사망자도 가장 많았다. 그만큼 아소 탄광의 노동조건이 혹독했음을 보여준다.

요코가와 씨는 "조선인 노무자들이 혹시 스트라이크(쟁의)라도 벌이면 아소는 자체 힘이 아니라 매우 폭력적인 외부세력의 힘을 빌려 제압했다. 외부세력은 주로 재향군인회와 청년단으로 구성된 상애회相愛會[2] 조직원들이었다"라고 전했다. 미이케 탄광 안내를 해줬던 우판근 씨도 이런 얘기를 한 적이 있다. "미쓰이보다 아소가 더 나쁘다. 아소가 제일 나쁘다. 다른 탄광은 직접 노무자들 사택을 만들었는데, 아소는 폭력단과 연계된 외부 회사에 하청을 줘 조선인들을 관리했다."

아소 탄광은 현 아소 그룹의 모태였다. 이 그룹의 정치적 배경은 그야말로 화려하다. 일본 보수우익 세력의 한 축을 이루는 아소 일가의 중심에 아소 다로 전 총리가 있다. 아소 전 총리의 증조부와 부친이 모두 막강한 자금력을 바탕으로 중의원을 지냈고, 외조부는 요시다 시게루(吉田茂, 1878~1967) 전 총리, 장인은 스즈키 젠코(鈴木善幸, 1911~2004) 전 총리다. 여동생 노부코麻生信子는 아키히토明仁 일왕의 친조카이자 왕위 계승 서열 7위인 도모히토寬仁 왕자와 결혼했다. 이 밖에 외고조부 오쿠보 도시미치(大久保利通, 1830~1878)는 메이지유신의 주역이자 신정부의 헤게모니를 장악했던 실권자로 일본 근대사의 한 페이지를 장식한 인물이고, 외증조부 마키노 노부아키(牧野伸顯, 1861~1949)는 다이쇼 천황 시절 외무·문부 대신을 지냈으며, 처남 스즈키 준이치鈴木俊一는 6선 중의원으로 환경장관까지 역임하는 등 친가·외가를 막론하고 장관과 의원, 왕족이 수두룩하다. 아소 그룹이 집안 정치인들의 자금줄 노릇을 했음은 물론이다.

부친 지역구(후쿠오카 8구)를 물려받아 9선 의원을 지내며 자민당 내

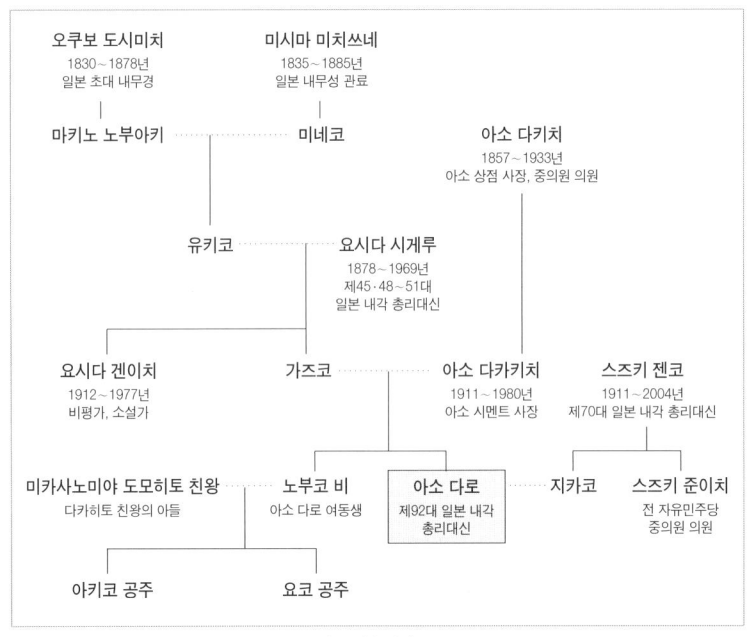

아소 집안 가계도

 우파의 기둥으로 성장한 아소 전 총리는 우리에게 '망언 제조기'로도 유명하다. "창씨개명은 조선 사람들이 원해서 한 것", "한글은 일본인이 조선인에게 가르친 것", "(2007년 미국 하원에서 통과된 위안부 결의안은) 객관적 사실에 기초하지 않은 것으로 유감스럽다", "야스쿠니 신사 참배는 타국이 하지 말라고 하면 더 하고 싶은 법이다. 이것은 담배를 피우지 말라고 하면 더 피우고 싶은 거나 마찬가지" 등등.

 물론 아소 탄광의 조선인 강제동원 사실에 대해서도 부인과 회피로 일관해 왔다. 그는 "강제동원 당시 너무 어려 해당 사실을 인지하지 못했다"고 말하곤 한다. 그러나 자신이 사장으로 재직했던 아소시멘트에서 1975년 4월 발행한 『아소 백년사』에는 조선인 노동자와 중국인 포로에 대한 내용이 기록돼 있다. 따라서 그가 사후에라도 그 문제를 모를 수가 없는데 거짓말을 하고 있다는 비판을 일본 내에서도 받고 있다. 2009년 3월 9일 참의원 예산위원회에서 후지타 유키히사藤田幸久 민주당 의원은 "『아소 백년사』에 조선인 노동자와 중국인 포로가 기록돼 있는데 정작 자신의 회사에 대해 총리가 모를 수 있나?"라고 추궁했다. 이에 대해 아소 총리는 "『아소 백년사』 간행 당시 아소시멘트 사장으로 재직했지만 출판에는 참여하지 않았다"며 "솔직히 말해 당시 상황은 불분명하다"고 어물쩍 피해나갔다.

납골당에서 얼마 떨어지지 않은 이즈카 시 내 아소 가문 본댁本宅을 찾았다. 아소 일가의 본류를 이루는 직계존비속이 대대로 나고 자랐다는 이 집에서 그룹 창업주인 아소 전 총리의 증조부는 물론 부친과 아소 전 총리 본인이 모두 살았다고 한다. 아소 전 총리는 도쿄 최고급 주택가인 시부야澁谷 구 가미야마神山 마을에 대지만 2,400m²인 50억 엔 상당의 저택을 소유하고 있고, 이곳 본댁은 그의 동생인 아소 유타카麻生泰 (주)아소 사장 부부가 지키고 있다.

아소 전 총리가 현직이던 시절에는 경계가 매우 삼엄했다는데 이제는 그럴 필요가 없어서인지 대문 앞 처마 밑까지 접근하는 데 별 어려움이 없었다. 지붕을 올려다보면서 와당瓦當을 자세히 살펴보니 낯익은 도안이 눈에 띄었다. 아소 그룹을 상징하는 로고인 두 개의 마름모 모양이었다. 아소 가문을 상징하는 오랜 문장紋章이기도 하다. 도로변에서 차 소리만 들릴 뿐 주변이 인적 없이 조용하더니 집 안에서 청소부로 보이는 한 노인이 문득 나와 대문 앞마당을 빗자루로 쓸기 시작했다. 취재팀은 좀더 서성이다 차에 올랐다. 그리고 아소에서 운영하는 인근 골프장으로 향했다.

아소 가문 주요 일가가 대대로 살아온 본댁. 현재는 아소 유타카 (주)아소 사장 부부가 살고 있다. *

아소 탄광은 1970년대까지 차례로 다 폐광했다. 탄광 터에서는 이제 골프장이 운영되고 있다. 요시쿠마 탄광의 폐석산[3](탄을 골라내고 남은 쓸모없는 돌을 오랫동안 한 곳에 버리면 상당한 높이로 쌓여 하나의 산을 이룬다)을 깎아 1973년 그 자리에 들어선 게 27홀 규모의 '아소이즈카 골프 클럽'이다. 일본에서도 고급 골프장으로 꼽힌다는 이 클럽의 이사장이 아소 전 총리다.

골프장 입구 측면에 자리 잡고 있는 중후한 기념석이 눈에 들어왔다. 수평으로 놓인 넓적한 돌에 해서체의 금색 글씨로 '아소이즈카 고루후 구락부'라고 음각으로 쓰여 있었다. 아소 전 총리의 장인이 손수 쓴 명문銘文이라고 한다. 과연 '스즈키 젠코 쓰다'라는 글귀도 보였다. 골프장 측의 드높은 자존심이 느껴지는 듯했다. 필요한 설명 외에는

'아소이즈카 고루후 구락부'라고 쓰여진 골프장 입구 비석. 오른쪽 하단에 '스즈키 젠코 쓰다'라는 글귀도 보인다.

말수가 별로 없었던 요코가와 씨가 입을 열어 개탄을 이어갔다.

"아소 다로는 지금까지 전혀 사과가 없었습니다. 창씨개명이 조선인들이 원해서 이뤄진 것이라고 하니 무슨 말을 하겠어요. 조선인 강제연행 사실 자체를 부인하고 있습니다. 피해자가 한두 명도 아니고, 아직도 생존자가 숱하게 존재하는데 도저히 이해할 수 없는 일입니다. 어떤 일본 우익들은 '징용은 있었다. 그러나 연행은 아니다'라고 합니다. 조선인도 일본인으로서 국가에 대한 의무에 똑같이 응했기 때문이라는 주장이에요. 말도 안 되는 웃기는 이유를 들고 있지요."

우리는 무얼 했을까. 아소 다로와 같은 인물이 일본 정부의 외무대신을 하고 총리대신을 지낼 때 한국 정부나 정치권은 어떤 문제제기를 한 적이 있던가. 조선인 노무자들의 한恨이 곳곳에 배어 있는 땅 위에서 오늘도 아소 일가를 포함한 일본 상류층 인사들은 필드를 돌며 '굿 샷!'을 외치고 있다.

일본판 쉰들러 리스트······ "죽는 날까지 일제 행적 기록으로 남기겠다"

왜 식민지배를 당한 한국에는 정작 이런 르포 작가, 또는 전문 저널리스트가 없을까. 생각하면 부끄러운 일이다.

하야시 에이다이林えいだい. 일제 강제동원 분야를 무서울 정도로 집요하게 파고들어 다수의 문제작을 낸 일급 논픽션 작가. 1933년생인 그는 와세다 대학 문학부를 다니다 직접 탄광 경험을 하기 위해 중퇴한 뒤 일반 광부는 물론 노무감독관, 경찰 등을 방대하게 만나 인터뷰하고 귀중한 사진 자료를 수집했다. 그렇게 해서 집필한 50여 권의 저서 중 대표적인 작품은 다음과 같다. 『강제연행·강제노동―지쿠호 조선인 광부의 기록』(1981), 『총살명령―BC급 전범의 생과 사』(1986), 『전시 외국인 강제연행 관계사료집 I~IV』(1990), 『청산되지 않은 쇼와―조선인 강제연행의 기록』(1990), 『증언 사할린 조선인 학살사건』(1991), 『지쿠호·군함도―조선인 강제연행을 돌아보다』(2010).

사료적 가치가 남다른 이들 저작으로 그는 요미우리 교육상(1967), 아사히·아카루이 사회상(1969), 세이큐 출판문화상(1990), 평화·협동 저널리스트 기금상(2007) 등을 수상했다. 강제동원 분야를 연구하는 한국 전문가치고 그의 저서를 참고하지 않은 사람은 없다고 해도 과언이 아니다. 종전 직후 사할린 농촌마을에서 벌어진 가미시스카上敷香 학살사건과 미즈호瑞穗 학살사건도 소련 KGB가 처리하고 한국에는 전혀 알려지지 않았던 것이 하야시 책이 번역 출간되면서 비로소 알

하야시 에이다이의 집필실은 일제 강제동원과 관련된 수많은 문서자료와 사진들로 가득하다.

려지게 됐다(두 사건에 대해서는 3부 2장 사할린 편에서 다시 소개한다).

2010년 1월 21일, 한때 일본 최대 탄광마을이었던 후쿠오카 현 다가와田川 시에 위치한 자택 집필실에서 그를 만났다. 폐질환을 심하게 앓고 있는 백발이 성성한 노인이지만 안광은 아직도 형형하고, 거구에서 우러나오는 묵직한 목소리에는 진실을 전하려는 열정이 우렷하게 담겨 있었다. 그는 우선 자신이 취재했던 한 조선 청년의 충격적인 사망 사건을 들려줬다.

"1943년에 아소광업 산하 아카사카 탄광에 끌려온 스무 살 전후의 조선인 청년이 있었습니다. 그는 불결한 환경과 혹심한 더위에도 제대로 씻지를 못해 생식기에 피부병이 생겼어요. 습진으로 잔뜩 붓고 아파서 일을 못 나갔는데, 일본인 노무감독 요시무라吉村가 술에 취해 찾아왔습니다. 노무감독은 '너 일 안하고 뭐 하느냐'고 추궁하다 자기가 낫게 해준다면서 그만 청년의 생식기를 칼로 잘라버렸습니다. 청년은 정신을 잃었고 출혈이 심해 결국 죽고 말았어요. 노무감독은 탄광을 오가는 열차의 선로 위에 시신을 옮겨 놨습니다. 열차에 치어 죽은 것처럼 위장하려 한 것이죠. 그러나 마침 그때는 규슈 지역 일대에 미군 B29기의 공습이 있어서 열차가 안 다녔습니다. 그래서 시체가 그대로 사람들한테 발견됐어요. 분노한 조선인들은 폭동을 일으켰습니다."

힘없는 노무자들이지만 일제히 들고 일어났다. 아카사카 탄광뿐만 아니라 인근 요시쿠마, 산나이 등 다른 아소 탄광의 조선인들까지 약 500명이 농기구 등을 들고 나와 탄광 사무소 등을 부수며 파업을 감행했다. 깜짝 놀란 탄광 측의 연락을 받고 일본 경찰 100여 명이 출동했지만 노무자들 숫자가 많고 기세가 무섭다보니 섣불리 진압하지 못했다. 자칫 조선인들이 갱내에서 쓰는 다이너마이트를 경찰을 향해 폭파시킬 수도 있었다. 경찰들은 멀찍이 떨어져서 "그만 두라", "더 이상 난동을 부리면 용서하지 않겠다"라고 소리만 지를 뿐이었다. 그렇게 사흘간 대치가 이어졌다. 결국 아소 측이 조선인들에게 사과하고 가해자를 처벌하겠다고 약속해서 겨우 사태가 마무리됐다. 그러나 과연 가해자는 처벌됐을까.

"문제의 노무감독은 처벌되지 않았습니다. 그래서 8·15 종전 직후 조선인들이 그 문제로 다시 데모를 일으켰어요. 아소 측은 부랴부랴 배편을 주선해 조선인들을 고국으로 돌려보냈습니다. 당시 탄광에서 대대장[4]을 맡고 있던 장손명 씨(1911년생, 작고)를 비롯해 일본인 료장(寮長, 노무자 기숙사 사감), 노무계장, 출동 순사 등을 제가 직접 인터뷰해 확인한 사실입니다."

비록 가해자 처벌이 제대로 이뤄지진 않았지만, 그 시절 조선인 노무자들이 그런 시위를 벌였다는 사실 자체가 놀라웠다. 그 동력은 무엇이었을까.

"대부분 탄광에서는 그런 데모가 성공하기 힘들지요. 경찰력을 이용해 무자비하게 제압했으니까. 그러나 그 경우는 사람을 그렇게 간단히 죽여버리는, 인간 취급을 하지 않고 우리도 언제든 간단히 죽일 수 있겠구나 하는 문제여서 모두가 목숨 걸고 필사적으로 일으킨 것입니다."

아소는 1938년 4월 국가총동원법이 제정되기 이전부터 조선인들을 많이 고용했다. 나름대로 선견지명이 있었다. 중일전쟁이 계속되면 반드시 석탄 수요가 증가할 텐데, 이미 멀쩡한 일본 젊은이들은 전부 군대로 갔으니 앞으로 석탄을 캘 인력은 조선인일 것이라고 예견한 것이다. 게다가 조선인은 힘이 세고, 소식小食으로도 일할 수 있으며, 무엇보다 식민지 노동력이라 임금이 싸서 이점이 많았다. 그래서 재빠르게 대책을 세웠는데 특히 노미야마 다카시野見山崇라는 인물을 스카우트해 동원책으로 활용했다. 그는 이전에 조선에서 순사를 지낸 경력이 있어 조선말과 풍습을 잘 알고 있었다. 아소광업 노무계장으로 기용된 노미야마는 조선에 직접 건너가 마을을 뒤지고 다녔다. 예컨대 전남 화순군에 가서 지역 순사에게 "나도 순사 출신"이라며 접근한 뒤 화순에 동원 가능 노동력이 얼마나 있는지 샅샅이 정보를 알아냈다. 총독부와 도청 관계자들도 만나 술을 먹이고 용돈을 주면서 인적 네트워크를 조직했다.

"이렇게 기업 직원이 직접 조선 현장에 가서 용의주도하게 작업하

1942년 아소광업 노무계장 노미야마 다카시(원 안)가 자신이 직접 인솔해 온 조선인들을 데리고 야타고 탄광 제3 기숙사 앞에서 찍은 입소 기념 사진 *

는 방식을 아소가 처음 시작한 것입니다. 해당 조선인들한테는 '현재 조선에서 받는 임금보다 열 배를 주겠다', '하루 여덟 시간만 일하면 된다', '흰밥을 주겠다'라고 처음부터 끝까지 거짓말로 속였고요. 모두 노미야마에게서 내가 직접 들은 얘기입니다. 아소 다로 전 총리는 '강제연행은 없었다, 조선인들은 전부 자기 발로 간 거다'라고 말합니다. 자기 발로 간 것은 맞지요. 그러나 중요한 건 권력이 개입한 가운데 속아서 갔다는 것입니다."

아소 탄광은 노무관리가 혹독하기로 악명 높았다. 아카사카 탄광의 경우 숙소에서 갱구까지 거리가 15m에 불과했다. 광부들은 일이 끝나면 바로 숙소로 들어갈 수밖에 없었다. 숙소 주변은 3m 높이의 판자벽이 둘러져 있었고 그 위에 철조망도 쳐 있었다. 진짜인지 속임

수인지는 모르겠지만 철조망에 2만 볼트 전기가 흐른다고 했다. 15m 짜리 감시탑에 노무감독들이 총까지 갖고 다니면서 조선인들을 감시했다. 그런데도 도주가 빈번하게 이뤄졌다. 왜일까.

"관리가 느슨해서가 아니라 너무 심해서 그랬던 거죠. 사람이란 감시가 심하고 자유가 구속될수록 더욱 벗어나고 싶은 법입니다. 가진 돈도 없고 지리도 모르고 일본어도 못해서 성공하기는 힘들지만 그래도 여기 그냥 있다가 죽는 것보다는 낫다 하는 생각으로 탈출한 것입니다."

하야시 에이다이가 조선인 강제동원 문제에 관심을 갖게 된 데는 감동적인, 그리고 가슴 아픈 사연이 있다. 그의 아버지 하야시 토라지는 마을 신사를 관리하며 의식을 집전하던 신주神主였다. 그런데 인근 탄광에서 산을 넘어 도망친 조선인들이 신사로 피신해 마루 밑에 들어와 있는 일이 자주 있었다. 토라지는 이들을 동정해 숨겨주고 음식을 제공했다. 부상자가 많아 상처도 정성껏 치료해줬다. 그리고 밤에 조용히 오사카 쪽으로 도망갈 수 있도록 기차표를 구해줬다. 위험을 무릅쓰고 시모노세키에서 부산으로 가는 배표를 끊어주기도 했다. 그러나 '불령선인'不逞鮮人을 돕는 이런 행위는 다른 일본인들에게는 이적 행위에 다름 아니었다. 목숨을 걸어야 했다.

"나중에 보니까 조선인들이 벗어놓고 간 옷이 400벌쯤 되더군요. 아버지는 결국 그런 활동이 발각돼서 1943년 4월 20일 특별고등경찰에 붙들려갔습니다. 사상이 의심스럽다며 고문을 당했고, 5월 4일에 47세의 나이로 숨을 거뒀어요. 그렇게 어려서부터 부모님이 조선인들을 돕는 걸 보면서 저도 자연히 관심을 갖게 됐습니다."

하야시 에이다이의 선친은 일본판 '쉰들러 리스트'의 주인공이었다. 부자父子가 대를 이어 일생을 걸고 조선인 피해자들을 돕는 셈이다. 그는 일본 우익들한테 협박 전화를 자주 받는다. 이런 식이다. "당신 일본인 맞아? 왜 한국인 편드나? 너 같은 자는 국적國賊이다!" 갖은 위협 때문에 현 저택에서는 혼자 지내고 부인은 다른 곳에 따로 떨어져 산다고 한다. 그럼에도 그는 이런 말로 인터뷰를 마무리했다.

"내가 1933년생이고 아소 다로는 40년생이에요. 다로는 조선인 강제연행 당시 너무 어렸고, 또 일찍 도쿄로 가서 성장했기 때문에 누가 얘기해주지 않았다면 탄광 사정에 대해 잘 모를 수도 있습니다. 그런데 모르면 가만이나 있지 굳이 말을 꺼내서 자꾸 문제를 일으킵니다. 역사의식이 없기 때문이지요. 아소 측에서는 내가 과거사를 고발하는 일이 재미없을 거예요. 책을 낼 때마다 우익들이 저에게 협박 전화도 많이 합니다. 그러나 저는 죽을 때까지 이 일을 할 것입니다. 일회성으로 하는 게 아니라 확실한 신념을 갖고 죽을 때까지 기록을 남기려고 합니다. 그게 일본인으로서 할 일이라고 생각해요. 내 뒤에는 또 다른 사람이 이 일을 하겠지만, 나는 할 수 있을 때까지 기록하겠습니다."

아소 그룹은 어떤 기업인가

탄광업을 기반으로 성장한 아소 그룹은 아소 가문이 지난 138년간 대대로 운영해 온 족벌 기업으로 일본 보수우익의 한 축을 형성하고 있다.

아소 다로 전 총리의 증조부 아소 다키치(麻生太吉, 1857~1933)가 1872년 기업의 모태인 아소상점을 창립하면서 석탄사업에 뛰어들었다. 청일전쟁과 러일전쟁으로 석탄 수요가 폭증하자 1905년 마메다 갱, 1906년 쓰나와키 제1갱, 1909년 요시쿠마 갱, 1910년 구바라 갱을 차례로 가동하며 채탄 사업을 확대했다. 1918년 개인 상점이었던 아소상점을 주식회사로 개편해 사장에 취임하고, 이듬해에는 규슈산업철도(1933년 산업시멘트철도로 개편)를 설립해 사업을 확장했다.

아소 전 총리의 부친인 아소 다카키치(麻生太賀吉, 1911~1980)는 1934년 아소상점과 산업시멘트철도 사장에 취임했다. 1941년 아소상점의 상호를 아소광업주식회사로 개칭한 뒤 1954년에는 아소광업과 산업시멘트철도를 합병해 아소산업주식회사를 출범시켰다. 1966년 시멘트 부문을 분리해 아소시멘트주식회사로 독립시켰고, 1969년에는 석탄 산업에서 손을 떼면서 아소산업을 다시 (주)아소로 변모시켰다.

후쿠오카 현 이즈카 시에 본사를 두고 있는 (주)아소가 현 아소 그룹의 모기업이다. 아소 전 총리의 동생 아소 유타카麻生泰가 사장을 맡고 있다. 아소 전 총리도 상당한 지분을 소유하고 있다. 아소 가문의 중심 기업이 아소상점→아소광업→아소산업→아소시멘트→(주)아소로 이어진 셈이다. 아소 전 총리가 1973~1979년 사장으로 재임했던 아소시멘트는 2001년 7월 세계 최대 시멘트 제조업체인 프랑스의 라파즈와 합작해 아소라파즈시멘트로 재탄생했다.

아소 그룹은 현재 의료·환경·부동산·학원·골프·석유 등 다방면에서 문어발식 사업을 벌이는 재벌급 기업집단이다. 아소공과자동차대학과 아소정보비즈니스대학 등 전문학교 12곳을 운영하고 있는 학교법인 아소, 규슈 지역에서 손꼽히는 규모를 자랑하는 아소이즈카병원도 여기에 포함된다. 2009년 3월 말 현재 63개 계열사를 거느리고 있다. 그룹 전체 종업원 수는 6,000명, 매출액은 1,409억 엔에 달한다.

조선에 대한 아소의 악행은 역사가 길다. 아소상점 시절이던 1927

년에는 충남 태안군에 있는 안면도 산림 약 6,000정보를 조선총독부로부터 매입해 임업소를 설립한 일이 있다. 수령 30~40년의 적송을 탄광용 갱목과 송진 채취용으로 마구 벌채해 일본으로 수송해 가는 바람에 고려시대 이래 국유림이었던 이곳 산림이 크게 훼손됐다. 아소는 조선 현지에 직접 진출해 탄광을 운영하기도 했다. 강원도 금화군 원동면의 원동광산, 함경남도 안변군 서곡면의 보성광산을 매수해 조선인 노동력으로 석탄을 캤다.

강제동원 시기 이전에도 일본 본토 탄광에서 한국인 노동력을 다수 사용했는데 이미 1930년대 초반부터 '압제와 저임금'으로 악명 높았다. 그로 인해 발생한 대형 사건이 있다. 아소광업은 1932년 경영악화를 이유로 아카사카 탄광에서 조선인 광부들을 대량 해고하고, 그렇지 않아도 다른 탄광보다 낮은 임금에 대해 또 30% 삭감을 추진했다. 임금 차별과 각종 인권 유린에 울분이 쌓여왔던 조선인들은 곡괭이를 내던지고 700여 명이 참여하는 대규모 노동쟁의에 돌입했다.

당시 선전물에는 조선인들의 열악한 현실이 그대로 반영돼 있는데 '폭력적 행위로 광부를 혹사·학대하는 악습을 절대 엄금할 것', '갱내 노동 10시간 제한법 준수', '조선인 합숙소에서의 중간착취 제도 중지' 등 16개 항목의 요구를 내걸었다. 광부 총 700여 명이 노무계원들과 폭력단, 경찰을 상대로 3주간 싸웠다. 탄광 사상 첫 총파업에 놀란 아소 측은 강경 탄압에 나서 파업 참가자 190명을 해고하고 주동자 26명을 체포했다. 나머지 참가자들이 견디다 못해 해산하면서 파업은 실패로 돌아갔지만 조선인 광부들의 조직적인 쟁의는 일본에서 처음 있는 일이었다.

임금을 제대로 주지 않았다는 객관적 증거도 있다. 일본 국립공문서관 쓰쿠바 분관에는 강제동원 피해자의 사업장(회사)별 미불임금 내역이 일부 보관돼 있는데, 여기에 아소 탄광 내역도 들어있다. 자료에 의하면 아소광업 산하 사가 현 구바라 탄광은 임금 7,415엔(100명분), 보조금 2,370엔(133명분), 원조금 475엔(2명분) 등 도합 1만 265엔을 조선인 노무자들에게 지급하지 않고 떼먹었다. 그러다 종전 이후인 1947년 4월 16일이 돼서야 정부 지시에 따라 그 금액을 법무국에 공탁(채무 변제 등을 위해 법령에 따라 금전, 유가증권 등을 법원에 맡기는 일)했다. 쇼와 25년(1950년) 10월 6일자로 작성된 이 자료에 의하면 미불임금이 가장 많은 회사는 3,406명분의 급료와 퇴직금 85만 9,770엔을 공탁한 미쓰비시중공업 나가사키 조선소였다. 물론 이는 전체 미불임금의 빙산의 일각에 불과하다. 아소 탄광 역시 구바라 탄광 관련 내역만 신고했을 뿐이다.

1946년 연합군총사령부 명령에 의해 일본 후생성이 작성한 '조선인 노동자에 관한 조사결과'에 따르면 강제동원 시기인 1939~1945년 아소 탄광에 끌려 온 조선인은 1만 623명에 달했다. 전시 체제기 일본 정부는 석탄생산량 일정량에 대해 해당 기업에 생산격려금을 지급했다. 이 같은 전후 사정을 종합하면 결국 아소기업의 자본 축적은 조선인 착취에 기반을 뒀다고 해도 과언이 아니다.

5
공포의 노예노동, 북해도탄광기선

하얀 폐허, 유바리

하얀 폐허. 그뿐이었다. 한때 십수만 명을 기록하던 인구 규모는 10분의 1로 줄었다. 제2차 세계대전 이전 일본 전체에서 두번째로 큰 광업소였던 사실이 믿기지 않았다. 소리 없이 내리는 눈은 조선인 강제징용의 흔적마저 감추어버렸다.

취재팀은 2010년 2월 일본 홋카이도 중부 유바리夕張 시에 들어섰다. 마을 곳곳에 〈벤허〉, 〈에덴의 동쪽〉 같은 옛날 영화 포스터가 색이 바랜 채 붙어 있다. 사람 수 보다 포스터 수가 더 많은 듯한 마을. 낡은 포스터는 유바리 국제영화제의 유물이다. 몰락한 대부분의 탄광마을이 그러하듯 유바리 시도 1970년대부터 대형 스키리조트를 만들고 영화제를 유치하는 등 부활을 꾀했다.

하지만 첩첩산중에 들어오려는 사람은 많지 않았다. 유바리 시는 2006년 6월 360억 엔의 빚을 안고 파산했다. 메이지시대부터 탄을 캐

옛 고등학교 건물을 복원해 만든 유바리 석탄역사촌 탄광생활관

던 광업소는 석탄역사촌으로 변해 과거 화려했던 시절을 그저 추억만 하고 있었다. 역사촌 입구에서 유바리 리조트 총지배인 무라카미 도키오村上時夫 씨를 만났다.

"한때는 유바리 시에 11만 3,000여 명이 거주했습니다. 지금은 1만여 명 수준입니다. 한국에서 다큐멘터리를 찍는 방송국 팀이 와도 유바리 지자체의 파산만 취재했었는데, 강제연행 문제는 잘 알지 못하더라고요."

관광지로 변한 역사촌은 10월 말부터 4월 말까지 반년간 휴업한다. 평균 3m 가까이 쌓여 있는 눈 때문에 관광을 하려해도 할 수가 없다. 취재팀이 방문한 이날도 이웃한 스키리조트에는 휴가를 즐기는 관광객보다 혹한기 훈련을 하는 자위대 스키부대원 숫자가 더 많아보

유바리 석탄역사촌 텐류 갱 입구에서 취재진을 안내한 무라카미 도키오 씨

었다.

"유바리 탄광은 갱 입구마다 일본의 유명한 강 이름을 붙였습니다. 이것은 텐류天龍 갱입니다. 유바리 석탄은 화력이 좋은 고품질 탄이었습니다. 이 때문에 갱에서 가스가 많이 나와 자주 폭발 사고가 났습니다. 그래서 수직으로 파낸 것 보다는 수평으로 파들어간 곳이 많습니다. 일본에서도 걸어서 갱구를 들어가 막장까지 볼 수 있는 지역은 몇 곳 안 됩니다."

하지만 겨울철에는 눈 때문에 갱 입구가 폐쇄된다. 이날도 갱구에는 2m 70cm의 눈이 쌓여있었다. 박물관에는 4월 하순에 다시 문을 연다는 안내문이 붙어있었다.

강제연행 1세대 연구자이자 재일동포 출신인 박경식은 1964년 7월

홋카이도 강제동원
현장 주요 취재 지역 •

유바리를 방문했다. 취재팀보다 40여 년 앞선 시점이므로 강제동원을 증명하는 기록, 증언, 유적 등이 잘 남아있을 때였다. 선생은 당시 저서에 유바리 시 일본인 주부의 말을 인용해 "지금도 석탄에 징용자의 뼈가 섞여 나온다"라고 썼다. 실제 1938년 10월에 일어난 유바리 제2갱 폭발 사고에서는 한꺼번에 161명이 사망했다. 그 가운데 조선인은 16명이다. 이는 이름만 가지고 추정한 것이고 일본식 이름을 사용하는 동포도 있었기 때문에 실제는 더 많았으리란 짐작이 가능하다.

유바리 탄광에는 회사 기숙사만 35개 이상이 있었고, 감시가 삼엄해 감옥 방과 그다지 다를 바가 없었다. 1일 2교대로 12시간 노동했으며, 갱도 곳곳에는 감시가 세워져 있었다. 갱내에는 자주 연장이나 채찍으로 때리는 소리와 용서해달라는 비통한 부르짖음이 메아리쳐 생

유바리 탄광에서 일하던 당시 조선인 노무자들의 모습 *

지옥 같았다. 도망갈 우려가 있는 사람은 청심기숙사라는 특별 감옥방에 넣어 엄격한 규율로 다스렸다. 그 때문에 맞아죽은 사람도 있었다. 또 회사는 조선의 젊디젊은 여성을 위안부로 데려가 비인도적인 짓을 했다.[1]

유바리 탄광은 북해도탄광기선北海道炭鑛汽船(약칭 북탄)의 최초 탄광이자 주력 탄광이었다. 제2차 세계대전 말기 7,000명 이상의 조선인 노무자가 강제노역에 시달렸다. 이 수치는 북탄이 남긴 한 줄의 기록에서 유추한 것이다. 북탄은 스스로 작성한 『70년사』에서 유바리 광업소와 관련해 "1946년 1월 9일 조선인 165명이 귀국길에 올랐고, 이로써 조선인 노동자 7,316명의 집단 귀국이 종료됐다"라고 기록했다.

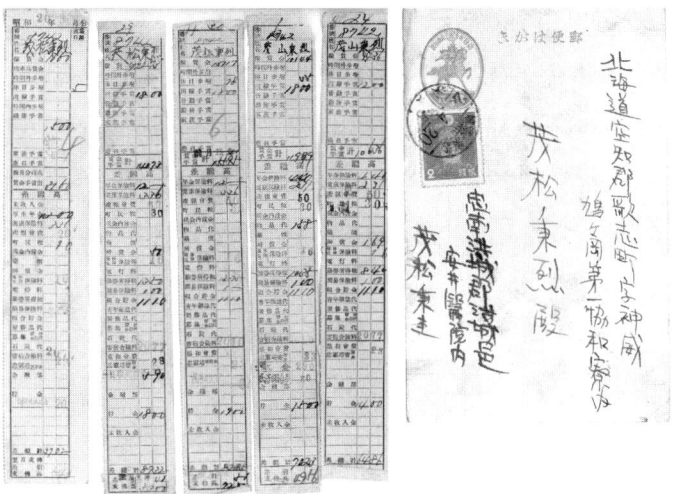

윤병렬 할아버지의 월급명세서와 자필엽서

그러나 2009년 말 기준으로 강제동원조사위원회에 접수된 유바리 탄광 징용 피해자 수는 1,337명뿐이다. 제대로 된 진상규명 작업이 60년을 넘긴 후에야 시작된 탓에 피해자 수가 이렇게 줄어버렸다. 그동안 다수가 사망했고 또 이북 출신자들이 빠져서 그렇다.

징용자 규모를 정확하게 밝히는 문제보다 더 중요한 게 있다. 이들 조선인 징용자들이 당시 약정된 쥐꼬리만 한 수당조차 제대로 받지 못했으며, 남아 있는 저축 등도 아직까지 돌려받지 못하고 있다는 사실이다.

1924년생인 윤병렬 할아버지는 열여덟 살인 1942년 충남 홍성에서 홋카이도 소재 북탄의 가모이神威 탄광으로 동원됐다. 그가 반세기 넘게 고이 간직한 1945년 3월분 임금명세서 맨 위에는 자신의 광부번호 8742와 창씨명 싱에마쓰 헤이레쓰茂松秉烈가 적혀 있다.

1945년 3월 윤 할아버지가 받아야 할 돈의 합계는 '임금수당계'로 표기된 31엔 60전이다. 그런데 준조세에 해당하는 공제금이 37엔 2전이다. 공제금에는 후생연금과 충령탑기부금, 심지어 공습공제기금까지 들어 있다. 맨 아래 붉은색 글씨의 5엔 42전은 결국 윤 할아버지가 회사에 갚아야 할 채무로 남았다. 온종일 지하 막장에서 목숨을 걸고 일하는데 회사에 빚을 져야만 하는 기가 막힌 상황은 대다수 징용자가 처한 현실이었다.

북탄은 임금을 주는 듯하며 생색을 냈지만, 사실은 지능적으로 노예노동을 시킨 것이다. 윤 할아버지는 이 자료들을 강제동원조사위원회에 기증하면서 "당시 저축이나 식사 값 등을 제하고 나면 손에 들어오는 게 별로 없었다"며 "작업복이 해져 새로 받으려면 월급에서 제해야 했다"고 말했다.[2]

월급은 제대로 주지 않으면서 노역은 가혹하게 시켰다. 홋카이도 지방정부가 1999년 작성한 『북해도와 조선인 노동자―조선인 강제연행 실태조사 보고서』를 보면 1945년 6월 말 유바리 탄광 갱내에는 일본인 2,433명, 조선인 6,135명이 일하고 있었다. 반면 일이 조금 수월한 갱 외부에는 일본인 2,830명이 일했고, 조선인은 961명뿐이었다.[3]

갱내 일은 주로 채탄과 운반, 기둥 세우기 등이다. 가장 가혹한 노동에 속한다. 폭발 사고와 낙석 위험이 상존하기 때문이다. 갱내 작업에는 조선인 노동자의 90%가 투입됐다. 전쟁 말기 일본인 징집이 늘면서 갱내 조선인 비율은 더 높아졌다. 이런 일을 매일 10~12시간씩 해냈다. 갱을 나올 때 비틀거리지 않을 수 없었다. 제철소에서도 역시 가장 힘든 용광로 작업, 압연 작업은 늘 조선인 차지였다.

불평등한 인력 배치는 고스란히 사망 관련 기록에 영향을 미쳤다.

유바리 시 석탄박물관

1939년에서 1945년까지 유바리 탄광에서는 총 127명이 사망한 것으로 돼 있다. 사망 원인 가운데 '사고사'는 고작 4건에 그쳤고, 나머지 123건은 '원인 불명'이다. 일본인과 달리 현지에서 진상규명을 요구할 가족이 없던 조선인이 '원인 불명' 사망자의 상당수를 차지했을 것이란 추정이 가능하다.

유바리에는 미쓰비시의 오유바리大夕張 광업소도 있었다. 1945년 6월 말 당시 1,936명의 조선인이 강제 노역한 탄광이다. 1942년 12월 경북 예천에서 이곳으로 동원된 강삼술 할아버지는 막장에서 〈부햇도 고락가〉(북해도 고락가)를 썼다. '어화생생 동무님들/ 이내가사 들어보소'로 시작하는 4·4조 형식의 가사다. 막장에서의 노예노동을 다른 누구도 아닌 피해 당사자의 언어로 생생하게 그려내고 있다.

행목으로 가는길은 / 칸칸이도 사다리라
두다리는 어이그리 / 아프기도 짝이없고
삽가리는 어이그리 / 무겁기도 그리업고
모자하고 전등불은 / 수없이도 벗겨진다
내려가서 다다르니 / 왼통평지 내달는다
천장을 쳐다보니 / 동발나무 부러져서
삐죽삐죽 나온돌이 / 머리를 때릴것같고
허리한번 펴지못해 / 엎드려서 들어갈재
이리하라 저리하라 / 수수하기 시키건만
말모르는 이내병신 / 벙어리나 다름없네
돌아보니 조선사람 / 십여인이 있었으나
내지인이 주장이니 / 일어상통 뿐일너라
(……)

촘촘히 세운동발 / 무너지는 소리보소
가련하다 이내생명 / 어이하여 보전할꼬
별을보고 나간것이 / 별을보고 돌아왔네
열시간을 일을하나 / 열네시간 걸리더라
(……)

보이난니 다친사람 / 듣기나니 죽었단말
그것을 볼때마다 / 내눈이 놀래리오
두때는 밥을주고 / 한때는 죽을주니
생떼같은 장정들이 / 배가고파 못견듸여
조선땅의 우리집은 / 저녁밥을 먹건만은
나는어찌 일을가나 / 삽을잡고 생각하니

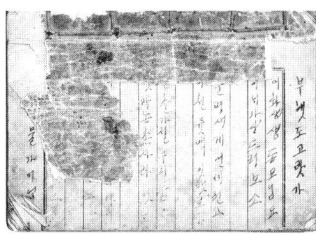
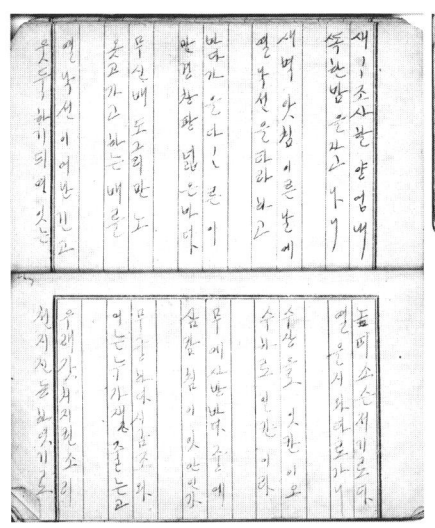

강삼술 할아버지의 〈북해도 고락가〉 원본 *

이때쯤에 우리집은/ 잠을깊이 자건만은
여기나의 이내몸은/ 수만길 땅속에서
주야간을 모르고서/ 이와같이 고생인고
남모르게 나는눈물/ 억수많이 울었다오.[4]

강 할아버지는 옛 일제강점하 강제동원피해 진상규명위원회가 출범하기 넉 달 전인 2004년 7월 향년 85세로 별세했다. 그는 생전 일본 전범기업의 사죄는커녕 동원 사실조차 인정받지 못했다. 그러나 고향을 떠나 홋카이도에 도착하기까지의 여정과 작업장의 실상, 이 과정에서 그가 느낀 아픔과 외로움은 오롯이 후세에 전해지게 됐다. 그의 아들 강삼술 씨는 이를 『북해도 고락가』北海道苦樂哥라는 제목의 소책자로 만들어 보관하고 있다. 아버지의 육필 원본은 미래 세대가 과거를

눈으로 덮힌 유바리 석탄역사촌 전경. 오른쪽 굴뚝에는 '유바리 희망의 언덕'이라고 적혀 있다.

잊지 않길 바라는 마음에서 강제동원조사위원회에 기증했다.

석탄역사촌을 굽어보는 언덕 위에 유바리 지역연구자료실이 있다. 자료조사실장 아오키 다카오青木隆夫 씨에게 조선인의 흔적이 남아 있는 곳을 안내해달라고 부탁했다. 아오키 실장은 고개를 저었다.

"1978년 유바리 탄광이 문을 닫았습니다. 조선인들이 살던 장소는 남아 있는데, 건물이 없어졌기 때문에 터만 있습니다. 겨울에는 눈이 덮고 있어 접근이 어렵습니다. 가장 산 안쪽에 위치해 있어 오후가 되면 제일 먼저 산그늘이 지기 시작합니다."

유바리 시가 파산하면서 지역연구자료실도 대폭 축소됐다. 아오키 실장도 정규직이었다가 퇴사를 당한 뒤 현재 아르바이트 형식으로 나와 이전 모아놓았던 자료만 재정리하고 있는 실정이라고 하소연했다.

오후 3시가 지나자 유바리 스키리조트의 주간 영업이 끝났다. 골짜기가 깊어 이내 어스름이 몰려왔다. 스키 타던 사람들마저 사라지자 시내는 완벽한 정적에 휩싸였다. 쇠락한 탄광촌에 우뚝 솟은 굴뚝이 눈에 들어왔다. '유바리 희망의 언덕'夕張希望の丘이라고 새긴 적갈색 굴뚝에 오렌지빛 석양이 걸렸다. 언제쯤 강제동원에 관한 일본 정부와 기업의 진솔한 사죄를 들을 수 있을까. 그것 없이 진정 유바리에서 희망을 발견할 수 있을까.

북탄은 어떤 기업인가

북해도탄광기선은 이름 그대로 홋카이도 탄전 일대를 장악했던 기업이다. 유바리 탄광을 필두로 헤이와平和, 호로나이幌內, 소라치空知, 신호로나이新幌內, 데시오天鹽 등 여섯 곳에 대형 광업소를 가지고 있었다. 모두 3만 3,000여 명의 조선인 노무자를 동원한 것으로 추정된다. 홋카이도 전체 조선인 노무동원의 약 5분의 1에 해당하는 규모다.

1890년 유바리 탄광을 모태로 출발한 북탄은 채탄뿐만 아니라 철도 건설 사업도 함께했다. 그래서 원래 이름은 '북해도탄광철도'였다. 1906년 일본 정부가 철도를 국유화하자 간선철도 약 200km를 국가에 매각한 뒤 이름을 '북해도탄광기선'으로 바꾸었다. 실제 석탄 수송선을 소유하는 등 해운업에도 진출한 상황이었기 때문이다. 일제 강점기 북탄에 동원된 조선인 중에는 "북탄에 가면 증기선을 모는 기술도 배울 수 있다"는 감언이설에 속은 경우도 있었다.

북탄은 강제연행이 본격화되기 이전인 1916년 이미 원산항을 통해 조선인 노무자를 데려올 정도로 조선인 고용에 대한 노하우를 축적하고 있었다. 1939년 이후에는 부산에 조선인 모집과 송출을 전담하는 출장소를 두고 마음껏 인력 사냥을 했다.

미쓰이 자본 계열에 속했던 북탄은 제2차 세계대전 이후 홋카이도 삿포로札幌 시 그랜드 호텔을 인수해 호텔업에 진출하고 삿포로 TV를 개국해 방송업에도 뛰어들었다. 석탄 산업 침체를 극복하기 위한 사업 다각화 노력이었다. 하지만 끝내 이를 극복하지 못하고 1995년 회사갱생법 적용을 신청하며 사실상 도산했다.

북탄은 문을 닫으며 노무 경리 소송 등으로 분류된 288개 상자 분량의 자료를 홋카이도 대학에 기탁했다. 기탁 조건은 순수 연구 목적 이외에는 절대로 외부에 공개하지 않는다는 것이었다. 이 때문에 언론에게조차 사진 촬영의 기회가 봉쇄돼 있다.

북탄은 2005년 회사갱생 절차를 완료했지만 현재는 명목상의 기업 이름만 남아있을 뿐 문을 닫은 거나 마찬가지다. 조선인에 관한 공탁금 확인이 가능한 기업이다.

공포의 상징 다코베야

홋카이도 출신 조선인 징용자의 증언을 들어보면 그들에게 공통된 공포의 대상이 하나 있다는 것을 알게 된다. 그곳에서 일을 했던 사람들보다 주변에서 그곳에 대한 소문을 들은 사람들이 더 몸서리치는 대상. 메이지시대 홋카이도 개척 당시 죄수들을 동원했던 방식을 그대로 적용하던 노예 작업장. 바로 '다코베야'タコ部屋다.

다코베야는 우리말로 하면 '문어방'이다. 문어를 잡는 데 쓰는 항아리처럼 한번 들어가면 빠져나올 수 없다는 의미다. 동시에 안에 갇

다코베야 방식으로 운영되던 홋카이도 토목공사장의 1940년 모습·

힌 문어가 생존을 위해 자신의 손발을 뜯어먹으며 버티듯, 한번 갇히면 자기 몸을 팔며 견뎌야 한다는 뜻도 있다. 일부 징용자들은 '사람 뼈가 없어질 정도로 두드려 패서 문어처럼 흐느적거리게 만든 뒤 일을 시킨다'는 의미로 이해하고 있었다.

다코베야는 대기업과 군軍에서 하청을 받은 청부기업(구미, 組)들이 주로 애용한 노무관리 방식을 말한다. 나무로 엉성하게 지은 군대식 막사 안에 식당과 변소를 몰아넣고 밖에 강아지 크기의 자물쇠를 채워 감금한 채 강제노역을 시킨다. 도망자가 나오는 것을 막기 위해 일터로 갈 때나 숙소로 돌아올 때 노무자들을 굴비처럼 묶어 이동시켰다.

원래 홋카이도는 아이누 민족의 섬이었다. 1868년 메이지 정부는 일본 열도 전체의 5분의 1을 차지할 정도로 광활한 이 땅을 강제 병합

다코베야 노동으로 악명이 높던 홋카이도 사르후쓰 촌 아사지노 비행장 터 *

했다. 이름도 아이누의 땅이라는 뜻의 '에조지'蝦夷地에서 홋카이도로 바꾸고 본격적인 개척사업을 시작했다. 일 년의 절반이 눈과 얼음으로 뒤덮힌 땅이기에 언제나 노동력이 부족했다.

메이지 정부는 죄수를 동원해 원시림을 밀어내고 철도, 도로, 항만을 건설하면서 바로 이 다코베야 형태의 노역을 부과했다. 당시 일본 내에서도 인권 유린 문제가 제기돼 1894년 금지됐으나, 태평양전쟁 총력동원체제가 시작되면서 징용 조선인을 대상으로 홋카이도 토목공사장과 탄광에서 망령처럼 부활했다. 하청업자들이 원청 대기업이나 군에서 받는 돈을 최대한 남기려면, 동원된 노무자들의 인신을 구속하고 노예적 착취를 부여하는 방법뿐이었다.

지옥동 할아버지는 일본 육군의 하청을 받은 단노구미丹野組에 다코베야 형태로 강제 동원됐다. 1927년생인 그는 열여섯이던 1943년 6월 충남 천안에서 홋카이도 최북단 사루후쓰猿拂 촌 아사지노 비행장 공사장으로 끌려갔다.

지 할아버지는 현장에 도착해 일본인 감독으로부터 "말 안 들으면 여기 쓸어 묻어도 누구 하나 말할 사람 없다"는 협박을 제일 먼저 들었다고 했다. 이가 들끓다 보니 금방 장티푸스에 걸렸다. 제대로 먹지 못하자 일주일 만에 의식을 잃었다. 단노구미 지정 병원으로 들어갔다가 시신 안치 장소로 옮겨졌다. 모두 죽은 줄로만 여겼던 것이다.

지 할아버지는 "맨바닥에다 뉘어놓고 요만 덮어놓은 거여. 무서워서 일어나니 간호사들이 살아났다고 그러는 거야. 의사에게 가서 주사 3대 맞고 살았어"라고 회고했다. 충남 천안 광덕면 행정리에서 그를 포함해 모두 네 명이 홋카이도에 끌려갔는데, 다 죽고 자신만 살아 돌아왔다고 했다.[5]

박시영 할아버지는 1920년생으로 1943년 8월 경남 김해에서 홋카이도 중부 히가시카와東川 유수지 공사장으로 동원됐다. 유수지는 쌀농사를 짓기에 물이 너무 차가우므로 이를 저수지처럼 가두어 수온을 올리는 역할을 한다. 기온이 낮은 홋카이도 곳곳에 유수지와 수력발전 시설이 있다. 대부분 조선인들이 강제 동원돼 만든 것이다.

박 할아버지는 "옷이 떨어져 시멘트 포대 실로 꿰매려고 줍고 있으니께 아 뒤에 와서 몽둥이로 쎄리버리는데 허리를 찧어버렸다"고 구술했다. 이때부터 그는 한평생 허리를 잘 쓰지 못하는 몸이 돼버렸다.

박 할아버지는 다코베야에서 도망갔다가 붙잡힌 동료가 회사 사람들에게 삽으로 두드려 맞던 기억도 풀어냈다. 생생한 증언을 육성 그대로 인용해본다.

화장실 똥구녕(분뇨통) 그 들어가 빠져가지고 그래가지고 나갔어요. 그렇게 도망갔는데 내뺐는데 사흘 만에 잡혀왔어요. 두드려 패는데 숨넘어갈 정도로. 아주 숨을 못 쉬게 죽는 소리하니께네 삽으로 두드려 패는데, 난장판이라. (……) 숨을 못 쉬고 이래 널어져가 있단 말이야. (직원이) 그래 바른말, '뭣 때문에 그랬노' 하면서 마 찬물을 퍼부어가며 묻는 기라요. 그래 나중에 그 사람이 숨을 근근히 쉬면서 '배가 고파 그랬다' 그랬거든. (……) 차라리 그 사람 죽는 게 낫지. 여러 번 때렸어요. 자살을 하고 싶어도 목을 맬 수 있는 게 있나, 뭐를 찔러 볼라카이 칼이 있나, 아무것도 없는데…… 요새 징역 사는 거. 유치장에 저 도둑질해 가지고 유치장에 들어간다 아이요. 그건 요새 호강이요. 호강.[6]

당시 히가시카와에서 유수지 공사를 담당한 토목기업은 지자키구미地崎組였다. 일체의 자유가 허락되지 않는 다코베야 노동으로 악명을 떨쳤다. 지자키구미는 1910년 철도지명업자가 된 후 홋카이도 내 토목공사 대부분을 수주해 철도, 비행장, 탄광 내 기반시설 등을 세웠다.

히가시카와 유수지 공사에만 약 1,000명의 노동자가 동원되었다. 하지만 강제동원조사위원회에 피해가 신고된 건수는 2010년 초 기준으로 단 19건 뿐이다. 노무자들의 이동이 빈번했고, 겹겹이 내려간 하청구조 탓에 위원회든 피해 당사자든 구체적인 기록을 찾아 진상을 밝히는 데 어려움이 있다. 지자키구미는 2000년대 들어 실적부진에 시달리다가 2007년 4월 이와타岩田 건설에 인수 합병됐다.

한평생 자료 수집, 시라토 히토야스

기차는 하코다테函館 본선을 타고 홋카이도 중앙부 소라치空知 지역으로 향했다. 동쪽 유바리 산지에서 이어져온 구릉 곳곳은 과거 대형 탄전 지대였다. 덜컹거리는 차창 밖으로 강렬한 햇살과 새하얀 눈발이 번갈아 등장했다. 동해에서 불어오는 습한 바람은 하루에도 몇 번씩 한랭지 산악지대에 부딪히며 풍광을 바꿔버린다. 소라치 지역의 날씨는 흔히 변덕이 심한 여성의 마음에 비유되곤 한다.

목적지는 비바이美唄 시였다. 대표 전범기업인 미쓰비시의 비바이 탄광은 일본 전체에서 네번째, 미쓰이 소속 비바이 탄광은 여덟번째로 큰 광업소였다. 승강장에 시라토 히토야스白戶仁康 비바이 시 교육위원장이 마중을 나왔다. 1936년생인 그는 평생을 바쳐 일본 기업의 조선인 강제동원 실태에 관한 실증 자료를 수집해 온 향토사학자다.

"비바이 지역에는 연간 10m의 눈이 옵니다. 하코다테 본선으로 연결된 산악 탄광지대라서 그렇습니다. 해발 2,290m의 다이세쓰잔大雪山 서쪽 동해 연안은 눈이 많고 동쪽 오호츠크해 연안은 눈이 적습니다." 날씨 이야기를 건네자 돌아온 시라토 위원장의 대답이다.

시라토 위원장은 1990년대 홋카이도 지방 정부가 구성한 위원회를 맡아 『북해도와 조선인 노동자―조선인 강제연행 실태조사 보고서』라는 진상규명 분야의 기념비적 연구를 해냈다. 지금도 한국의 강제동원조사위원회가 그에게 각종 사료에 대한 자문을 구할 정도다. 2010년 1월 취재팀을 자택으로 초청한 그는 강제연행 문제에 관심을 갖게 된 계기를 이렇게 풀어놓았다.

"대학에서 일본 문학을 공부했지만 졸업은 하지 않고 일일 노무

짙은 눈썹에 백발인 시라토 히토야스 비바이 시 교육위원장 *

노동자 사이에서 생활하며 글을 썼습니다. 사회 노동 운동에 관심이 있었습니다. 1972년 대표 탄광 지역인 비바이 시에 와서 7년간 일본어를 가르치다가 그만두고, 탄광지역 향토사료관을 설계하고 자료를 모으기 시작했습니다. 1992년 한국의 노태우 대통령이 일본 정부에 강제연행 관련 명부 조사를 했으면 좋겠다고 요청하자, 홋카이도에서 도의원들이 이참에 진상을 제대로 조사해보자고 했습니다. 그때 4년간 매달려 내놓은 보고서가『북해도와 조선인 노동자』입니다."

짙은 눈썹에 백발의 시라토 위원장은 칼날 같은 인상이었다. 그는 증언이 아닌 문서를 믿는다고 했다. 그의 단층집엔 서재며 거실이며 안방이며 모두 강제동원 및 일본 탄광 자료로 가득 차 있다. 수집한 문서 총량을 말해달라는 질문에는 답을 하지 못했다. 대신 구하기 매우 어려운 사진 자료의 경우 "약 3,000점 보유하고 있다"고 했다. 왜 그토록 자료를 모은 것일까. 곰팡이 냄새가 나는 명부를 껴안고 평생을 바쳐 과거를 복원하는 데 매진한 이유가 뭘까.

"70년대 초반까지 대부분 강제연행 연구는 피해자의 증언이나 구술 위주였습니다. 근데 이는 공식 문서와 큰 차이가 있습니다. 기업이나 정부는 자신들에게 유리한 것만 내놓습니다. 그 사이를 메워줄 것은 자료입니다. 할아버지 한 분이 지도를 그려가면서 이곳에서 50~60명이 사망했다고 증언하면 당장 그 유골을 모아놓은 사찰에 가서 문건을 확인해야 직성이 풀렸습니다. 구술이 아니라 문서나 증거로 보다 정확한 사실을 찾는 것이 중요했습니다."

거실 한쪽 벽에는 1992년 한국을 방문했을 때 받은 하회탈이 걸려 있었다. 다기와 불상 등 한국에서 건너온 소박한 선물들이 꽤 됐다. 모두 그의 자료 덕택에 실종된 징용자의 과거를 알게 된 유족 등이 고마움을 표한 것이다. 그에게 북해도탄광기선이 조선인 노동력에 얼마만큼 의존했는지 물었다.

"북탄은 19세기 홋카이도에서 가장 먼저 탄광을 열었는데, 1916년 조선인 35명에게 일을 시켜보니 너무 일을 잘하는 겁니다. 대공황기를 거치며 조선인 노무동원을 확대해 북탄 노무계장이 조선인 훈련 매뉴얼을 만들 정도였습니다. 그걸 미쓰비시 비바이 탄광이 가져다 배우기도 했습니다. 북탄이 작성한 '부산왕복'이란 비밀 문건을 보면, 부산에 출장소를 만들어 동원 할당량을 채우기 위해 집에서 자는 사람을 데려오는 일 등을 한 사실이 낱낱이 적혀 있습니다."

탄광은 홋카이도뿐만 아니라 일본 남부 규슈 쪽에도 많았다. 일제는 태평양전쟁 말기 홋카이도에서 캐낸 탄을 수송할 선박이 연합군의

북탄의 조선인 노무자 훈련 모습 *

공격으로 파괴돼 줄어들자, 북쪽에서 일하던 조선인 노무자를 남쪽으로 전환 배치시키기도 했다. 그런데 강제동원을 경험한 할아버지들은 남쪽 규슈보다 북쪽 홋카이도가 훨씬 끔찍했다고 증언한다. 이유가 뭘까.

"규슈는 평지이고 혼슈와 연결돼 있어 그나마 도망을 꿈꿀 수가 있었습니다. 그런데 홋카이도는 도망가봤자 섬 안입니다. 또 북탄의 탄광은 산 안쪽에 위치해 마을과 떨어진 지역이 많았습니다. 숙소에서 나와 며칠을 돌아다녀도 결국 산지를 벗어날 수 없는 경우가 많았습니다. 유바리가 대표적인 경우입니다."

시라토 선생은 담배를 꺼내 불을 댕겼다. 긴 한숨을 내뱉으며 말을 이었다.

"북탄은 위안부도 동원했습니다. 군대를 위한 종군 위안부가 아닌 노무자를 위한 노무 위안부였습니다. 총 세 곳의 광업소에 모두 16명을 데려왔습니다. 주로 조선인 여성들이었습니다. 독신자 출신 조선인 노무자들이 많았기 때문입니다."

일본인에게 학대받던 조선인 남성 노무자가 성적으로 또 다른 조선인 여성을 학대했다는 게 진실이다. 이중으로 씁쓸한 이야기다. 하지만 전범기업들이 데려온 위안부 전체 규모와 피해 생존자 파악은 아직 엄두조차 내지 못하는 실정이다.

시라토 위원장은 노동문제 연구자이기도 하다. 그에게 앞으로 꼭 했으면 하는 과제가 있는지 물었다.

"지금 당장 해야 할 일은 홋카이도 노동 운동사를 다시 정리하는 것입니다. 지금의 노동사는 일본인이 알아서 다 잘했다는 자랑 위주입니다. 하지만 홋카이도에서 노동조합은 1945년 10월 7일 유바리에서 조선인이 제일 먼저 만들었습니다. 중국인 연행자들이 만든 자치단체, 그 다음이 조선인 노동조합, 그 후에 일본인 노동조합이 등장합니다. 조선인들이 전쟁 후 귀향을 위해 회사와 교섭을 시작하면서 노동조합 형태를 갖추었고, 후에 일본이 이런 노무자 조직 방식을 배운 것입니다."

취재를 마치자 그는 자신의 낡은 4륜구동 지프 차량에 취재팀을 태우고 기차역까지 배웅했다. 외관과 달리 엔진 소리가 매끄러웠다. 차의 상태가 훌륭하다고 하자 시라토 위원장은 "23년간 23만 km를 달린 차"라며 자랑스러워했다. 홋카이도뿐만 아니라 일본 본토까지 전국의 명부를 찾아다닌 덕이다. 오래 달렸지만 잘 벼려진 도구처럼 쌩쌩한 모습이 주인과 꼭 닮아 있었다.

시라토 위원장은 취재팀에게 "냉정한 눈으로 자료를 분석하는 게 첫째"라며 "그런 후에 정부 책임을 따지고 그 뒤에 기업 책임을 묻는 게 순서"라고 당부했다.

6
그 밖의 전범기업들

조선인 강제동원 전범기업은 몇 곳이나 될까

지금까지 미쓰비시, 미쓰이, 스미토모 등 3대 재벌그룹을 비롯해 후지코시, 일본제철, 도와홀딩스, 아소, 북해도탄광기선 등 일제 당시 수많은 계열사와 작업장을 거느렸던 대기업의 강제동원 실태를 살펴봤다. 기업 규모나 강제동원 노무자 수, 한국 정부에 접수된 피해자 수 등을 감안할 때 이들을 대표적인 전범기업이라고 지목하는 데 무리가 없다.

하지만 이외에도 조선인들을 일본 본토로 끌고 가 강제노역에 투입했던 기업은 부지기수다. 그 숫자가 전체적으로 얼마나 되고 구체적인 작업장은 어떤 곳들인지 전모를 파악한 연구 결과물은 국내에는 아직 없다. 분석 대상 자료가 워낙 방대한데다 일본 전역에 산재해 있어 접근이 어려운 탓이다. 다만 일본의 한 집념 어린 연구자가 오랜 시간 축적한 자료가 있어 전범기업의 전체 규모를 어림잡을 수는 있다.

근대사학자이자 고교 교사인 다케우치 야스토竹內康人 씨가 2007년 3월 작성한 『조선인 강제노동 현장 일람』에 따르면 조선인이 동원됐던 각 기업 작업장은 일본 전역에 걸쳐 총 2,679곳이다. 여기에는 기업 및 작업장 이름, 업종, 주소, 근거 문헌 등이 명시돼 있다.[1]

권역별로도 분류돼 있는데 가령 규슈 지역은 654곳[2]이나 된다. 홋카이도의 경우 251곳이다. 다케우치 씨는 일본 후생성과 각 기업, 지방자치단체, 특별고등경찰 등이 갖고 있던 노무자 명부 등을 20년 이상 조사해 일본에서도 처음으로 전국을 망라한 강제동원 자료집을 완성했다.

그러나 우리 입장에서는 해당 기업 다수가 지금은 아예 사라졌거나 강제동원 당시 기업과 현 기업 사이의 법인 승계 여부가 불투명해 책임을 따져 묻기가 몹시 어려운 게 사실이다. 강제동원조사위원회에 피해 신고가 100건 이상 접수된 기업만 해도 메이지광업(551건), 후루카와광업(542건), 히타치(415건), 가와사키(356건), 니혼광업(345건), 가와나미(296건), 가이지마(282건), 니혼통운(176건), 다이도제강(141건) 등이 있으나 마찬가지 이유로 현 시점에서 강제동원 책임을 규명하기가 쉽지 않다. 취재팀이 나름대로 기준을 세우고 현장 취재와 피해자 증언 등을 통해 대표적인 전범기업들을 확인했지만, 아직 갈 길이 먼 셈이다.

허나 과거사에 대한 현 기업의 책임을 규명하기가 쉽지 않다고 해서 역사적 사실과 진실이 사라지는 건 아니다. 대기업 외에 중견기업 중에서 조세이 탄광, 도요공업, 니혼강관, 오지제지 등 조선인 수탈의 정도가 특히 극악했던 기업 작업장의 사례들을 좀더 살펴보자.

수몰 대참사 초래하고 끝까지 은폐한 조세이 탄광

일본 도코나미床波 해변에 몰아치는 북풍은 차갑고 매서웠다. 인적 없는 황량한 바닷가. 잿빛 구름이 짙게 내리 깔린 음산한 하늘 아래 원통형의 거대한 굴뚝이 수면 위로 우뚝 솟아올라 있었다. 바다 한가운데 굴뚝이라는 그 생경한 조합이 어쩐지 초현실적인 분위기를 자아냈다. 마치 이질적인 대상들을 한 화면에 결합시킨 르네 마그리트의 그림처럼. 그러나 이 바다 밑에서 벌어진 68년 전의 비극은 더더욱 현실이라고 믿기 어려운 것이었다.

2010년 1월 23일, 야마구치山口 현 우베宇部 시 니시키와西岐波 촌의 한 해안가. 135명의 조선인 노무자가 몰살했던 조세이長生 해저탄광의 흔적은 바다 저편 '피야'³라고 불리는 두 개의 굴뚝형 환기구로 남아 있었다.

1942년 2월 3일 오전 9시 30분, 조세이 탄광 갱내에서 침수 사고가 발생해 채탄 작업에 투입된 광부 183명이 무더기로 수장水葬되는 대참사가 빚어졌다. 사망자 중 조선인이 135명이었다. 해안가 갱구坑口에서 피야를 지나 남남동 방향으로 1,010m쯤 떨어진 곳, 수면에서 직선으로 약 37m 아래 지점이었다.

사고 며칠 전부터 갱내에는 바닷물이 줄줄 새어 들어왔다. 걸을 때마다 바닥에서 첨벙첨벙 소리가 났다. 평소에도 누수가 많아 항상 모터 펌프로 물을 퍼내는 실정이었다. 그러나 현장을 벗어난 광부에게는 가차 없는 구타가 가해지곤 했기 때문에 몸을 피할 수도 없었다. 1916년생으로 당시 조세이 탄광에서 일했던 재일교포 고 이종천 할아버지는 생전에 이렇게 회상했다.

간혹 '천장이 무너져서 물이 터졌다'며 안쪽에서 사람들이 왕창 도망쳐 오는 거예요. 도구고 뭐고 내팽개치고서. 저도 함께 도망칠 수밖에요. 그러고서 갱 밖으로 나왔더니, 세상에 마구 때리는 거예요. '너 이 녀석, 무슨 말을 듣고 도망쳤느냐'고요. 물이 콸콸 넘친다고 하니까 '그걸 네가 봤어?' 하는 거예요. 그런 식으로 몇 번을 당했어요. 도망쳐 갱 밖으로 나와도 매만 맞아버리니.[4]

조업을 강행하던 중 기어코 붕괴 사고가 터졌다. 갱내 버팀목이 부실한 상황에서 천장 쪽에 매장돼 있는 석탄을 캐다가 천장이 수압을 견디지 못하고 무너진 것이다. 순식간에 바닷물이 유입돼 좁은 갱 안을 가득 채우고 광부들을 집어삼켰다. 김경봉 할아버지(1922년생, 서울 방화동)는 살아남은 자의 슬픔에 아직도 고통스럽다.

1일 2교대라 우리는 이제 야간에 거기 갔다가 아침 9시에 올라오고, 그 사람들은 9시에 내려가고. 구루마를 타고 바닷속으로 무지무지하게 멀리 들어가요. 그 사람들이 내려가고 한 30분 있다가 복판이 뚫어졌어요. 갱 속으로 물이 완전히 쏟아져가지고 우리 동네 사람도 하나 죽고……[5]

사고 직후 갱구에는 소식을 듣고 달려온 광부의 가족과 이들이 울부짖는 절규로 가득했다. 가족들은 갱구를 지키고 선 경찰 및 탄광 직원들과 몸싸움을 벌이며 갱내로 들어가겠다고 몸부림쳤다. 그러나 돌이킬 수 없는 상황이었다. 회사 측은 갱구를 두꺼운 널빤지로 봉쇄했다.

탄광 측이 작업을 몇 시간 전에라도 중지시키고 광부들을 피신시

조세이 해저탄광의 환기구 '피야'(pier). 해안에서 가까운 1번 피야(사진 가운데)는 직경이 2.8m, 2번 피야는 4.15m이다. 해안에서 1번 피야까지 거리가 약 30m이고, 두 피야 간 거리는 195m다. *

켰다면 이런 떼죽음은 없었을 것이다. 하지만 일제가 1941년 12월 진주만 폭격으로 태평양전쟁을 일으킨 지 두 달밖에 안 된 시점. 전시기 석탄 증산에 혈안이 돼 있던 회사 측은 누수 상황에 눈을 감아버렸다. 심지어 그 같은 초대형 사고가 터진 뒤에도 다시 제2갱인 신우라新浦 갱을 개발해 조업을 이어나갔다. 살아남은 조선인 광부들은 귀향을 원했지만 탄광 측은 "밀린 임금을 주겠다"며 제2갱에서 계속 일할 것을 강요했다.

　1940년대 야마구치 현의 핵심 탄전인 우베 탄전에는 59개 탄광이 있었다. 그 가운데 조세이 탄광이 석탄 생산량 기준으로 세번째였다. 이 탄광은 채탄 환경이 몹시 열악했다. 해저 10여 km까지 뚫려 있는 갱도는 어른의 허리 높이 정도밖에 안 돼 몹시 좁았을 뿐 아니라 늘

조세이 탄광 희생자 유족들 의뢰로 1997년 2월 현지 잠수부들이 2번 피야를 탐사하는 장면. 피야 속에는 흙탕물과 갱목, 철근 등이 뒤엉켜 있어 내부 탐사가 거의 불가능했다. *

물이 새어 들어왔다. 햇빛 한 줄기 없는 갱 내부는 조명이 없으면 암흑천지였다. 천장은 갱목도 대지 않을 만큼 허술했고, 탄광 입구에서 지하 갱도로 내려가는 길은 급경사였다. 애초에 해저탄광으로 개발하면 안 되는 입지 조건이었다. 미쓰비시가 운영한 다카시마 탄광의 경우에도 수면에서 갱도까지 깊이가 수직으로 600∼700m는 됐는데, 조세이 탄광의 경우는 겨우 30여 m에 불과했다. 광부들이 일하는 막장이 수면과 너무 가까워 머리 위로 배가 통통거리며 지나가는 소리가 들릴 정도였다. 광부들은 공포심에 휩싸일 수밖에 없었다.

일본인 광부들은 조세이 탄광에서 일하기를 극히 꺼려했다. 그런데도 이 탄광이 생산량 3위의 위치에 오를 수 있었던 것은 강제 동원된 조선인 노무자들 덕분이었다. 탄광 측은 '조선인 노무자 내지內地

이주에 관한 건'이 발령된 직후인 1939년 10월부터 양질의 값싼 노동력으로서 조선인을 동원하기 시작해 3년간 10여 차례에 걸쳐 총 1,258명을 끌고 왔다. 일명 '조선탄광'이라고 불릴 정도로 채탄부의 대부분을 조선인 노무자에게 의존했다. 그러나 탄광은 이들에게 악독한 처우와 몰살로 보답했다.

1914년 설립된 조세이 탄광 주식회사의 경영자는 메이지전문학교(현 규슈공업대학)의 지질학 교수 라이손 후치노스케賴尊淵之助였다. 수몰 사고가 발생한 1942년 당시에는 그의 아들 라이손 하야타가 사장을 맡고 있었다. 이들 부자父子는 사고 후 원인 규명이나 책임자 처벌 등의 조처도 없이 시종 은폐로 일관했다. 그 후손들도 마찬가지다. 조세이 탄광은 1974년 10월 파산했다. 옛 탄광 부지는 모두 하야타의 아들 명의로 돼 있다. 그러나 후지노스케 일가는 여전히 이 지역에 살고 있는데도 불구하고 희생자 유족들과의 접촉 자체를 거부하고 있다. 유족들이 위령비를 세울 터를 마련하기 위해 부지 한 귀퉁이만 제공해달라는 요구를 전했으나 일언반구 대답이 없다. 주검 인양이나 보상은 기대조차 할 수 없다.

위령비가 아주 없는 것은 아니다. 피야가 있는 해변 반대편, 즉 방파제 위쪽으로 나 있는 국도를 건너가면 수풀이 우거진 공터가 있는데, 그 한구석에 덩그마니 위령비가 서 있다. 사고가 나고 40년 뒤인 1982년 4월에 세워진 것이다. 이 비에는 사고 경위나 조선인 희생자들에 대한 문구가 단 한 마디도 없다. 그저 '조세이 탄광 순난자의 비' 長生炭鑛殉難者之碑라는 제목과 함께 사고일시, 그리고 '영원히 잠들라, 편안하게 잠들라, 탄광의 사나이들이여'라는 글귀가 새겨져 있을 뿐이다. '건립위원'이라는 사람 10명의 이름이 함께 적혀 있는데, 우베

2007년 2월 3일 사고현장을 찾은 유족들이 바다를 바라보며 오열하고 있다. *

시 관계자와 지역 유지들 이름이라고 한다. 희생자들의 억울한 죽음에 대한 가해자 측의 진정성은 조금도 묻어나지 않았다. 그래서 유족과 일본인 시민단체 사람들은 제대로 된 추모비를 새롭게 세우려고 한다.

위령비가 서 있는 장소는 그 시절 광부들의 이동과 작업내용을 점검하던 탄광 사무소가 있던 자리다. 근처에 광부들 숙소도 있었고 탄차를 끌어올리던 권양기, 쓸모없는 돌을 골라내던 선탄장도 있었다. 하지만 이제 이렇다 할 흔적은 남아 있지 않다. 갱구로 들어가던 콘크리트 계단 일부가 잡초로 뒤덮여 있는 걸 볼 수 있는 정도다. 거대했던 해저탄광의 존재는 거의 다 증발하고 희미한 자취만 남아 있다.

아직도 희생자들의 남은 육신은 어두운 바다 밑에 버려진 채 물살에 흔들리고 있다. 차가운 바다 밑을 떠도는 원혼들의 한恨은 그대로 유족들의 한이 돼 매년 이곳 해안가에서 열리는 추도식은 눈물바다가 된다.

희생자 추모 위해 모금하고 은행 대출까지 받은 일본인들

2010년 1월 23일, 야마구치 현 우베 시 도코나미 해변의 한 오래된 주택가. 단층짜리 구식 기와지붕 가옥 10여 채만 있는 한적한 동네에서 포클레인 소리가 요란했다. 인부들이 기계를 동원해 집 한 채를 완전히 부숴 해체시키는 중이었다. 포클레인은 돌무더기 잔해들을 부지런히 퍼 담아 컨테이너 트럭으로 옮겼다. 바로 68년 전 이곳 조세이 해저탄광에서 몰살한 조선인 노무자들의 추모 공간을 만드는 중이었다. 기일忌日에 맞춰 이 장소에서 추모식을 가질 수 있도록 공사에 박차를 가하고 있었다.

　공사 주체는 한국 정부나 희생자 유족들이 아니었다. 모든 계획을 추진하고 경비를 조달하는 것은 전적으로 일본인 시민운동가들의 몫이었다. 이들은 말 그대로 자발적으로 사비를 털고 심지어 은행 대출까지 받아 경비를 마련했다. 돈을 좀더 모아 제대로 된 추모비도 세울 계획이다. 실제 가해자는 따로 있는데.

　"1992년부터 추도식을 열었으니까 2010년으로 19회째가 되는군요. 사고 발생일인 2월 3일과 가장 가까운 일요일에 개최하는데 올해는 1월 31일이 됩니다. 지금까지는 자체적인 추모 공간을 확보하지 못해서 늘 피야가 보이는 바닷가 백사장이나 도로변 맨땅에 임시 천막을 치고 약식으로 차례를 지냈어요. 겨울철에 바닷가에서 하려니까 너무 춥고 눈이나 비라도 내리면 아주 곤란했지요. 장소도 일정치 않

2010년 1월 23일, 추도식 부지를 조성하기 위해 포클레인 등으로 공사를 벌이는 광경 *

아 그때그때 형편 봐서 떠돌아야 했고. 그래서 근처에 있는 낡은 개인 주택을 하나 사서 허물고 있습니다. 그 자리에 간단한 시설을 갖춰서 안정적인 추모 공간으로 쓰려는 겁니다. 올해는 우리가 산 부지에서 처음으로 추도식을 여는 것이니까 의미가 깊습니다. 지금은 돈이 부족해서 못 하지만 형편이 되는대로 추모비도 이 자리에 세울 계획이에요."

야마구치 다케노부山口武信 '조세이 탄광 물 비상[6](水非常)을 역사에 새기는 모임' 대표가 조용한 어조로 설명했다. 1931년생인 그는 도쿄 중앙대에서 법학을 전공하고 1964년부터 교사 생활을 시작해 우베여고 교장을 끝으로 정년퇴임했다. 그는 교사 시절이던 1976년 조세이 탄광 수몰사고에 대한 논문을 발표해 처음으로 조선인 희생자들의 존재를 세상에 알렸다. 이후 두 차례 후속 연구를 발표해 사건의 대략적인 전모를 밝혀냈다. 심장수술을 받아 거동이 편치 않은데도 그는 겨울철 바닷가의 칼바람을 뚫고 정성을 다해 취재팀을 현장으로 안내했다.

"바로 여기 바닷가 근처 집에서 태어났습니다. 부모님이 히가시조메東見初라는 탄광에서 함바(飯場, 토목 공사장이나 광산 등에 있는 노무자 합숙소 또는 식당)를 운영했어요. 그 탄광 광부들을 통해 조세이 탄광에서 수몰사고가 벌어졌다는 얘기를 들었지요. 그러나 당시 신문에는 참사에 대한 기사가 거의 나오지 않았어요. 어렸을 때 기억이 남아 고향에 돌아온 뒤 우베지역사연구소에 들어가서 조세이 관련 연구를 했습니다. 도코나미 주민들은 다 아는 사고였지만 외부 사람들은 전혀 모르는 상황에서 1976년 논문을 썼지요. 처음에는 사고 내용 자체가 정말 궁금했는데 조사를 하다보니까 조선인들이 얼마나 죽었는지 파악이 되고, 그들이 어쩌다 여기까지 와서 어떤 피해를 입었는지 진실이 알고 싶어졌습니다. 그걸 물어보려고 라이손 일가 집에 찾아갔었는데 맹견들만 나와서 짖어대더군요. '노코멘트'라며 들어가지도 못하게 해서 그냥 쫓겨 나왔습니다."

야마구치 대표가 이끌고 있는 '조세이 탄광 물 비상을 역사에 새기는 모임'은 1991년 4월 결성됐다. 역사의 베일 뒤에 가려져 있던 사건의 진상을 드러내고 희생자들의 넋을 기리는 활동을 벌여왔다. 현재 회원은 20여 명으로 한일 양국의 우애와 평화를 기원하는 순수한 시민모임으로 자리매김했다. 이들은 매년 경비를 마련해 한국에서 유족들까지 초청해 추도식을 열어왔다. 민단이나 조총련의 재일교포들도 참석하고 가끔 한국 대사관 측에서도 사람이 온다. 제사상은 어동육서魚東肉西, 홍동백서紅東白西 등 한국 격식에 따라 차린다. 2009년 천

야마구치 다케노부 회장(왼쪽)과 우치오카 사다오 회원 *

막 추도식 때는 150명이나 참석했다고 한다.

모임 회원들은 추모공간 설립 비용을 마련하기 위해 십시일반으로 돈을 거뒀다. 모자라는 비용은 야마구치 대표 명의로 은행 융자를 받았다. 그렇게 해서 700만 엔을 모았다. 한국 돈으로 약 8,000만 원. 그 돈으로 300m²(90여 평) 넓이의 부지를 구입했다. 희생자들과 아무런 연고도, 이해관계도 없는 일본인 시민들이 한국 정부나 시민단체가 할 일을 묵묵히 수행한 것이다.

"회원들 모두 마음이 일치했습니다. 강제연행 사망자들이 한국 천안 '망향의 동산'에라도 안치되려면 뼛조각이든 유품이든 뭐가 필요한데, 여기 조세이 탄광 수몰자들은 지금도 바다 속에 있으니 아무것도 없잖아요. 그분들 유골을 찾을 수 있다면 좋겠지만 저희 모임 힘으

2010년 1월 31일, 비가 내리는 가운데 열린 68주년 추도식에서 유족과 일본인 관계자들이 한국식으로 차례를 지내고 있다. *

로는 무리이고. 그래서 우리가 매입한 자리에 빨리 추모 공간을 만들어서 희생자와 유족들을 위로하고 싶은 겁니다."

야마구치 대표와 함께 모임의 중추적 역할을 맡고 있는 우치오카 사다오_{內岡貞雄} 씨가 말했다. 1948년생인 그는 33년간 교직생활을 하면서 지리와 역사를 가르쳤다. 다수의 재일교포 제자들을 접하며 조선인 문제에 관심을 갖게 됐다고 한다. 취재팀이 다녀가고 며칠 뒤인 2010년 1월 31일, 이들은 예정대로 새롭게 마련한 추모 공간에서 안정적인 분위기 속에 추도식을 순조롭게 치러냈다.

그러나 아직 큰 과제가 남아 있다. 추모비를 세우는 일이다. 목표 모금액은 2,000만 엔. 노구의 야마구치 대표는 이를 필생의, 죽기 전 마지막 과업으로 생각하고 있다.

"나는 돈도 별로 없고 살날도 얼마 안 남았습니다. 하지만 희생자들의 이름이 전부 들어간 진정한 추도비를 세우는 게 소원이에요. 1982년에 지역 유지들이 만든 위령비가 있긴 하지만 거기에는 아무 내용이 없습니다. 새로운 추모비에는 한일병합, 강제연행, 수몰 과정, 사죄의 내용까지 다 포함시킬 생각이에요. 희생자들 이름도 모두 새겨 넣고요. 그래서 유족들과 그 외 한국에서 온 사람들이 '아, 우리 조상이 여기서 이렇게 고생하다 죽었구나' 하는 마음을 갖게 될 수 있는 장소로 만들었으면 좋겠습니다. 희생자들은 무덤도 없지 않습니까? 추도비는 일본인으로서 반성과 사죄의 뜻도 포함돼 있습니다. 그래서 유족들에게 맡기지 않고 일본인들끼리 모금을 하는 것이지요. 한국과 일본 간에 불행한 과거가 있었지만, 앞으로는 평화롭게 서로 도와가면서 살기를 바랍니다. 어렸을 때 주변에 있던 조선인들이 설날이 되면 널뛰기를 하고, 또 이런 노래도 했던 기억이 납니다. '징가칭칭나네'~징가칭칭나네~' 무슨 뜻인지는 모르겠지만. 허허."

히로시마 원폭 희생자 낳은 도요공업

도요東洋공업은 일본 굴지 자동차 회사인 마쓰다Mazda의 전신이다. 1920년 도요코르크 공업으로 시작해 1927년 도요공업으로 개칭했다. 종전 이후 1951년부터 사륜차 업계에 진출했으며 1984년 마쓰다로 사명을 바꿨다. 한국 자동차 역사의 한 페이지를 장식한 '브리사', '봉고' 등이 마쓰다가 개발한 차종이다.

그러나 태평양전쟁 때는 총기 제작회사로서 다수의 조선인을 강제노동에 종사시켰다. 도요공업은 본사가 히로시마廣島 현 아키安藝 군에 있어 이곳에 끌려왔던 조선인들은 1945년 8월 6일 투하된 원자폭탄 '리틀보이'Little Boy의 제물이 되고 말았다. 다행히 살아남은 피해자들의 증언은 당시 참상을 뚜렷이 전한다.

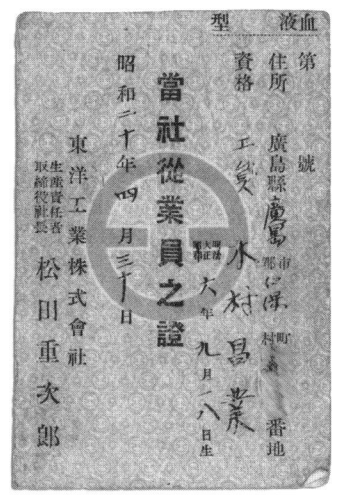

1945년 4월 발부된 도요공업 종업원증. 가운데 찍힌 원형 모양이 도요공업의 회사 로고다.·

일어나서 창문 바깥을 내다보니까 하늘에서 낙하산이 하나 내려와. 그러고 인제 비행기 소리가 부릉부릉 나면서 금방 그게 터지는데 '펑~' 하고 아주 무겁게 나는 소리가 나면서 하늘이 꺼먼 불바다가 되어버리더라고. 워낙 큰소리가 나면서 내 몸뎅이가 한 3m 저만큼 나가떨어진 거야. 아찔했다가 정신을 차리고 보니까 여기서 뭐가 줄줄 흐르는 거 같애. 창문이 다 날아가고 이 가슴팍이로, 얼굴로 유리 잔채기가 많이 박혀가지고……. (이남순, 1927년생, 경남 사천시 신벽동)8

공장 안에도 기물이 부서지고 사람들이 막 옷이 너덜너덜해가 불에 데어가지고(……)밤을 새워도 남동생이 오지 않는 거예요. 찾으러 시내에 나갔는데, 개천으로 내려가는 계단에 척척 척척 막 시체가 쌓여 있고 인제 바닷물이 들어오면 시체가 둥둥 떠내려가는 거예요. 그런 참혹한 광경을 보곤 했는데 군인들이 나와서 전부 시체를 정리하고 있었거든요. 인제 화장할라고 쌓아 놓는기라. 들여다보니까 동

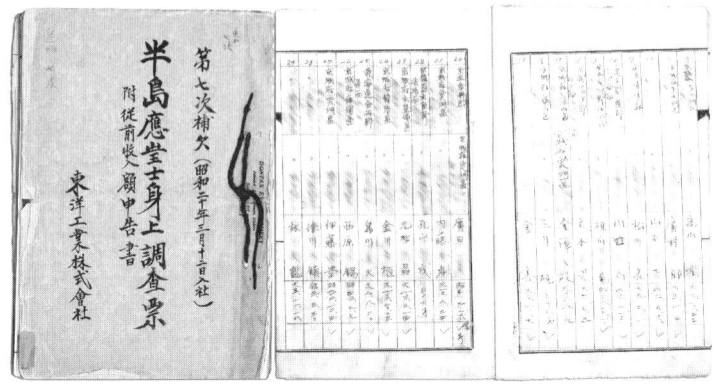

1945년 3월 작성된 도요공업의 반도응징사 신상조사표

생이 창자가 터져가지고 비참하게 그래가 있어……⁽하위년, 1928년생, 부산 당리동⁾9

　　도요공업의 조선인 강제동원은 익명의 일본인 전 노무담당자가 자신이 소장하고 있던 징용자 명부를 1985년 일본 TBS 방송국에 넘겨 만천하에 공개토록 함으로써 처음 드러났다. 1945년 3월 12일자로 작성된 '반도응징사 신상조사표'半島應徵士 身上調査票라는 제목의 명부다. 여기서 '반도응징사'란 한반도에서 징용에 응해 일하러 온 산업전사라는 뜻이다. 조선인들이 마치 일제에 적극 협력해 제 발로 노동에 종사하는 것처럼 호도하는 기만적인 명칭이다. 이 명부에는 신규 징용자 78명분의 이름, 가족 사항, 직업, 경력, 종교, 주량, 흡연량, 특기, 취미, 성격, 태도, 언어능력 등 상세한 신상이 기록돼 있다. 기업 측이 얼마나 계획적이고 능동적으로 조선인들을 관리했는지 짐작할 수 있다. 도요공업 전직 노무담당자는 끝내 이름을 밝히지 않고 죽기 직전 명부를 공개하면서 이런 유언을 남겼다.

언제였던가. 오타가와(太田川, 일본 히로시마 현을 흐르는 강)를 바라보며 밤길을 어슬렁어슬렁 거닐며 돌아오는데 강가에 있는 무덤 비석이 눈에 들어왔다. 찬찬히 살펴보자 그것은 다름 아닌 '피카'(일본어로 '번쩍'이라는 뜻으로 원폭의 별칭)에 의해 사망한 조선인의 것이었다. 당시 조선인 400여 명이 건물 소개疏開 작업에 동원됐다 절반 정도가 사망했는데, 순간 그들의 얼굴이 마치 피카처럼 머릿속에 떠올랐다. 동시에 조선인 명부가 분명히 형님 댁에 있었던 것을 기억하였다. 이런 무덤이 있다는 사실을 나 자신 이 나이가 되도록 알지 못했다. 피카에 당했다, 당했다 하는 녀석들이 나를 포함해 얼마나 많이 조선인들을 괴롭혔던가. 나는 이 명부를 젊은이들에게 남긴다.

오지 제지 사업 확장으로 시작된 죽음의 댐 건설

1940년대 홋카이도 우류雨龍 군 호로카나이幌加內 정에 건설된 슈마리나이朱鞠內 댐은 당시 '동양 제일의 댐'이라고 불릴 정도로 규모가 컸다. 댐의 최대 출력이 5만 1,000kw에 달했다. 댐과 함께 만들어진 슈마리나이 호수는 홋카이도에서 가장 큰 인조 호수로 유명하다. 슈마리나이 댐의 정식 명칭은 우류 제1댐이다.

댐 건설은 오지王子 제지가 사업을 확장하면서 시작됐다. 예나 지금이나 일본 최대 제지업체인 오지 제지는 1928년 대량의 원목과 전력을 동시에 손에 넣기 위해 우류 천에 '우류 전력'이라는 자회사를 설립하고 1937년부터 댐 건설에 착수했다. 도중에 국가 주도 전력통제 정책으로 우류 전력은 일본발송전기 주식회사에 흡수됐고, 도비시마구미(飛島組, 중견 건설사인 현 도비시마건설의 전신)가 원청原請 업체가 돼 공

1941년 촬영된 슈마리나이 댐 공사현장 사진. 광부들이 모자와 각반, 장화를 착용하고 있으며 손에는 곡괭이나 삽을 쥐고 있다. 뒤편의 암벽 층과 드러난 나무뿌리들을 보면 이곳이 상당히 위험한 건설현장이었음을 알 수 있다.

사를 이어갔다.

댐은 1943년 8월 완성됐다. 그 과정에서 강제 동원된 조선인 3,000여 명이 겪은 고통은 이루 말할 수 없을 정도로 끔찍한 것이었다. 1999년 홋카이도 지방정부와 일본 민간단체에서 작성한 『북해도와 조선인 노동자-조선인 강제연행 실태조사 보고서』 등에는 이런 증언들이 기록돼 있다.

감기가 악화돼 고열을 앓고 있는 노무자도 일터로 끌려갔다. 간부에게 몇 번이고 몽둥이로 맞아 숙소로 업혀온 뒤 이내 죽은 노무자도 있었는데 의사가 와서 진단서에 사인을 급성폐렴이라고 썼다.

일본의 주요 강제동원지였던 도요공업 본사와 슈마리나이 댐, 니혼강관 공장의 위치 *

밤에도 전깃불을 켜놓고 일했으며, 새벽 4시에 일어나 이틀을 꼬박 일할 때도 있었다.

전쟁 수행을 위한 전력 수요에 답하기 위해 밤낮을 가리지 않고 공사를 했고, 그 공사의 강도 때문에 희생자가 많았다.

댐은 깊은 산속에 건설됐다. 이곳은 겨울철이면 영하 40도를 기록하는, 일본에서 가장 추운 지역이었다. 구타와 노예노동, 극한의 추위로 얼룩진 참혹한 작업 환경 속에서 많은 조선인이 죽어나갔다. 사망자 명부에 기재돼 있는 조선인만 해도 68명이나 된다. 이 중 사인死因이 나와 있는 조선인은 43명인데 '폐렴', '각기병' 등으로 돼 있다. 댐 인근에는 현재 무연고 합동묘가 세워져 있다.

오지 제지는 미군정 시절이던 1949년 '과도경제력집중배제법'에 의해 도마코마이苫小牧 제지 등 3개사로 분할됐다가 1960년 본명을 찾아 부활했다.

대규모 파업 부른 니혼강관의 조선인 멸시

니혼日本강관은 2003년 가와사키 제철과 합병해 'JFE스틸'이 됐다. 강파이프, 철도용 레일, 빔, 무쇠 등을 생산하며 공장 설비와 중장비, 다리, 기타 대규모 철 구조물을 설계하고 건설한다. 이 기업이 세계적 철강업체로 성장한 배경에도 조선인 강제동원이 있었다. 니혼강관은 1912년 가나가와神奈川 현 가와사키川崎 시에 설립됐다. 1930년대에는 제철 관련 여러 회사를 인수해 몸집을 키웠다. 1940년 조선회사를, 1944년 요업회사를 사들여 사업을 다각화했다. 태평양전쟁 당시 니혼강관 가와사키 공장에는 조선인이 3,000명 정도 있었다고 한다. 2008년 작고한 고 조문기 전 민족문제연구소 이사장은 회고록에서 1944년 5월 '니혼강관 파업사건'을 언급했다.

출근하던 사람과 야근을 마치고 퇴근하던 사람들이 식당으로 들어가서는 아무도 나오지 않았다. 운동장처럼 넓은 식당 안이 (조선인으로) 꽉 찼다. 공부를 시켜준다고 속여 군수공장 노동력으로 동원한 일본 제국주의에 대한 분노가 폭발을 기다리고 있었다.

조선인을 뭉치게 한 건 한 권의 책자였다. 니혼강관 측이 펴낸 『훈련공 교양서』에는 조선인을 멸시하는 말이 가득 차 있었다. '농땡이를 잘 부린다. 밥만 많이 먹는다. 쌈질을 잘한다. 여자를 잘 후린다.' 이런 조선인 폄훼는 당시 일본 기업 관계자들이 흔히 갖고 있던 인식이었다. 인종차별에 다름 아니었다.

노무자 3,000명은 식당에 바리케이드를 치고 농성에 들어갔다. 요구사항은 단순했다. "조선인 차별을 철폐하라", "훈련공 대우를 개선하라." 태평양전쟁 때 일본 군수공장에서 일어난 유일한 파업이었다. 농성은 사흘째 되는 날 강제 진압됐다.

조선인 청년 60여 명이 연행됐다가 반죽음이 돼 기숙사로 돌아왔다. 훗날 '태평양전쟁 한국인희생자 유족회'를 결성한 김경석(2006년 별세) 씨도 그중 한 명이었다. 17세 때인 1943년 경남 창녕에서 가와사키 제철소로 강제 동원된 김 씨는 연행 당시 목검으로 심하게 얻어맞아 평생 오른팔을 제대로 쓰지 못하고 살았다. 그의 형도 홋카이도 지역 탄광에 끌려가 강제노동을 하다 사망했다.

김 씨는 1991년 니혼강관을 상대로 손해배상 청구소송을 제기했다. 일본 국회도서관 등을 샅샅이 뒤져 1943년 자신이 밀린 임금을 달라며 동맹파업을 주도한 죄로 뭇매를 맞고 한쪽 어깨가 빠져 입원한 사실을 기록한 당시 내무성 정보국 문서를 찾아냈다. 그는 1999년 도쿄 고등재판소에서 위자료 410만 엔을 받는 조건으로 합의했다. 전후戰後 재판에서 노무자가 위로금을 타낸 건 김 씨가 처음이었다. 김 씨에 대한 이야기는 제4부에서 다시 살펴보겠다.

■ 강제동원, 이것이 궁금했다면

문학작품 속에 나타난 강제동원

일제 강제동원이나 기업의 모집이 당시 민초들에게 준 고통은 문학작품을 통해서도 확인할 수 있다. 일제의 검열을 의식한 탓인지 당대 작가들이 소설의 주제나 소재로 이 문제를 활발하게 다뤘다고 보기는 어렵다.

1930년 발표된 이기영(1896~1984)의 소설 「홍수」에는 주인공 박건성이 친구 삼룡이와 함께 일본의 방적공장에 팔려갔던 이야기가 등장한다. 본격적인 강제동원 시기는 아니었으나 일본 기업 작업장의 환경이 이미 얼마나 열악했는지 충분히 짐작할 수 있다.

그는 칠 년 동안의 노동생활을 회상해보았다. 처음에 방적공장에 들어갔을 때 감독의 학대와 공장주의 무리한 ××로 쉴 새 없이 노동하는 수천 명 직공의 참담한 생활을! 기숙사에서 마치 ××와 같이 갇혀서 햇빛을 못 보는 여직공들의 얼굴! 폐병 들린 그들의 기침과 각혈! 그런데 음침한 공장 속에서는 악마 같은 기계가 쉴 새 없이 돌아갔다. 그러는 대로 그들은 산 기계와 같이 수족을 놀린다. 그러다가 까딱하면 금시에 멀쩡하던 사람이 송장으로 떼메어 나오지 않는가? 그는 삼룡이가 그렇게 죽었을 때 얼마나 놀랐는지 모른다. 그때 그는 자기도 조만간 저와 같은 운명에 부딪히지나 않을까 하는 무서운 공포에 떨고 있었다.

민족의 애환을 묘사하기는커녕 일제에 순응해 조선인 노동력 착취의 실상을 호도했던 소설도 더러 있었다. 대표적으로 1942년에 발표된 이북명

(1910~?)의 「형제」를 들 수 있다. 한반도 내 작업장에 노무자로 투입(국내동원)됐던 근로보국대 동원자들의 고통을 의도적으로 왜곡하면서 일제의 정책만 일방적으로 선전했던 '국책소설'로 꼽힌다. 그중 한 대목이다.

"형님, 우리는 내일 아침에 연포連浦로 가우다." 명팔이가 두 손을 짚으면서 굽석 절하였다. "연포는 무시래?"
"몸이 튼튼하구 일 잘한다구, 근로보국대원에 뽑혔습지요." 명구의 설명.
"보국대라니?"
"보국대라는 것은 나라에 충성을 다하는 뜻으로 각 동리에서 한 사람 두 사람씩 뽑아서 두어 달씩 공장에 가서 일하는 것이지우." 명팔의 설명.
"거참, 장한 일이다. 그런데 삯전은 어떠하니?"
"아, 삯전이야 아주 후하지오. 그뿐이우, 밥집도 좋구 잠자리도 좋구, 글도 배우구, 학생들처럼 체조도 한다우다."

광복 이후로는 징용 문제를 직접적으로 거론하는 작품들이 자연스럽게 등장한다. 1946년 발표된 채만식(1902~1950)의 대표 단편소설 「논 이야기」에는 광복에 무덤덤해 하는 주인공 한생원이 다만 손자를 징용으로 잃을까봐 노심초사하다가 광복으로 그 시름을 내려놨다며 안도하는 대목이 나온다. 강제동원이 민초들을 얼마나 애타게 했는지가 절절하게 담겨 있다.

열여덟 살배기 손자놈 용길이가 징용에 뽑혀나갈 염려가 없을 터였다. 얼마나 한생원은, 일찍이 아비를 여의고, 늙은 손으로 여태껏 길러온 외톨 손자놈 용길이가 징용에 뽑히지 말게 하려고, 구장과 면의 노무계 직원과, 부락 담당 직원에게 굽은 허리를 굽실거리며 건사를 물고 하였던고. 굶은 끼니를 더 굶어가면서 그들에게 쌀을 보내어주기, 그들이 마을에 얼찐하면 부랴부랴 청해다 씨

암탉 잡고 술대접하기, 한참 농사일이 몰릴 때라도, 내 농사는 손이 늦어도 용길이를 시켜 그들의 논에 모 심고 김매어주고 하기. 이 노릇에 흰머리가 도로 검어질 지경이요, 빚은 고패가 넘도록 지고 하였다.

역시 널리 알려진 작품인 하근찬(1931~2007)의 1957년작 「수난 이대」에는 강제동원의 과정과 작업장에서의 애환이 비교적 상세하게 서술돼 있다. 노무자로 끌려갔다가 한쪽 팔을 잃은 아버지 만도가 한국전쟁에 군인으로 나갔다 돌아오는 아들 진수를 마중하기 위해 정거장 대합실을 서성이며 떠올리는 회상이다.

바로 이 정거장 마당에 백 명 남짓한 사람들이 모여 웅성거리고 있었다. 그중에는 만도도 섞여 있었다. 기차를 기다리고 있는 것이었으나 그들은 모두 자기네들이 어디로 가는 것인지 알지를 못했다. 그저 차를 타라면 탈 사람들이었다. 징용에 끌려나가는 사람들이었다. 북해도 탄광으로 갈 것이라는 사람도 있었고, 틀림없이 남양군도로 간다는 사람도 있었다. (……) 섬에서 그들을 기다리고 있는 것은 숨 막히는 더위와 강제노동과 그리고 잠자리 만씩이나 한 모기떼, 그런 것뿐이었다. 섬에다가 비행장을 닦는 것이었다. 모기에게 물려 혹이 된 자리를 벅벅 긁으며, 비 오듯 쏟아지는 땀을 무릅쓰고, 아침부터 해가 떨어질 때까지 산을 허물어내고 흙을 나르고 하기란, 고향에서 농사일에 뼈가 굳어진 몸에도 이만저만한 고역이 아니었다. 물도 입에 맞지 않았고, 음식도 이내 변하곤 해서 도저히 견디어낼 것 같지가 않았다. 게다가 병까지 돌았다. 일을 하다가도 벌떡 자빠지기가 예사였다.

강제동원 문제를 전체적인 소설 주제로서 정면으로 다룬 작품—취재팀이 알기에는 아마도 유일한—은 한수산(1946~)의 『까마귀』다. 2003년 해냄 출판사에서 출간한 다섯 권짜리 대작이다. 나가사키 조선소와 하시마 탄광 등 미쓰비시 작업장에 끌려갔다가 원자폭탄 피폭까지 당한 조선인들의 처절했던 고통을 생생하게 형상화했다. 치밀한 현장 취재와 방대한 자료 수집을 통해 어디까지나 '사실'을 기반으로 서술했다. 소설에 등장하는 작은 에피소드 하나도 만들어낸 것이 없을 정도다. 무엇보다 역사에 대한 작가의 문제의식과 성찰이 빛을 발하는 작품으로, 취재팀이 미쓰비시 편을 준비할 때도 많은 참고가 됐다.

'군함도'라는 이름으로 일본에서 번역 출간된 한수산의 소설 『까마귀』.

작가는 한 인터뷰에서 이렇게 말했다. "소설은 이야기를 만들어가는 것인데, 이번 소설은 너무 취재를 많이 했고 자료도 너무 많아서 제가 만들어낸 얘기가 거의 없습니다. 때리는 장면 하나까지도 있는 걸 그대로 썼습니다. 저는 구슬 꿰는 일을 했을 뿐이죠."

이 소설은 일본에서도 번역 출간돼 현지에서 상당한 관심을 끌었다. 마이니치신문, 도쿄신문, 서일본신문 등 일본의 여러 언론에 작가 인터뷰와 함께 1개면, 또는 2개면 특집으로 대서특필됐다. 판매도 호조를 보여 여러 쇄를 찍으면서 2010년 8월 현재 2만 부 이상 팔렸다고 한다. '나가사키 재일 조선인 인권을 지키는 모임'의 다카자네 야스노리 대표는 "한수산 씨의 소설이 2009년 11월 일본에서 『군함도』軍艦島라는 제목으로 출판됐다. 소설의 무대인 하시마가 군함 모양을 닮아 일본에서는 군함도로 널리 알려져 있기 때문이다. 원래 다섯 권인 책이 일본에서는 두 권으로 압축돼서 나왔는데, 팔리기도 잘 팔려서 1쇄 3,000부 찍었던 게 금방 나갔다"고 전했다.

소설 제목 '까마귀'는 1945년 8월 나가사키에 원자폭탄이 떨어진 뒤 일본인들이 수습하지 않아 거리에 그대로 방치된 채 썩고 있는 조선인들의 주검에 까마귀 떼가 몰려 있는 참혹한 장면을 함축한다. 나가사키에서는 어딜 가든 까마귀를 흔히 볼 수 있다. 마지막 5권에서는 피폭 직후의 비극적인 상황이 이렇게 묘사돼 있다.

마지막까지 시체의 잔해가 그대로 남아 있던 것은 조선인들이었다. 형체를 알아보기 어려운 가운데 한복의 일부가 남아 있거나, '아이고', '어머니', '물 좀 주세요, 물' 같은 조선말 신음 소리를 듣고 일본인 구조원들은 조선인을 구별했다. 그렇게 방치된 채 죽어간 조선인들의 시체 위로 하나 둘 까마귀들이 날아들었다.
8월의 찌는 듯한 태양 아래서 썩어가는 조선인들의 시신에 새까맣게 까마귀들이 모여 앉았다. 까마귀들은 죽은 조선인의 얼굴에 앉아 눈알을 찍고 있었다. 떼 지어 날아든 까마귀들의 부리 아래서 조선인들의 시체는 살이 뜯겼고 눈알이 파여나갔다.
주검에서까지 차별받았다. 조선인들은.

3부
강제동원 더 깊이 들여다보기

1
남양군도, 휴양지 속에 깃든 피눈물

남양군도의 관문, 사이판

2010년 4월 취재팀을 태운 비행기는 인천공항을 이륙한 지 4시간 만에 미국 자치령 북마리아나제도NMI 사이판Saipan에 도착했다. 열대지방 특유의 에메랄드빛 바다가 가장 먼저 눈에 들어왔다. 따뜻한 물을 좋아하는 산호초가 파도에 부서져 하얗게 해변에 깔려야만 나올 수 있는 색이다. 연중 27도의 변함없는 기온 덕에 셔츠와 반바지 차림으로 취재에 나섰다. 동쪽에서 불어온 무역풍은 끊임없이 야자수를 흔들어댔다. 제주도 10분의 1 크기의 사이판은 연간 10만 명의 한국인 관광객을 끌어모으는 대표 휴양지다.

하지만 60여 년 전 기억을 떠올리면 결코 해변에 누워 즐길 수만은 없는 곳이다. 사이판은 남양군도南洋群島의 관문이다. 일제강점기 남방으로 강제 동원된 조선인 노무자들은 부산, 여수 등지에서 배를 타고 일본 가나가와 현 요코스카 항에 집결한 뒤 이곳 사이판에 기착했다. 연락선은 이곳에 조선인 노무자 일부를 내려놓고 다시 서쪽 팔라우 제도나 동쪽 마셜 제도로 향했다. 약 15만 명의 조선인 노무자가 일제의 남방정책에 따라 태평양 연안 섬들로 끌려갔다. 이번 취재에는 강제동원조사위원회 김명환 팀장이 동행했다. 그는 2010년 3월까지 남양군도 지역 한인 노무자 강제동원 실태에 관한 직권조사를 담당했다. 김 팀장이 지도를 펼쳤다.

"일렬로 늘어선 북마리아나 제도의 섬들은 미군에 의해 '일본으로 가는 사다리'로 불렸습니다. 미 해군은 필리핀 해전에서 일본의 주력 함대를 격파했지만, 일본 본토로 진격하려면 전략적 의미가 있는 섬들에서 상륙작전을 펴야 했습니다. 이곳을 점령한 후 미군은 오키나와까지 진출해 일본을 압박하게 됩니다."

그랬다. 제2차 세계대전 당시 미군은 일본 열도 폭격을 위한 항공기 활주로 건설을 위해, 일본군은 본토 영공 사수를 위해, 이곳에서 각자 사활을 건 전투를 치러야 했다. 일본군의 자살 돌격 작전으로 사이판에서만 6만 명가량이 사망했다. 이 가운데 조선인이 얼마나 포함돼 있었는지는 아직까지도 정확히 알 수 없다. 그저 수천 명 규모로 추정할 뿐이다. 전투 중이라는 이유로 민간인 시신은 신원확인 없이 집단 매장됐다. 열대 지방이라 시신의 부패가 빨라 서두를 수밖에 없기도 했다. 더욱이 이를 처리하는 미군의 눈에는 일본인과 조선인이 똑같아 보였을

> **남양군도** 南洋群島
> 1914년부터 제2차 세계대전 종전(1945년)까지 일본의 통치를 받은 중서태평양 지역의 623개 섬을 지칭한다. 동서로 약 4,900km, 남북으로 약 2,400km의 해역에 흩어져 있다. 사이판, 팔라우는 현재 열대 휴양지가 됐지만, 당시에는 일본이 설탕을 얻기 위한 사탕수수 재배지 및 남태평양 진출을 위한 전략적 거점으로 이용했다. 제2차 세계대전이 발발하면서 일본은 군사시설 건설 및 농장 개척을 위해 수많은 조선인을 강제로 동원했다.

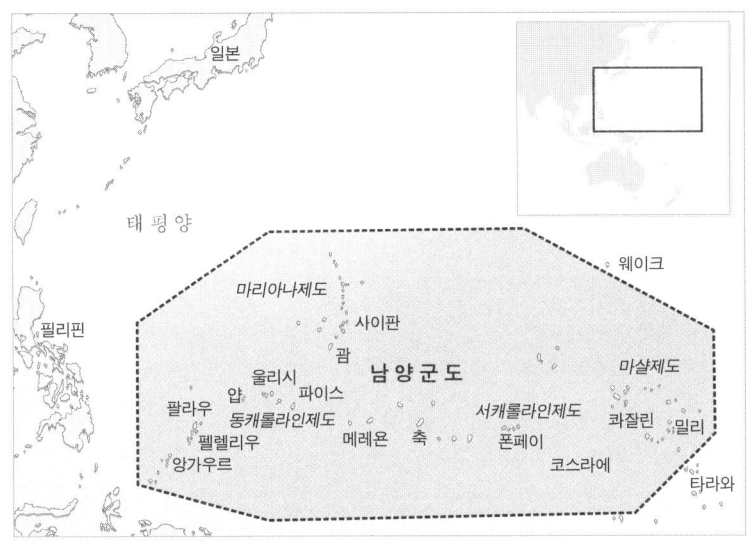

남양군도 전도

것이다.

마주현 할아버지는 1941년 12월 전북 장수에서 난요코하츠南洋興發 주식회사에 징발돼 사이판 사탕수수 농장으로 동원됐다. 열다섯 살 때의 일이다. 신체검사를 위해 남원군청에 도착하니 2,000명 이상이 모여 있었다. 전남 여수에서 배를 탄 뒤 5일간의 항해 끝에 사이판의 중심 도시 가라판Garapan 위쪽 항구에 닿았다.

마 할아버지가 사이판으로 가는 도중 일본이 진주만을 습격해 태평양전쟁을 일으켰다. 12월 7일의 일이었다. 마 할아버지는 강제동원 조사위원회 면담 조사에서 "우리가 탄 배에 일본 군함이 다가와 서치라이트를 죽 비쳤다"라고 말했다. 전쟁이 일어났음을 직감하는 순간이었다. 왜 남방행을 택했을까. 마 할아버지는 "석탄광으로 가는 것보

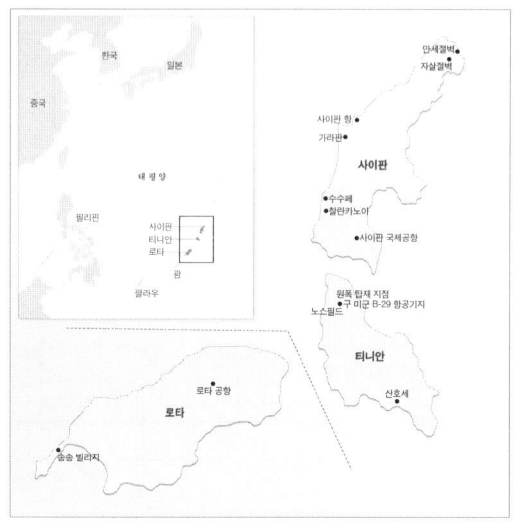

북마리아나 제도

다 그래도 낫다고 그러더라고. 사탕수수 농사를 짓는 데라 사탕 같은 건 실컷 먹을 거 아니냐고"라고 진술했다. 당시 마을에는 모집에 응하지 않으면 탄광에 가게 된다는 소문이 파다했다. 남양군도를 가게 된 노무자들은 대부분 "홋카이도와 남양군도 중 택일하라"는 협박을 받고 혹한의 홋카이도를 피해 따뜻한 남양군도를 택했다.

그러나 잘못된 선택이었다. 김 팀장은 "미군의 집중폭격으로 이 지역 노무동원 대상자의 생환율은 절반에도 못 미친다"고 말했다. 일본 본토에 동원된 노무자 사망률이 약 6%인 점과 견줘보면 희생이 얼마나 컸는지 짐작할 수 있다.

마 할아버지는 난요코하츠의 사탕수수 직영농장을 거쳐 전쟁 말기 일본군 군납용 채소를 키우는 작업장에서 일하다가 미군의 공습을 접했다. 폭격기에서 포탄이 떨어질 때마다 웅덩이가 하나씩 생겨났다고

일제강점기 남양군도 사이판의 사탕수수 농장 *

했다. 공습이 시작되면 회사가 산에 굴을 뚫어 만든 대규모 방공호에 들어가 식량도 물도 없이 며칠씩 머물렀다. 그는 "나가서 물을 먹고 싶어도 막 저기서 함포 쏘지, 막 기관포 디리 쏘지, 비행기가 와서 때리지, 조명탄 막 비치지. 못가겠더라고"라고 증언했다.

일본군의 전원 옥쇄 작전은 미군의 불벼락을 이겨낸 조선인을 최후까지 옭아맸다. 미군은 전차를 앞세워 마 할아버지가 몸을 숨긴 회사 방공호 앞까지 다가와 투항을 권고했다. 두 손을 들고 일렬로 서서 밖으로 막 나가려던 순간 민간인 사이에 숨어 있던 일본군이 미군을 향해 사격을 가했다. 미군은 즉각 기관총으로 응사했다. 일렬로 서 있던 마 할아버지의 조선인 동료들 가운데 상당수가 쓰러졌다.

마 할아버지와 전북 장수에서 같은 날 함께 끌려온 강태용 씨는 일

사이판 최북단에 위치한 2차 세계대전 당시 일본군 최후사령부의 모습. 절벽 안에 벙커를 만들고 입구에는 대포를 설치했다.*

본 군부대 방공호에 머물다 사망했다. 이 부대는 마지막 순간 방공호 안에 독가스를 살포한 후 옥쇄를 택했다. 마 할아버지는 "그래도 도망쳐 둘인가 서인가 살아남았는데 나머지는 독가스를 갖다 뿌려 군인들, 환자들, 민간인들이 싹 죽어버렸어"라고 했다.¹

'설탕왕' 마쓰에 하루지

조선인 노무자들이 사이판에 첫발을 내디딘 가라판 지역은 과거 일제의 행정기관이 밀집했던 곳이다. 지금은 하얏트호텔과 면세점 등 고급 휴양시설이 모여 있다. 전쟁 당시 잿더미로 변해 이전 흔적은 거의 찾을 수 없다. 미군이 폭격을 하지 않은 병원 건물만이 그대로 남아 북마리아나제도 역사문화박물관으로 쓰이고 있다. 박물관 위쪽으로 올라가면 에메랄드빛 바다를 굽어보는 자리에 설탕왕Sugar King 공원과 일본 신사가 복원돼 있다. 설탕왕 마쓰에 하루지松江春次를 기리기 위한 시설이다.

마쓰에는 1921년 난요코하츠를 설립했다. 민간기업이긴 하지만 일본 해군이 설탕의 본토 수송 등을 깊이 관여하고, 한반도를 수탈한 동양척식주식회사가 자금을 댄 사실상의 국책기업이다. '북쪽엔 만철(남만주철도주식회사), 바다엔 남흥(남양흥발주식회사)'이란 말이 유행했을 정도로 일제의 대륙 침략과 해양 진출의 대표 주자로 꼽히던 회사다.

일본은 1919년 위임통치 형태로 지금의 팔라우공화국에 남양청南洋廳을 세워 남양군도를 지배했다. 남양군도는 동쪽 팔라우에서부터 서쪽 마셜제도까지 태평양 일대의 섬 지역을 가리킨다. 일본이 제1차 세계대전에 뒤늦게 참가해 얻은 전리품이었다. 남양청은 1922년 제당 규칙을 만들어 난요코하츠가 일본 내 설탕 반입을 독점하도록 도왔다.

마쓰에는 미국 루이지애나주립대학 유학생 출신이었다. 그래서 사탕수수가

슈가킹 공원 입구. 신사 정문에는 '하늘 천(天) 모양의 토리가 서 있다.'

돈이 된다는 사실을 남들보다 빨리 알았다. 초기 대만에서 사탕수수 농장을 개척한 마쓰에는 1923년 본사를 도쿄에서 사이판 찰란카노아 Chalan Kanoa로 옮기고 제당공장도 세웠다. 사이판 전체를 사탕수수 농장으로 재편하는 한편 이를 수송할 철도도 깔았다. 부족한 노동력은 한반도 등지에서 마구잡이로 끌어온 노동자들로 충당했다.

조선인 노무자에게 사탕수수는 처음 접해 보는 작물이었다. 평균 3~4m 길이까지 자라기 때문에 밭 한가운데 서 있으면 사람이 묻힐 정도였다. 줄기가 억세고 가시도 많아 피부가 긁히거나 찢어지는 상처를 입곤 했다. 약을 사느라 회사에 빚을 지는 노무자들이 속출했다.

작업시간은 오전 5시 30분부터 오후 5시 30분까지다. 그 안에 식사시간과 휴식시간 2시간이 포함돼 있었다. 총 10시간이 비교적 짧다고 생각할 수도 있지만 작열하는 열대의 태양 아래서 이뤄진 노역이라는 점이 중요하다. 취재팀은 이곳에서 30분만 걸어도 온몸이 땀에 젖어 옷에 흰 소금기가 배어날 정도였다.

난요코하츠는 사이판 인근의 섬은 물론 자회사 등을 통해 남양군도 전역에 진출했다. 1942년 7월에는 자본금이 5,000만 엔에 달할 정도였다. 하지만 태평양전쟁 후반기 미군이 제해권을 장악하자 설탕 수송의 길이 막혀 몰락하기 시작했다. 미군의 사이판 일대 상륙작전 때는 회사의 제당 관련 기반시설이 폐허로 변했고, 종전 후 미군정 시기에는 전범기업으로 분류돼 소멸했다.

회사는 사라졌지만 마쓰에의 자취가 담긴 유적은 사이판 곳곳에 남아 있다. 설탕왕 공원의 동상은 그의 생전인 1934년에 세워졌다. 동상 글귀는 마쓰에와 친분이 있던 사이토 마코토 齋藤實 제3대 조선총독부 총독이 썼다. 그는 해군 제독 출신이다. 일본 해군과 난요코하츠가 마치 샴쌍둥이처럼 밀접한 관계였다는 점이 드러나는 대목이다.

동상 주변에는 원주민인 차모르족 출신의 사이판 시장과 후쿠시마福島 현 아이즈와카마쓰會津若松 시 일본인 시장이 함께 심은 나무가 서 있다. "아이즈 출신인 마쓰에를 기리기 위해 이 나무를 심으며, 우정이 영원하기를 기원한다. 2005년 7월 16일."

마쓰에 하루지의 동상

일본인들은 지금도 사이판 곳곳에 그들 각자의 위령시설을 만들어 어제의 패전을 기억한다. 특히 일본군의 최후 저항이 있었던 만세절벽, 자살절벽 인근과 미군이 상륙해 치열한 교전이 벌어졌던 수수페Susupe 해안 등지에는 골목마다 일본어가 새겨진 비석과 위패시설이 발견될 정도다. 사이판 한인회 김재홍 회장은 "위패시설이나 위령비가 매년 꾸준히 늘고 있어 숫자를 파악하기조차 힘들다"고 말했다.

조선인 강제동원을 증언해주는 기념물이 사이판 북쪽 '태평양 한국인 추념 평화탑' 한 곳뿐인 것과는 대조적이다. 물론 평화탑 주변에는 2005년 동부화재가 기증한 대리석을 비롯해 다양한 비석이 들어서 있다. 하지만 생색내기용이 많다. 동부화재는 이 대리석 비석에 당시

태평양 한국인 추념 평화탑

회사의 포상으로 사이판을 방문한 직원 200여 명의 이름 전체를 새겨 놓았다. 연예인 단체나 심지어 이곳에 전지훈련을 왔던 리틀 야구단까지 추념비를 세웠다. 추모의 문구보다는 비석을 세운 사람들의 이름을 남기는 데 더 열심이었다는 인상을 받을 수밖에 없다.

'태평양 한국인 추념 평화탑' 자체도 순탄치 않은 길을 걸어왔다. 탑은 1981년 처음 세워졌다. 탑의 제원과 설립 경위, 이를 세운 사람들 이름이 새겨진 검은색 비석이 나란히 놓여 있다. 한글과 영문으로 새겨진 글은 두번째 줄만 대리석 조각으로 덧대져 특정인의 이름을 지우고 있다. 사이판 한인회 측 설명으로는 1980년대까지 사채시장을 주물렀던 '큰손' 장영자 씨의 이름이 새겨져 있었다고 한다. 장 씨가 아무리 평화탑 건립에 거액을 후원했다고 해도 이곳을 방문하는 한국

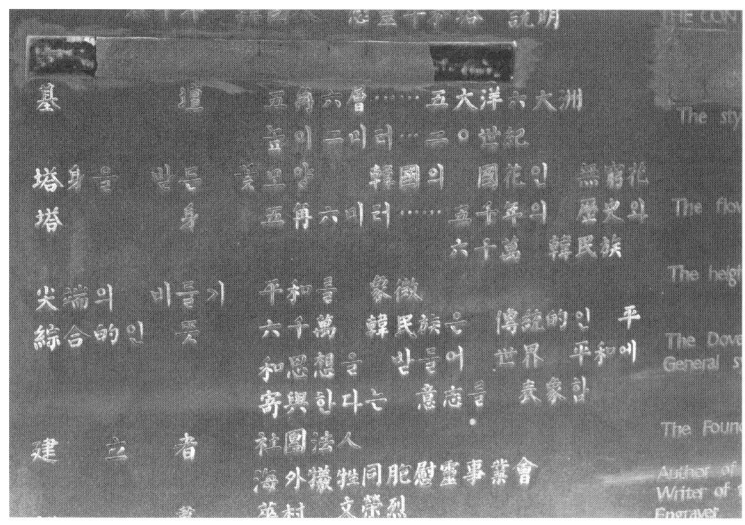

평화탑 뒤편 비석에는 '큰손' 장영자 씨의 이름이 새겨져 있었으나 지워졌다.

인들의 감정을 고려하지 않을 수는 없었다고 한인회 측은 밝혔다.

원래 탑의 명칭은 '태평양 한국인 위령 평화탑'이었다. 그런데 '위령'慰靈이란 단어가 '영령들을 위로한다'는 일본식 용어라는 지적이 나왔다. 영령이란 개념에 종교적으로 동의하지 못하는 기독교인들의 항의도 이어졌다. 결국 2006년 위령이란 글자를 파내고, 추념追念이란 말을 다시 새겨 넣어 오늘에 이르고 있다.

원폭 탑재지 티니안에서 발견된 유골

조선인 노무자들이 하루 10시간씩 뙤약볕에서 일한 난요코하츠 직영 농장은 사이판 국제공항으로 변했다. 이곳에서 6인승 세스나 경비행기를 타고 사이판 남쪽으로 이웃한 섬 티니안Tinian으로 향했다. 정글에 파묻힌 티니안 북부 노스필드 지역은 조선인들이 대규모 동원돼 사탕수수를 재배했던 곳이다. 노무자들은 종종 일본 해군 항공부대의 비행장 활주로 건설 인력으로 투입되기도 했다.

역시 전북 장수에서 티니안으로 끌려온 우태현 할아버지는 "소화 17년(1942년) 항공부대 기지에 있는 목공소로 끌려갔다가 음식을 잘못 먹어 탈이 나 사탕수수 농장으로 돌아왔다"라고 회고했다. 전황이 급박해지자 일본군은 조선인 노무자들을 군사시설 건설현장에 배치하면서 민간인이 아닌 군속으로 신분을 바꿔버렸다.

방공호에서 미군에 의해 해방된 우 할아버지는 수용소에 수감됐다. 미군은 남자 포로에게 주로 시체 처리하는 일을 시켰고, 여성에게는 미군 군복을 세탁소에 맡기도록 했다. 우 할아버지는 "시체는 미군 따로 일본군 따로 구분했으며 민간인은 민간인대로 구분하여 매장했다"라고 증언했다. 그는 수용소 시절 김화순 할머니를 만나 결혼했다. 우 할아버지와 동향이자 열 살 어린 김 할머니는 열두 살 때 끌려와 농장에서 일했다. 부부는 이후 고향 장수로 돌아와 반세기 넘게 농사를 지으며 해로했다.[2]

티니안 남쪽 산호세 옛 항만지역에는 난요코하츠의 사무소가 앙상한 회색 시멘트 유적으로 남아 있다. 미군의 포격으로 일부 기둥이 꺾이고 지붕은 사라졌지만 건물 윤곽을 그대로 보존하고 있다. 티니안의 별명은 설탕섬Sugar Island이다. 사이판 면적과 비슷한 섬 전체가 난요코하츠의 사탕수수 농장이었기 때문이다.

낡은 시멘트 뼈대 사이로 불꽃나무Flame Flower Tree가 뿌리를 내렸다. 선홍색 꽃이 피면 나무 전체가 불타오르는 모습으로 보인다고 해

시멘트 뼈대만 남은 난요코하츠의 사무실(위)과 주변의 불꽃나무들

티니안 노스필드 지역의 원자폭탄 탑재지점.
제2차 세계대전을 종식시킨 원자폭탄이 이곳에서 조립돼 B-29에 탑재된 뒤 일본 히로시마와 나가사키로 향했다.

서 불꽃나무다. 꽃이 먼저 피고 그 이후에 잎이 나오는 것은 일본의 국화 벚꽃나무와 같다. 꽃잎이 무더기로 떨어진 자리 주변은 조선인의 한이 서린 듯 붉게 물들어 있었다. 이 유적 인근에는 중국계 자본이 세운 카지노 호텔이 있다. 중국인 관광객들은 비취빛 해변과 불꽃나무를 배경으로 사진 찍기에 여념이 없었다.

1944년 7월 사이판을 무너뜨린 미 해병대가 일본군의 옥쇄 작전을 뚫고 티니안에 상륙했다. 미군은 곧바로 대규모 공병대를 투입해 노스필드 지역의 활주로를 기존 1개에서 4개로 늘렸다. 그리곤 일본 본토 공습을 위한 B-29 폭격기 기지로 만들었다. 최대 항속거리 5,000km였던 B-29기는 이곳에서 발진해야 2,400여 km 떨어진 일본까지 왕복할 수 있었다. 1945년 8월 인류 역사를 바꾼 '리틀보이'와

'팻맨' 두 개의 원자폭탄이 여기서 탑재돼 히로시마(8월 6일)와 나가사키(8월 9일)로 향했다. 2차 원폭 투하 6일 만에 일본의 무조건 항복으로 제2차 세계대전도 끝났다.

일본군과 미군의 전투를 피해 방공호 안에서 버티던 조선인 노무자들은 해방 후 포로수용소에서 지냈다. 미군은 조선인, 일본인, 현지인인 차모르족 노무자들을 각각 격리 수용했다. 군인들은 별도로 솎아내 하와이로 데려가 전범재판을 받도록 했다. 이곳에 남아있던 조선인 노무자들은 1946년 1월 미군 수송선을 타고 부산으로 일괄 송환됐다. 미군이 작성한 승선자 명부에 따르면 티니안에서 2,984명, 사이판에서 1,354명이 귀국했다.

그러나 강제동원의 진짜 비극은 종전 후 30여 년이 지나서야 밝혀졌다. 1977년 5월, 대구대 설립자인 이영식 목사(작고)가 아들인 이태영 당시 대구대 총장(작고) 등과 함께 티니안 밀림 속 옛 민간인 수용소 터 부근에서 드럼통 세 개에 있던 조선인 추정 유골 5,000여 구를 발견했다. 유골이 발견된 곳에는 '조선인지묘'朝鮮人之墓라고 새긴 철근콘크리트 비석이 있었다고 한

티니안에 세워진 '평화소원 한국인 위령비'

다. 전쟁 와중에 시신을 일괄 수습해 모아놓은 것으로 추정되며 일부 드럼통에서는 화장한 흔적도 있었다. 유골 발굴을 계기로 출범한 해외희생동포추념사업회는 사할린을 포함해 태평양 주변 아홉 곳에 추념비를 건립하는 등 강제동원 진상규명 활동의 촉매제 역할을 했다.

내 이름은 킹

사이판에서 다시 30인승 비행기를 타고 북마리아나 제도의 최남단 로타Rota 섬으로 향했다. 로타의 서남쪽 송송Songsong 빌리지 해변에는 난요코하츠의 제당공장 시설 일부가 남아 있다. 로타 전역 농장에서 거둬들인 사탕수수는 거미줄처럼 연결된 철도를 타고 공장으로 보내져 증류과정을 통해 정제설탕으로 태어났다. 이 섬에 거주하는 한인 정석희 씨는 "절벽과 해안을 연결하는 사탕수수 운반용 케이블카의 지지대가 남아 있었는데, 몇 년 전 큰 태풍으로 쓰러져버렸다"고 말했다.

로타를 비롯해 티니안과 사이판에는 유독 '킹'King이라는 성姓이 많다. 한국의 성인 김씨가 씨를 뿌려 킹씨로 남은 것이다. 로타에서 태어난 후 1946년 사이판으로 이주한 존 킹John King 씨는 2007년 강제동원조사위원회의 현지 직권조사에 응했다. 그의 부친은 김육곤, 어머니는 차모로족인 후앙Juan이라고 했다. 부친은 1910년대 농업 이민 형태로 로타에 정착했고, 현지인과 결혼해 여섯 자녀를 두었다.

"당시 킹 씨 같은 조선 사람이 로타에 많았는가?"

"농업이나 제당회사에서 일하는 조선인이 많이 있었다."

"전쟁 시 로타는 격전지가 아니었던 것으로 알려져 있는데 실제 어땠는가?"

티니안의 사탕수수를 운반하던 난요코하츠의 증기기관차와 달구지

"나는 16세였는데 동생(당시 15세)과 함께 징병당했고, 동생은 사망하였다. 당시 차모로족은 출퇴근식으로, 방인(일본인·조선인)들은 현역으로 징병대상이었다."

"다른 조선인들도 병사로 갔는가?"

"처음에는 직영농장이나 흥발회사(난요코하츠) 소속으로 온 조선인 노무자도 군인으로 징병되었으며, 농업 노무자로 왔으므로 군대에 가지 않겠다고 하면 그 자리에서 바로 목을 치기도 했다. 당시에는 15세부터 40세까지 모두 군인징병 대상이었다."

"전쟁이 격화되면서 로타에 비행장을 만들었다고 하던데 어떠한가?"

"일본인 부대가 만든 활주로가 있었는데, 전쟁이 격화되면서부터는 저녁이 되면 미군이 활주로에 폭탄을 투하하여 낮에는 활주로 복구 작업을 하고 밤이 되면 또 폭격을 하고, (그렇게) 복구하는 작업의 연속이었다. 전쟁이 격화되기 전까지는 공병부대가 하는 일이였으나,

로타 해안 절벽에 설치된 제2차 세계대전 당시의 일본군 대포 *

이후에는 농민들도 활주로에서 노역하곤 했다." ³

존 킹 할아버지의 증언에 의해 로타에 배치된 난요코하츠 소속 노무자들이 일시에 군속으로 전환됐다는 사실을 알게 됐다. 농장 단위로 일본군의 호출이 있으면 지정된 장소로 가서 군속에게 입히는 옷을 입고 활주로와 방공호를 건설하는 노역을 감당한 것이다. 2010년 취재팀이 방문했을 때 존 킹 할아버지는 이미 고인이 됐다. 다만 자넷 킹 Janet King 씨 등 그의 후손들이 북마리아나 제도 중앙정계에 진출해 한인들의 역사를 이어가고 있었다.

미군은 제2차 세계대전 때 로타에 함포사격을 퍼부었지만, 사이판 티니안과 달리 본격적인 상륙작전을 감행하진 않았다. 이 때문에 섬 곳곳에 일제의 잔재들이 비교적 잘 남아 있다. 송송 해변 일대를 내려다보는 절벽에는 아직도 포신이 움직이는 일본군 대포가 있다. 제2차 세계대전 당시의 일본군 무기, 미군의 포탄, 조선인의 생활용품 등을 모아 '동굴 뮤지엄'을 운영하고 있는 현지인 마티아스 타이사칸 씨는 취재팀에게 "역사를 배우고자 하는 한국인 관광객을 좀 몰고 오라"고 했다. 로타를 찾는 여행객의 99%가 전세기를 이용하는 일본인이란 말도 빼놓지 않았다.

전쟁보다 지독했던 굶주림

태평양전쟁 당시 죽음에 대한 공포보다 더 큰 고통은 굶주림이었다. 특히 남양군도가 그랬다. 제해권을 장악한 미군은 태평양에 늘어선 섬들 가운데 전략적 가치가 있는 곳만 점령하고 나머지는 해상봉쇄를 통한 고사작전을 폈다. 일본군 수송선과 잠수함이 궤멸당해 식량을 비롯한 군수물자 보급이 완전히 끊겼다. 일본군과 함께 동원된 조선인 군속들은 수년간 처절한 기아에 시달려야 했다.

충남 청양 출신 이도재 할아버지는 일본 제4해군 시설부 세츠에이다이設營隊 소속으로 나우루Nauru까지 끌려갔다. 나우루는 남양군도에서 동남쪽에 위치한, 아시아 쪽보다는 호주 대륙 북단이 더 가까운 섬이다. 이 할아버지는 "한결같은 소망은 언젠가 귀국해서 배불리 식사를 할 수 있느냐는 것"이라고 했다.

"그 섬이 얼마나 기아에 허덕였느냐 하면요. 길을 가면 저쪽서 원주민 두 여자가 와요. 뒤쪽 여자가 앞의 여자 눈을 가립니다. 앞의 여자는 치마를 들어 올려 음부를 보여줘요. 맘대로 하라는 거지요. 대신 뭐 좀 먹을 것을 달라는 겁니다. 주먹밥 하나만 내주면 발랑 나자빠지

충남 청양에서 한약방을 운영하는 이도재 할아버지 *

는 경우도 있었습니다."

1921년생인 이 할아버지는 21살 때인 1942년 8월 24일 해군 군속으로 징용을 갔다. 중학교를 중퇴하고 청양 읍내에서 한약방을 하던 선친을 돕던 때다. 일제는 이 할아버지에게 집요하게 지원병 지원을 강요하다가 실패하자, 이번에는 해군 군속으로 가라고 압력을 넣었다. 이 할아버지는 "막판에는 사상이 불순하고 의식이 이상한 놈이라고 볶아댔다. 경찰서 코밑에 사는데 견딜 수가 없었다"라고 했다.

그가 끌려간 곳은 남양군도 한복판 축Chuuk 섬이다. 미크로네시아 연방에 속한 곳으로 19세기에는 독일이 점령해 '트럭'Truk으로, 일제 시대에는 '도락쿠'로 불리던 섬이다. 이곳에는 태평양 전체를 관할한 일본 해군 사령부가 있었다. 대다수 징용자들은 이곳을 '추럭도'로 기

억하고 있다.⁴

이 할아버지는 3개월 후인 11월 22일 청양지역에서 함께 끌려온 40명과 함께 또다시 최전방 나우루 섬에 배치됐다. 그들은 이곳에서 1946년 5월 귀국선을 타기까지 3년 6개월 동안 수백 회의 공습과 함포사격, 병사와 아사 위기를 넘게 된다.

"하루에 쌀을 작은 성냥갑으로 하나씩 배급해주더니, 그것이 격일로 또 수일 만으로 줄다가 아주 끊기고 말았어요. 나무 열매고 풀이고 도마뱀이고, 심지어 들쥐까지도 눈에 띄면 잡아먹게 마련입니다. 우리 속담에 '항문이 찢어지게 가난하다'는 뜻을 거기서 체험했습니다. 굶어서 풀을 뜯어 삶아 먹는 입장이 되면 항문이 찢어져 피가 나는 것도 당연합니다."

나우루 섬에서 징용자들은 모두 세 개의 일본군 활주로를 만들었다. 미군의 공습이 시작되면 이 할아버지는 동료들과 함께 "거미 새끼를 흩뿌려 놓은 듯 사산대피四散待避했다"라고 말했다. 공습경보가 해제되면 곧바로 나와 분화구처럼 패인 활주로의 구멍을 메우고 또 메웠다. 미군의 공습에는 기총소사도 많았지만 후일 기아에 허덕이면서는 아예 미동도 안했다고 했다. '죽일 테면 죽여라. 굶어 죽으나 기관총에 맞아 죽으나 마찬가지다'란 체념이 들었다고 했다. 이 할아버지는 청양 출신 동료를 열대의 하늘 아래 묻은 일을 떠올리며 몸을 떨었다.

"청양 비봉면 출신 이해석 대원이 있었습니다. 저녁에도 돌아오지 않아 이튿날 동료들과 찾아갔는데 고개를 넘기가 힘들었지요. 훈도시 하나만 차고 모두 깡말라가지고, 갈비뼈는 튀어나오고, 볼기짝은 비비 뒤틀리고, 얼굴은 아무거나 입에 집어넣어 오히려 부기가 생겼습니다. 우리가 종종 열매를 따던 정자나무 모양의 큰 나무 아래 암반에

남양군도에서 조선인에게 식용으로 애용되던 빵나무 열매. 삶으면 빵을 씹는 듯한 식감이 느껴졌다고 한다. *

이해식이 피를 흘리며 불쌍하게 숨져 있었습니다. 너무 배고프니까. 열매를 따서 삶아 한 끼라도 얻으려고 나무에 올라갔다가 암석 위에 떨어진 겁니다. 그런데 땅을 깊이 팔 힘도 없어서. 어지간히 파서 묻는데. 눈물이 나고……. 일본 놈에게 끌려오지 않았으면 왜 이렇게 억울한 죽음을 당했겠나 울분을 누를 수가 없었습니다."

구순을 넘긴 이 할아버지는 가쁜 숨을 내쉬며 쉰 목소리로 말을 이었다.

"종전 수개월 전입니다. 연합군 상륙이 임박했다는 소문이 돌았습니다. 일본군 사령관이 중대장회의를 소집했는데 '며칠 후 전투가 벌어질 지도 모르는데 비상식량마저 수일분에 지나지 않는다. 조선인 군속이 600여 명이나 되어 부족한 식량을 축낼 뿐이다. 그들을 전부 죽여야 한다'라는 명령을 내렸습니다. 당시 직원 숙사에서 사령으로 일하던 김성환 군에게 들은 내용입니다. 그때 기미시마 히로지 해군 중위가 우리 조선인 군속을 지휘했는데, 총살형을 감수하고 명령에 불복종했습니다. 그는 동경제대 출신의 엘리트로 '아무리 군율이지만 수년간 중노동과 기아에 고생한 내 부하를 조선인이라고 해서 죽일 수는 없다'라고 했습니다. 집단학살을 모면했다는 사실에 안도의 한숨을 내쉬었지만 마음의 동요는 가라앉지 않았습니다. 언제 일본군의 광기가 재발할지 몰랐지만 외딴 섬에서 도망갈 데라고 있나요. 살아 돌아갈 수 있을지 회의에 빠지지 않을 수 없었습니다."

1945년 9월 나우루에 호주군이 상륙하면서 비극의 1막은 끝났다. 이 할아버지와 조선인 군속 600여 명은 호주의 비료 회사 BPC에 부역했다. 나우루는 비료 원료인 인광석의 주산지다. 조선인 군속들은 이를 채취하는 한편 상수도 공사와 건물 복구 작업을 하며 수송선을 기다리다 1946년 7월에야 전북 군산으로 생환했다.

비극은 한반도에서도 계속됐다. 이 할아버지는 귀국선에서 물을 잘못 마신 탓에 열대 말라리아에 걸려 3년을 앓았다. 말라리아 유충이 간에서 계속 알을 낳으며 재발했다. 한약방을 하던 집에서도 약을 대기 힘들었다. 한국전쟁 때는 형님이 전국에서 자행된 국민보도연맹 학살사건으로 목숨을 잃었다. 진짜 비극은 그가 한국 정부로부터 강제동원 사실을 공식 인정받기까지 무려 60년이 걸렸다는 점이다.

"군속으로 일했을 때 우리들의 월급은 130~150원이었습니다. 그중 30~50원을 가족에게 송금하고 나머지는 전혀 받지 못했습니다. 상여금, 피복대, 수당은 물론 특히 기아에 고생한 대가는 어떻게 보상받아야 할까요. 2006년 강제동원 사실을 인정받긴 했습니다. 하지만

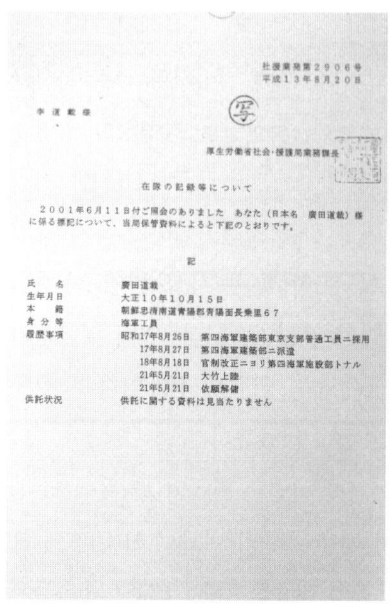

이도재 할아버지의 공탁금을 찾을 수 없다는
일본 후생노동성의 공문

2009년에 다시 징용 당시 강제로 가입했던 군사우편저금을 돌려달라고 강제동원조사위원회에 신청했지만 기각됐습니다. 일본 후생노동성에 편지도 보냈지만 공탁금 자료를 찾을 수 없다는 엉터리 대답이 왔습니다. 우리 정부는 이런 일본 정부기록을 근거로 지원이 안 된다고 합니다. 기가 막힙니다. 내가 화병을 얻었습니다. 일본에 팔려간 노예도 아닌데, 실컷 혹사당하고 생지옥에서 살아났는데, 저들이 반성은커녕 응당 지불해야 할 대가마저 지불을 않고 있으니. 또 한국의 위원회는 그걸 대변하고 있으니. 도저히 분노를 금할 수가 없습니다. 나 개인 같으면 또 모르겠지만 난 나우루에서 생환한 600여 명의 대변자입니다. 내가 죽으면 나우루의 비극을 증언해주고 권리를 찾아줄 사람이 없게 됩니다."

그렇다고 이 할아버지가 일본에 대한 적개심만 키워온 것은 아니다. 그는 2000년대 들어 자신과 조선인 군속의 학살을 막은 기미시마 중위의 유족을 찾아 한국으로 초청해 감사를 표하기도 했다. 광복 이전 식민지 조선 청양에 거주하다 가족이 사망한 일본인 자매가 매년 공양을 위해 청양을 찾으면 일본어 통역을 자청하며 환대하기도 했다. 이제는 기력이 쇠해 가쁜 숨을 내쉬는 그가 자필로 남긴 수기「추럭도에서 나우루까지」에는 평생 고민해온 해법이 이렇게 표현돼 있다.

한국과 일본은 일의대수一衣帶水의 이웃나라입니다. 언제까지 반일이니 혐한이니 하면서 반목질시하는 것은 바람직한 일이 아닙니다. 원인 없는 결과는 없습니다. 그 원인을 반성 회개하는 것이 화해의 전제가 될 것입니다.

시집 『접시꽃 당신』으로 유명한 도종환 시인도 큰아버지 도해봉 씨를 남양군도에서 잃었다. 1985년 창비에서 발간된 시인의 처녀시집 『고두미 마을에서』에는 연작시 「삼대」三代가 실려 있다. 식민지와 전쟁을 거친 가족사를 노래했다. 시인은 연작시 안의 2장 '남양군도' 편에서 큰아버지를 이렇게 추모했다.

(중략)
나우루나 트럭 섬 괌이나 사이판 같은
적도 밑 야자수 숲속에서 포세례 속에서
수비대의 큰아버지 마지막 보신 것은
겁 없이 아름다운 저녁 노을과 갈증
오동리 하늘보다 짙푸른 태평양과 쌀방개
논고랑의 개구리밥과 미군기의 퍼레이드
할복자살 피비린내와 만세돌격 자살돌격
못다 키운 염소 새끼, 나어린 아내를 두고
어째서 초근목피 하나 없는 이국의 기아전선에서

폭풍에 갈가리 찢겨져야 하는지
큰아버지, 말 안하시지만 알고 계셨잖아요

시인의 큰아버지는 1942년 4월 충북 청원군 북일면 오동리에서 일제에 의해 강제 동원돼 연락선을 탔다. 면사무소별로 집집마다 강제징용 인원을 할당하던 때였다. 장남이던 큰아버지는 아버지와 어린 동생들을 대신해 자신이 가겠다고 했다. 갓 태어난 딸과 20대 초반의 젊은 부인을 고향 땅에 남겨두고 큰아버지는 남양군도 팔라우 공화국 앙가우르 섬까지 끌려갔다. 남국의 태양 아래서 2년간 강제노역에 시달리다 군속으로 차출됐다. 그리고 1944년 3월 미군의 팔라우 제도 1차 공습 때 폭격으로 숨졌다.

장남을 빼앗기고 유해조차 찾지 못한 집안은 급속히 기울었다. 갓난쟁이 딸은 굶어 죽었고, 큰어머니는 청상과부가 됐다. 시인의 할아버지는 술만 드시면 철길에 누우셨다. 자식을 먼저 보낸 슬픔은 훗날 할아버지에게서 시력을 앗아갔다. 할머니는 중풍으로 오래 고생하시다 세상을 등졌다.

사망 당시 25세였던 백부의 유골은 65년 만인 2009년 7월 한국으로 돌아왔다. 2004년 옛 일제강점하 강제동원피해 진상규명위원회가 출범해 수년간의 조사 끝에, 백부의 유골이 일본 도쿄 인근의 사찰 유텐지祐天寺에 모셔져 있음이 확인됐다. 시인의 아버지 도해술 옹이 주변의 만류에도 불구하고 직접 일본으로 건너가 형님의 모발과 유골을 품에 안고 돌아왔다. 팔순에 뇌경색을 앓고 있는 부친이 김포공항에 내리던 그날 "비가 폭포수처럼 내렸다"고 시인은 기억했다.

비는 도쿄에서 김포로 향하던 비행기가 추풍령을 지날 무렵부터 시작해 앞이 안 보일 정도로 내렸다고 했다. 추풍령을 넘으면 충청도 땅이다. 충남 천안 국립 망향의 동산에서 열린 안치식 내내 시인의 아버지는 "억수처럼 쏟아지는 비는 고향 땅으로 돌아온 형님의 한 맺힌 눈물"이란 말을 반복했다.

도종환 시인 역시 취재팀에게 일본보다는 한국 정부에 대한 분노를 쏟아냈다. 65년간 유해를 찾아 떠돈 것 때문만은 아니라고 했다.

큰아버지를 남양군도에서 잃은 도종환 시인

1965년 한일청구권협상 이후부터 줄곧 한국 정부는 시인의 가족에게 "강제징용을 가서 사망했다는 증거 자료를 가져오라"고 말했다. 광복과 전쟁 그리고 산업화를 거치면서 이리저리 옮겨 다니던 가난한 농가에 자료가 남아 있을 리 만무했다. 시인은 국가에 묻고 싶다고 했다.

"국가가 해야 할 일이 무엇입니까. 국민이 국가의 부름으로 군대에 가고 전쟁터에 나가는 것은 결국 국가가 국민의 생명을 보호하기 때문입니다. 수십만 명이 징용으로 끌려갔는데 남양군도든 사할린이든 오지에서 죽은 사람들은 그냥 거기서 끝나버렸습니다. 국가가 적극적으로 나서서 유해를 찾고 상처를 다독여주어야 하는 것 아닙니까."

사이판 최북단 만세절벽. 사진이 촬영된 이 지점에서 2005년 일왕은 절벽을 향해 머리를 숙였다.*

사이판 방문한 일왕, 조선인에 대해선 침묵

일본 아키히토 일왕 내외는 2005년 6월 북마리아나 제도를 공식 방문해 사이판 최북단 만세절벽 앞에 섰다. 일왕의 해외 전몰지 추도 방문은 전후戰後 처음이었다. 1944년 벼랑 끝에 몰린 일본군과 일본 민간인들이 미군의 만류에도 "천황 폐하 만세"를 외치며 바다로 몸을 던진 바로 그 현장을 향해 그는 묵념했다.

"일본인 사망자 수는 5만 5,000명에 이르고, 여기엔 어린이를 포함해 1만 2,000명의 민간인이 포함됐다. 동시에 우리는 3,500명가량의 미군과 900명이 넘는 섬 주민들이 이 전투에서 제물이 됐다는 사실을 결코 잊어선 안 된다." 일왕은 사이판 방문차 도쿄 하네다羽田 공항을 출발하기에 앞서 이런 내용의 출국사를 읽어 내려갔다.

하지만 일왕은 이곳에 동원됐다 사망한 조선인들에 대해서는 언급하지 않았다. 만세절벽에서 돌아가는 길에 위치한 한국인 추념탑 앞 도로에 잠깐 멈춰 서서 머리를 숙인 게 전부였다. 일본 기업의 살인적 강제노역에, 일본군의 자살돌격 강요에, 미군의 포격에, 항문이 찢어지는 굶주림에 스러져간 조선인들의 존재에 대해서는 몰랐던 것일까.

이명박 대통령은 경술국치 100년을 맞는 2010년에 즈음해 일왕의 방한을 추진하겠다는 의사를 지속적으로 밝힌 바 있다. 그러나 이는 일본 스스로 과거사에 대한 매듭을 지은 후에나 가능한 일이 아닐까. 남양군도 각지와 동아시아 전역에 흩뿌려진 조선인 유골 앞에서 일본의 진솔한 사죄가 먼저 이루어져야 한다.

2
사할린, 일본에 버림 받고 소련에 억류된 징용자들

사할린 남부는 일본 영토가 되어서 당시 가라후토라고 불렸지만, 1945년 여름에 소비에트 군이 점령하면서 아버지와 어머니는 포로로 잡혔어. 아버지가 항만시설에서 일했던 모양이야. 일본 민간인 포로 대부분은 그 얼마 뒤에 일본으로 송환되었지만 우리 아버지 어머니는 노동자로 그쪽에 송출된 조선인이었기 때문에 일본으로 돌려보내주지 않았어. 일본 정부가 그 거래를 거부했거든. 종전終戰과 함께 한반도 출신자는 더 이상 대일본제국의 신민이 아니라는 이유로. 참 너무한 얘기지. 배려라는 게 전혀 없잖아.

일본을 대표하는 현대작가 무라카미 하루키의 베스트셀러 소설 『1Q84』에 나오는 대목이다. 냉철한 보디가드 다마루가 여주인공 아오마메에게 자신이 젖먹이 때 조선인 부모와 헤어지게 된 사연을 설명하고 있다. 이 소설에서는 러시아 작가 안톤 체호프(1860~1904)의 기행문 『사할린 섬』이 주요 소재로 다뤄지는 등 사할린이 한 모티프로

2004년 탄광이 폐광한 뒤 쇠락해가고 있는 시네고르스크 마을·

작용한다. 하루키는 특히 한인 2세 다마루의 술회를 통해 사할린에 징용된 조선인들이 일제에 의해 이용당하다 어떻게 철저히 버림받았는지를 압축적으로 서술했다. 그러나 일본 전후세대가 자국의 '국민작가'가 제시한 이 대목을 얼마나 이해할 수 있을지는 의문이다. 『1Q84』에 열광한 한국의 젊은 독자들 역시 조선인 징용자와 그 가족들이 강제노역과 이산의 아픔 속에서 얼마나 신음했는지 잠시 책장 넘기기를 멈추고 생각에 잠기기는 어려웠을 것이다. 불과 70년 안쪽의 역사이지만 이미 망각의 지층 속에 깊이 파묻혀버렸기 때문이다. 사할린 강제동원의 잃어버린 시간을 찾아서 '러시아의 땅끝'을 찾아간 것은 2010년 5월 6일이었다.

징용 1세대의 또 다른 아픔, 김윤덕 할아버지 이야기

이날 저녁부터 쏟아지기 시작한 비는 다음 날에도 그칠 줄 몰랐다. 취재팀은 러시아 영토의 극동에 위치한 사할린 주의 주도州都 유즈노사할린스크에 숙소를 잡고 7일 아침 자동차로 출발했다. 웅덩이와 진흙탕 투성이 도로를 달려 북서쪽 방향으로 1시간쯤 가자 옛 탄광도시인 시네고르스크가 나왔다. 일제가 사할린을 점령했을 당시 시네고르스크의 명칭은 가와카미川上였다. 남사할린 최대 탄광 중 하나로 꼽히던 가와카미 탄광은 일본 최대 재벌 미쓰이三井의 계열사 미쓰이광산주식회사 산하에 있었다. 1945년 8월 종전 이후 시네고르스크 탄광으로 명칭을 바꿔 러시아 정부가 계속 운영하다 2004년 폐광했다. 이곳에서 징용 1세대 김윤덕 할아버지를 만났다. 그는 취재팀보다 5분 정도 늦게 자택에 들어왔다. 방안으로 들어서는 그의 머리칼이 다소 젖어 있고 몸에서 더운 기운이 느껴졌다. "허허. 목욕하고 왔어요. 목욕탕이 넉 달 동안 문을 안 열었는데, 오늘은 명절 전이라고 공짜로 열어서 잘 씻고 왔어요."

여기서 '명절'이란 러시아의 제2차 세계대전 전승기념일을 말한다. 일본이 항복한 8월 15일이 아니라 독일이 항복한 5월 9일이 김 할아버지에게도 명절이다. 이곳에서 산 지 어언 67년. 1925년생인 그는 본래 경북 경산군 하양면 남하리에서 가족과 함께 논 서 마지기, 밭 서 마지기 농사를 짓고 살았다. 그러다 불과 열여덟 살이던 1943년 12월 11일 사할린으로 동원됐다. "우리 면에서 47명이 같이 출발했어요. 다나카라는 사람이 인솔해서 시모노세키, 홋카이도를 거쳐 12월 17일 밤 10시쯤 가와카미에 떨어졌지요. 전부 눈에 쌓여 하얘가지고 뭐가 뭔지 모르겠더군요. 고향에서는 눈이 거의 안 오고, 와도 저녁에 조금 내렸다 낮에는 다 녹았는데. 조선인 기숙사의 다다미 방 바닥에서 그냥 웅크리고 잤어요. 가운데 스토브가 하나 놓여 있었지만 너무 추웠습니다. 다치기도 많이들 다쳤어요. 나도 탄광에서 합빠(다이너마이트로 탄층을 폭파시켜 캐기 좋도록 하는 '발파'의 일본식 발음)를 놓다가 갱이 무너져 깔리는 바람에 갈비뼈 세 대가 부

지택 앞에서 눈을 치우는 김윤덕 할아버지.
5월인데도 마을이 온통 눈에 덮여 있었다.

러졌어요. 일본 사람들이 고무호스 같은 걸로 두들겨 패기도 했는데, 맞으면 대번에 몸에 줄이 좍좍 납니다." 탄광에서의 고생은 일본 본토의 조선인 광부들과 크게 다르지 않았을지 모른다. 김 할아버지와 같은 사할린 징용자들에게 닥친 결정적인 아픔은 따로 있다. 광복 후 옛 소련 당국에 의한 억류와 그로 인한 가족과의 기나긴 이별이다. "전에는 여기에 일본 사람하고 조선 사람밖에 없었는데, 해방되고 사흘 만에, 그러니까 1945년 8월 18일에 소련 군인들이 들어왔어요. 처음 보니까 나이도 몇 살 안 먹었는데 참말로 털이 노랗게 나고 눈은 고양이 눈처럼 새파래가지고……. 탄광에 있던 일본 사람들은 소련 밑에서 그냥 그대로 일하다 1953년부터 일본으로 돌아갔습니다. 가와카미 탄

광은 일본에서 가장 큰 회사인 미쓰이 계열 탄광이에요. 왜놈들이 원래는 조선 사람부터 먼저 고향에 보내준다고 했는데, 저희만 먼저 살짝살짝 갔어요. 하지만 우리는 소련이 안 보내줘요. 보내달라고 암만 해봐도 소용이 없었어요. 허락을 해줘야지. 똑똑한 사람들이 위(소련 당국)에 편지를 보내고 해봐도 아무 소용없었습니다. 공산주의인데 가만있어야지 뭐. 그래서 여기서 고생 고생 하다 나중에 북조선으로 간 사람도 많습니다. 가고 싶은 사람 보내주겠다고 하니까 갔어요. 한국 여자 얻으려고 간 사람이 많았고, 거기 가면 남한 고향으로 어떻게 갈 수 있지 않을까 해서 간 사람도 많았고." 김 할아버지는 '다른 데 가면 죽을까 싶어' 줄곧 시네고르스크에서 살았다고 했다. 탄광에서 만나 형제같이 지내던 대구 동촌 출신 사람의 딸을 소개받아 1950년 결혼도 했다. 탄광 노동자로 계속 일하다 고국에 돌아갈 희망으로 오랫동안 '무국적자'로 살았지만, 1988년에 이르러 할 수 없이 소련 국적을 취득했다.

"소련에서 살려면 소련 국적을 받아야지요. 안 그러면 어디 마음대로 다니지도 못해요. 처음에는 고향 가려고 소련 국적을 안 받았는데, 못 가니까 다들 받았습니다." 김 할아버지는 노령임에도 불구하고 단단한 체구에 기력이 놀랄 만큼 정정해 보였다. 그러나 그는 "한국에서 나는 죽은 사람"이라고 말했다. 무슨 뜻일까. 천신만고 끝에 꿈에 그리던 고향에 가서 확인해보니 호적에 자신이 '사망'으로 처리돼 있었다는 것이다. "한국에서 1998년 사할린 이산가족 찾기 방송을 해서 고향에 있는 어머니하고 동생들을 찾게 됐어요. 그래서 다음 해 어렵사리 한국을 방문해 경산 정류장에 내렸더니 동생들하고 조카들이 전부 나와 있더라고요. 어매(어머니)가 아직 살아계셔서 장남인 나를 붙

한국에서 취재팀이 왔다고 정성껏 점심식사를 준비하는 김 할아버지의 딸들과 부인

들고 한참 울고. 우리가 오형제인데 내가 없는 동안에 한 명은 아파서 죽고, 한 명은 베트남전쟁 가서 죽었다고 합니다. 그런데 동생 하나가 '형님도 죽은 걸로 돼 있다'고 그래. 나중에 호적등본을 떼봤더니 '사망'으로 돼 있어요. 해방 뒤에도 내가 소식이 없고, 면사무소에서 '김윤덕 씨 어떻게 됐느냐'고 하도 물어서 부모님이 죽은 걸로 신고했다는 겁니다. 그래서 살아있는 걸로 호적을 고치려고 대구시를 두 번이나 찾아갔는데 '너무 오래돼서 못 한다'고 치워버립디다. 결국 못 고쳤습니다."

한국에 영주귀국 할 생각은 없는 걸까. 1992년부터 한·일 양국 적십자사가 주도한 사할린 동포 영주귀국 사업을 통해 3,000명에 달하는 1세대(1945년 8월 15일 이전 사할린 출생자만 해당)가 경기도 안산 고향마

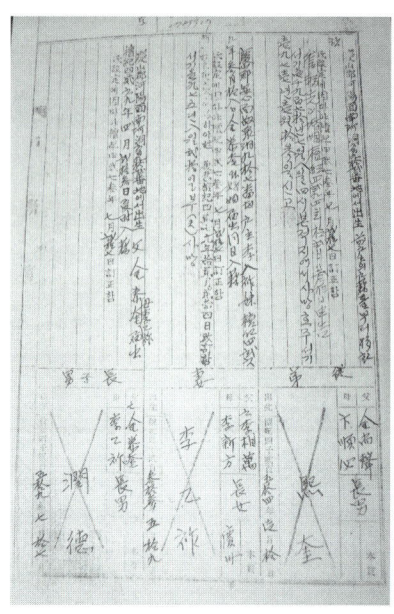

김 할아버지의 한국 호적등본에는 '潤德'(윤덕)이라는 이름 위에 사망했다는 뜻으로 X 표시가 돼 있다. *

을, 경북 고령 대창양로원 등지에 정착해 살고 있다. 그러나 영주귀국을 끝내 거부하는 1세대도 일부 있다. 김 할아버지가 거기에 해당한다.

"자식들 여기 놔두고 이제 우리 부부 둘만 가면 노인들끼리 가만히 죽으러 가는 것밖에 안 되지요. 취미 없습니다. 아들 하나, 딸 둘을 뒀어요. 여기 있으면 어쩌다 한 번씩 자식, 손주들 모여서 놀기도 하고. 그냥 여기서 사는 게 더 좋아요." 김 할아버지는 또 다른 이산의 아픔을 겪을까봐 모국에 안주하지 못한다. 일제 강제동원의 후유증은 아직도 이렇게 짙은 그늘을 만들어내고 있다.

나이부치 탄광 광부들은 어디로

6일 저녁부터 쏟아지기 시작한 비는 다음 날까지 그칠 줄을 몰랐다. 8일이 되자 빗줄기가 다소 가늘어졌다. 유즈노사할린스크 부근에서 유일하게 일제시기 탄광 흔적이 남아있다는 브이코프 지역을 향해 차로 출발했다. 브이코프의 일제 때 지명은 나이부치內淵. 가와카미 탄광과 함께 남사할린에서 손꼽히는 대형 탄광이었던 나이부치 탄광은 미쓰비시광업주식회사 소유였다.

유즈노사할린스크의 숙소에서 출발해 줄곧 북쪽으로 45㎞쯤 달리자 일제시기 제지업의 중심도시였던 돌린스크 시가 나왔고, 여기서 다시 서북쪽으로 15km쯤 더 가니 시골 탄광 마을이 나타났다. 나이부치 탄광은 종전 뒤 사할린이 소련에 귀속되면서 브이코프 탄광으로 명칭이 바뀌었다. 1995년 폐광됐는데, 중국인들이 사들여 2007년부터 다시 가동했다고 한다.

탄광 총지배인인 한인 2세 김부조 씨(러시아명 김 빅토르 니콜라예비치)는 "일제 때 지은 시설은 대부분 나무로 된 거라 지금은 거의 안 남아 있지만, 안쪽으로 들어가면 그 시절 쓰던 철로 등을 아직 볼 수 있다"라며 취재팀을 안내했다. 김 씨의 선친은 1938년 사할린으로 건너와 광부로 일했다. 이곳에서 1943년 태어난 김 씨도 젊었을 때 채탄부로 일하다 현재는 탄광 사무실 주통제실에서 광부들의 출퇴근 점검과 업무 배치를 총괄 지휘하고 있다. 그는 "자네들 오늘 잘 왔어. 허허. 내가 없으면 안에 못 들어가는데"라며 러시아인 수위가 지키고 있는 탄광 입구 바리케이드를 올리고 내부로 앞장서 들어갔다. 곳곳에 석탄이 야적된 잿빛 풍경이 을씨년스러웠다. 일제 때 지은 선탄장이 벽면이 여기저기 부서져 내린 채로 서 있었다. 파낸 석탄을 컨베이어 벨트로 옮겨 쓸모없는 돌 등을 골라내던 시설이다.

조금 더 걸어 들어가자 조선인 광부들이 드나들던 갱구의 진입 지점에 도착했다. 어두컴컴한 굴 안의 벽면 나무판자 틈을 통해 자연광이 새어 들어왔다. 겨우 주변 사물을 분간할 수 있었다. 바닥에는 곧게 뻗은 두 쌍의 왕복 철로가 굴 안쪽 소실점까지 곧게 뻗어 있었다.

브이코프 탄광 입구(위)와 조선인 광부들이 광차를 타고 막장으로 들어가던 갱구의 출발 지점(아래) *

조선인들은 여기서 도보가 아니라 광차鑛車를 타고 막장까지 거리 4km, 지하로는 500m 깊이까지 들어가 하루 평균 3,200톤의 석탄을 생산했다.

일제는 조선인들을 동원할 때 이 탄광 이름을 '나이부치 제국연료 주식회사'라고 내세웠다. 그래서 조선인들은 작업장의 정체가 탄광인 줄도 모르고 "고급 기술을 익힐 수 있는 기회"라며 기대를 품기도 했다. 그러나 막상 와보니 그냥 탄광이었다. 생존자들 증언에 따르면 이곳 조선인 노무자 기숙사(현재는 러시아 정부가 세운 아파트가 들어서 있다)에 1,300명 이상이 수용돼 있었다고 한다.

참 많이 맞았답니다. 동삼冬三에 고무호스로 물을 막 찌끌면서(뿌리면서) 매달고 막 때렸답니다. 그 추운데. ……한국에 그 뜨슨(따뜻한) 데서 있다가 발은 얼마나 시립니까. 신발도 그 얇은 거를 주고 눈을 치우라고 하니께 못 견뎌가지고 숙소에 들어왔답니다. 들어오니께네 '왜 일을 안 하고 왔나' 그래가지고 그렇게 때렸답니다. (로삼순, 1938년생, 1940년 동원된 아버지 따라 이주해 브이코프 거주)1

심지어 배고파서 도시락을 일찍 먹었다가 맞아 죽은 경우도 있었다.

경북 칠곡군에 있는 사람들이 많이 들어왔어요. 어떤 아주바이(아저씨) 한 양반은 아들 대신 들어온 건데, 점심 일찍 먹었다고 죽었어요. 점심밥을 미리 묵어버리고 벤또에 돌 이만한 거 하나 여놨지. 그러니까 젊은 사람(일본인 감독관)이 '밥이 들었는가, 돌이 들었는가' 흔들어봤단 말이에요. 떨거덕 떨거덕 돌멩이 소리지요. 그래 가지고 그 영감

브이코프 탄광 구내식당에서 취재팀에게 제공한 광부용 점심 식사. 감자를 삶아 으깨고 고기를 다져 동그랗게 뭉친 음식에 식빵 한 조각씩을 곁들인 것인데, 예전 조선인 광부들이 먹었던 음식과는 비교할 수 없이 풍성한 식단이다.

이 얻어맞아 죽었어요. 점심 묵으라 하니 제때 안 먹고 아침에 다 먹어버렸다고. (정화자, 1925년생, 1943년 동원된 남편 따라 이주해 브이코프 거주)2

일제 때 조선인 광부가 1,300~1,500명 있었다지만 지금은 그 2세인 한인 광부들이 40~50명밖에 없다. 러시아인들을 다 합쳐도 브이코프 탄광의 광부는 360명 정도다. 이처럼 사할린 내 탄광 다수가 빠른 속도로 쇠락하면서 조선인 강제동원의 흔적도 날이 갈수록 희미해지고 있다.

조선인들 묻힌 공동묘지

탄광에서 15분 정도 차를 타고 이동하자 야산에 거대한 공동묘지가 펼쳐졌다. 러시아인을 비롯해 브이코프 일대에서 사망한 사람들의 시신이 묻힌 곳이다. 끝내 고향에 돌아가지 못하고 숨진 한인들의 묘지도 이곳에 다수 존재하지만, 그 수가 얼마나 되는지는 짐작도 할 수 없다.

징용자 묘지를 찾아 이렇다 할 길도 없는 산비탈을 숨을 헐떡이며 올랐다. 5월인데도 온통 눈밭이어서 무릎 위까지 발이 쑥쑥 빠져 신발과 바지가 금세 젖었다. 러시아사史 및 사할린 문제 전문가로 동행한 한국외대 방일권 연구교수도 비탈에서 미끄러져 엉덩방아를 찧고 바지를 버렸다. 길 안내를 위해 흔쾌히 동행해준 김부조 씨는 67세의 나이에 양복과 구두 차림이었음에도 불구하고 이곳 지형에 익숙한 덕분인지 날렵하게 산을 오르며 앞장섰다. 여기저기서 까마귀가 '깍 깍' 음산하게 울어댔다.

계속 오르다보니 울창한 자작나무숲 사이사이에 한인들 묘가 여기저기 산재해 있었다. 한인들 묘는 전통 방식대로 불룩하게 봉분이 만들어져 있어 평평한 러시아인들 묘와 차이를 보였다. 비문은 제각각이었다. 심하게 훼손돼 글자를 알아볼 수 없거나, 달랑 이름만 적혀 있는 묘도 있었다. '허가이 니콜라이비치' 식의 러시아 이름으로 표기돼 묘주墓主가 누구인지 판독하기 어려운 경우도 많았다.

'경상남도 울산군 하상면 상방동 서경용 지묘, 탄생일 1919년 1월 14일, 사망일 1965년 7월 4일'이라고 본적지와 이름, 생몰일시가 정확하게 기재된 묘도 여럿 눈에 띄었다. 1917년에 태어나 72년에 사망

브이코프 공동묘지 한구석에 있는 조선인 1세대 정재임의 묘. 비석 아래 유족이 갖다 둔 것으로 보이는 소주 한 병이 놓여 있다.

했다는 정재임의 묘비 앞에는 누가 갖다놨는지 한국산 소주 한 병이 마개가 개봉되지 않은 채로 놓여 있었다. 한국으로 영주귀국 했다가 죽고 나서 자식들 곁을 찾아 이곳에 묻힌 변하봉의 묘지는 사할린 한인 1세의 부유浮游하는 정체성을 상징하고 있었다.

드넓은 야산을 온통 뒤덮고 있는 묘비들. 한눈에 봐서는 어디서 시작해 어디서 끝나는지 경계를 알 수 없었다. 수많은 러시아인 묘 가운데 어쩌다 하나씩 여기저기 불규칙하게 흩어져 있는 한인들 무덤도 전체적인 분포를 짐작할 수 없었다. 이런 공동묘지가 남사할린 곳곳에 총 21개나 존재한다. 어떤 사람들이 묻혀 있을까. 자연사한 경우라면 그나마 축복이라고 해야 할까. 한인들의 비참한 죽음에 대해서는 많은 증언이 존재한다.

굉장히 추운데 말도 못해요. 눈이 한번 왔다 하면은 20리 끝이 건물 아래채 쪽은 다 파묻혀버려. (……)그때 가스 폭발로 한 번에 64명이 죽었어. 고냥 개 끄실러 놓은 거 같어. 이놈을 만지면 버석, 버석, 버석 다 타. 전부 조선 사람. 나하고 같이 간 오수호라는 친구도 죽었

어. (이남기, 1925년생, 1942년 에스토르 하쿠쵸사와 탄광에 동원)3

사고사가 아닌, 일제에 의한 잔인무도한 학살 만행도 있었다. 1945년 8월 17일과 18일, 가미시스카(上敷香, 현 레오니도보)라는 마을에서는 일본 경찰이 한인 18명을 '소련 스파이'라는 혐의를 씌워 경찰서 유치장에서 무차별 사살한 후 증거인멸을 위해 휘발유를 끼얹고 불태워버린 사건이 일어났다. 또 1945년 8월 21~24일, 미즈호(瑞穗, 현 포자르스코예)라는 농촌 마을에서는 재향군인회와 청년회 소속 일본 민간인들이 패전의 분풀이로 여자와 어린아이를 포함해 한 마을에 살던 조선인 27명을 일본도와 엽총, 삽, 나무 말뚝 등을 이용해 형언하기 어려울 만큼 잔혹하게 살해했다. 이런 극단적인 경우가 아니라도 사할린에서 스러져간 조선인들 한 명 한 명에게 애처로운 사연이 없을 수 없다.

그러나 현재 한국 정부는 예산 부족 등을 이유로 사할린 징용자의 유골 확인 및 봉환에 소극적이어서 조선인 묘에 대한 실태 파악은 기약이 없다. 강제동원조사위원회는 2007년 7월부터 2009년 5월까지 세 차례에 걸쳐 '사할린 지역 조선인 유골 실태조사'를 벌여 총 580기의 묘지를 확인한 바 있다. 비록 특정 지역에 국한해 벌인 샘플링 작업이었지만 해방 이후 처음으로 정부 차원에서 사할린 현지조사를 벌였다는 점에서 의미가 작지 않았다.

당시 위원회는 오일환 유해팀장, 방일권 사할린 지역 담당팀장 등으로 구성된 조사단을 파견했다. 드넓은 공동묘지 모두를 탐색하기는 도저히 불가능한 탓에 일부 구역만 표본 조사할 수밖에 없었다. 그러나 그마저도 지난한 일이었다. 땅이 경사진 데다 겨울철 외에는 밀림을 연상시킬 정도로 온통 수풀로 뒤덮여 있어 낫으로 일일이 쳐내 가며 힘겹게 한 발 한 발 전진해야 했다. 모기까지 한꺼번에 수백 마리씩 새까맣게 몰려들었다. 무더위에 모자를 눌러쓰고 잠바까지 껴입은 채 수시로 모기약을 뿌려대며 거의 눈만 내놓고 조사작업을 벌였다.

사망자 명부가 있었다면 일이 훨씬 수월했을 것이다. 조사단은 사할린 주정부 출생·사망등록소(ZAGS)를 방문해 한인들의 사망신고서가 보관돼 있음을 확인했다. 신고서에는 창씨 명, 출신 민족(조선인), 소속(작업장·노무자 신분 등), 사망 원인(병명 등), 사망일이 기록돼 있었다. 그러나 사할린 주정부 측은 극소수 기록의 열람만 허용했을 뿐 전체 자료에 대한 조회, 메모, 복사는 완강히 거부했다. 개인 정보를 외부인에게 공개할 수 없다는 이유였다. 러시아 당국 역시 마찬가지 입장을 고수했다.

할 수 없이 맨몸으로 부딪혀야 하는 악조건 속에서 조사단은 이곳 브이코프를 비롯해 유즈노사할린스크, 코르사코프 3개 지역의 공동묘지 5곳 가운데 일부 면적에 대한 표본조사를 실시했다. 그러나 이는 남사할린 전체 공동묘지 21곳 면적의 2% 남짓에 불과했다. 그 정도 샘플에서 580기의 묘지를 찾아 사망자의 신상정보를 토대로 125명의 유족을 찾아내는 성과를 올렸다.

국내 유족들의 간절한 민원이 오랫동안 제기돼왔던 사할린 유골에 대해 이제 고국 봉환이 물꼬를 트는가 싶었지만, 위원회의 추가 조사나 봉환 추진 등 후속작업이 어떻게 되는지는 이 책을 쓰고 있는 2010년 10월 말까지도 감감무소식이다. 여기에는 김대중·노무현 정부 때 설치된 과거사 관련 위원회에 대해 부정적 시각으로 일관해 온 이명박 정부와 한나라당의 태도가 크게 영향을 주고 있음을 부인할 수 없다.

유즈노사할린스크에 있는 주정부 출생·사망등록소 건물 *

　예전에 흥성했던 탄광들이 급속히 내리막길을 걸으면서 인근 공동묘지들도 해가 다르게 훼손되고 있다. 한인들이 어디에 얼마나 묻혀 있는지 공식기록으로는 확인할 길이 없는 만큼 현지 묘지에 대한 전수조사가 시급하다. 총 21개 공동묘지를 전수조사 하는 데에는 대략 75억 원이 필요할 것으로 추산된다. 크다면 큰돈이지만, 국가 차원에서 본다면 그렇게 부담이 되는 액수라고 보기 어렵다. 결국 의지의 문제가 아닐까. 국가가 힘이 없는 탓에 망국의 원혼이 됐던 희생자들이 또 한 번 국가의 무책임 속에 죽어서도 버려진 셈이다. 살아있는 동안 고국에 돌아오지 못한 절대 다수의 사할린 강제동원 피해자들은 정부도, 유족들도 알지 못하는 그 어느 하늘 아래 쓸쓸히 잠들어 있다.

옛 제지공장 굴뚝에선 아직도 연기가 솟아오르고

묘지를 떠났다. 유즈노사할린스크 쪽으로 돌아가기 전에 중간에 돌린스크 시를 거쳤다. 돌린스크는 일제 때 지명이 오치아이落合다. 이곳에 제지업체 오지王子제지가 운영하던 제지공장이 있었다. 남사할린은 석탄으로만 유명한 것이 아니었다. 숲이 워낙 울창해서 목재업과 제지업도 발전했다. 전쟁 전부터 일본 최대 제지업체로 군림한 오지제지는 남사할린 전체에서 무려 아홉 개의 공장을 운영하고 있었다. 그중 하나가 오치아이 제지공장이다. 북부지역 시스카(敷香, 현 포로나이스크)에 있던 공장이 가장 컸고 오치아이 공장은 중간쯤 되는 규모였다고 한다. 이 밖에 도요하라(豊原, 현 유즈노사할린스크), 오도마리(大泊, 현 코르사코프)에도 오지제지 공장이 있었다.

현 돌린스크 시 브마즈나야 12번지 국도변을 차로 달리다보니 철로 건너 옛 공장이 보였다. 여기저기 낡고 부서져 몹시 황량하고 흉측해보이긴 했지만 외관상 아직 상당 부분 원형을 간직하고 있었다. 거대한 굴뚝 네 개 가운데 한 개에서 연기가 마구 뿜어져나오고 있었다. 지금도 가동 중이란 말인가. 방 교수가 답했다.

"그건 아닙니다. 제지공장으로 쓰는 건 아니고요, 물을 데워서 도시에 온수를 공급하는 용도로 일부 시설을 전환해서 쓰고 있지요. 지금 연기가 나오는 중앙의 가장 큰 굴뚝이 일제 때부터 있던 공장시설입니다. 굴뚝 아래쪽 낡은 건물도 일제 때 지어진 것이고요. 나머지 굴뚝과 건물은 대개 종전 이후 소련 시절에 건설된 것입니다. 1970년대까지 제지공장으로 계속 가동됐지요. 지금은 펄프를 분리해내고 씻어내는 관련 시설들을 거의 다 뜯어내 제지용도로 쓸 수 없습니다."

오지제지가 일제시대 때 운영했던 오치아이 제지공장.
돌린스크 국도 변에 위치한 이 공장은 현재 도시에 온수를 공급하는 용도로 일부 가동되고 있다.

일제는 제지공장을 아예 군수공장으로 분류했다. 얼핏 생각하면 종이는 민수民需 개념이 워낙 강해서 전쟁과는 상관없을 것 같지만 각종 무기제조와 군수물자 생산에 필수적이었다. 벌목장에서 무수히 나무를 베고, 강을 따라 공장으로 운반한 뒤 쇠가마에 넣고 물과 함께 끓여 종이를 생산해내기까지는 대규모 노동력이 필요했다. 생산된 종이를 항구에 야적시켜놓으면 산더미 같았다. 조선인들이 대거 투입됐다. 사할린에서 조선인을 가장 많이 동원한 3대 기업으로 미쓰이, 미쓰비시, 그리고 오지제지가 꼽힌다. 지금은 화장품으로 유명한 가네보鍾淵 또한 탄광을 소유해 적지 않은 조선인을 동원했다.

오치아이 공장에서 조선인들은 주로 허드렛일을 했다. 통나무를 공장에 부리고 껍질을 벗기고 하는, 다 손으로 해야 하는 작업이었다.

조선인이 이곳에 얼마나 끌려왔는지 정확한 숫자는 알 수 없다. 인근 탄광 노무자로 일하다가 도망쳐 와서 섞인 경우도 많았는데, 일본 경찰은 굳이 체포하지 않고 놔뒀다. 어차피 사할린 내 작업장에서 일하는 거니까 돌고 도는 거라고. 어떤 십장什長들은 노무자들로 소규모 팀을 꾸려 각 제지 작업장을 알음알음으로 다니면서 돈을 받고 노동력을 공급하기도 했다. 개인 알선업체 형태였다. 조선인들은 그 뒤에 숨어 날품을 팔며 숨죽이고 지냈다. 그래도 이동의 자유가 거의 없는 탄광보다는 나았기 때문이다.

그대 다시는 고향에 가지 못하리

유즈노사할린스크를 지나 사할린 중앙부의 최남단, 남해안의 중앙부에 위치한 닭발 모양의 코르사코프 항구에 도착했다. 제정 러시아 말기 사할린을 관장했던 동시베리아 총독의 이름에서 유래한 코르사코프는 일제시대 명칭이 오도마리大泊였다. '크게 배를 대는 곳'이라는 뜻처럼 남사할린에서 가장 큰 항구다. 아울러 일제 때 조선인 노무자들이 홋카이도에서 배를 타고 맨 먼저 도착하던 곳이다. 노무자들은 여기서 다시 기차에 실려 사할린 곳곳의 작업장으로 빨려 들어갔다.

 여기서 잠시 사할린의 역사와 강제동원 과정을 살펴보자. 오호츠크 해의 불모의 섬이었던 사할린은 제정 러시아 차르 정부에 의해 노예형을 선고받은 가장 위험한 범죄자들이 오던 유형지였다. 세계에서 19번째로 큰 이 섬의 이름은 본래 원주민인 아이누족 말로 '가라후토'라 불렸다. '자작나무의 섬'이라는 뜻이다. 일본은 '카라후토'라는 발음을 차용해 한자로 화태樺太라고 표기했다.

망향의 언덕에서 내려다 본 코르사코프 항구. 취재팀이 찾아간 날은 비가 많이 내려 수평선이 흐렸지만 날씨가 좋을 때는 약 60㎞ 떨어진 일본 홋카이도 최북단이 보인다고 한다.

1905년 러일전쟁에 승리한 일본은 사할린 섬 중에서 북위 50도 이남의 땅 3만 6,090km²를 양도받았다. 일본은 이 남사할린 땅에 1906년 철도를 부설하고 1907년 화태청華太廳을 설치하면서 식민지 개발에 착수했다. 1930년대 이후로는 풍부한 석탄 자원에 본격적으로 눈독을 들였다. 일본 자체 조사 결과 탄전炭田 면적이 전체 섬의 20%에 달할 정도였고 채탄량이 26억 톤이 넘었으며 탄질도 우수했다. 1940년부터는 미쓰비시, 미쓰이, 일본제철, 오지제지 등 대기업이 속속 진출했다.

일제는 중일전쟁 이듬해인 1938년 국가총동원령을 내리면서 이곳에도 조선인을 대대적으로 동원했다. 30여 개의 각종 탄광과 수많은 비행장, 도로, 철도 건설 등의 작업장 노역에 투입함으로써 사할린을 병참기지화 하는 데 이용했다. 조선인이 주로 일한 곳은 탄광이었다.

1940~1945년 남사할린에서 가동한 탄광은 56개였는데 이 가운데 조선인이 취로한 탄광이 36개소였다. 조선인이 얼마나 동원됐는지 정확한 규모는 통계마다 엇갈리는데, 1945년 종전 당시 사할린에 거주하고 있던 조선인의 수는 2만 5,000~4만 3,000명으로 추정된다. 이들은 대부분 고향에 돌아가지 못했다.

일본인은 정반대였다. 종전 당시 남사할린에 약 30만 명이 거주하고 있었지만 1950년대까지 단계적으로 철수해 거의 전원이 본국으로 돌아갔다. 1946년 12월에 체결된 '소련 지역에서의 철수에 대한 미·소 협정'에 의해 29만 2,600여 명이 대거 귀환했다. 그리고 1956년 10월 19일의 '소·일 공동선언'에 의해 일본인 아내와 조선인 남편 및 그 자식 2,300여 명이 철수했다. 극소수 조선인 남성만이 일본인 여성을 배우자로 둔 덕에 사할린 땅을 떠날 수 있었던 것이다. 하지만 일본 정부는 나머지 대다수 사할린 거주 조선인들에 대해서는 "더 이상 일본 국적이 아니다"라는 이유로 나 몰라라 했다. 달면 삼키고 쓰면 뱉어내는 행태의 가장 비열한 경우였다.

'전환 배치', 지옥에서 또 다른 지옥으로

게다가 사할린 징용자 상당수는 일제에 의해 사할린에서 일본 본토의 탄광으로 다시 끌려가는 이중 징용, 즉 '전환 배치'를 당해야 했다. 혹한酷寒에서 혹서酷暑로 극과 극의 환경 변화 속에 육체를 억지로 적응시켜야 했던 고통이 전부가 아니었다. 징용자 본인은 일본으로 이동하고, 아내와 자식 등 다른 식구들은 아직 사할린에 머물고 있는 상태에서 전쟁이 끝나 졸지에 이산가족이 되는 사태를 맞았던 게 훨씬 더 가슴 찌르는 고통이었다.

예컨대 1944년 8월 사할린 북서부 탄광 지역(현 우글레고르스크·샥쵸르스크)에서 일하던 조선인 광부 가운데 3,000여 명이 가족을 남겨둔 채 일본 본토의 규슈 지방 탄광으로 전환 배치됐다. 일제가 이런 조치를 단행한 것은 전쟁이 장기화하면서 전반적으로 선박이 많이 부족해진 데다 연합군 공격으로 석탄 수송선이 자꾸 파손되는 등 수송조건이 악화됐기 때문이다. 수송이 곤란해지면서 저탄량, 즉 쌓아놓는 석탄량이 급증해 자연발화의 위험이 커지고 이를 관리하기 위한 정부의 재정 부담이 동시에 커졌다는 점도 중요한 이유로 작용했다.

결국 일본 정부는 몇몇 탄광을 휴·폐광하고 그 노동력을 일본 본토로 전환 배치한다는 결정을 내렸다. 그렇게 해서 어느 날 갑자기 일본 본토로 다시 옮겨간 조선인 광부들은 후쿠오카, 나가사키, 후쿠시마, 이바라키 등 4개 현 총 26개소 탄광에 분산 배치됐다. 앞서 미쓰이 편에서 소개됐던 심재길 할아버지도 이 경우에 해당한다. 한 번도 감당하기 어려운 강제동원을 전혀 다른 환경 속으로 두번째 당해야 했던 조선인들의 심정은 '이제야말로 죽는구나' 이것이었다. 개중에는 미쓰비시 편에서 소개했던 '지옥 섬' 하시마에 떨어진 경우도 있었다.

거기서 어디 뭐 폭탄이 떨어지면 내빼야 되는데 섬이 되다보니까 내뺄 데가 어디 있습니까. 헤엄쳐 나갈 수가 있습니까. 다카시마도 그렇고 하시마도 그렇고. 이제 죽었다. (……)어찌나 벼룩이 많던지 밤새 뜯기고, 참 죽을 고생을……. 그래가 영양실조 안 걸리고 살아왔는게, 참 내 명이 길다고 생각합니다. (문갑진, 1918년생, 1941년 사할린 에스토루 기타코자와 탄광으로 동원됐다가 1944년 8월 일본 나가사키 현 미쓰비시광업 산하 하시마 탄광에 전환 배치)[4]

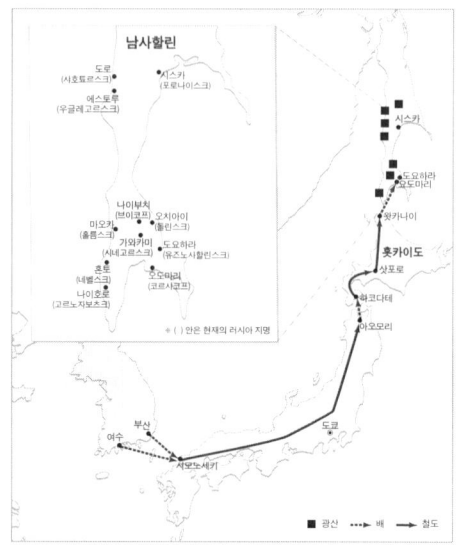

남사할린 강제동원 경로 및 주요 동원지

　전환 배치의 가장 큰 후유증은 물론 가족 이산이었다. 일제는 최초 징용 뒤 2년이 지나면 부인 등 가족을 작업장으로 데려와 기혼자 숙소에서 함께 살 수 있도록 했다. 어디까지나 조선인 숙련공들의 도망을 방지하기 위한 회유책 차원이었다. 어쨌든 장기간의 강제노동 끝에 겨우 가족이 함께 지내게 된 상황에서 또 다시 가장이 일본 본토로 끌려가는 바람에 사할린에는 그들의 가족 3,500여 명이 그대로 남아 있었다.

　탄광 측은 가족을 데려다주겠다는 약속을 했으나 실제로는 거의 이뤄지지 않았고, 전쟁이 끝나면서 각 광부와 그 가족은 속절없이 생이별을 할 수밖에 없었다. 해방을 맞아 일본에서 일하던 조선인 가장이 가족을 만나기 위해 어떻게든 돌파구를 만들어 다시 사할린으로

일제 때인 1910년대 건설된 철로. 코르사코프에서 이 철로를 따라 각 탄광으로 운송됐던 조선인 노무자들은 전환 배치 때 다시 이 철로를 따라 코르사코프로 향했다. *

돌아간 경우가 없지는 않으나 대부분은 일본에서 고향으로 귀국했다. 패전국 일본에서 소련 치하의 사할린으로 다시 들어간다는 건 바늘구멍 같은 가능성밖에 없었다. 기왕에 사할린에 거주하던 조선인들도 옴짝달싹할 수 없는 상황이 아니던가.

1927년생인 정성태 할아버지는 경북 의성군 대사동에서 살다 1941년 2월 사할린에 가 있던 부친의 연락을 받고 어머니, 동생과 함께 미쓰이광산 산하 니시사쿠탄西柵丹 탄광으로 이주했다. 그러다 1944년 8월 10일 다른 가족은 놔두고 일본 후쿠오카 현의 역시 미쓰이광산 산하 야마노山野 탄광으로 전환 배치된 아버지와 함께 이동했다. 거기서 부자父子만 따로 해방을 맞았다. 아버지는 두고 온 가족을 찾아 사할린으로 잠입을 시도했고, 아들은 떨어지지 않는 걸음을 옮겨 한국으로 향했다. 그리고 이들은 두 번 다시 재회하지 못했다. 강제동원조사위원회 조사관에게 토로한 정성태 할아버지의 회한은 사무침 그 자체다.

8월 10일 아침 5시에 (사할린) 집에서 출발했습니다. 그때 어머니가 내 남자 동생을 하나 낳았는데 사흘 됐어요. 그래 내가 한 가지 아직도 가슴 아픈 게, 어무이가 누버 있었어요. 산후 사흘이니깐 누워 있을 것 아닙니까. 그때는 철이 없으니 짐을. 내가 가는 준비를 안 해 준다고 어무이한테 원망을 했다카이. (……) 일본에 있다 해방됐뿌단 말이죠. 아부지가 날 부르더구만 '니는 우리 집안에 장손이니깐 한국 나가라' 카대. 그래 '아부지는?' 카니까 '아부지는 사할린에 가 너 엄마하고 동생들 만나면 한국 갈기고, 만약에 죽었으면 뼈라도 찾아 가겠다' 그러더니 콩을 서 되를 사 왔어요. 흰 콩을 사가주고 와 후라이판 대가지고 볶더만요. 그 후라이판이 저한테 있습니다. 볶는데……. (울음) 아이! 선생님, 죄송합니다. 내 눈물 너무 흘러……. 후라이판에 그걸 볶아 자루에 넣대. '가다 먹을 거 없으면 이거 쉬이 먹고 물 마시면 사람 몸에 부기도 안 나고 글다.' (……) 일주일에 편지를 세 번 썼어요. 써가 보내도 뭐 편지 가는지 안 가는지 돌아오지도 않고 없어졌뿌고. 38년 만에 소식을 알았는데 우리 아버지는 1968년도에 사할린에서 세상을 떠나셨고…….[5]

가장과 떨어져 사할린에 남은 부인과 어린 자식들은 말도 통하지 않는 환경에서 가정 해체, 생활고, 민족적 차별, 정체성 혼란 등에 시달리며 고난의 세월을 보냈다. 한국의 가족은 또 그들대로 남편 또는 아버지가 해방이 됐는데 소련 땅에서 돌아오지 않는다는 이유로 반공 이데올로기의 서슬 퍼런 위협 속에 숨죽이며 버텨야 했다. 강제동원과 이데올로기의 대립이라는 중첩적인 비극 속에서 신음한 세월이 어언 65년이다.

망향의 언덕에서 눈물짓던 이들

종전 때까지 사할린에 계속 머물던 조선인들은 일본에 의해 버려진 뒤 다시 소련 측에 붙들려 옴짝달싹할 수 없었다. 전승국으로 남사할린을 다시 차지한 소련은 제2차 세계대전에서 막대한 희생자를 낸 상황이라 전후 재건을 위한 노동력이 절실하다는 이유로 조선인들을 억류했다. 광복 직후 조선인들이 무턱대고 이곳 항구로 몰려온 시기가 있었지만 귀환의 꿈은 결코 이룰 수 없었다. 이후 조선인들은 소련의 이데올로기적 압력 속에 고향 땅을 밟을 희망을 잃고 소련 국적을 취득했으며, 일부는 삶을 포기하거나 북한행을 택하기도 했다.

해방되고 바로 오도마리로 왔어요. 오도마리에 어째 갔냐하면, 소문에 듣기로 밀선密船 타고 나가는 게 있다고. 그런데 나와 보니, 그것도 그렇죠. 그것도 뭐 아는 사람이 어디로 안내를 해가지고 길을 끄질러(인도해) 줘야지, 마음만 갖고 어떻게 하겠어요. 그냥 마음만 먹고 돌아댕기다가 그랬지 뭐. (김동선, 1921년생, 1943년 나이부치 탄광에 동원됐다가 1994년 영주귀국 해 경북 고령 대창양로원 거주) 6

한국에 못 가게 했어. 못 갔지. 코르사코프에서 야매배(밀선)라도 타고 나갈라고 가서 있었지. 북해도라도 건너갈라고. 하다가서는 소련군들이 공격하고 해군들이 막 못 가게 해가지고. (……)북조선에 많이 나갔지. 그때 북한에서 영사관이 여 와가지고 설명을 해가지고서는 '거기 가면 여자들도 많고 결혼도 해주고 한다'라고. (윤태봉, 1919년, 1943년 나이부처 탄광에 동원됐다가 58세가 되어서야 러시아 여자와 결혼)17

코르사코프 항구 뒤편의 지대가 높은 도로 변에는 항구 일대를 내려다볼 수 있는 '망향의 언덕'이 자리 잡고 있다. 비가 개는 것 같더니 또 세차게 내리기 시작했다. 코르사코프 항구 너머 수평선도 비 때문에 흐릿했는데, 날씨가 좋을 때는 약 60km 떨어진 일본 홋카이도 최북단 왓카나이稚內 시도 보인다고 한다. 방 교수가 이곳에 얽힌 가슴 아픈 사연을 전했다.

망향의 언덕 위에 2007년 건립된 '사할린 희생동포 위령탑'

"광복이 되자 사할린 도처에 있던 조선인들이 여기 망향의 언덕에 몰려 와서 매일 고국으로 돌아갈 수 있는 배가 들어오는지 하염없이 항구를 바라봤습니다. 여름이 가고 겨울이 오도록 추위와 굶주림을 견디며 몇 달을 그렇게 기다렸지요. 먹고는 살아야 하니까 항구

코르사코프 시청 광장에 서 있는 레닌 동상. 이 앞에서 도만상 씨가 귀환을 호소하는 시위를 벌였다.

에서 하역 날품팔이 일을 하기도 했습니다. 결국 귀환할 희망이 없으니까 그냥 이 근처에 정착을 한 사람도 있고, 일부는 술만 마시면서 폐인이 되거나 자살하기도 했습니다. 들어와서 눈물 흘리고, 못 나가서 눈물 흘리던, 그런 수많은 한恨이 맺힌 지점이 코르사코프 항구와 망향의 언덕입니다."

일부 한인은 엄혹한 공산체제임에도 소련 정부를 상대로 귀환 투쟁을 벌였다. 그로인해 가차 없는 탄압을 받고 소련의 우방인 북한으로 강제 추방되기도 했다. 소련 당국은 한인의 남조선 귀환 요구를 일종의 '반체제 운동'으로 불온시하고 용납하지 않았다. 그 대표적인 사례가 '도만상 사건'이다.

취재팀이 코르사코프 시청에 도착하니 레닌 동상이 서 있는 광장이 보였다. 바로 이곳에서 1977년 당시 코르사코프에 살던 도 씨가 목숨을 걸고 귀환을 호소하는 시위를 벌였다. 그는 곧 소련 당국에 체포됐다. 이어 평소 한국행을 강하게 주장하던 도 씨 일가와 그 사돈 집안, 그 주변인까지 총 5가구 40명의 한인이 격분한 소련 당국에 붙잡혀 정신병원에 감금되고 고문까지 당했다. 이후 한꺼번에 강제 북송됐다. 소련 내무성과 사할린 KGB지부의 합작품으로 알려져 있다. 이후 이들의 생사는 누구도 알지 못한다.

무라카미 하루키 소설 『1Q84』에서 설정된 다마루의 부모는 이렇게 고향에 돌아가지 못하고 방황하던 사할린 징용자 수만 명의 한 전형이다. 한국과 일본 양국에서 이미 수백만 부가 팔린 책. 독자들이 다시 들춰본다면 이 대목을 한 번 음미해보는 건 어떨까. "참 너무한 얘기지. 배려라는 게 전혀 없잖아."

3
국외 동원 그늘에 가려진 국내 동원

해남 한 마을 청년 절반이 돌아오지 않은 사연

일제 강제동원이라고 하면 대개 배나 기차에 타고 어딘가로 끌려가는 장면을 떠올리기 쉽다. 강제로 끌려간 장소로는 일본 본토나 만주, 사할린, 남양군도 등을 생각한다. 자기 집에서 강제동원 장소로 출퇴근하는 모습을 생각하기는 힘들다. 그 시절 현실에서는 그것이 일상이었음에도 말이다. 이번 장에서는 국외 동원의 그늘에 가려졌던 국내 동원에 관해 이야기해보고자 한다.

국내 동원은 말 그대로 일본 정부와 기업에 의해 국내에서 노역에 투입된 경우를 말한다. 이는 1938년 4월 공표되고 5월부터 시행된 국가총동원법에 의해 가능했다. 이 법의 1조는 '국가총동원이란 전시(전시에 준할 경우도 포함)에 국방목적을 달성하기 위해 국가의 전력을 가장 유효하게 발휘하도록 인적 및 물적 자원을 운용하는 것을 말한다'라고 적혀 있다.

국가총동원법 시행 이후 일본 정부와 기업은 그야말로 제멋대로 자원과 노동력을 빼앗아갔다. 이미 한반도에 진출해 있던 일본 기업은 조선인 노동자에게 임금을 평소보다 덜 주거나 아예 주지 않아도 됐다. 회사가 군수공장으로 지정되면 그곳에서 일했던 노동자는 하루아침에 신분이 '동원 인력'으로 바뀌었다.[1] 일제는 철도와 도로, 군사기지 등 전쟁에 필요한 기간시설을 짓는데 조선인을 무상으로 데려다 썼다.

다음은 전남 해남의 한 마을이 풍비박산 난 이야기다. 결론부터 말하면 이 마을 청년 100명 이상이 제주도 군사기지 건설에 동원됐다가 배를 타고 돌아오는 길에 바다에 빠져 숨졌다.

일제시대 전남 해남군 황산면 옥매산. 높이 약 170m인 낮은 야산이지만 이 산은 하루 종일 하얀 옷을 입은 사람들로 하얗게 덮여 있었다. 옥의 원료인 명반석이 이곳에서 많이 났기 때문이다. 조선인 노동자 1,200여 명이 이곳에서 일하고 있었다. 임금을 받는 일반 노동자였다. 옥매산을 운영했던 일본 아사다화학공업주식회사는 캐낸 명반석을 일본으로 실어 날랐다.

1945년 3월 또는 4월의 어느 날이었다. 광산에 오전 10시쯤 갑자기 집합 명령이 떨어졌다. 고 박종철 씨는 1995년 발행된 『해남군사』에서 당시를 이렇게 기억했다.

나는 그때 광산에서 서기 일을 보며 배급소에서 일을 하였는데 갑자기 모이라고 하더니 곧바로 우리를 선창으로 데리고 갔습니다. 그리고 배에 태워 우리는 영문도 모르는 채 제주도로 끌려가게 된 것입니다.

옥(玉)의 원료인 명반석이 많이 나기로 유명했던 전남 해남 옥매산(위)과 옥매산 노동자들이 강제로 제주도로 끌려간 선창. 상단 사진 옥매산 너머에 선창이 있다.

박종철 씨는 일이 워낙 갑작스럽게 일어나 주위 사람은 물론 가족에게도 어디론가 떠난다는 사실을 알릴 수 없는 상황이었다고 진술했다. 『해남군사』는 '일이 얼마나 은밀하고 치밀한 계획 아래 진행된 일이었는가를 알 수 있게 한다'라고 기록했다.[2]

끌려간 인원이 정확히 몇 명인지는 확실하지 않다. 『해남군사』에는 약 220명이라고 적혀 있다. 『해남군사』는 1차로 끌려간 사람은 145명, 추가로 끌려간 사람은 80명이라고 기록했다. 생존자 증언은 이보다 조금 많다. 약 250명이었다고 말하는 사람이 있다.

이들이 도착한 곳은 제주도 남서쪽 모슬포 근처였다. 해남 출신 청년들은 주로 군사시설물을 만드는 작업에 투입됐다. 당시 제주도는 곳곳에서 군사시설물 공사가 한창이었다. 청년들은 비행기 격납고를 만들었다. 굴을 뚫고 진지를 구축했다. 포탄 등 군사물자도 날랐다.

강제동원조사위원회에 '옥매광산 광부'로 피해 신청이 된 사람은 다섯 명이었다. 이들에게 전화를 걸어 취재에 응할 의사가 있는지 확인했다. 두 명은 '없는 번호'로 나왔다. 전화번호가 바뀌었을 것이다. 세상을 떠났을지도 모른다. 한 명은 인터뷰를 거절했다. 나머지 두 명은 취재에 응한다고 했다. 그 가운데 해남 삼산면에 거주하는 윤주열 씨를 만났는데 그는 옥매광산 광부가 아니었다. 제주도로 동원된 것은 맞지만 옥매산에서 일한 적은 없다고 했다. 나머지 한 명이 옥매광산 광부가 맞다고 했다. 현재 전남 목포에 거주하는 김백운(1928년생) 씨다.

김백운 씨를 만난 곳은 목포 시외버스터미널 2층 커피숍이었다. 그는 제주도에 끌려간 해남 청년들이 짐승처럼 취급받았다고 기억했다.

"나는 운이 좋았어요. 같이 간 친형이 기술자여서 나중에 군속 대

배에 불이 나 바다에 빠졌다가 살아난 김백운 씨 *

접을 받았거든요. 그래도 처음 며칠 동안은 보리조차 섞이지 않은 수수밥을 먹었지요."

김백운 씨는 수십 년 전 일인데도 사고 정황을 정확히 기억했다. 1945년 8월 23일 새벽 1시 30분. 배 한 척이 제주도 모슬포를 출발했다. 집으로 돌아가는 옥매산 노동자 200여 명[3]을 실은 배였다. 인솔자 격인 아사다화학공업주식회사 직원 다섯 명(일본인)도 배에 타고 있었다. 배가 새벽에 출발한 이유는 비록 해방이 됐지만 혹시 있을지 모르는 연합군의 공습을 피하기 위한 것이었다고 한다.

동이 틀 무렵 배가 멈췄다. 고장이 났다는 소리가 들렸다. 배가 다시 가다가 또 고장이 났다. 세번째 고장이 났을 때 기관실에서 불이 났다. 불이 배 전체로 옮겨 붙었다. 김백운 씨는 누군가 집에 가져갈

박장규 씨 아버지는 조난사고에서 살아 돌아왔지만 바다에 오래 빠져 있었던 탓에 2년 뒤 숨졌다.

욕심에 휘발유를 사서 기관실 옆에 뒀는데, 그것에 불이 옮겨 붙으면서 불이 커졌다고 했다. 그런데 옥매산 아래 문내면 신흥마을 마을회관에서 만난 노인들은 조금 다른 얘기를 했다. 배에 불을 낸 건 이들을 인솔한 일본인이었다는 주장이다. 1929년생인 박장규 씨는 이렇게 말했다.

"우리가 나이 들고 부모 생각이 나니까 부모가 어떻게 죽었는지를 여러 가지로 연구혔어. 왜 불이 났겠냐, (일본인 직원이) 선박에 불을 내놓고 뒤 따라오는 배가 일본 사람을 건지게 할라고. 불의가 아니라 고의라고 보는 거지. 그렇지 않으면 선박이 따라왔겠냐 이거여. 해방이 됐으니까 그 사람들(일본인 직원) 오면 노동자들이 가만히 놔뒀겠어. (제주도 갔다가) 살아 있던 사람이 현수명 씨라고. 작년에 86세로 돌

옥매 광산 노동자 조난 사건 개요

아가셨겠구만. 그분도 그런 얘기를 했어요. 그렇게 의심 살 수밖에 없어. 왜 갑자기 선박이 무변대해에서 불이 나느냐 이거여."

그때 사고로 아버지를 잃은 문내면 이목리 주민 양민석 씨도 비슷한 말을 했다. 그는 1945년 1월생으로 아버지가 바다에서 숨졌을 때 태어난 지 불과 7개월 된 아기였다.

"배에 불을 질러버렸든가 어떻게 했든가 그것까지는 모르겠는디, 배에 불이 나서 배가 탄 사이에 돌아가셨다고 들었어."

이들이 분노하는 이유는 뒤따라온 배가 저지른 만행 때문이다. 배에서 뛰어내린 사람들은 나무 판자에 의지한 채 바다 여기저기에 흩어져 있었다. 여러 시간 동안 거친 풍랑에 휩쓸렸다. 그 시간이 2~3시간이라는 증언도 있고, 8시간이라는 사람도 있고, 밤낮이라는 기억도 있다. 그러던 가운데 배가 나타났다. 이 배는 물에 빠진 사람 가운데 약 절반 정도 구조한 뒤 나머지를 바다에 남겨두고 떠났다. 김백운 씨는 배가 일본군 군함이라고 했다.

"내가 세번째로 올라갔어. 로프를 내려주더구먼. 나를 끌어올린 뒤 내지인內地人을 찾더라고. 우리를 인솔한 일본인 직원을 찾는 거였어."

『해남군사』는 배가 일본인처럼 보이는 사람부터 먼저 건져 올렸다고 기록했다. 배는 바다에서 허우적거리고 있는 조선인은 살든 죽든 나 몰라라 하고 떠나버렸다.

"시간이 점점 흐르자 파도는 바다 위에 떠 있는 사람을 하나둘씩 삼켜갔다. 이때 일본 경비정으로 보이는 배가 지나가다 이들을 발견하고 바다에 빠진 사람들을 하나둘씩 구해주게 되는데 서로 살려달라고 외쳐대는 속에서 일본말로 살려달라고 하는 사람들부터 먼저 건져 올린 다음 한곳에 엉켜 떠 있는 사람들 몇몇을 건져 올리고는 나머지 사람들은 모두 푸른 바다에 남겨두고 떠나버린 것이다."[4]

사망자가 몇 명이었는지는 확실하지 않다. 『해남군사』에는 220명 탑승자 가운데 119명이 바다에서 숨졌고 101명만 살아남았다고 적혀 있다.[5] 일본인 직원은 5명 가운데 3명이 구조됐다. 사건 발생 50년 뒤 일부 생존자의 기억에 의존해 작성된 것이라 정확하다고 하긴 힘들다.

약 100명 이상이 제주도로 강제 동원됐다가 돌아오지 못한 것은 확실하다. 한동안 마을에서는 같은 날 제사를 지내는 집이 많았다. 박장규 씨는 마을이 쑥대밭이 됐다고 말했다.

"여기 문내·이목·신흥 부락에 180호가 살았어. 지금은 35호밖에 안 남았어. 다 떠났지. 부모두 죽고 해 먹고살 길이 없으니까 다 도시로 떠난 거지."

일본 아사다화학공업주식회사가 짓다 만 공장 콘크리트 구조물. 태평양전쟁 당시 미군 폭격으로 구멍이 뚫린 흔적이 남아 있다. *

　살아온 사람도 오랫동안 버티지 못하고 세상을 등졌다. 박장규 씨 아버지가 그랬다. 아버지는 집에 돌아온 날부터 피를 토했다. 결핵이었다. 바다에 빠져 있는 동안 폐가 상했다. 아버지는 2년 동안 앓다가 세상을 떴다.
　이 사건은 국내 동원의 사례 가운데 비교적 극단적인 경우로 볼 수도 있다. 하지만 조선인이 일본인에게 어떤 취급을 받았는지, 국내에서 강제동원이 어떤 식으로 이뤄졌는지 엿볼 수 있게 해주는 사건이다. 국내에서 강제동원은 어떤 측면에서는 더욱 가혹하게 이뤄졌다. 일본인에게 조선인의 목숨은 바다에 그냥 두고 가도 될 정도로 아무것도 아니었다. 식민지배가 막바지에 이를수록 한반도에서 일본인은 더 신경질적으로 조선인을 괴롭혔다.

지금도 옥매산 뒤쪽 바닷가에는 아사다화학공업주식회사가 짓다 만 공장 콘크리트 구조물이 남아 있다. 콘크리트 구조물은 대략 너비 20m, 높이 10m 크기다. 구조물 상단에는 구멍이 뚫려 있는데 마을 주민들은 그것이 해방 전 미군 폭격에 의해 뚫린 것이라고 증언했다. 한 마을 주민은 "일본 놈들이 얼마나 잘 지었으면 콘크리트가 아직도 그대로여"라고 말했다.

구조물이 건설되기 시작한 것은 해방 직전 건설되기 시작한 것으로 보인다. 명반석을 1차로 가공해 바로 배에 싣기 위한 것이었다. 구조물과 선창(옥선창)까지 거리는 20~30m로 아주 가까웠다. 구조물 건설은 해방이 되자 바로 중단됐다. 이 구조물은 그 뒤 약 65년 동안 방치돼 있다. 구조물 내부는 동네 아이들 놀이터로 쓰인다고 한다. 마을 사람들이 가끔 개를 잡아먹는 장소로도 쓰인다.

숫자로 본 국내 동원 실태

강제동원조사위는 2010년 3월 국회에 엑셀 파일로 정리한 자료를 한 건 제출했다. 1938년부터 1945년까지 국내에 있던 노무 작업장을 총망라한, 「국내 강제동원 작업장 현황」이다. 여기에는 작업장 이름과 위치, 업종, 설립일, 생산품목, 자본계통, 군수공장 지정 여부 등이 포함됐다.

1938년부터 1945년은 국가총동원법이 시행된 시기다. 따라서 이때 한반도에 존재했던 작업장은 거의 모두 생산물을 국가에 무상으로 제공했다. 그동안 국내 강제동원의 규모는 어마어마할 것으로 추정됐지만 실태가 정확히 규명되지 않았다. 이 자료는 곧 강제동원 실태와 규모를 의미한다.

자료에 따르면 1938년 4월부터 해방 이전까지 기업 1,089개사가 한반도 6,956곳에서 각종 작업장을 운영했다.[6] 1,089개사는 대부분 일본인이 소유하는 자본계통이었다. 자료를 지역별, 업종별, 자본계통별로 살펴보자.

1938~1945년 한반도 업종별 일본 기업 작업장 (단위: 곳)

업종	작업장 수
탄광·광산	5,569
공장	672
철도·도로	152
군사시설물	140
농림업	130
토건	107
하역수송	49
비행장	42
수력발전소	26
근로봉사	23
토건업(자재)	13
기타	33
총계	6,956

〈자료: 강제동원조사위 제공〉

① 지역별

자료를 지역별로 분석하는 과정에서 흥미로운 사실이 발견됐다. 평안북도와 경기도(서울·인천 포함), 강원도, 함경남도 등에 노무 작업장이 많았던 것. 경기도를 제외하면 인구밀도가 낮은 산간지역인데 왜 이 지역에 작업장이 많았을까.

답은 '탄광·광산'에 있었다. 평안북도는 877곳 작업장 가운데 95.3%(836곳)가 탄광·광산이었다. 강원도와 함경남도도 각각 95.8%(661곳 중 633곳), 84.8%(657곳 중 557곳)가 탄광·광산이었다.

처음에는 '교과서에 나왔던 것처럼 자원수탈을 그만큼 많이 해 갔구나'라고 생각했다. 그런데 자료를 더 들여다보니 그게 아니었다. 수탈의 중심은 금金이었다.

일제는 전쟁 물자를 확보한다는 명분으로 탄광·광산을 파헤쳤다. 하지만 전투기나 군함, 무기를 만드는 광물보다 자본 성격이 강한 금을 캐 갔다. 자원수탈이 아니라 자본수탈을 한 셈이다. 충청남도 아산

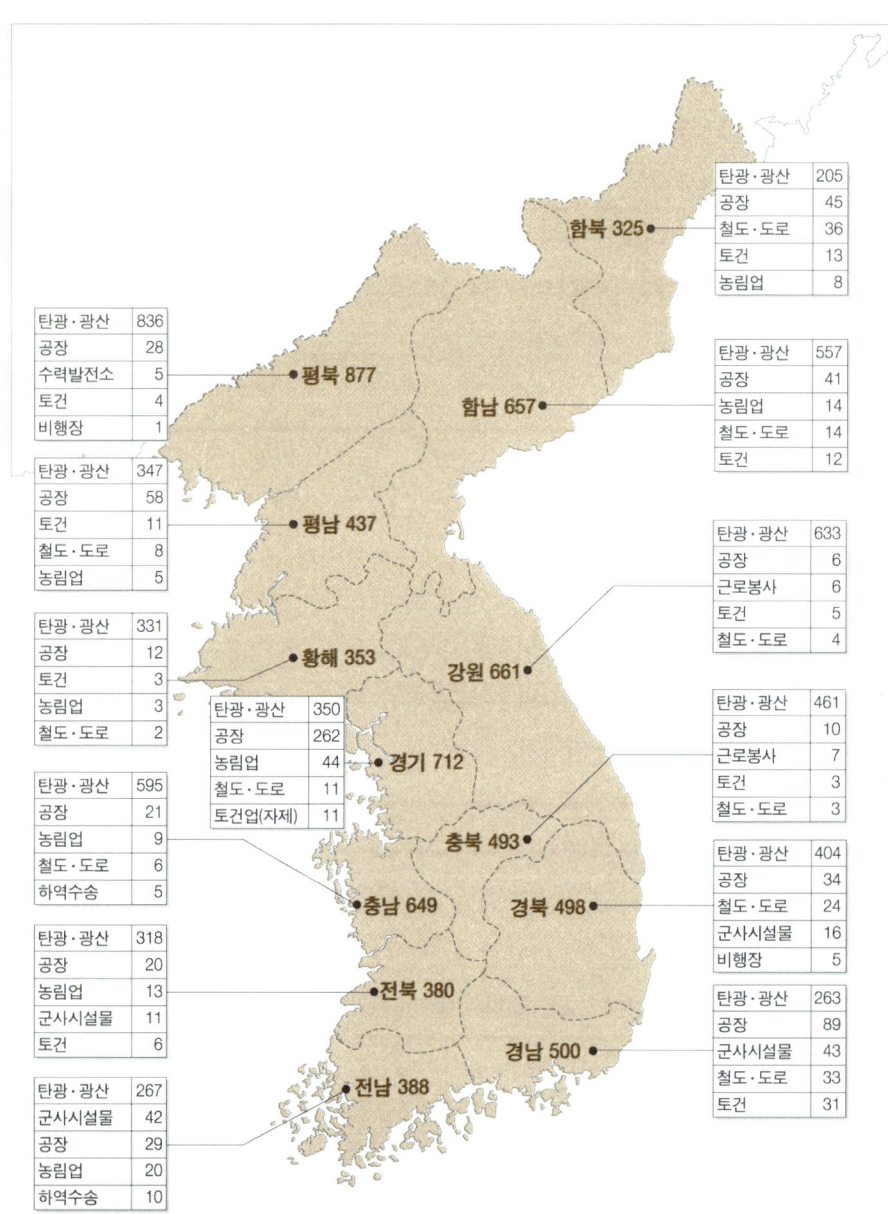

일제강점기 국내 강제동원 도별 주요 작업장 현황(단위: 곳)

지역을 보자. 이곳에는 노무 작업장이 22곳 있었는데 모두 금광이었다. 이 가운데 온양광산과 전중금광은 도와홀딩스의 전신 후지타구미(2부 3장 참조)가 운영했다. 전국의 탄광·광산 작업장 5,569곳 가운데 80.5%(4,485곳)에서 금을 생산했다. 국가총동원법 1조 대로라면 전시에 국가 전력이 유효하게 발휘되도록 물적 자원을 운용했어야 했다. 하지만 일본이 빼낸 것은 당장 다른 재화와 바꿀 수 있는 금이었다. 일본은 한반도 금광 덕택에 당시 세계 5위의 금 생산국이 됐다.

한편 당시 행정구역 기준으로 작업장이 많은 곳 순서는 평안북도, 경기도(712곳), 강원도, 함경남도, 충청남도(649곳)였다.

② 업종별

탄광·광산 말고도 공장(672곳), 철도·도로(152곳), 군사시설물(140곳), 농림업(130곳), 토건(107곳), 하역수송(49곳), 비행장(42곳) 관련 작업장이 전국에 있었다.

공장은 주로 경기도(262곳)에 많았다. 경기도 공장은 대부분 소규모였다. 당시로서는 최대 도심인 경성부(현 서울) 남대문통에도 공장이 몰려 있었다. 이곳에는 경성전기, 동화직물, 반도자동차, 애국섬유재생공업, 일본탄소공업, 조선임업개발, 조선철공소, 조선화학공업 등 공장 16곳이 있었다.

철도·도로는 함경도와 경상도 지역에서 주로 건설됐다. 함경남도 14곳, 함경북도 36곳, 경상남도 33곳, 경상북도 24곳에 철도·도로 공사 현장이 있었다. 함경도에 건설된 철도는 대륙 침략과 자원 수탈을 목적으로 한 것이었다. 경상도는 경부선 철도 건설 현장이 많았는데 경성으로 모아진 자원을 부산을 통해 일본으로 보내려는 목적이었다.

군사시설물 건설 작업장은 경남과 전남(제주도 포함)에 많았다. 각각 43곳과 42곳에 전투기 격납고와 진지 등이 지어졌다. 앞서 해남 옥매산 노동자들이 제주도로 끌려갔듯이 멀리 떨어진 지역 주민까지 무차별적으로 군사시설물 건설에 동원됐다.

태평양전쟁 전세가 불리해지자 일제는 이른바 '본토 결전'을 준비하면서 한반도 남해안을 최후의 전선으로 택했다. 비행장 건설도 남해안 일대에서 주로 이뤄졌다. 제주도를 비롯해 전남에 9곳, 경남에 7곳이었다. 이 밖에 조선인은 수력발전소 건설 작업장 26곳에도 끌려갔다.

③ 자본계통별

1938~1945년 일본 대기업 계열사는 한반도에 깊숙이 침투해 있었다. 먼저 미쓰이 계열사를 보자. 전남 화순 동면 무연탄광, 함남 문천군 천내리 시멘트 공장, 평북 의주군 옥상면 금광, 경남 통영군 광도면 광도광산 등 전국 95곳에서 계열사 작업장을 운영했다.

가혹한 착취로 악명 높던 오노다 시멘트도 미쓰이 계열사다. 오노다 시멘트는 당시 일본 최대 시멘트 회사였다. 1919년 평남 강동군 승호리에 우리나라 최초의 시멘트 공장을 지었다. 1940년대 초반 오노다 시멘트 공장은 전국에 5곳으로 늘어난다. 강원도 삼척에도 공장을 건설했다.

학도지원병을 거부한 80여 명은 오노다 시멘트로 끌려갔다. 이들은 짐승처럼 일해야 했다. 재야운동가인 고故 계훈제 선생도 이 가운데 한 사람이었다.

미쓰비시는 전국적으로 67곳에 계열사를 거느리고 있었다. 평남 강동군 삼등면 덕산탄광과 함북 무산군 무산읍 무산철산 등이다. 일

일제가 우리나라에서 주로 수탈한 자원은 '금'이었다.
미쓰비시 로고가 찍힌 골드 바. 사적 오사리자와 광산 기념품관에 전시돼 있다.

본질소비료는 75곳, 일본제철은 7곳에 계열사가 있었다.

철도 공사 작업장은 대부분 총독부 철도국에 의해 운영됐다. 철도국이 직접 관여한 곳이 75곳이었다. 37곳은 철도국이 발주만 하고 일본 건설회사가 시공을 맡았다. 공사에는 건설현장 인근 조선인이 명령에 의해 동원됐다.

「국내 강제동원 작업장 현황」은 일본 주요 기업이 한반도에서 강제동원으로 막대한 이익을 취했다는 점을 역사적 사료로 증명했다는 데 의의가 있다. 이들 기업이 당시 거둔 이익을 기반으로 현재까지 사세를 유지하고 있음은 두말할 나위 없다.

국내에서 강제 동원된 인원은 연인원 기준 약 640만 명으로 추정된다.[7] 1938년부터 1945년 사이 숫자다. 일본 대장성 관리국 자료에 따른 통계다. 각 작업장별로 몇 명인지 등에 대한 구체적 설명이 없어 신뢰성이 크다고 보기는 어렵다. 전시 체제였으므로 거의 모든 국민이 동원됐을 것이다. 따라서 이 숫자는 최소한으로 봐야 한다.

그렇다고 해도 연인원 640만 명은 엄청난 숫자다. 한 사람이 두 번, 세 번 동원됐다고 해도 약 200만 명이 동원된 셈이다. 1938년에는 9만 명이 동원됐지만 1941년 36만 명, 1944년 250만 명 등 시간이 지날수록 동원 규모는 기하급수적으로 늘었다.

그런데 1938~1945년 전국의 탄광·광산 가운데 80%가 넘는 곳에서 금을 캐고 있었다는 사실을 어떻게 이해해야 할까. 숫자를 그대로 믿으면 된다. 1930년대는 한국사에서 유례없는 황금광시대였다.

금을 찾아 떠나는 긴 행렬에는 온갖 계층의 군상들이 뒤섞여 있었다. 노동자, 농민, 자본가는 물론 민족이나 국가, 이념만이 전부일 것만 같았던 지식인들까지. 청진기를 내던진 의사와 법복을 벗어 던진 변호사 뒤로 펜을 놓은 소설가와 전향한 사회주의자가 뒤따랐다.[8]

사회주의 계열 작가였던 김기진은 금광 사업에 직접 손을 댔다. 비록 실패로 끝났지만 말이다. 소설가 채만식도 금광 사업에 관여했다가 손해만 봤다.

금광 발견으로 벼락부자가 된 사람들의 스토리는 대중의 발을 광산으로 이끌었다. 제1의 금광왕은 최창학이었다. 그는 당시 조선 3대 금광 중 하나가 되는 평북 구성의 삼성금광을 발견해 '팔자'를 고쳤다. 방응모의 조선일보 인수자금도 우연히 발견한 교동금광에서 나온 것이었다.

세태의 배경에는 신뢰할 수 있는 유일한 국제 기축통화가 금이었다는 당시 국제경제 상황이 있었다. 영국과 일본, 미국이 잇따라 금본위제를 중지하자 각 나라의 화폐 가치는 신용을 잃었다. 전쟁을 준비하던 일본 정부는 적극적으로 산금정책을 펴며 금을 대량매입했다. 금값이 나날이 치솟았다. 1932년 5월에는 7원 25전이던 금 한 돈이 1939년에는 30원까지 올랐다.[9]

국내에서 생산된 금은 당시 중앙은행 역할을 한 조선은행이 매입했다. 하지만 조선은행 금고에는 금이 없었다고 한다. 금은 매입되자마자 일본으로 옮겨졌다. "조선의 금 생산이 증대되면 될수록, 정작 조선 땅에서 유통되는 금은 현저히 줄어들었다. 생산되는 족족 금괴 운반선에 실려 일본은행으로 현송되었으니 해방 후 금괴의 행방이 묘연해진 것은 당연한 일이었던 것이다."[10]

남해안 곳곳에 군사기지, 한센인도 동원

거문도와 제주도에는 아직도 일제시대 군사기지가 남아 있다. 전남 여수 거문도에서 가장 높은 산봉우리인 해발 195m의 불탄봉. 높은 산은 아니지만 섬에 있는 산은 해발고도를 그 숫자만큼 올라야 정상에 이를 수 있다.

정상에서 곧바로 군사시설물을 찾기 힘들었다. 멀리 바다와 발 아래로 산허리가 보일 뿐이었다. 정상에 긴 나무 의자가 하나 있었다. 그곳에 앉아 강제동원조사위가 2006년 발간한 『거문도 군사시설 구축을 위한 주민 강제동원에 관한 조사』를 꺼내 살펴봤다. 뒤늦게 깨달음이 찾아왔다. 발을 딛고 있는 곳이 바로 군사시설물이었다. 일제는

진지가 설치된 불탄봉에서는 우리나라 남서해 일대가 한눈에 보인다.

군사시설물을 만들고 그 주변을 흙으로 덮었던 것이다. 그것은 요새처럼 숨어 있었다.

군사시설물은 T자 형이었다. 양옆이 뚫려 있었다. 이쪽 문에서 저쪽 문까지 길이는 약 9m. 높이는 약 3m였다. 한낮이었는데도 혼자서는 안에 들어가기 겁날 정도로 안쪽은 음침했다. 천정을 덮은 콘크리트 두께가 1m는 넘어 보였다. 폭격에 대비한 것이다. 양옆의 콘크리트 폭도 40~50cm였다. 시설물에는 환기구로 보이는 구멍까지 있었다. 일본 군인들은 이곳에 머무르며 정찰 활동을 했으리라.

이 시설물을 만드는 데 거문도 주민이 동원됐다. 강제동원조사위 자료에서 당시 거문도 주민 김철성 씨는 이렇게 증언했다.

불탄봉 군사시설물의 내부 *

　동원되는 사람이 하루에 한 60명. 그런 정도로 동원이 됐을 거예요. (……) 일본사람 군속들 그 일을 맡아서 주관을 했지요. 굴을 파는 것이 안에서 발파를 하면 돌을 주서내고. 굴 앞에다가 가리는 포 같은 것을 만들고 그런 일을 했어요.[11]

　정상 근처에서 두번째 군사시설물을 찾기 시작했다. 그것 역시 정상에 오르면서 무심코 지나쳤던 이정표 아래에 있었다. 먼저 본 것과 똑같은 T자 모양이었다. 세번째 시설물은 두번째 것보다 훨씬 더 아래쪽에 있었다. 나무와 풀이 입구를 가리고 있어 유심히 살펴보지 않으면 그곳에 콘크리트 구조물이 있는지 몰랐을 것이다. 그것은 T자형은 아니고 동굴 모양이었다. 주위에 흑염소 다섯 마리가 돌아다니고 있었

불탄봉 군사시설물의 입구.
폭격을 맞아도 끄떡없을 만큼 콘크리트가 두껍다.`*`

다. 해방 뒤 동굴은 흑염소가 비를 피하는 장소로 이용됐을지 모른다.

거문도의 군사시설물은 불탄봉에서 본 세 곳이 전부가 아니다. 자살 특공어뢰정인 '카이텐'回天을 감추기 위해 파놓은 기지 등 열 개가 넘는 군사시설물이 있다.

제주도에는 거문도보다 훨씬 더 많은 일제 군사시설물이 남아 있다. 제주도에는 현지 비행장 터, 격납고 등과 함께 진지동굴 약 6,700개가 남아있는 것으로 추정되고 있다.[12] 제주도에 동원됐다고 신고한 사람만 1,400여 명이다. 실제로는 이보다 훨씬 많은 인원이 동원됐을 것이다.

그렇다면 왜 제주도와 거문도 등 한반도 남해안 일대에 군사시설물이 집중적으로 지어진 것일까. 강제동원조사위는 이것이 당시 태평양전쟁 전세戰勢와 관련있었다고 보고 있다.

제주도의 군사적 위치가 크게 부각되는 것은 1944년 중반 이후이다. 일제는 미국과의 전투에서 점차 패배하여 이른바 '본토공격'이 예상되면서 제주도를 중심으로 한 한반도 남해안 지역을 둘러싼 전략을

세우고 진지동굴 등 군사시설물도 집중적으로 구축하였다.[13]

　1944년 7월 사이판이 함락되자 일제는 본토에 대한 공격을 예상하고 이른바 '본토 결전' 준비에 들어간다. 한반도 남해안을 최후의 저지선으로 정했다. 제주도와 거문도뿐 아니라 부산과 목포, 여수 등지에서도 군사시설물 구축이 이뤄졌다. 본격적으로 군사시설물이 지어진 것은 1944년 말이다. 1945년 3월 도쿄 대공습 이후 남해안 일대 군사시설물 구축이 최고조에 이르렀다. 조선인이 무차별적으로 동원됐다. 옥매산 노동자들이 끌려간 것도 이 즈음이었다.

　한편, 2005년 3월 2일 강제동원조사위에 색다른 신청 한 건이 접수된다. 부친이 한센병 환자라는 이유로 식민지시기 소록도에 강제로 이송돼 격리당한 뒤 가혹한 노동에 시달리다 사망했으니 조사를 해달라는 것이었다.

　강제동원조사위가 생존자와 여러 기록을 조사한 결과 이 주장은 사실이었다. 일제는 한센병 환자도 전쟁 물자를 만드는 데 동원했다. 군사시설물 건설에 필요한 벽돌을 만들도록 했다. 1941년쯤에는 매년 140만 개의 벽돌을 찍어냈는데 수요가 늘자 생산량을 늘리려 했다. 여성과 어린아이에게는 가마니 짜기를 시켰다. 가마니 겉면을 매끄럽게 만들기 위해 철수세미를 맨손으로 잡고 문지르다보니 한센병 환자의 손이 더 굽어지고 망가졌다. 일제는 숯을 만들고 송진유를 채취하는 일, 토끼가죽으로 일본 군인에게 입힐 방한복을 만드는 일 등도 한센병 환자에게 시켰다.[14]

　당시 한센병 환자는 일본에서도 격리됐다. 하지만 일본의 격리 지역에서는 스스로 사용할 물건을 만든 반면 소록도에서는 외부에 팔거나 군대에 보낼 물자를 생산했다.

소록도 강제노동이 얼마나 가혹했는지 보여주는 단적인 사건이 1942년 6월 발생했다. 당시 원장인 수호 마사토가 한센인 이춘상에 의해 살해됐다. 수호는 한센인을 착취, 학대했을 뿐만 아니라 기금을 강제로 걷어 자신의 동상을 세우게 한 뒤 매달 20일을 보은감사일로 정했다. 수호 자신에게 감사하라는 것이었다.

수호는 1933~1939년 세 차례 이뤄진 갱생원 확장공사를 실시한 장본인이기도 하다. 한 생존자는 강제동원조사위와의 면담에서 이렇게 진술했다.

소록도 가면 공원이 있어. 공원이 그냥 된 것이 아니야. 우리 등허리로 다 흙 날라다 붓고 돌 다 메어서 나르고 그래 가지고 했어. 그러다 소나무 가지가 하나 부러졌어. 그때 사도여. 일본 사람. 사도가 '눈구멍으로 안보이냐' 그래요. (……) 가지로 (……) 눈을 쑤셔. 얼마나 눈이 번쩍거리고, 죽어. 그런 세상을 살았어요.[15]

확장 공사가 끝난 뒤 소록도에는 한센인 5,000~6,000명이 더 들어왔다. 이 가운데는 증세가 경미하거나 한센병임이 분명하지 않은 사람도 있었다.

국내 동원은 위로금 배제된 현실

국무총리 소속 '대일항쟁기 강제동원 피해조사 및 국외강제동원희생자 등 지원위원회'를 이곳 직원들은 줄여서 '29자 위원회'라고 부른다. 긴 이름을 빗댄 농담이다. 위원회는 2010년 3월 두 기관이 합쳐져 만들어진 것이다. 일제강점하 강제동원 피해 진상규명위원회와 태평양전쟁 전후 국외 강제동원 희생자 등 지원위원회다.

현재 위원회와 과거 기관 사이 이름에 공통점이 있다. 희생자를 지원하는데 있어 '국외' 동원자만 지원한다는 것이다. 그렇다. 국내에서 강제 동원된 피해자는 국외 강제동원 피해자와 달리 정부 위로금을 받지 못한다.

국외 동원 피해자는 사망했거나 행방불명된 것으로 밝혀지면 유족에게 위로금 2,000만원이 지급된다. 생존자는 1년에 80만 원씩 의료지원금을 받는다. 생존자 가운데 일본에서 받지 못한 임금명세서가 발견되면 1엔당 2,000원으로 환산해 우리나라 정부가 지급한다.[16]

반면 우리나라에 있으면서 군수공장으로 끌려가거나 군사시설물 구축에 동원된 피해자는 위로금을 한 푼도 받을 수 없다. 관련법이 지원 대상을 국외 피해자로 한정했기 때문이다. 2010년 7월 현재 강제동원조사위에 국내에서 노무동원을 당했다며 피해를 신청한 사람은 1만 6,950명이다.

문제의 관련법이란 '대일항쟁기 강제동원 피해조사 및 국외강제동원희생자 등 지원에 관한 특별법'이다. 일부 국회의원이 법 개정 시 국내 동원 피해자 보상을 포함시킬 것을 주장했으나 반영되지 않았다. 가장 큰 이유는 예산을 늘리는 게 부담스럽기 때문이다.

강제동원조사위도 이 문제는 곤혹스럽다. 2010년 7월 조사위가 발간한 뉴스레터에서 정혜경 조사 2과장은 '이러한 현실은 우리 위원회에 강제동원 피해를 신고한 국내 노무동원 신청인 1만 6,950명에 대한 피해조사를 진행해야 하는 실무자의 입장에서는 매우 암담한 상황이었다. 그러나 암담하다고 해서 손을 놓고 있을 수만은 없었다. 해결방법을 찾기 위해 시작한 작업이 노무동원 작업장 목록을 작성하는 일이었다'고 밝혔다.

문제는 일본도 보상액을 줄이기 위해 과거 비슷한 논리를 만든 적이 있다는 것이다. 1965년 한일협정 당시 일본 정부는 한반도 내에서 이뤄진 동원을 피해자 숫자에 넣지 않았다. 일본의 논리를 따라한다는 비판을 모면하기 위해서라도 우리 정부와 국회가 국내 동원 피해자에 관한 보상 문제를 전향적으로 고민해야할 것이다.

4
미귀환의 상징, 유골 문제

눈밭에 묻혀 있는 유해

도요타 랜드 크루저가 눈밭을 갈랐다. 2010년 1월 취재팀은 일본 최북단 홋카이도 와카나이稚內 시에서 동쪽으로 60km 떨어진 소야宗谷 군 사루후쓰猿拂 촌 아사지노淺茅野 비행장 터 부근 조선인 집단 매장지로 향했다. 워낙 눈이 많이 쌓여 도로와 인도가 구분되지 않았다. 그래서 10~30m 간격으로 '오버 행거'라는 일종의 신호등이 세워져 있다. 가로등처럼 위로 치솟아 불빛을 번쩍이는 화살표가 매달려 있다. 화살표 아래 지점까지는 차도, 그 외는 길이 아니라는 표시다.

허벅지까지 빠지는 눈밭 사이로 노란색 차단막이 나타났다. 겨울철에는 눈 때문에 폐쇄되는 도로인데 마을 촌장의 도움으로 길을 열었다. 운전대를 잡은 사루후쓰 촌 건축계장 오이쿠보 아츠시追久保敦 씨가 삼나무 숲에 둘러싸인 구릉지 한가운데에 차를 세웠다.

"이곳입니다."

홋카이도 사르후쓰 아사지노 비행장 터. 조선인 집단 매장지와는 차로 10분쯤 떨어져 있다.

 차에서 내린 오이쿠보 씨는 숲을 향해 두 손을 모으고 허리를 굽혔다. 사루후쓰 아사지노 비행장은 일본 육군의 발주를 받은 토목업체 단노구미丹野組 등이 1943년부터 공사를 시작한 군사시설이다. 제2차 세계대전 당시 일본 육군 항공대는 소련군의 남하를 견제하기 위해 사루후쓰 초지 위에 나무판자 수 만개를 깔아 길이 1.2km 폭 60m 규모의 목조 활주로를 건설했다. 땅을 다질 시간이 부족해 대신 판자를 깔 정도로 급박한 공사였다. 이를 위해 한반도에서 끌려온 노무자가 최소 2,000명에 달했다.
 1944년 이들 조선인이 머물던 감금형 숙소(다코베야)에 장티푸스가 돌았다. 끔찍한 노예 노동에 쇠약해질 대로 쇠약해진 조선인들이 속수무책으로 쓰러졌다. 혹한과 전염병 등으로 일본 관청에 정식보고된

목조 추모비에 덮힌 눈을 쓸어내는 미즈구치 고이치 할아버지(왼쪽).
오른쪽은 조선인 시신이 매장된 것으로 추정되는 곳에 매단 붉은 끈.

'매화장인허증'상의 조선인 노무자만 96명이 사망했다. 전쟁 중이었으므로 회사 측은 연료 부족을 핑계 삼아 일부 시신의 경우 화장을 포기했다. 대신 시신을 접어 항아리 안에 넣는 홋카이도의 전통적인 매장 방식으로 공사장 주변에 집단 매장했다. 그리고 60여 년의 세월이 흘렀다.

장화를 신은 오이쿠보 씨가 취재팀 앞에서 눈을 다져 통로를 만들어주었다. 앞서 가던 그가 돌아보며 "왜 그렇게 조선인을 못살게 굴었는지 모르겠습니다. 지금은 그렇게 '욘사마', '본사마' 외치면서 일본 아줌마들이 한류 연예인들을 쫓아다니는데, 정말 부끄럽습니다"라고 말했다. 오이쿠보 씨는 부인이 암 투병 중임에도 한국에서 취재팀이 왔다는 소식에 개인 일정을 미루고 안내를 자청했다.

삼나무가 베어진 자리를 따라 난 길을 따라 숲으로 들어갔다. 칼날 같은 바람이 불어와 몇몇 나무 주위에 묶어놓은 붉은색 셀룰로이드 끈을 흔들어댔다. 그쪽을 향해 연신 합장을 하던 오이쿠보 씨가 말문을 열었다.

"조선인 시신이 매장된 것으로 추정되는 곳에 붉은 끈을 묶어놓았습니다. 눈이 녹는 대로 발굴 작업을 재개할 예정입니다."

매장지 한 가운데에는 높이 1m 80cm의 목조 추도비가 서 있다. 이곳 매장지에서 차로 5분 거리에 살고 있는 주민 미즈구치 고이치水口孝一 할아버지가 나무를 덮은 눈과 얼음을 손으로 쓸어냈다. 검은색 글자가 하나둘 모습을 드러냈다.

'구일본육군 아사지노 비행장 건설공사 조선인 희생자를 추모한다'

1935년생인 미즈구치 할아버지는 마을 주민들을 설득해 이 추모비를 세웠다. 그는 전쟁 당시 너무 어려서 조선인 노무자에 대한 기억이 없다고 했다. 늪지대를 뒤덮던 나무판자는 삭아버렸고, 드넓은 비행장 터는 목장으로 변했다. 일 년의 절반은 눈에 묻혀 있는 인구 2,900여 명의 작은 마을. 그러나 그들은 잊고 싶은 과거를 잊지 않았다. 유골 문제에 관심을 두게 된 계기를 미즈구치 할아버지는 이렇게 털어놨다.

"내 아버지도 태평양전쟁 때 필리핀에서 홋카이도로 돌아오는 배에 탔다가 폭격을 맞고 돌아가셨습니다. 1944년 6월의 일입니다. 부친의 유골은 바다 속에 매장돼버렸습니다. 찾을 수가 없게 된 것입니다. 그래서 여기 유골을 어떻게든 자식들 손에 들려 보내고 싶습니다. 자식 된 도리는 다 같은 것 아니겠습니까."

일본 할아버지의 망부가亡父歌에 가슴이 먹먹해졌다. 하지만 피해자인 한국 할아버지의 부친父親과 아사지노에 얽힌 이야기는 훨씬 더 비극적이다.

1926년 충남 금산에서 태어난 전우식 할아버지는 부친과 함께 부자가 강제 동원된 경우다. 1942년 부친 전해평 씨는 이곳 아사지노 비행장으로 동원됐다. 이듬해에는 당시 열일곱 살이던 전우식 할아버지마저 규슈九州 소재 탄광으로 가게 됐다. 이들 부자는 서신 왕래를 통해 일본 안에서도 생사를 묻곤 했다. 1943년 12월 부친의 사망소식이 홋카이도에서 날아왔다. 전우식 할아버지는 아버지의 유골을 찾기 위해 일본 최북단까지 기차여행을 했다.

"아버지가 끌려간 곳은 일본에서도 아주 추운 곳, 홋카이도 아사지노 비행장이었습니다. 아버지는 그곳에서 과로와 혹한으로 고생하다가 기관지염과 대장염에 걸려 사망했다고 합니다."

전 할아버지가 아사지노 역에 도착한 날은 1944년 1월 1일이었다. 눈이 많이 오고 차도 다니지 않아 말이 끄는 썰매를 타고 화장터로 간 것으로 기억했다. 화장터에 도착했을 때 부친의 시신은 부패를 막기 위해 눈 속에 파묻혀 보관돼 있었다고 했다. 그는 홋카이도의 차가운 눈 속에 누워 자신을 기다리던 아버지를 보면서 "가슴이 얼어붙는 것만 같았다"고 했다.

전 할아버지는 부친을 화장하고 유골을 수습한 뒤 이번에는 징용공으로 오사카大阪 가와구치川口 전철역 앞 공장에서 일하게 됐다. 기관차를 만들던 이 공장에서 그는 판공작업을 하다가 기계에 손이 딸려 들어가 손가락 두 개를 절단하게 됐다. 그는 강제동원조사위원회 구술조사에서 "스무 살도 되지 않은 나이에 나는 징용으로 내 청춘을

잃었고, 일본에서 아버지를 잃었으며, 내 손가락 두 개를 잃었다"고 말했다.[1]

규명되지 못한 역사, 삿포로 101위 유골

전 할아버지의 경우 그나마 부친의 유골을 품어볼 수는 있었다. 하지만 아사지노 비행장 터에서 발굴한 유해는 유족을 찾을 수 없는 경우가 대부분이다. 개인 구별 없이 늪지대에 매장됐기 때문이다. 세월이 너무 많이 흘러 유전자(DNA) 검사로도 유가족을 찾을 가능성이 낮다. 이른바 무연고 유골이다.

원래 무연고 유골이란 없다. 연고가 없는 개인은 극히 드물기 때문이다. 하지만 일본 당국과 해당 기업은 사망 당시 조선인 유가족에게 제대로 통보하지 않고 임의로 화장하거나 매장했기 때문에 가족을 찾을 수 없는 유골이 양산됐다. 여기에는 해방 후 60여 년간 일관되게 이어져온 일본의 방관자적 자세와 한국 정부의 무관심이 얽혀있다. 이 때문에 무연고 유골은 아직까지 제대로 규명되지 못한 강제동원 역사의 진실을 생생하게 증명하는 상징물이다.

2010년 2월 취재팀은 홋카이도 삿포로札幌 역에서 차로 5분 거리인 니시혼간지西本願寺 삿포로 별원을 방문했다. 곧바로 지하 1층 납골당으로 향했다. 짙은 향내가 코를 찔렀다. 가로 50cm 높이 1m 80cm의 캐비닛 모양의 붉은색 납골함이 줄줄이 세워져 있었다. 납골당의 기온은 16도에서 25도 사이로 자동 조절된다. 영하의 바깥 날씨보다 따듯한 것은 분명한데 피부에 소름이 돋아날 정도로 등골이 서늘했다. 납골당 제일 안쪽 1,153번 자리 앞에 섰다. 이 자리에는 홋카이도

홋카이도 삿포로 시 중심부에 위치한 니시혼간지 삿포로 별원 전경 *

에서 사망한 강제동원 희생자 101명의 유골이 모셔져 있다.

베츠단 즈이쇼別段瑞生 별원 부주지가 납골함을 열고 향을 피웠다. 원통형 유골단지 3개를 꺼냈다. 본격적인 취재에 앞서 우선 무연고 유골을 향해 재배를 올렸다. 납골당 바닥에서 한기가 올라왔다.

명부상 101명분이라고 하지만 유골은 개인별로 나눠진 게 아니라 한데 합쳐져 있었다. 화장하고 남은 유골의 크기에 따라 대·중·소로 구분돼 세 개의 단지에 담겨 있다. 어느 것이 누구의 뼈인지 전혀 구분할 수 없었다.

왜 유골을 합쳤느냐는 질문에 베츠단 부주지는 "매일 아침 추모의 식을 하는데 관리 문제로 그랬을 것"이라고 말했다. 일본의 사찰은 유골마다 매일 제를 올려주고 그 비용을 유가족에게 청구한다. 그러나

개인 구분없이 합쳐져 있는 삿포로 별원 강제동원 희생자 101위 유골

 과거 이들 유골은 비용을 댈 가족이 없었다. 이 때문에 1969년과 1997년 최소 두 차례에 걸쳐 분골 처리돼 한데 합쳐진 것이다.
 101위의 유골 가운데 한국에서 유족을 찾은 경우는 35위뿐이다. 일본인 추정은 10위, 중국인 추정은 6위, 본적지가 이북인 경우는 13위다. 나머지는 아직도 규명이 불가능한 무연고 유골이다. 2007년 12월 별원 지하 납골 창고에서는 101위 명부에 속했던 창씨명 '야스모토 겐지'의 단독 유골함이 추가 발견됐다. 본적지는 평안남도 중화군, 지금의 평양시 중화구역으로 표기돼 있다. 시민단체 '강제연행·강제노동 희생자를 생각하는 홋카이도 포럼' 회원들이 북측에 신원확인을 요청했다. 이듬해 "창씨명이라서 유족을 찾지 못한다"는 대답이 돌아왔다. 북한 정권도 유골 문제에 별 관심이 없기는 마찬가지다.

부친의 유골을 마주하기까지

포항 출신 진상윤 할아버지는 2010년 4월 삿포로 별원을 찾았다. 그의 부친은 명부상 유족이 확인된 35위 가운데 하나다. 홋카이도 포럼에서 그의 방일에 관한 일체의 비용을 댔다. 진 할아버지에게 별원에서 부친의 유골을 마주한 소감이 어땠냐고 물었다. 그는 "참……" 하며, 한참 말을 잇지 못했다.

진 할아버지는 한국전쟁 참전 국가유공자다. 전쟁이 나던 열일곱 살 때 포항 동지중학교에 다니다 학도병으로 총을 들었다. 2010년 아이돌 스타들이 출연해 화제를 남긴 6·25 60주년 영화《포화 속으로》의 실제 주인공인 셈이다. 포항이 인민군에 함락돼 울산으로 철수하면서 미군의 오폭으로 오른쪽 고막이 손상됐다. 하지만 1953년 휴전 무렵 성년이 돼 징집영장이 나오자 그는 다시 입대했다. 1969년 상사로 제대할 때까지 그는 대한민국을 위해 온몸을 던졌다.

그런 그가, 국가유공자인 그가 일본에 강제 동원됐다 홋카이도 소라치 군 석면광산에서 사망한 부친의 유골을 마주하기까지는 처절한 싸움이 필요했다.

1942년 부친 진병락 씨는 징용영장을 받은 뒤 사흘 만에 두 일본 순사에 의해 목덜미를 잡힌 채 끌려갔다. 막 소학교에 입학했던 그가 기억하는 마지막 부친의 모습이다. 종전을 앞둔 1945년 3월 일본으로부터 부친의 사망 사실을 알리는 두 줄짜리 전보가 왔다. 장례식도 유골 전달도 없이 사망 통보로 끝이었다.

전역 후 아버지 유골을 찾기로 결심한 진 할아버지는 일제시대 당시 부친에게 징용영장을 전해준 고향 사람을 찾아냈다. 1971년도였

65년 만에 부친의 유골을 마주했지만 끝내 모셔오지 못한 진상윤 할아버지 *

다. 그에게 확인서를 받아 경주세무서에 대일 민간 청구권 신청을 했다. 한·일 수교 이후 청구권 포기에 대한 비판이 거세지자 박정희 정권이 한시적으로 강제징용 사망자 보상을 위한 특별법을 만들어 보상 작업에 나서던 시기였다. 1975년 한국 재무부는 4년을 기다린 진 할아버지에게 "일본국에 증거확인 조회 결과 확인불능으로 판정됨"이라고 답신을 보내왔다. 같은 해 진 할아버지는 부친과 홋카이도에서 같은 방을 썼던 동료를 찾아 공증까지 받은 뒤 재심을 요청했으나 역시 같은 사유로 거부됐다.

　1992년 한국 외무부가 보낸 답신은 그에게 전쟁보다 더 지독한 상흔을 남겼다. "동 문제를 우리 정부가 일본에 대해 다시 거론하는 것은 국가 간 신의상 어렵다는 점을 양찰하여 주시기 바랍니다."

진 할아버지는 2010년 6월 대구 자택에서 취재팀을 만날 때까지도 분노가 가시지 않은 듯했다. 그는 "왜 사실을 사실로 인정 안 해주느냐고 해도 나라 이미지 때문에 안 된다고 하니……"라고 내뱉듯 말하고 말문을 닫았다. 옛 일제강점하 강제동원피해 진상규명위원회 설립 3년이 지난 2008년 5월에야 부친의 징용과 사망 사실이 사실로 인정받았다. 부친의 사망 전보를 받은 뒤 65년이 지나서야 삿포로 별원에서 유골을 마주한 진 할아버지. 그는 홋카이도에서 차마 꺼내지 못한 소회를 이렇게 전했다.

"수고하는 포럼 사람들 앞에서 내가 속으로만 화를 냈는데, 그기 사찰이 유골을 합쳐놔서. 그건 엉망으로 해놓은 기다. 유골 그거 그냥 놔뒀으면 됐을 것을. 이래 섞어놓으면 이거 아무데도 못 돌려주지 않나. 아버지 유골을 이따구로 해놨다. 모셔오려고 문중에 납골당까지 비워달라고 했는데. 그냥 돌아섰다. 유골 가루 일부를 가져와도 그게 어른 것인지 일본 놈 것인지 어떻게 알겠냐. 결국은 현지에 비석 하나 세우는 수밖에……."

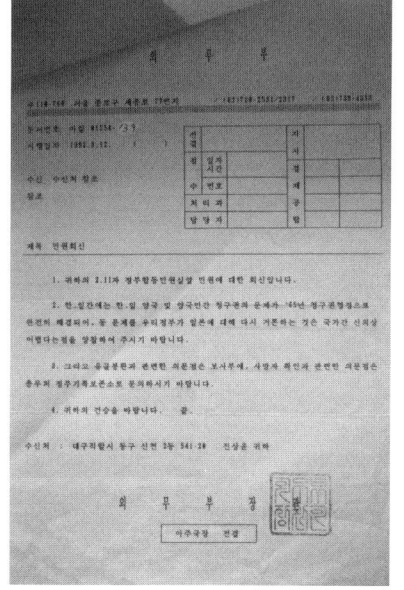

1992년 대한민국 외무부가 진상윤 할아버지에게 보내온 답신 *

유골의 소리에 답하는 홋카이도 포럼

아사지노 비행장 터의 유해를 발굴한 것도, 진 할아버지 부친의 유골 소재지를 확인해 준 것도 모두 홋카이도 포럼이 해온 일이다. 홋카이도 포럼은 2003년 2월 발족했다. 강제동원과 유골 봉환 문제에 공동 대응하기 위해 재일본대한민국민단(민단), 재일본조선인총연합회(총련) 등 동포 단체는 물론 중국인 모임인 화교총회, 불교계와 기독교계의 일본인들이 뜻을 모았다. 포럼 설립의 직접적 계기는 2002년 삿포로 별원에서 101위의 무연고 유골을 발견한 일이었다. 이후 포럼은 후생노동성 차원의 정부 공식 유골 조사를 요구해 일본 전역에서 시행되도록 도왔으며, 매년 한 차례씩 삿포로 별원 명부에서 새로 찾은 유가족과 관련 학자를 초청해 강제동원 관련 학술대회를 열고 있다.

포럼 공동대표를 맡고 있는 도노히라 요시히코殿平善彦 스님의 사찰 이치조지一乘寺는 홋카이도 중부 후카가와 시에 있었다. 홋카이도 전역에서 발굴된 조선인 유골은 모두 그의 손을 거쳤다고 해도 과언이 아니다. 취재팀을 자신의 사찰로 초청한 그에게 반세기 넘게 유골 봉환에 힘쓴 이유가 무엇인지 물었다. 그는 "살아있는 사람이 죽은 사람을 위로하거나 할 수 있는 방법은 없다. 하지만 유골을 발굴하다 보면, 오히려 죽은 사람이 살아 있는 사람에게 가르쳐주는 게 많다"라고 했다.

"대학 2학년 때인 1965년 한·일 조약 반대 운동을 했습니다. 슬로건이 '일日·미美·한韓 군인 동맹 반대'였습니다. 동아시아의 평화를 위협한다고 생각했습니다. 일본과 한국 사이의 식민지 청산 문제가 한국에선 더 중요했는데, 우리는 그건 잘 몰랐습니다. 전쟁 후 태어난 베이

비붐 세대로서 우리는 평화 문제에 더 관심이 있었습니다."

도노히라 스님이 한·일 문제에 관심을 갖게 된 계기는 한일수교 협상이었다. 대학시절 협상 반대운동을 맹렬히 했던 시작점은 그로 인해 옥고를 치르고 군대도 가지 못한 한국의 이명박 대통령과 같다. 하지만 강제동원과 유골 문제에 있어 이 대통령이 보이는 무관심과 도노히라 스님의 열정을

한인 유골 봉환에 힘쓴 도노히라 요시히코 스님

견줘보면 그 종착점은 매우 떨어져 있다는 점을 알 수 있다.

"승려 가업을 이으러 홋카이도로 돌아왔습니다. 1976년 중부 슈마리나이朱鞠内 댐 인근의 사찰을 방문하게 됐습니다. 주지는 없고 절을 관리하는 할머니만 계셨는데, 그분이 '스님이시니까 한번 보시라'며 219위의 위패를 보여주었습니다. 조선인임이 확실한 경우가 45위였습니다. 나머지 일본 사람들의 위패도 있었는데 대부분 홋카이도에 좋은 돈벌이가 있다는 꼬임에 넘어온 극빈층이었습니다. 다코베야 형태의 감금형 강제노동에 시달리다 사망한 사람들의 유골을 방치하고 있던 것입니다. 그걸 보고 놀랐습니다. 의식에서 잊혀져 가던 식민지 시대의 유산에 대해 충격을 받았습니다. 역사를 바로 배우고 바로 정

의해 나가지 않으면 앞으로의 삶도 제대로 되지 않을 것이라고 생각했습니다."

취재팀을 만난 2010년 초까지 그와 홋카이도 포럼이 북해도 전체에서 새로 찾아낸 한국인 유해는 150구다. 유족 찾기는 1977년부터 시작했는데 슈마리나이 관련 7가족, 삿포로 무로란 아카비라 15가족 등 총 22가족을 찾았다. 한국의 유족들은 그에게 고마움의 표현으로 그림과 돌김 등 선물을 보내왔다.

사찰 한편에는 2006년 리영희 한양대 명예교수가 보내 준 신랑 신부 각시 인형도 보였다. 도노히라 스님의 대를 이어 사찰 일과 유골 발굴을 돕는 아들 도노히라 마코토 스님을 위한 결혼 선물이었다. 일본 불교 종단의 스님들은 한국과 달리 결혼이 허용된다. 아버지와 함께 일하게 돼 어떠냐고 물으니 아들 도노히라 스님은 "유골 때문에 아버지와 더 친밀하게 돼 좋다"고 말했다. 이들 승려 부자에게 향후 유골 발굴과 관련한 과제가 있는지 물었다. 아버지 도노히라 스님이 무거운 표정으로 입을 열었다.

"죽었어야만 했던 진실과 사실. 이를 전하고 사죄하고 거기에 맞는 보상이 있어야 합니다. 추도식이라도 제대로 해야 합니다. 희생을 강요받았던 사망자, 그리고 유족이 생존해 있습니다. 이런 분들의 한을 풀어주지 않고 분한 채로 돌아가시게 하면 안 됩니다. 희생을 강요했던 쪽에서 풀어가야 합니다."

일본 정부와 기업이 책임을 지고 나서야 하는 것은 물론 보통의 일본인들도 유골에서 좀더 성숙한 결론을 얻어야 한다고 그는 강조했다. 그게 일본을 좋은 사회로 나아가게 하는 지름길이라고도 했다. 일본을 향한 일본인 승려의 비판이 이어졌다.

"일본은 전후 60년 넘게 모든 것을 확실히 하지 않았습니다. 정치적 상황으로 유골이 방치됐거나 버려졌다는 것, 그것조차 자각하지 않았습니다. 그래서 더 유골은 반드시 유족에게 돌려줘야 합니다. 유골을 찾는 일도 게을리해서는 안 됩니다."

강제동원 피해자에게 국가란 무엇인가

유골 봉환을 민간에 맡겨놓을 수밖에 없는 상황은 대한민국 국민에게 '국가란 무엇인가'라는 의문을 던진다. 나라를 잃어 식민지로 전락했고 그로인해 자국민이 외국에 끌려가 강제노역을 하다 억울하게 죽었다. 그렇다면 정부가 수립되고 나서 해야 할 일이 무엇일까. 국가라는 보호막이 없어 타국에서 쓸쓸히 스러져간 이들의 죽음을 정확히 규명해주고 성의를 다해 남은 유골이라도 봉환하는 것이 우선이다. 하지만 한국 정부는 일본 정부의 미온적 태도를 탓하며 이를 60년 넘게 사실상 방치하고 있다.

오일환 강제동원조사위원회 기획팀장. 오 팀장은 유골 봉환을 위한 정부의 중장기 정책과 예산 지원이 아쉽다고 말했다.

2010년 6월 오일환 강제동원조사위원회 기획팀장을 만난 건 유골 관련 한

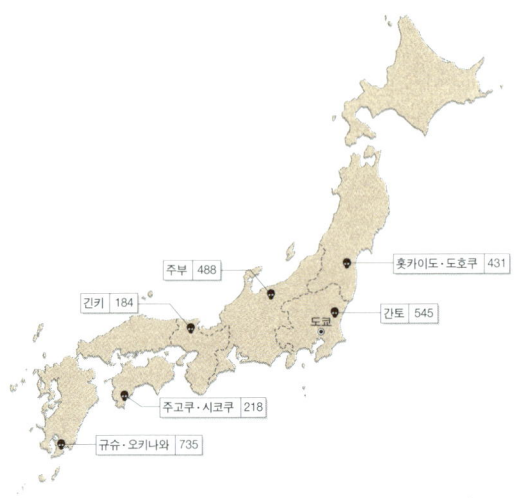

2010년 1월 기준 일본 내 한인 노무자 유골 확인 현황

국 정부의 정확한 방침과 향후 과제를 듣고 싶어서였다. 오 팀장은 2007년부터 3년간 위원회에서 유해 발굴 및 유골 봉환 업무를 담당했다. 하지만 이명박 정부 들어 과거사 관련 위원회의 축소 방침에 따라 유해팀 자체가 해체됐다. 박사급 전문위원으로 유해팀을 이끌며 일본 전역은 물론 러시아 사할린까지 뛰어다닌 오 팀장도 잠시 위원회를 나갔다가 기획팀장직으로 복귀했다. 취재팀을 만난 그는 "일본 정부는 유골을 돌려줄 준비가 돼 있다. 하지만 정작 한국 정부가 호응하지 못하고 있다"는 말로 입을 열었다.

"2004년 12월 노무현 대통령은 고이즈미 준이치로小泉純一郎 일본 총리와의 정상회담에서 강제징용자 유골을 돌려달라고 공식 요청했습니다. 일본 정부는 이후 실무 차원에서 '한·일 유골협의'를 정례화하고 일본 내 조선인 유골 조사를 실시하기로 한국 정부와 합의했습

일본 내 한인 노무자 안치 시설 및 유골 분포 현황

권역	행정구역	시설 수	유골 수	권역	행정구역	시설 수	유골 수
홋카이도·도호쿠	홋카이도	10	105	긴키	시가 현	1	9
	아오모리 현	3	4		교토 부	2	4
	이와테 현	3	88		오사카 부	4	54
	미야기 현	2	3		효고 현	1	0
	아키타 현	1	2		나라 현	1	1
	야마가타 현	2	7		와카야마 현	1	1
	후쿠시마 현	8	24		비공개	30	115
	비공개	20	198	주고쿠·시코쿠	돗토리 현	0	0
간토	이바라키 현	4	30		시마네 현	3	5
	도치기 현	0	0		오카야마 현	3	1
	군마 현	0	0		히로시마 현	2	3
	사이타마 현	1	131		야마구치 현	4	124
	지바 현	1	1		도쿠시마 현	0	0
	도쿄도	6	113		가가와 현	0	0
	가나가와 현	2	8		에히메 현	1	1
	비공개	28	262		고치 현	0	0
주부	니가타 현	1	1		비공개	40	84
	도야마 현	3	9	규슈·오키나와	후쿠오카 현	12	105
	이시카와 현	2	78		사가 현	2	51
	후쿠이 현	1	1		나가사키 현	8	60
	야마나시 현	0	0		구마모토 현	2	11
	나가노 현	2	4		오이타 현	3	9
	기후 현	7	78		미야자키 현	1	5
	시즈오카 현	4	122		가고시마 현	3	23
	아이치 현	1	144		오키나와 현	0	0
	미에 현	2	3		비공개	49	471
	비공개	23	48	합계		310	2,601

* 유골 보관 사실을 대외적으로 밝히기 꺼리는 일부 시설은 비공개로 처리 (자료: 일본 후생노동성)

니다. 2010년 1월까지 일본은 본토 전역을 6개 권역으로 나눠 납골당과 사찰 등을 조사해 2,601위의 민간인 노무자 유골 소재지를 우리 정부에 통보해줬습니다. 3월에도 추가 통보가 와서 2,643위를 기록했습니다."

물론 일본 정부의 조사에는 아사지노 비행장 터와 같은 땅에 매장된 유해 등이 빠졌다. 일본 불교 종단의 도움을 얻어 사찰에 오롯이 모셔진 유골 현황을 파악하는 수준에 그쳤다. 삿포로 별원의 경우처럼 개별 신원 확인이 불가능한 합골 유골이 많다는 문제점도 있다. 하지만 후생노동성 원호국이 직접 움직였다는 점에서 의미 부여가 가능하다. 유골 봉환이 일본 정부의 공식 업무로 안착돼 자체적으로 알아서 조사하고 데이터를 한국 정부로 보내주기에 이른 것이다.

유골 봉환은 크게 군인·군속 방식과 민간 노무자 방식으로 구분된다. 일제의 전쟁터에 직접 끌려가 사망한 군인·군속의 경우에는 명부 등이 존재해 어느 정도 진상규명이 가능하다. 반면 일본 기업에 강제동원됐다 탄광 공장 등 작업장에서 숨진 노무자들은 책임 문제를 회피하려는 기업 측의 은폐와 무성의로 사실 규명이 쉽지 않다. 강제동원조사위원회는 2010년 5월을 끝으로 도쿄 유텐지祐天寺에 모셔진 군인·군속의 유골 본국 송환을 마쳤다. 그러나 민간 노무자의 유골은 규모 파악만 해놓고 실질적 봉환에는 어려움을 겪고 있다. 오 팀장은 일본 정부와 3년 넘게 밀고당겼던 협상 과정을 이렇게 풀어놓았다.

"처음엔 일본 정부의 태도가 완강했습니다. '조사만 하겠다'에서 '유골을 돌려주겠다'까지 협상하는 데 1년여가 걸렸습니다. 또 봉환할 때 추도식의 격식과 유족의 초청 방법 협상에 1년, 그리고 일본 정부의 누가 와서 사과와 책임을 언급할 것인가에 또 1년. 이런 식으로 입장차를 좁혔습니다. 그 결과 노무자도 군인·군속에 준하는 방식으로 봉환하자는 데 실무 의견이 모아졌습니다. 공은 한국 정부에 넘어왔는데 문제는 이를 실행해야 할 2010년 관련 본예산이 '0원'이라는 사실입니다."

2009년 12월 31일 정기국회 마지막 날 서울 여의도 국회의사당에서 열린 본회의에서 유골 봉환 관련 2010년 예산은 전액 삭감됐다. 4대강 사업, 세종시 등 이명박 정부가 밀어붙인 국책 사업에 재정 소요가 엄청났기 때문이다.

"일본 정부 입장을 한번 생각해 보십시오. 전국 시설에 사람을 보내 노무자 유골을 도쿄로 모으고, 그걸 보관하고, 한국 유족을 초청하고 하는 등에 엄청난 비용이 듭니다. 일본이란 사회는 단돈 1엔이라도 지불되지 않으면 움직이지 않습니다. 그럼에도 일본 측이 그 비용을 전부 대겠다는 뜻을 비쳤습니다. 기회를 놓치지 말아야 합니다."

이전에도 한국 정부는 예산 부족으로 일본 정부와 공동으로 진행하기로 한 조사 활동조차 제대로 참여하지 못했다. 2005년부터 2010년 상반기까지 일본 정부가 조선인 노무자의 유골을 찾기 위해 열도 전역에서 조사를 진행한 횟수는 250회다. 이 가운데 한국 정부가 직접 참여한 횟수는 고작 20회다. 유골 공동 조사를 먼저 제안한 것은 우리 정부였다. 하지만 실제 참여는 10%도 안 됐다.

일본 후생노동성 원호국은 1967년부터 2004년까지 총 153억 7,000만 엔을 투입해 해외의 자국민 유해를 수습했다. 한반도는 물론이고 동남아시아, 러시아 및 외몽골 지역에서 총 300여 차례에 걸쳐 유해를 봉환했다. 1999년 이후 수집된 유해에 대해서는 유전자 감식을 통해 신원 확인 작업까지 하고 있다.[2]

2010년 8월 간 나오토菅直人 일본 총리는 경술국치 100년을 앞두고 발표한 담화에서 "한반도 출신자의 유골반환 지원이라는 인도적 협력을 앞으로도 성실히 실시해갈 것"이라고 밝혔다. '앞으로도'라는 표현이 굳이 들어간 이유가 뭘까. 이전에도 일본은 성실히 해왔다는 점을 강조하기 위함이다. 취재팀은 이를 보며 자국민 유골을 찾아가는 예산을 삭감한 한국 정부와 국회의 모습을 떠올리지 않을 수 없었다.

오 팀장은 어떻게 하든 유해 발굴 및 유골 봉환 업무를 부활시켜야 한다고 강조했다. 일본 측이 한국 정부 내 카운터 파트가 없어 유골 봉환을 미루는 일은 막아야 한다고 했다. 그는 취재팀에게 이런 당부의 말을 남겼다.

"광복 후 60년 동안 유해 발굴·봉환 업무가 공전했던 이유는 전담 기구나 조직, 전문 인력이 부족했기 때문입니다. 정부 내에서 이 업무가 단절된다면 60년 만에 회복한 성과를 모두 포기하는 것입니다. 이제 막 싹트기 시작한 한·일 우호협력의 발판을 우리 스스로 걷어차고, 희생자와 유족의 가슴에 두번째 비수를 이번에는 일본이 아닌 '우리가' 꽂는 셈입니다."

눈이 녹으며 지켜진 약속

2010년 5월 1일 아사지노 비행장 터에서는 약속대로 강제동원 희생자 유해 발굴이 이뤄졌다. 한국에서는 한양대 문화인류학과 안신원, 충북대 고고미술사학과 박선주 교수팀이 참여했고, 일본 홋카이도 대학의 고고학 전공 가토 준 교수팀도 동참했다. 한국과 일본의 전문가와 대학생, 재일동포와 사루후쓰 마을 주민, 홋카이도 원주민인 아이누족 사람들까지 총 90여 명이 삽을 들었다. 양국 정부가 예산과 법령을 가지고 해야 할 일을 지역 주민과 미래세대 학생들이 모금을 통해 비용을 마련하고 직접 현장을 찾아가 발굴을 해낸 것이다.

참가자들은 구덩이에서 파낸 흙을 체로 흔들어 골편을 찾아냈다.

30~40cm만 파도 유골 조각이 발견됐다. 이 뼛조각을 아세톤으로 씻어내면 곧바로 국내 유해감식의 1인자인 박선주 교수가 현장에서 감식을 했다. 세 구가 뒤엉켜 있는데 두개골은 하나뿐이거나, 등뼈만이 출토되는 경우도 있었다. 이로써

아사지노 비행장 터 유골 발굴 현장

2005년 첫 시굴에서 시작된 발굴 작업은 2010년 3차 행사까지 마치며 아사지노 비행장 터에서 총 38구의 유해를 찾아냈다.

강제동원조사위원회 이선영 조사관은 개인 신분으로 자비를 들여 홋카이도까지 날아가 발굴 작업에 참여했다. 취재팀과 함께 1월 아사지노 비행장 터를 찾은 후 넉 달만의 재방문이었다. 역시 취재팀과 규슈 및 혼슈를 동행했던 위원회 하승현 팀장과 정현영 전 조사관도 합류했다.

홋카이도의 5월은 눈이 절반밖에 녹지 않은 쌀쌀한 날씨였다. 이 조사관은 "할아버지들의 유골을 어서 빨리 따뜻한 곳으로 모셔야겠다는 생각밖에 들지 않았다"고 말했다. 전국을 돌며 고령의 강제동원 피해자들에게 무수히 들었던 증언 그대로, 강제노역 희생자들은 죽어서도 가묘 수준의 얕은 땅에 아무렇게나 매장돼 있었다. 일부 시신은 공사장에서 쓰던 나무판자를 모아 화장을 하다가 중단한 상태 그대로 매장되기도 했다. 이 조사관은 "할아버지들이 돌아가신 후에도 제대로 된 대우를 받지 못했다는 게 슬펐다"고 말했다.

홋카이도 포럼 채홍철 대표는 취재팀에게 "지나간 100년이 아니라 앞으로의 100년을 더 아름답게 장식하기 위해, '과거'에서 '미래'를 파내고자 힘을 모았다"고 알려왔다. 아사지노 비행장 터가 속한 사루후쓰 촌이 발굴 현장을 유적으로 보전하고, 조선인 강제동원 사실을 촌사村史에 명기한다고 했다. 채 대표는 "늦었지만, 정말 너무나 늦었지만 이제 '화해와 평화'란 새 역사를 만들어나가고자 하는 작은 시도가 시작됐다"고 말했다.

5
강제징용 최소한의 보상, 미불임금

피해자들이 못 받은 임금은 얼마나 될까

수많은 피해자들 사례에서 보는 대로 일본 전범기업들은 조선인 노무자들을 있는 대로 착취하고도 약속된 임금을 제대로 지급하지 않고 절반 이하로 주거나 아예 한 푼도 주지 않았다. 피해자들에게는 분하고 억울한 일이다. 위자료나 지원금은 고사하고 본래 받았어야 할 이 같은 미불未拂임금이라도 그 시절 화폐가치에 맞게 돌려받기를 원한다. 그것은 무슨 대단한 영화를 누리겠다는 욕심이 아니라 상처를 치유하고 마음을 달래기 위한 최소한의 상징적인 차원이다.

그런데 피해자들이 받을 미불임금이 일본 땅에서 전부 증발돼 있는 건 아니다. 기업이 빼돌리고 전용시켜 다 소진한 게 아니라, 상당한 액수의 미불임금이 종전 직후 고스란히 일본 법원에 공탁돼 은행 계좌에 지금도 존재한다는 얘기다. 하나씩 짚어보자.

일본 시민단체인 '강제동원 진상구명 네트워크'는 2008년 11월 국

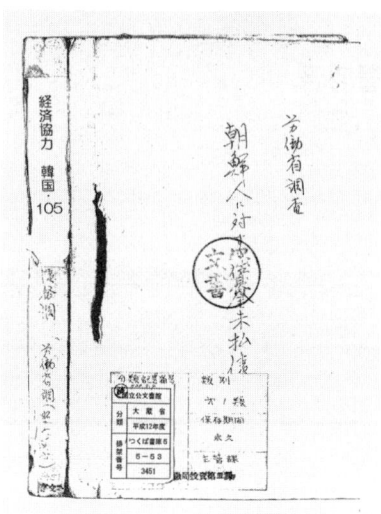

『노동성 조사 조선인에 대한 임금미불 채무조』 표지

립공문서관 쓰쿠바 분관에 보관돼 있는 한일협정 관련 자료를 추적하던 중 조선인 강제동원 피해자들의 미불임금 내역에 대한 자료를 찾아냈다. 쇼와 25년, 즉 1950년 10월 6일자로 작성된 『노동성 조사 조선인에 대한 임금미불 채무조』라는 제목의 책자다. 연합군총사령부(GHQ)의 지시에 따라 일본 노동성이 작성한 것이다. 미불임금 관련 기업을 채무자, 조선인 노무자들을 채권자로 해 일본 내 부현(지역)별, 사업장(기업)별로 채무의 종류와 금액, 채권자 수, 공탁 일시 등 세부적인 내역이 기재돼 있다. 책자에 따르면 1949년 말 현재 일본 대장성이 조사한 '조선인 재일자금'을 근거로 미불임금은 당시 액면가로 2억 4,135만 엔이나 된다. 화폐가치 변화와 현재 환율 등을 고려할 때 현재 한화로 최소 3~4조 원에 달하는 액수다.[1]

종전에는 막연히 상당한 금액이 공탁 형태로 보관돼 있을 것이라는 추측만 있었는데 이 자료를 통해 명백한 근거를 갖게 됐다. 이 책자 표지 한 켠에는 '경제협력 한국'이라고 적혀 있는데, 1965년 한일협정 당시 채무 및 배상 관계의 기초자료로 활용된 것임을 알 수 있다. B5 크기 600여 페이지의 책자에는 5종의 세부자료가 들어 있다.

임금미불 채무조 내용 일부. 홋카이도의 각 기업 작업장별로 미불임금 내역이 적혀 있다.

'귀국 조선인에 관한 미불임금 채무 등에 관한 조사통계'(노동성 노동기준국, 1950년), '조선인의 재일자금'(주관 외국재산과, 1953년), '노동성 조사와 대장성 조사를 비교한 자료'(대장성 이재국 외채과, 1953년) 등이다.

요컨대 전쟁이 끝나고 몇 년이 지난 뒤 조선인을 고용했던 일본 기업들이 일련의 과정을 거쳐 각자 미불임금에 해당하는 돈을 법무국에 맡겼다는 것이다. 해당 기업에는 일본 유수의 기업이 다수 포함돼 있다. 공탁 형태로 조선인 미불임금을 가장 많이 두고 있는 기업 1위는 역시 미쓰비시다. 미쓰비시중공업 나가사키 조선소에서 406명분의 급료, 단체적립금, 퇴직금 등 85만 9,770엔을 공탁한 것을 비롯해 미쓰비시 전체 계열사에서 모두 1만 935명분을 공탁했다. 미쓰이가 2,655명, 스미토모는 4,380명, 후지코시는 1,674명분을 공탁했다. 아

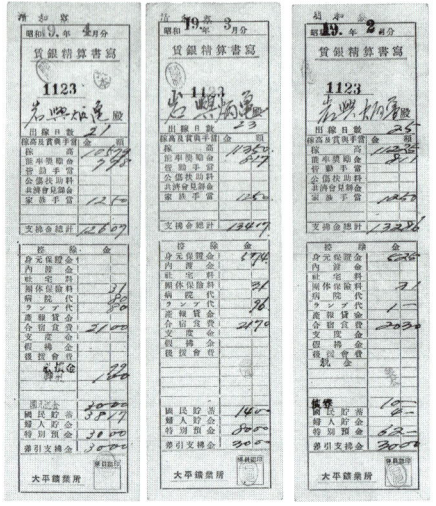

광업소에 동원됐던 한 조선인 노무자의
1944년 2~4월 분 임금정산서

소 다로 전 총리 집안의 아소광업도 포함돼 있는데 사가 현에 위치한 구바라 탄광에서 임금 7,415엔(100명), 보조금 2,370엔(133명), 원호금 475엔(2명) 등 조선인 235명에 대해 1만 엔이 넘는 임금을 떼먹고 뒤늦게 공탁 처리했다. 121명분의 저금 3,359엔은 조선인들에게 지급도 안 하고 법원에 공탁도 하지 않은 것으로 표시돼 있다.

전범기업들이 모든 조선인 노무자들에게 임금을 안 준 것은 아니다. 계속적인 동원을 무리 없이 이어가고, 남겨진 가족들을 비롯한 조선 내 민중의 반발을 가능한 한 둔화시키기 위해 최소한의 생색은 내려고 했다. 또 종전 직후 일부 사업장에서는 조선인 노무자들의 임금 지급 요구가 강력해 기업이 지불을 완료한 경우도 있다. 모리야 요시히코 전 사세보 공업고등전문학교 교수에 따르면 홋카이도의 경우 강제동원 피해자가 15만 명에 달하는데도 기업들의 공탁 액수는 다른 지역에 비해 매우 적다. 작업장 200여 곳 가운데 공탁이 이뤄진 작업장은 18곳에 불과하다. 이는 1945년 9월부터 12월말까지 소라치宗知와 이시카리石狩 지방을 중심으로 조선인과 중국인이 대투쟁을 벌여 임금 및 귀국까지의 생활비 등을 강력하게 요구해 관철시켰기 때문이라는 것이다.

미불임금 공탁의 역사

공탁供託은 본래 채무 변제 등을 위해 법령의 규정에 따라 금전이나 유가증권 등을 법원에 맡기는 걸 말한다. 돈은 줘야겠는데 채권자의 정확한 신원이나 소재를 알 수 없을 때 이용한다. 미불임금은 어디까지나 조선인 노무자들에 대한 채무인 만큼 해당 기업들이 종전 후 그 돈을 공탁한 것은 마땅한 일이다. 현재 공탁기록은 일본 법무성 산하 도쿄법무국과 각 지역 공탁소 및 지소, 출장소 등 332개소에 소장돼 있다. 공탁 금액은 일본은행에 예치 중이다.

전쟁이 끝나 조선인들이 고국으로 돌아가기 전에 밀린 임금을 다 지급했다면 전후 보상 문제는 훨씬 수월해졌을 것이다. 그러나 기업들은 전후 조선인 단체의 투쟁으로 사회문제가 되고 일본 정부 및 GHQ의 지시가 있고나서야 뒤늦게, 마지못해 공탁에 나섰다. 그 과정을 살펴보자.

해방 직후 일본 각지에 거주하던 한인들은 귀국대책, 실업대책, 재류동포의 생명과 재산 보호를 목적으로 단체를 설립하기 시작했다. 그 결과 1945년 10월에 도쿄에서 교포권익단체인 재일본조선인연맹(이하 조련)을 창립했다. 조련은 일본 정부와 기업을 상대로 투쟁을 벌였다. 이때 조련의 요구는 ① 연행조선인에 관한 종합적 정보의 제공 ② 위자료의 지급과 사상자에 대한 특별위자료 가산 ③ 미불임금의 조련 위탁 등이었다. 일본 정부와 기업은 ①을 제외하고는 완강히 거부했다. 조련은 자치단체에 불과하므로 민법이 정하는 정당한 대리인이라고 할 수 없다는 이유에서였다.

일본 정부는 조련의 교섭 요구에 응하지 말라는 지시를 단계적으로 내렸다. 먼저 내무성 공안과는 조련을 비롯한 한인들의 귀국 투쟁에 대해 1946년 2월 26일 '조선인 단체의 부당 요구에 수반되는 불법행위 단속에 관한 건'을 하달해 단속을 강화하겠다고 엄포를 놨다. 미불임금 업무 주무부서인 후생성 노정국의 급여과장은 같은 해 3월 11일 '종전에 따른 조선인 노무자 해고수당에 관한 건'을 지방 행정부처에 내려 보내 조련의 교섭 요구를 거부해도 된다고 통보했다. 조련이 GHQ의 허락 없이 활동한다는 이유였다.

1946년 6월 17일에는 후생성 노정국 급여과장이 다시 '조선인 기타 외국인 노무자의 급여에 관한 건'을 하달함으로써 전국의 옛 군수사업체가 해당 노무자의 미불임금을 조련 측에 건네주지 못하도록 명확한 지령을 보냈다. 그리고 같은 날 후생성은 각 부·현 지사 앞으로 '조선인 노무자에 관한 건'을 보내 각 사업장에서의 피동원자 고용 현황, 즉 조선인 명부와 입소 경로, 고용 수, 종전과 귀국 시 수, 사망자·부상자·도망자 수, 그리고 미불임금 실태에 대해 조사를 요청했다.

마침내 후생성 노정국 과장은 1946년 10월 12일에 각 부·현 지사 앞으로 '조선인 노무자 등에 대한 미불금 기타에 관한 건'을 송부해 조선인 노무자에게 지불해야 할 임금, 퇴직금 및 보관하고 있는 적립금·저금·유가증권 등을 공탁하도록 했다. 또 사업주는 공탁이 완료됐을 때 지방행정 책임자에게 보고하도록 했다. 이렇게 해서 각 기업의 미불임금 공탁이 시작됐다. 이 후생성 공문서는 일본통운, 일본철강업경영자연맹, 일본공업통제회, 석탄통제회, 전국광산회, 항운협회, 화학공업연맹 등 사용자 단체에도 송달됐다. 물론 이들 단체에는 전시기에 조선인을 강제 동원했던 기업들이 소속돼 있었다.[2]

GHQ도 압박을 가했다. GHQ는 이미 1945년 10월 29일 '일본 탄광 조선인 노동자의 예금·저금과 임금의 지불'이라는 각서를 일본 정부에 보내 미불임금을 GHQ에 맡길 것을 명령했다. 이 각서에는 '해당 노동자의 성명, 주소, 송금돼야 할 금액, 조선 국내의 수취인 성명과 주소 등을 기재한 네 장의 복사 보고서를 총사령부에 제출할 것'이라는 내용이 담겨 있다. GHQ 관리계좌에 옮겨진 조선인 노동자의 돈은 1952년 2월 샌프란시스코 조약 발효를 앞두고 일본 정부에 양도됐다.

GHQ는 또 1949년 7월 19일 '국외거주 외국인 등에 대한 채무변제를 위한 특별 정리계정의 설정에 대한 지시'라는 각서를 하달했다. 한인 소유의 일본 내 자금에 대한 조사를 실시하도록 한 것이다. 이에 따라 대장성 등에서 전국 사업장의 조선인 미불임금 및 공탁 현황에 대한 조사에 나섰다.

앞서 얘기한 미불임금 액면가 총액 2억 4,135만 엔은 일본 대장성이 1949년 말 현재 기업의 공탁 현황을 집계해서 산출한 숫자다. 그러나 그 이후에도 공탁은 계속됐다. 일본 정부는 1950년 2월 28일에 '국외거주 외국인 등에 대한 채무변제를 위한 공탁 특례에 관한 정령'(정령 제22호)을 공표했다. 정령 공표 이전 시기에 공탁된 돈은 도쿄법무국으로 공탁하기로 하고, 아직 공탁이 안 된 돈은 해당 채무사가 조속히 공탁을 완료하라는 내용이다. 이 같은 정령을 근거로 공탁은 1950년대 후반까지 지속적으로 이뤄졌다. 여기에 공탁을 끝까지 회피한 기업들이 적지 않았다는 점까지 감안하면 미불임금 총액은 2억 4,135만 엔보다 훨씬 클 것이라는 게 한일 전문가들의 일치된 관측이다. 개별 회사에서 노동성 등에 자진 신고한 미불임금만 기준으로 집계한 것이어서 신고가 안 되고 누락된 부분이 많을 수밖에 없다.

그런데 GHQ나 일본 정부가 미불임금 공탁을 기업들에 지시한 이유는 무엇일까. 이 사안이 언젠가 반드시 한일 양국 간 의제가 될 것이라고 내다봤기 때문이다. 김광열 광운대 교수는 "일본 정부는 한일 간 국교 교섭 시에 분명히 이 문제가 불거져 나올 것이라고 예상했다. 미국의 직·간접적인 압력에 의해 한일 국교 정상화를 위한 한일회담이 시작된 것이 샌프란시스코 강화조약 체결 다음 해인 1952년이었다"라고 설명한다. 실제로 그랬다. 수년에 걸친 한일협정 때 강제동원 피해자의 미불임금 내역은 청구권 금액을 설정하는데 핵심적인 자료와 의제로 테이블 위에 올랐다. 협상 전반기 때만 해도 일본 정부는 미불임금이 피해자 개개인에게 지급돼야 할 것이라고 생각했다. 결국 우리 정부의 양보 끝에 양측이 유·무상 5억 달러의 경제협력자금(다른 명칭으로는 독립축하금)을 주고받는 것으로 미불임금 문제를 갈음하고 말았지만.

기왕에 보관하고 있는 공탁금, 왜 피해자들에게 안 주나

현재 공탁금에 대한 일본의 태도는 묘하기 짝이 없다. 피해자들에게 돌려줘야 할 돈이라면 주고, 돌려줄 필요가 없는 돈이라고 판단한다면 국고에 환수 조치해야 할 텐데 마냥 은행계좌에 묶어놓고만 있는 것이다. 만약 늘 되풀이하는 논리대로 1965년 한일협정을 통해 모든 채무 문제가 해결됐다면 그 돈을 아직까지 갖고 있을 이유가 없다. 한일협정 직후인 1965년 12월 일본 국내법으로 '한국인 재산권 조치법'(144호 법률)을 제정해 대한민국 국민은 1965년 이전의 재산권 행사를 일본 국내에서 할 수 없도록 차단했으니 더욱 그렇다.[3]

게다가 공탁 시효도 지났다. 통상 시효가 지난 공탁금은 일반 국가 재정에 집어넣는다. 일본 민법상으로는 시효를 10년으로 보고 있다. 일본 내에서 이런 기사가 난 적도 있다. 1991년 6월 10일자 『아사히신문』에 '전시노무동원조사단의 조사에 의해, 33만 인분 공탁하여 법무성 시효 후에도 보관 지시'라는 제목으로 나온 보도다.

"전쟁 중 일본의 광산이나 공장에 노무동원 된 조선인에 대한 미불임금이 전후 46년이 지난 지금도 법무국에 공탁되어진 채 있다는 사실이 밝혀졌다. 공탁은 보통 10년이 시효이지만, 조선인의 공탁에 대해서는 법무성이 '시효에 의한 수속을 밟지 못하도록'이라는 통달通達을 하고 있기 때문에 공중에 떠 있는 것이다."[4]

사실 피해자들에게 공탁 사실을 전혀 알려주지도 않았던 만큼 시효를 적용한다는 게 애초에 난센스인지도 모른다. 어쨌든 일본 입장에서는 법적 장애물은 없다는 것인데, 왜 여태 천문학적 액수의 공탁금을 보관하고 있을까. 결국 공탁금을 소멸시키는 행위에 대해 일본 스스로 떳떳하지 못하고 께름칙하게 여기고 있음을 여실히 반증하는 게 아니냐는 해석이 충분히 가능하다. 즉, 한국 피해자들에게 돌려주자니 그간 내세웠던 한일협정 논리와 상반돼 모순을 일으키고, 일반회계 환수 등으로 소멸시켜버리자니 훗날 한일 관계에서 어떤 부담으로 작용할지 몰라 이러지도 저러지도 못한다는 것이다. 북한과의 국

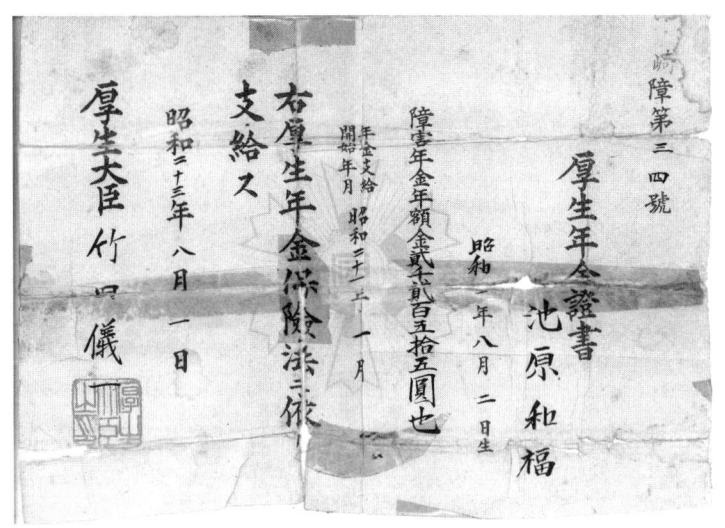

지급 개시일이 1946년 1월로 명시돼 있는 후생연금 증서.
많은 조선인들이 해방 뒤 일본 정부로부터 후생연금을 받지 못한 채 귀국했다.*

교 수립과 일본인 납치 문제 해결 등에 대비해 카드로 쥐고 있다는 관측도 있다. 이 책 2부 2장에 소개된 고쇼 다다시 일본 고마자와 대학 명예교수의 견해대로, 일제의 조선 지배가 정당했음을 암시하려는 상징적 조치의 일환으로 공탁금을 계속 붙들고 있는지도 모른다.

공탁금으로 '변신'해 있는 미불임금은 명백히 강제동원 피해자 개개인이 받아야 할 돈이다. 반인도적인 불법행위로 형편없는 처우 속에 노동을 시키고 그 최소한의 임금마저 줄 수 없다고 버티는 일본 정부와 기업들의 행태는 아무리 봐도 미스터리가 아닐 수 없다.

노무동원 피해 판정 위해 공탁금 명부도 중요하다

공탁금을 당장 받을 수 없다면 공탁자료라도 제대로 받아야 한다. 국내에서 피해자들의 강제동원 사실을 확인하고 일정한 지원금을 지급하는 데 꼭 필요한 자료이기 때문이다.

일본 정부는 2010년 3월 26일 조선인 노무동원자 공탁금 명부 사본 17만 5,000명분(총 공탁금액 2억 7,800만 엔)을 한국 정부에 제공했다. 일본 외무성에서 일본 주재 한국대사관을 거쳐 한국 외교부, 국무총리 산하 강제동원조사위원회 측에 전달한 것이다. 앞서 설명한 대로 이 공탁금 명부에는 태평양전쟁 당시 일본 기업들이 한국인 노무자들에게 지급하지 않았다가 종전 뒤 도쿄 법무국 등에 공탁한 개인별 급여, 수당, 부조금 등의 내역이 적혀 있다.

공탁금 전달 당시 우리 정부나 언론은 "일제 시절 강제 동원되고도 임금을 못 받은 노무자 또는 그 유족이 65년 만에 보상 받을 수 있는 길이 열렸다"고 일제히 환영했다. 위원회가 피해자들의 노무동원 사실을 확인하고 위로금(사망자 2,000만 원), 의료지원금(부상자 80만 원), 미수금(미불임금 1엔당 2,000원으로 환산) 등을 지급할 수 있는 확실한 근거가 되기 때문이다.

위원회는 그간 증빙자료 부족으로 피해자들의 강제동원 피해사실을 판정하는데 곤란을 겪어 왔다. 위원회에 접수된 피해조사 신청 23만여 건 가운데 군인·군속 동원자가 7만여 명인데 비해 노무자는 16만 명이나 된다. 그런데 군인·군속에 대한 피해판정 처리율이 80%가 넘는 반면 노무자 처리율은 40% 정도밖에 안 됐다. 그 만큼 해당 피해자나 위원회가 갖고 있는 노무동원 증빙자료가 부족했기 때문이다. 일

강제동원조사위원회에 보관돼 있는 노무동원자 공탁금 명부

본 정부가 민간기업 노무동원자의 공탁금 기록을 넘겨준 것은 전후戰後 최초의 일이었다. 2007년에 약 11만 명분의 공탁금 명부를 제공한 적이 있긴 한데 그건 군인·군속 동원자의 명부였다.

일본 정부가 이 같은 공탁금 명부를 자발적으로, 순순히 내준 것은 아니다. 한국 정부, 특히 위원회 실무자들의 5년에 걸친 끈질긴 노력이 있었기에 가능했다. 2004년 12월에 열린 한·일 정상회담에서 물꼬가 트였다. 당시 노무현 대통령은 노무동원자 유골에 대한 수습과 봉환을 협조해줄 것을 강력히 요청했고, 고이즈미 준이치로 총리는 대책을 강구하겠다고 답변했다. 이후 양국 정부는 '한·일 유골문제협의회'를 구성해 2005년 5월부터 지난해 11월까지 국장급 회의 6회, 과장급·팀장급 실무협의 9회 등 공식 회의만 총 15회를 가졌다. 이 자리에서 우리 정부는 먼저 군인·군속 공탁금 명부를, 이어 노무동원자 공탁금 명부 일체를 제공해줄 것을 강하게 요청했다.

초기에는 일본 정부 측에서 노무동원자 공탁금 자료의 존재 자체를 인정하지 않았다고 한다. 계속되는 위원회 실무자들 요구에 일본 측은 자료의 존재를 인정했지만 일본인 기록과 혼재되어 있다는 이유로 공개를 거부했다. 일본 국내 개인정보법 규정상 위법 소지가 있다는 이유였다. 그 이후에는 다시 정리 미비를 들어 난색을 표시했다. 그러다가 위원회 측에서 일본의 노무자 공탁금 자료가 잘 정리돼 있으며, 해당자가 민족별로 구분돼 있어 개인정보법의 제한을 받지 않는다는 사실을 입증하는 근거를 제시하자 일본 측도 결국 손을 들었다. 그래서 2009년 11월 5일 회의에서 결국 자료 제공에 합의했다. 여기에는 일본 국립공문서관 쓰쿠바 분관에 보관돼 있던 한일협정 관련 자료를 찾아낸 '강제동원 진상구명 네트워크' 등 일본 시민단체의 도움도 큰 힘이 됐다.

그런데 문제가 있다. 17만 5,000명분이라는 게 실제 강제 동원된 피해자들 숫자에 비해 터무니없이 적은 숫자라는 점은 차치하고, 내용이 너무 부실해 무용지물에 가까운 명부가 수두룩하기 때문이다.

위원회가 데이터베이스 구축을 위해 공탁금 기록을 전산화하면서 6개월 이상 분석해보니 겨우 노무자 이름과 공탁 금액 정도만 허술하게 적혀 있고 가장 중요한 본적지, 그리고 입사 및 퇴사 일시, 공탁 사유 등이 기재돼 있지 않아 피해자를 제대로 확인할 수 없는 경우가 적지 않았다. 예컨대 공탁금 명부에 노무자의 창씨개명 한 일본 이름과 공탁금액만 달랑 기재돼 있으면 위원회에 신고된 피해자 중 누구에 해당되는지 도무지 연결을 할 수 없는 것이다.

게다가 노무자 명부에 수록된 17만 5,000명 가운데 무려 10만 여 명이 위원회가 기존에 보유하고 있던 군인·군속 명부 수록자와 일치한다는 사실이 취재팀의 문의를 통해 확인됐다. 일본 정부가 이미 제공했던 군인·군속 11만 명의 공탁금 명부 대부분이 노무자 명부에 그대로 중복된 채 한국 정부에 또 다시 전달된 것으로 밝혀졌다. 결국 실질적으로 활용할 수 있는 노무자 명부는 6만 명분밖에 안 되는 것으로 위원회는 파악했다.

이는 결과적으로 일본 정부가 한국 정부 및 피해자들을 기만한 셈이다. 위원회도 이 같은 사실을 일본 정부에 통보하고 추가로 노무자 공탁금 명부를 넘겨받을 수 있도록 애를 쓰고 있지만 일본 측 태도를 얼마나 바꿀 수 있을지는 미지수다. 일본 정부는 "갖고 있는 자료를 다 넘겨줬으니 더 이상 달라고 하지 말라"는 투다. 일본 정부가 '갑'이고 한국 정부가 '을'인 상태로 사정하는 셈인데, 가해자와 피해자의 위치가 이렇게 전도돼 있다는 건 역사의 비극이 아닐 수 없다. 어디서부터 잘못됐을까.

한 은행원 출신 시민운동가의 정교한 추적

취재팀은 2010년 2월 홋카이도 삿포로 역 앞 L프라자에서 강제동원 진상구명 네트워크의 고바야시 히사토모小林久公 사무국장을 만났다. 1942년생인 그는 만날 당시엔 직함이 네트워크의 감사직이었다. 그런데 2010년 5월 단체의 실무를 담당하던 후쿠도메 노리아키가 돌연 세상을 뜨면서 대신 사무국장직을 맡게 됐다. 강제동원 진상구명 네트워크는 2005년 한국에서 강제동원조사위원회가 설립된 것을 계기로 일본 내에서 한국인 피해자를 돕던 시민들이 주축이 돼 결성됐다. 일본 정부와 기업이 보유한 강제동원 관련 자료의 수집 및 분석 작업을 진행하고 있다.

고바야시 히사토모 사무국장

고바야시 사무국장은 셔츠 앞주머니에 검정, 빨강, 형광색 펜 등 필기도구를 한가득 꼽고 나타났다. 무게가 15kg은 족히 넘을 듯한 검정색 가죽 가방에서 육필로 쓰여진 오래된 공문서 사본 뭉치를 꺼냈다.

"2008년 10월 네트워크 사람들과 함께 도쿄 외곽 국립 공문서관 쓰쿠바 분관에서 발굴한 '귀국 조선인에 관한 미불임금 채무 등에 관한 조사(총괄표)' 사본입니다. 여기에는 총 14만 9,587명이 공탁한 금액 1,732만 4,286엔 64전이 표시돼 있습니다. 특정 일본 기업이 어느 공탁소에 몇 명분을 공탁했는지도 나옵니다. 일본은 아직 공문서 관리법[5]이 전면 시행되지 않고 있는데 운이 좋게 정보공개 청구를 통해 얻게 됐습니다."

이 문서가 공개되면서 일본 정부는 2010년 3월 한국 강제동원조사위원회에 조선인 민간 노무자 17만 5,000여 명에 관한 미지급 임금 공탁서 사본 일체를 넘기게 됐다. 한국 정부와 역사학자, 언론 등이 해야 할 명부 발굴 작업을 그와 네트워크 사람들이 대신 해준 셈이다. 고바야시 사무국장이 입수한 자료를 보면 14만 9,587명 가운데 미불 임금이 정식 공탁된 조선인은 8만 280명뿐이다. 5만 1,947명은 미공탁분이어서 존재만 확인되고, 실제 돈은 해당 기업이 가지고 있을 것으로 추정된다. 이 밖에 전후 일본을 점령한 GHQ 등 제삼자에 넘어간 돈이 7만 7,361명분이다.

문서는 일본 정부가 공탁을 지시한 1946년 10월 이후에 작성됐다. 조선인 강제동원 전체 규모로 유추해 볼 때 일본 기업의 절반 이상은 미불금의 존재에 대해 입을 닫고 아예 공탁을 하지 않은 것으로도 보인다. 고바야시 사무국장은 조선인 미불임금의 정확한 규모를 찾기 위해 크로스 체킹도 마다하지 않는다. 그가 이번에는 '조선인 재일 자산 보고서' 철을 꺼냈다.

"이는 일본 각 지방에 있는 도·부·현 등의 행정 기관이 자신들 관할 내의 자료를 정리해서 후생노동성에 보낸 문서입니다. 애석하게도 기업 이름은 전부 검게 칠해져 공개됐습니다. 후생노동성에 이의를 신청했는데 돌아온 담당자의 대답이 '당시 특정 기업이 임금을 지불하지 않은 사실이 공개되면 국제적 신용도에 문제가 생긴다'라는 것이었습니다. 수많은 조선인을 강제 동원한 사실에 대해선 침묵하면서 국제적 이미지를 걱정하다니. 이처럼 일본에서는 이상한 이유들이 돌아다니고 있습니다."

고바야시 사무국장은 은행원 출신이다. 그래서 금액이 적힌 명부에 관해 누구보다 밝다. 그는 끝까지 조선인들이 강제동원 기간에 받지 못한 미불임금의 존재를 파헤칠 계획이다. 조용한 말투에 시종일관 미소를 잃지 않으며 말을 이어간 그가 30년 넘게 강제동원 문제에 천착한 이유가 궁금했다.

"은행의 정산계에서 일을 하며 아이들을 네 명 낳아 키웠습니다. 홋카이도 구석구석으로 전근을 다니면서 일을 하다가 아이들에게 가르쳐줄 요량으로 지역의 도로·철도·발전소·댐 공사를 공부하게 됐습니다. 그러다 노무자들을 죄수 취급하며 감금하고 노예노동을 시켰던 다코베야(문어방)를 알게 됐습니다. 다코베야 노무자 가운데 절반 이상이 조선인 노동자여서 쇼크를 받았습니다. 대학시절이던 1965년 한일회담 반대시위를 했었는데, 그때 식민지시대 청산을 제대로 하지 못한 것은 나의 세대의 문제입니다. 책임감을 느꼈습니다."

일본 정부를 상대로 한 고바야시 사무국장과 네트워크의 명부 발굴은 계속되고 있다. 앞으로 그는 산업단체들을 조사해 개별 기업이 내놓지 않는 강제연행 규모를 우회적으로 파악할 계획도 세우고 있다.

"태평양전쟁 시기에 토목건설통제회라는 단체가 있었습니다. 개별 하청 기업에 자재라든가 인부를 배분해주는 역할도 했습니다. 강제동원에서 개별 기업만큼이나 산업단체(산별단체)도 중요한 역할을 했습니다. 전국 토목공사 리스트 같은 자료도 있습니다. 조선에서 몇 명을 모아오라는 식으로 정리돼 있습니다. 이런 자료들을 입수해 다시 정리하는 것도 진상구명 네트워크의 일입니다."

고바야시 사무국장은 국치 100년인 2010년이 어느 때보다 중요하다고 강조했다.

"기업은 미불임금에 대한 명부를 분명히 가지고 있을 텐데 공개를 않고 있습니다. 누구에게 얼마를 줘야 할지도 알고 있을 텐데 말이죠.

당시 강제 연행된 조선인 노무자가 각 사업장에 도착하면 해당 기업은 노무자 명부를 세 통 만들어 관할 경찰서, 직업지도소, 협화회에 한 통씩 제출했습니다. 그리고 그 사본을 기업이 사업장별로 보관했어요. 이 같은 명부 작성과 제출은 1945년 8월 종전 때까지 계속됐습니다. 당연히 일본 정부도 개별 기업의 미불금이 얼마인지 보고를 받았을 것입니다. 그런데도 전면 공개를 미루고 있습니다. 강제동원의 여러 문제 중에 특히 기업의 미불금을 밝히는 것은 일본인의 한 명으로서 과거를 반성하고 앞으로 나갈 수 있는 방법 중의 하나입니다. 꼭 해야 할 일입니다."

고바야시 사무국장은 인터뷰를 마치자 서둘러 자리를 떴다. '조선인 위안부 사진전'을 삿포로에서 개최하기 위한 준비 모임에 가야 했기 때문이다. '일본이 앞으로 나가기 위해서는 미불임금에서부터 과거를 해결해야 한다'라는 그의 메시지가 더욱 선명하게 다가왔다.

· 강제동원, 이것이 궁금했다면
99엔의 굴욕?
35엔짜리 수당 지급도 있었다

2009년 12월 일본 정부가 나고야 미쓰비시 근로정신대 할머니 일곱 명에게 후생연금 탈퇴수당을 1인당 평균 99엔 지급하기로 결정하자 국내 여론이 폭발했다. 99엔의 가치가 문제였다. 99엔은 1940년대에는 소 두 마리 값이었지만 지금은 소고기 한 점 값도 안 된다.

그런데 '후생연금 탈퇴수당'을 과거 액면대로 지급한 것이 이때가 처음이었을까. 그렇지 않다. 잘 알려지지 않았지만 18엔, 35엔을 받은 피해자도 있었다. 18엔을 받은 강제징용 피해자의 신원은 알려지지 않았다. 35엔을 받은 사람은 지금은 고인이 된 김순길 씨다. 김 씨는 태평양전쟁 말기 일본으로 끌려가 미쓰비시중공업 나가사키 조선소에서 강제로 일하고 원폭피해까지 입었다.

김 씨는 1990년대 초반 일본 정부와 미쓰비시를 상대로 손해배상청구 소송을 준비하면서 소송과 별도로 일본 정부에 후생연금 탈퇴수당을 달라고 요구했다. 1994년 4월이었다. 일본 후생성은 검토 끝에 1996년 1월 후생연금 탈퇴수당 지급을 결정한다. 김순길 씨가 1940년대 미쓰비시중공업에서 일할 때 원천 징수했던 35엔을 그대로 주겠다는 것이었다. 그런데 이 결정에 일본 외무성이 반발했다. 김 씨에게 후생연금 탈퇴수당을 지급하면 개인의 청구권을 인정하는 것이 돼 1965년 한일 청구권 협정에 위배될 수 있다는 게 외무성 입장이었다.

후생성은 외무성의 이런 입장에 맞서 국내법인 옛 후생연금보험법을 적용했다. 시효 문제도 김 씨가 지급을 청구한 1994년 4월을 재산권 발생 시점으로 해석해 해결했다. 그렇게 김 씨가 후생연금 탈퇴수당을 받은 날이 1996년 10월 29일이었다. 이날 김 씨는 나가사키 보험사무소에서 10엔짜리 동전 3개와 5엔짜리 1개를 받았다.

김 씨의 반응은 어땠을까. 당시 언론보도를 보면 김순길 씨는 복합적인 감정을 나타냈다. 그는 "35엔밖에 받지 못했지만 수억 엔의 의미가 담겨 있다"(『동아일보』 1996년 10월 30일자)라며 감격하다가도 "35엔은 당시의 구매력으로 환산할 때 현 시세로 7만 9,000엔에 상당하기 때문에 이번에 받은 돈이 1차분인 것으로 본다"(『연합뉴스』 1996년 10월 29일)라면서 물가상승과 이자가 고려되지 않은 금액에 불만을 나타냈다.

그가 감격했던 이유는 당시로서는 탈퇴수당을 받아내는 일이 그만큼 어려웠기 때문이다. 각 언론이 '이례적'이라고 표현했을 만큼 액수와 상관없이 탈퇴 수당 수령 자체가 승리였다. 일본 외무성은 김순길 씨가 후생연금 탈퇴수당을 탄 뒤에도 '이번 법 해석은 후생성의 독자해석에 의한 것이며 개인청구권을 인정한 것은 아니다'라는 입장을 밝혔다.

김순길 씨가 물꼬를 트자 다른 징용 피해자들도 일본 정부에 후생연금 탈퇴수당을 요구했다. 신일본제철과의 소송을 벌여온 여운택 씨는 1942년부터 3년 3개월 동안 후생연금에 가입했던 사실을 확인하고 반환을 요청해 316엔을 받았다.

강제징용 피해자가 후생연금 탈퇴수당을 거부한 일도 있었다. 박창환 씨 등 강제징용 노무자 46명은 1997년 12월 소송 대리인격인 '한국 원폭 피해자를 돕는 모임 히로시마지부'를 통해 후생연금 탈퇴수당을 받았다. 1인당 고작 40~50엔이었다. 이들은 "일본정부가 강제징용에 대해 충분한 사과와 보상을 하지 않는 한 돈을 받을 수 없다"라며 수령을 거부했다.

모든 징용 피해자가 당시 액면 그대로 후생연금 탈퇴수당을 탄 것은 아니다. 해방 뒤 일본에 남은 재일동포의 경우 물가상승을 고려한 금액을 탔다. 일제 피해자 소송 전문가인 최봉태 변호사에 따르면 재일동포 최수현 씨 등 22명이 1988년 후쿠오카 현 생활상담소를 통해 114만 엔을 돌려받았다.

후생연금 탈퇴수당과 관련해 잘 알려지지 않은 이야기는 또 있다. 바로 제95대 일본 총리인 간 나오토가 후생연금이 한국인 피해자에게 지급되는데 결정적 역할을 했다는 것이다.

일본 정부는 전후 오랫동안 후생연금 탈퇴수당을 조선인 징용자에게 지급하지 않았다. 앞서 말했듯이 일본 외무성이 개인의 재산청구권은 소멸됐다는 한일협정에 저촉될 우려가 있다며 강력한 반대 입장을 나타내왔기 때문이다. 그런데 1996년 8월 당시 후생상이던 간 나오토가 김순길 씨를 만난 뒤 상황이 달라진다. 간 나오토는 외무성의 반대를 무릅쓰고 후생연금 탈퇴수당을 지급했다. 지한파知韓派인 간 총리의 평소 소신이 작용했지만 그가 당시 추진했던 연금개혁도 한 배경이 된 것으로 보인다. 김순길 씨는 "간 나오토 후생상에게 직접 요망서를 보낸 게 효과가 있었다"라고 회고했다.

간 나오토는 징용 피해자가 연금을 액면으로나마 타는 데 도움을 줬으나 본인은 연금으로 큰 곤욕을 치렀다. 2004년 5월 그가 후생상 시절 10개월 동안 국민연금을 내지 않았다는 사실이 밝혀졌다. 그는 결국 민주당 대표에서 불명예스럽게 물러났다.

그렇다면 후생연금 탈퇴수당은 정확히 무엇을 의미할까. 후생연금은 국민연금과 함께 일본 공적 연금을 지탱하는 두 기둥이다. 5인 이상 사업장에 다니는 사람은 후생연금에 가입해야 하고 자영업자 등은 국민연금에 가입해야 한다.

일본 정부는 1942년 후생연금에 앞서 '노동자연금보험'을 도입했다. 김광열 광운대 동북아대학장에 따르면 노동자연금보험은 독일 나치의 연금제도를 그대로 모방한 것이다. 이 제도의 가장 큰 목적은 전쟁비용 조달이었다. 민간 기업에 근무하는 모든 종업원은 노동자연금보험에 필수적으로 가입해야 했고, 월급에서 무려 11%가 원천 징수됐다. 당시 일본 정부는 민간에서 전쟁비용을 강제로 가져간 셈이다. 노동자연금보험은 1944년 후생연금으로 이름이 바뀐다. 1944년 일본의 후생연금 가입자 수는 844만 명이었고, 조선인 강제동원 피해자도 대부분 가입했다.

후생연금 탈퇴수당은 직장을 그만둬 납입을 더 이상 할 수 없는 상황에서 그동안 낸 연금을 일시적으로 정산해 받는 것이다. 적립한 연금을 반환하는 제도 자체는 1986년 폐지됐다. 다만 연금을 낸 기간이 20년 미만인 사람은 일시불로 받을 수 있다.

징용 피해자들은 앞으로 일본에서 후생연금 탈퇴수당을 받는 일이 쉽지 않을 것 같다. 1997년 복수의 연금기록을 일원화하는 과정에서 5,000여 만 건의 기록이 사라졌다. 일본 사회보험청이 제대로 관리를 못했기 때문이다. 사라진 기록 가운데 옛 조선인 피해자의 것이 있을 가능성이 높다.

4부

투쟁과 좌절, 그리고 희망의 역사

1
투쟁과 좌절의 역사

김경석, 최초의 승리자

2006년 세상을 떠난 김경석 씨는 생전에 오른쪽 팔이 늘 불편했다. 오른손으로는 글씨를 쓰기 어려웠고 밥 먹기도 힘들었다. 태어날 때부터 그런 게 아니었다. 맞아서 생긴 장애였다.

1926년 태어난 김경석 씨는 우리 나이로 열일곱 살 때인 1942년 10월 경남 창녕에서 일본 가나가와神奈川 현 가와사키川崎 시로 끌려갔다. 철강회사 니혼강관日本鋼管 공장이었다. 니혼강관은 당시 일본에서 손꼽히는 철강회사였다. 2003년 가와사키 제철과 합병해 세계적 철강회사 JFE스틸이 됐다.

공장 안은 온통 조선인이었다. 조선 청년 약 3,000명이 있었다. 김경석 씨는 그곳에서 크레인 조작 작업원으로 일했다. 다른 강제동원 공장과 마찬가지로 노동조건은 가혹했다. 하루 18시간 가까이 일하는 날이 많았고 식사는 형편없었다.

1944년 5월 니혼강관에서 파업 사태가 일어났다(2부 6장 참조). 김경석 씨는 파업 주모자로 찍혔다. 고문 과정에서 일본 헌병과 경찰에게 사정없이 맞았다. 김 씨를 때리는 그들의 손에는 목검이 들려 있었다.

귀국 뒤 한恨을 품고 살아가던 김경석 씨는 1991년 10월 도쿄 지방재판소에 니혼강관을 상대로 손해배상청구소송을 제기했다. 그의 나이 만 65세였다. 니혼강관 파업 사건이 1944년 5월의 일이었으므로 피해를 입은 지 반세기만의 소송이었다. 노무자 출신이 기업을 상대로 소송을 낸 것은 그가 처음이었다.

김경석 씨는 왜 그때서야 소송을 제기했을까. 군사정권 탓이었다. 옥매산 노동자 조난 사건(3부 3장 참조)을 취재하다 만난 한 피해자의 아들은 이런 말을 했다. "입 한 번 잘못 뻥긋하면 잡아가는 시절에 소송은 무슨 소송이여." 왜 그동안 일본에 손해배상을 요구하지 않았냐는 질문에 대한 답변이었다.

김경석 씨도 마찬가지였다. 그는 때를 기다렸다. 국내에서 민주화가 이뤄지자 소송을 시작했다. 결과적으로 군사정권이 강제동원 피해자의 시간을 수십 년씩 빼앗은 셈이다.

김경석 씨는 니혼강관에 사죄를 요구했다. 보상금도 1,000만 엔을 달라고 했다. 1심 재판부는 그러나 기업의 손을 들어줬다. 민법상 손해배상을 청구할 수 있는 시효가 만료됐다고 했다. 2심 재판부(도쿄 고등재판소)는 달랐다. 원고와 피고 양측에 화해를 주문했다. 재판부는 '항소인의 주장을 무겁게 받아들여 장애로 오래 고통받은 데 대한 진지한 마음을 표하기 위해 410만 엔을 지불하도록 한다'라고 밝혔다. 재판을 시작한 지 8년이 지난 1999년 4월의 일이다. 우리나이로 74세 노인이 55년 동안 삭여왔던 한을 푼 순간이었다.

김경석(앞줄 왼쪽에서 두번째) 씨는 일본에서 입은 장애로 지팡이를 짚고 다녔다.
재판을 도와준 일본인들과 함께 사진을 찍은 모습 *

    기적에 가까운 일이었다. 일본 법정에서 일제시대 노무 동원됐던 생존자가 금전적 대가를 받은 일은 처음이었다. 김경석 씨는 전범기업을 상대로 한 강제동원 피해 소송에서 사실상 이긴, 최초의 승리자였다.[1]

    김 씨는 자신의 승리만 추구하지 않았다. 1990년 태평양전쟁 한국인 희생자 유족회를 결성했다. 조선여자근로정신대 출신 할머니들을 일본 기업 후지코시와의 소송에서 화해에 이르도록 도운 사람이 바로 김경석 씨였다. 1991년에는 일본 각지에 흩어져 있던 징용 사망자 유골 513위를 가져왔다. 사재를 털어 지은 납골당에 유골을 안치했다.

    김경석 씨 생전 모습은 일본 교과서에도 실렸다. 2002년 일본 동경서적이 낸 중학 역사교과서, 『새로운 사회 역사』에 김경석 씨가 기자회견을 하는 사진이 게재됐다. 일본을 방문해 니혼강관 상대의 소송을 설명하는 기자회견 모습이었다. 교과서는 도야마 현 중학교에 배포됐다.

김경석 씨는 2001년 12월 일본의 대표적 인권상인 다다요오코多田謠子 인권상을 공동 수상했다. 자신 뿐 아니라 다른 강제동원 피해자를 위한 활동을 인정받은 것이었다. 다다요오코 인권상은 1989년 29세로 요절한 다다요오코 변호사를 기려 만들어진 상이다. 김 씨는 2006년 5월 27일 지병으로 별세했다. 그의 헌신적 활동은 지금까지도 일제 강제동원 피해자의 명예회복을 위해 노력하는 사람들에게 본보기가 되고 있다.

현재진행형인 후지코시 소송

김경석 씨가 화해를 이루고 금전적 대가를 받아낸 일은 큰 의미가 있지만 동시에 한계도 있었다. 강제노동에 대한 보상이 아니라 그가 입은 장애에 대한 유감 표시와 위로로 받아들여질 수 있기 때문이다. 강제노동에 대한 반대급부로서의 화해는 김경석 씨가 화해한 뒤 1년 3개월 뒤인 2000년 7월 이뤄졌다. 상대는 산업용 로봇 제작으로 유명한 일본 대기업 후지코시.

결론부터 말하자면 할머니 여섯 명과 할아버지 한 명이 후지코시에게서 이른바 해결금 명분으로 3,500만 엔을 받아냈다. 화해 내용은 총 6개항인데 중요한 부분만 보자면 이렇다. (1) 상고인 등 7명이 피상고인에서 노동한 것에 관해 진지하게 받아들이고, 이 화해로써 일체를 해결하는 것으로 한다. (2) 피상고인은 7명을 포함하는 일본국 내외의 많은 사람들이 피상고인에서 노동한 것을 드러내기 위해 회사 구내에 비석을 설치하는 외에 해결금을 지불한다. (3) 이해관계인 2명²은 이 화해로써 일체를 해결했다는 사실을 확인하고, 이후 피상고인에 대해 어떠한 청구도 하지 않는다. (4) 상고인 3명은 본건 청구를 포기한다. (5) 상고인 및 이해관계인과 피상고인 사이에는 화해 조항에서 정하는 외에 어떠한 채권채무도 없다는 것을 상호 확인한다. (6) 소송 비용 및 화해 비용은 각자 부담한다.³

원고와 피고 양측은 2000년 7월 11일 화해조서를 썼다. 소송을 시작한 게 1992년 9월이었으므로 8년 만의 일이었다. 전후 강제동원 관련 소송 가운데 최고재판소에서 화해가 이뤄진 건 처음이었다.

처음에 소송을 시작한 건 할머니 두 명과 할아버지 한 명이었다. 나중에 화해 단계에서 추가 소송을 준비하던 할머니 네 명이 합류해 일곱 명이 된 것이다. 이들은 이 책 2부 1장에 등장했던 할머니들과 다르면서도 다르지 않은 할머니들이다. 비록 개개인은 다른 사람이지만 십대에 일본으로 끌려가 고통 속에서 강제 노동한 것은 다르지 않다.

원고들은 후지코시에 미불임금 및 손해배상금을 지급하고 한국과 일본의 전국판 신문 각각 네 곳에 한 차례씩 사죄광고를 게재하라고 요구했다. 후지코시는 조선인 여자정신대, 남자보국대 등으로 동원·징용한 사실을 인정했으나 일본인 노무자와 비교해 처우를 달리한 일은 없다고 했다. 또 사죄광고를 청구할 수 있는 근거가 없고, 노동조건이 열악하지 않았으며, 임금을 지급하지 않은 일도 없다고 주장했다.

1심 재판부는 시효 만료를 이유로 원고들의 소를 기각했다. 후지코시가 임금을 지불하지 않는 등 불법행위를 한 것은 인정하지만 피

1차 후지코시 소송 원고. 오른쪽부터 고덕환, 이종숙, 최복년 씨. 맨 왼쪽은 고 김경석 씨

해자들의 소송 제기가 너무 늦었다는 것이다. 임금에 관해서는 임금채권 소멸 시효 기산일起算日을 1991년 8월 28일로 봤다. 1991년 8월 27일 일본 정부는 일본 국회에서 '개인의 청구권 그 자체를 국내법적 의미에서 소멸시킨 것은 아니다'라고 밝혔다.[4] 이때부터 1년 내에 소를 제기했어야 하는데 원고들은 한 달쯤 뒤인 1992년 9월 소를 제기했으므로 시효가 완성됐다는 것이었다. 1심 재판부는 후지코시가 국제인권법을 위반했다는 피해자들의 주장에 대해서도 국제인권법 위반에 근거한 손해배상 청구권은 일본 민법에 따라 20년이 지나면 시효가 소멸한다는 입장을 밝혔다.

원고들은 2심에서도 패소했다. 2심 재판부가 쓴 판결문은 1심 때에 비해 후퇴한 것이었다. 1심 재판부가 임금채권 소멸 시효 기산일을

2010년 3월 후지코시 도쿄 사무소에서 시위를 벌인 피해 할머니들

1991년 8월 28일로 본 반면 2심 재판부는 1965년 한일 국교 회복 시점을 기산점으로 삼고 소멸 시효가 완성됐다고 밝혔다. 양국 간 국교가 없는 상태에서는 권리를 행사하기 어려운 사정을 인정할 수 있지만 그 뒤에는 원고가 소송을 제기할 수 있었는데도 하지 않았다는 것이다.

화해는 최고재판소에서 이뤄졌다. 재판부가 화해를 주문했고, 후지코시가 응했다. 후지코시는 왜 화해에 나섰을까. '제2차 후지코시 강제연행·강제노동 소송을 지원하는 호쿠리쿠 연락회'의 신야 히로시 씨는 재미있는 이야기를 들려줬다.

1997년 7월 미국 캘리포니아 주의회는 제2차 세계대전 시기의 피해 배상 청구 시효를 2010년까지 연장하는 것을 뼈대로 한 징용배상

특별법을 만든다. 법안을 발의한 톰 헤이든 상원의원의 이름을 좇아 헤이든법으로 불렸다. 헤이든법이 제정되자 일본에 거주하던 강제징용 피해자들이 일본 기업을 대상으로 집단 소송을 벌이기 시작했다. 이때 후지코시 피해자 사이에서도 미국에서 재판을 하자는 움직임이 있었다고 한다. 헤이든법에 따르면 시효가 완성되지 않았으므로 이길 수 있다는 생각을 한 것이다. 후지코시는 미국에서의 재판이 부담스러웠다. 기업 이미지 손상을 두려워한 것이다. 게다가 재판에서 질 경우 미국에서 기업 활동을 하는 데 차질이 생길 것을 우려했다. 결국 후지코시가 화해에 나선 동기는 헤이든법과 미국에서의 소송이었다.

그런데 화해가 이뤄지고 난 뒤인 2004년 3월 웃어야 할 지 울어야 할 지 모를 일이 생겼다. 캘리포니아 주 항소법원이 '헤이든법은 위헌'이라고 결정 내린 것이다. 이에 따라 캘리포니아 주에 거주하던 피해자가 다른 일본 기업(오노다 시멘트)을 상대로 낸 소송이 기각됐다. 후지코시 피해자들은 해결금을 받고 난 뒤였다. 신야 히로시 씨는 그래서 이때 화해가 기적 같았다고 회고했다.

소송이 사실상 승리인 화해로 끝나자 그동안 숨죽이고 살았던 후지코시 피해자들이 얼굴을 드러내기 시작했다. 그들은 후지코시 측에 '우리도 피해 보상을 해 달라'고 요청했지만 거부당했다. 그래서 피해자 23명이 2003년 4월 시작한 게 이른바 '제2차 후지코시 소송'이다. 재판부는 1차 후지코시 소송 때보다 더 가혹한 판결을 내렸다. 1·2심 재판부 모두 1965년 한·일 청구권 협정으로 한국민이 일본에 청구권을 주장할 수 없다고 했다. 원고는 상고를 청구해 소송은 2010년 11월 현재 최고재판소에 계류 중이다.

한을 풀지 못하고 떠난 피해자들

후지코시 소송은 피해자가 전범기업을 상대로 비록 여러 법적 걸림돌로 승소에까지 이르지는 못했지만 금전적 지불을 이끌어냈다는 점에서 의미가 크다. 사실상 승소로 생각할 수 있다. 이런 화해는 계속 이뤄졌어야 하지만 그렇지 못했다. 일본에서 제기된 노무자 강제동원 관련 소송은 약 열 건인데, 대부분 원고인 피해자의 패소로 끝났다. 원고 가운데는 재판이 진행되는 중간이나 재판 뒤 세상을 등져 주위를 안타깝게 한 사람도 여럿이다.

1차 후지코시 소송 원고 세 명이 소를 내기 두 달쯤 앞서 일본 나가사키 지방재판소에 피해보상을 요구하는 소가 제기됐다. 주인공은 당시 만 69세의 김순길 씨. 태평양전쟁 말기 일본 미쓰비시중공업 나가사키 조선소에서 강제 노동을 하다가 원폭 피해로 평생 후유증을 앓아온 남성이었다.

김 씨가 처음부터 소송 절차에 돌입한 것은 아니었다. 1991년 8월 부산에 살던 그는 일본을 방문해 미쓰비시중공업에 미불임금 반환과 위로금 지급을 요구했다. 같은 해 11월 미쓰비시중공업이 김 씨에게 답변을 보냈다. 크게 두 가지 내용이었다. 미불임금은 저축·퇴직적립금과 함께 법무국에 공탁하였으므로 회사의 채무 변제는 끝났다는 것과, 회사로서는 단순히 국가에 의해 동원을 배당받아 사용한 것에 지나지 않고 사용 방법에서 부당함에 없었기 때문에 사죄하고 위로금을 지불할 이유가 없다는 것이었다.

김순길 씨는 분노해 소송에 착수했다. 미불임금과 원폭 피해 보상금 등 1,000만 엔을 요구했다. 그러나 1997년 12월 1심 판결에서 그는 패소한다. 재판부는 국가의 징용은 위법이지만 그 당시 국가배상법이 없었던 만큼 배상책임은 없다고 했다. 김순길 씨는 항소했지만 2심 결과를 끝까지 지켜보지 못했다. 재판이 진행 중이던 1998년 2월 그는 지병으로 타계한다. 한을 풀지 못하고 맞은 죽음이었다. 그 뒤 대리인에 의해 진행된 재판은 2심(1999년 10월)과 3심(2003년 3월)에서 잇따라 패소했다.

이른바 '99엔 지급' 논란[5]의 배경인 미쓰비시중공업 나고야 항공기 제작소 소송은 1999년 3월 시작됐다. 김성주, 양금덕 할머니 등 피해자 여덟 명이 미쓰비시중공업을 상대로 손해배상을 청구한 것. 이들도 1940년대 십대 나이 때 근로정신대로 일본에 끌려가 강제노동을 했다.

재판 결과는 참혹했다. 2005년 2월 1심 패소, 2007년 5월 2심 패소, 2008년 11월 3심 패소. 1심 재판부는 일본 정부가 1965년 체결된 한일 청구권 협정에 따라 개인의 재산과 권리 등에 대한 청구권 문제는 해결된 것으로 봐야 한다고 주장하고 있으므로 이를 무시할 수 없다고 했고, 2심 및 3심 재판부는 이를 똑같이 받아들였다. 소송 원고 가운데 김혜옥 할머니는 2009년 7월 25일 노환으로 세상을 떠났다. 할머니는 그 전해 11월 일본 최고재판소 재판 결과에 크게 낙담했다고 한다.

2차 후지코시 소송 원고 23명 가운데 고 임영숙 할머니를 비롯한 네 명도 소송을 끝까지 지켜보지 못하고 세상을 떠났다.

또 다른 근로정신대 관련 소송인 도쿄 아사이토 방적 관련 소송도 원고 패소로 끝났다. 피해자 두 사람은 일본 정부를 상대로 1997년 4월 강제동원을 공식 사죄하고 6,000만 엔을 배상하라며 소를 제기했으나 1·2·3심에서 차례로 졌다.[6]

1944년 6월 나고야 미쓰비시 항공기제작소의 근로정신대 소녀들이 신사참배에 나선 모습(위)과 항공기제작소의 한 관리자가 어린 소녀들에게 지시하는 광경(아래). 위쪽 사진에서 항공기제작소라고 쓰인 깃발이 눈에 띈다.*

한·일 양국 재판부에 같은 소송 낸 여운택 씨

피해자 가운데 여운택 씨는 일본에 소송을 냈다가 패소하자 우리나라 법원에도 소를 제기했다. 여 씨는 고 김경석·김순길 씨와 마찬가지로 1990년대 초반부터 명예회복에 나섰다. 세 사람이 강제동원 피해 보상 촉구 운동의 1세대다.

여운택 씨도 처음에는 일본 오사카 시 법무국을 찾았다. 일본제철이 전후 공탁한 조선인 임금 가운데 자신 몫을 달라는 것이었다. 1991년 8월이었다. 여 씨는 1942년부터 3년여 동안 일본제철 오사카 제철소에서 기중기를 조작하는 일을 했다. 그가 무작정 내 돈을 달라고 한 것은 아니었다. 증빙 자료가 있었다. 일본 도쿄 고마자와 대학 도서관에서 발견된 일본제철 내부 자료 '조선인 노무자 관계'였다(2부 2장 참조). 자료를 찾아낸 고쇼 다다시 교수가 여운택 씨에게 도움을 준 것이다. 지자체 법무국에 신청하는 방식으로 공탁금 반환을 요청한 조선인 강제노무자는 여 씨가 처음이었다.

오사카시 법무국은 여운택 씨의 청구를 거부했다. 그러자 여 씨는 1997년 12월 신천수 씨와 함께 일본과 신일본제철을 상대로 소송을 걸었다. 당시 임금 495엔을 시세로 환산하고 위자료를 더해 1,900만 엔을 지급하라고 요구했다. 결과는 다른 강제동원 재판과 다르지 않았다. 여 씨는 2003년 최고재판소에서 최종 패소했다. 재판부는 또 1965년 한일협정 얘기를 하면서 소를 기각했다.

여운택 씨는 2005년 새로운 소송을 시작했다. 신천수 씨 및 다른 피해자 세 명과 함께 서울중앙지법에 신일본제철을 상대로 소를 제기했다. 그러나 1심 재판부는 일본에서의 확정판결은 우리나라에서도 효력이 승인된다며 청구를 기각했다. 일본에서 재판을 하지 않은 다른 피해자 세 명에 대해서는, 재판부는 청구권 자체가 소멸된 것으로 볼 수 없지만 신일본제철과 일본제철이 같은 회사라고 볼 수 없고 소멸시효가 완성됐다며 기각 판결을 내렸다.

여 씨는 서울고법에 항소했으나 결과는 마찬가지였다. 여 씨는 대법원에 상고했고, 2010년 11월 현재 재판이 진행 중이다.

여 씨에 앞서 우리나라 법원에 처음으로 소를 제기한 사람은 이근목·박창환 씨였다. 이들도 여운택 씨처럼 일본 법원에 손해배상을 청구한 뒤 우리나라 법원에도 소를 낸 사례다. 차이가 있다면 여운택 씨는 일본에서 패소가 완전히 확정된 뒤 소를 제기한 반면 이들은 일본에서 1심에 지고 나서 우리나라 법정에 호소했다.

두 사람을 비롯한 피해자 여섯 명은 1995년 12월 미쓰비시중공업과 일본 정부를 상대로 강제동원 및 피폭 방치에 대한 손해배상, 미불임금 지급, 차별적 피폭관련법 운용에 대한 손해배상 등을 요구했다. 이듬해 8월 피해자 34명이 추가로 소를 제기했다. 하지만 1999년 3월 히로시마 지방재판소는 원고 패소 결정을 내린다. 그러자 원고 가운데 여섯 명이 미쓰비시중공업 연락사무소가 부산에 있었다는 이유로 부산지법에 손해배상 청구 소송을 또 제기했다. 물론 일본에서도 항소했다. 항소가 진행되는 동안 소를 제기한 40명 가운데 19명이 지병 등으로 세상을 떠났다.

한일 양국에서 동시에 진행된 재판은 비슷한 양상으로 진행됐다. 일본에서 2심 재판부는 2005년 1월 피해자에게 1인당 120만 엔을 지불하라고 일본 정부에 명령했다. 피폭자 정책에 잘못이 있다는 취지였다. 그러나 강제동원과 미불임금에 관해서는 불법행위를 인정하면

강제동원 관련 주요 소송 현황

원고	피고	소 제기 장소(연도)	결과
김경석	일본강관	도쿄지방재판소(1991)	피고가 원고에게 410만 엔 위로금 지급하는 조건으로 합의
이종숙 등 3명	후지코시	도야마지방재판소(1992)	피해자 7명(소송 준비 중인 4명 포함)에게 3,500만 엔 위로금 지급하는 조건으로 합의
김순길	일본국, 미쓰비시중공업	나가사키지방재판소 (1992)	최고재판소에서 패소 확정
희생자 유족 11명	일본국, 신일본제철	도쿄지방재판소(1995)	1심에서 신일본제철과 화해 성립됐으나 일본 정부가 화해 거부. 결국 최고재판소에서 패소 확정
이근목, 박창환 등 40명	일본국, 미쓰비시중공업	히로시마지방재판소 (1995)	최고재판소에서 원폭피해 부분 승소, 강제연행 부분 패소
여운택, 신천수	일본국, 신일본제철	오사카지방재판소(1997)	최고재판소에서 패소 확정
양금덕 등 8명	일본국, 미쓰비시중공업	나고야지방재판소(1999)	최고재판소에서 패소 확정
이근목 등 6명	미쓰비시중공업	부산지법(2000)	1, 2심에서 패소
이복실 등 23명	후지코시	도야마지방재판소(2003)	1, 2심에서 패소
여운택 등 5명	신일본제철	서울지방법(2005)	1, 2심에서 패소, 대법원 계류 중

서도 소멸시효가 완성됐다며 기각했다.

피해자들은 피폭 관련 부분에서만 배상을 받고 강제노동에 대해서는 배상을 받지 못한다는 판결을 받아들이지 않았다. 최고재판소에 상고했다. 그러나 2007년 11월 일본 최고재판소는 2심 판결을 확정했다. 강제동원에 관한 일본 정부와 기업의 책임은 인정하지 않았다.

한국에서도 마찬가지였다. 부산지법은 시효가 소멸됐다며 1심에서 원고 패소 판결을 내렸다. 2심을 맡은 부산고법은 일본 최고재판소의 결정을 존중해야 한다며 소를 기각했다. 재판은 2010년 11월 현재 대법원에서 상고심이 진행 중이다.

생존자들의 비참한 삶

국외로 강제 동원됐던 피해자는 맨손으로 고향에 돌아왔다. 임금은커녕 옷 한 벌 제대로 받지 못한 경우가 대부분이었다. 집에 돌아온 이들은 끌려가기 전과 마찬가지로 농사를 짓거나 다른 일자리를 구했다. 그래도 오랫동안 가난에서 벗어날 수 없었다. 원체 가진 게 없던 사람들이었다.

생존자를 가장 많이 만난 건 강제동원조사위원회 소속 조사관들이다. 조사관들은 피해조사 과정에서 구술채집을 위해 생존자 집을 방문해 인터뷰를 해왔다. 이들에 따르면 윤택한 생활을 하고 있는 피해자는 거의 없다. 허름한 집에 혼자 사는 할아버지가 많다.

"할머니가 같이 계시고 구색 갖춰놓고 살면 마음이 좀 낫죠. 그런데 대개는 많이 안 좋아요. 혼자 계신 분들은 끼니도 제대로 못 챙겨 드시는 게 눈에 보이거든요. 그 와중에도 커피를 타 갖고 나오거나 바카스를 내주시는 분도 계시고요. 가끔 요양원으로 인터뷰를 하러 가야하는 경우도 있었어요. 가족들한테 전화하니 요양원에 계신다고 해서……. 가서 뵈니 저승 갈 길 기다리는 것처럼 누워있는데 마음이 안 좋더라고요." (강제동원조사위원회 정현영 조사관)

한 조사관은 현장 인터뷰 나가는 일을 힘들어 했다고 한다. 피해자들이 경제적으로 어려운 걸 보고 오면 계속 마음이 쓰였기 때문이었다.

모두가 가난한 시절이었지만 유독 강제로 징용됐다가 돌아온 사람들은 가난에서 벗어나지 못했다. 왜 그랬을까. 첫번째 이유는 이들이 징용 이전에도 극빈하게 살았기 때문이다. 해외로 끌려간 징용자들은 대부분 우리나라에서도 어려운 사람들이었다. 마을에서 힘이 있는 집이나 경제력이 괜찮은 집에서는 아무래도 끌려가는 사람이 적었다. 학교를 다녔던 사람들은 현지에서도 고생을 덜했다.

두번째 이유는 장애다. 징용자들은 노무 작업장에서 크고 작은 부상을 입었다. 치료를 제대로 받지 못해 부상은 귀국 후 장애로 이어졌다. 정현영 조사관이 만났던 한 생존자는 오른손을 덜덜 떨고 있었다. 서류로 제출한 피해 신고에서는 장애가 없다고 한 할아버지였다. 살아온 이야기를 들어 보니 징용 때 입은 부상으로 생긴 장애였다. 할아버지는 서명조차 할 수 없었다. 정 조사관은 할아버지 육성으로 '구술 내용을 연구자료로 사용해도 된다'라는 약속을 받았다.

장애는 피해자에게서 노동력을 앗아갔다. 한 피해자 할아버지는 정현영 조사관이 보는 앞에서 아내에게 호된 구박을 받았다. "이 양반이 일을 못해서 내가 얼마나 힘들게 살았는지 알아." 피해자 할아버지는 일본에서 부상을 입고 귀국했다. 결혼을 했지만 병이 도져 도저히 일을 할 수 없었다. 할머니가 논일, 밭일을 하고 할아버지는 앉아서 구멍가게를 지켰다고 한다. 할머니 구박은 타인의 시선에도 야속했지만 사실 두 사람 다 피해자였다.

강제동원 피해 생존자는 대부분 십대 후반 이십대 초반에 연행됐다. 예나 지금이나 삶의 기틀을 마련하는 시기다. 정혜경 강제동원조사위 조사 2과장의 분석은 그래서 설득력을 지닌다.

"생존자들은 18~24세에 연행된 경우가 가장 많다. 이 시기는 생존자 개인에게 있어 활발한 생산 활동과 학업에 종사하여 생활기반을 마련하고 자신의 인생계획을 구체적으로 준비해나가는 시기였다. 이

기간 동안 연행되었다는 것은 개인적 손실이 다대함을 의미할뿐 아니라 후손에게도 일정한 영향을 미쳤다."[7]

가난은 대물림됐다. 돌아온 사람들은 가난으로 자식 교육을 제대로 시키지 못했다. 서울 광화문에 위치한 강제동원조사위원회 사무실은 민원인의 항의로 시끄러울 때가 많다. 피해 보상 문제로 위원회를 찾은 사람들이 일종의 '한풀이'를 하는 것이다. 피해자 본인이 아닌 그들의 자식도 가끔 이런 난리를 친다고 한다. 이들의 단골 레퍼토리는 '아버지가 징용 다녀와서 나도 배우지 못했고, 그래서 이 모양이 됐으니 나라가 보상하라'는 것이다. 말이 안 되는 것 같지만 순전히 억지라고 보기도 힘들다. 징용의 역사는 나라 곳곳에, 삶 곳곳에 상처를 꼭꼭 숨겼다.

생존자의 비참한 삶은 숫자로도 확인된다. 2003년 2월 보건복지부가 한국정신문화연구원에 의뢰한 '일제하 피강제동원 생존자 생활실태조사'를 보면 월 소득이 한 푼도 없는 생존자가 조사 대상 171명 가운데 93명으로 54.4%를 차지했다.

통계청 자료와 비교하면 생존자가 얼마나 경제적으로 어려운지 알 수 있다. 1999년 말 현재 65세 이상 노인 가구 소득분포율에서 월 50만~100만 원 수입을 가진 사람이 27.4%인 반면 한국정신문화연구원 조사에서 월 50만~100만원 소득자는 2.92%(5명)에 불과했다.

강제동원 피해 생존자의 생활비 조달 방법은 '자녀에게서 지원 받는다'가 54.38%(93명)으로 가장 많았고 자력 20.46%(35명), 정부 보조 9.94%(7명), 배우자 지원 5.84%(10명) 순이었다.[8]

2
영원한 족쇄 한일협정

피해자 손발 묶은 한일협정

2008년 11월 11일 일본 도쿄 최고재판소. '아~' 아쉬움 섞인 탄성이 흘러나왔다. 원고가 낸 손해배상청구가 기각됐다. 재판부는 한일 청구권 협정 때문이라고 했다. 소를 제기한 원고는 1940년대 후반 조선여자근로정신대라는 허울 아래 일본 나고야 미쓰비시중공업에서 강제로 일했던 할머니 일곱 명과 유족 한 명이었다.

　재판부는 판결문에서 일본 정부가 1965년 한일협정에 따라 청구권이 소멸된 상태라고 주장하므로 강제이행을 명하기는 어렵다고 설명했다. 원고로서는 기가 막힐 노릇이었다. 일한 대가를 한 푼도 못 받은 상황이었다. 양국 정부끼리 맺은 약속이 개인이 일한 대가인 임금을 찾는 데 걸림돌이 됐다. 언제 어떻게 그 약속을 했는지 할머니들은 들은 바가 없었다. 두 나라 정부 어디에서도 일한 대가를 주지 않으면서 '당신의 권리는 없어졌다'라고만 말하고 있었다. 할머니들의 권리는 도대체 어디로 간 것일까. 왜 재판부는 할머니들이 임금을 달라고 요구할 권리조차 없다고 하는 것일까.

일본 재판부가 말한 한일 청구권 협정은 정확히 '대한민국과 일본국 간의 기본관계에 관한 조약'(한일기본조약)에 부속된 4개 협정 가운데 하나인 '재산 및 청구권에 관한 문제의 해결과 경제협력에 관한 협정'(청구권 협정)을 말한다. 국민적 비난이 들끓는 가운데 1965년 6월 22일 맺어진 이른바 한일 협정의 일부인 것이다. 일본 재판부가 근거로 삼은 항목은 청구권 협정의 제2조 1항이다. 조항은 다음과 같다.

양 체약국은 양 체약국 및 그 국민(법인을 포함)의 재산, 권리 및 이익과 양 체약국 및 그 국민 간의 청구권에 관한 문제가 1951년 9월 8일에 샌프런시스코우 시에서 서명된 일본국과의 평화조약 제4조 (a)에 규정된 것을 포함하여 완전히 그리고 최종적으로 해결된 것이 된다는 것을 확인한다.

일본 재판부는 이 조항을 근거로 일본에서 제기된 한국인의 전범 기업 상대 소송에서 대부분 기업의 손을 들어줬다. 2010년 3월 8일 나고야 고등재판소 가나자와 지부가 후지코시 근로정신대 할머니들의 항소심 소를 기각했을 때도 청구권이 이유였다.

주목할 점은 일본 재판부가 처음부터 청구권을 징용자 출신 한국인의 소를 기각하는 근거로 삼지는 않았다는 사실이다. 2000년대 이전 재판에서 '청구권'은 거의 등장하지 않았다.

1장에서 소개한 김경석 씨는 1심 재판에서 지고 나서 화해를 이뤘다. 그런데 1심 재판부가 김 씨 소를 기각한 근거는 청구권 소멸이 아닌 '시효 만료'였다. 도쿄지방재판소는 1997년 5월 내린 판결에서 민법상 손해배상을 청구할 수 있는 기간이 지났다고 판결했다. 니혼강관 측도 마찬가지로 시효가 지났으니 재판이 성립되지 않는다는 입장을 취했다.

제1차 후지코시 소송에서도 1·2심 재판부는 청구권 소멸이 아니라 시효 만료 논리로 원고의 소를 기각했다. 1심 판결은 1996년 7월, 2심 판결은 1998년 12월 이뤄졌다. 김순길 씨에게 1심 패소 판결을 내린 나가사키 지방재판소도 청구권이 아닌 다른 이유를 댔다. "징용은 위법이지만 국가배상법이 존재하지 않았던 옛 헌법 아래에서는 국가가 위법행위를 저질렀더라도 배상 책임이 없다"라는 것이었다.

요컨대 1990년대 일본 재판부는 강제징용자의 손해배상청구소송에서 청구권을 언급하지 않았다. 대신 두 가지 논리로 강제징용자의 소를 기각했다. 하나는 시효 만료이고, 다른 하나는 '국가 무책임의 법리'다. 국가 무책임의 법리란, '패전 전 일본에서는 국가의 권력적 작용에 의해 개인에게 손해가 발생해도 민법의 불법행위책임에 관한 규정이 적용되지 않았고, 현재의 국가배상법과 같은 일반적으로 국가의 배상책임을 인정한 법률도 없었기 때문에 그 손해에 대해 국가의 배상책임을 추궁할 수 없었다'는 것이다.[1] 김순길 씨가 1심에서 진 근거가 바로 국가 무책임의 법리였다.

일본 재판부는 그런데 2000년 이후 다른 판결문을 쓴다. 2001년 3월 오사카 지방재판소는 신일본제철을 상대로 손해배상청구소송을 낸 여운택, 신천수 씨에게 '한일조약에 따라 청구권을 상실했다'며 기각 판결을 내렸다. 그 뒤 한동안 일본에서 한국인 강제 징용자들이 낸 손해배상청구소송은 대부분 '청구권 소멸' 논리로 기각됐다. 한일협정이 수많은 강제 징용 피해자의 발목을 잡은 것이다.

일본 재판부는 왜 2000년대 들어 강제징용자의 소를 기각하는 논리로 '청구권 소멸'을 들기 시작한 것일까. 경북대 법학부 김창록 교수는 '미국에서의 소송'이 계기라고 설명했다. 한국인 피해자들은 일본에서 잇따라 패소하자 새로운 돌파구를 찾았고, 미국을 주목했다. 법적 검토 결과 미국에서 소송을 할 수 있었다. 2000년 9월 18일 우리나라를 비롯해 중국, 대만, 필리핀 출신 위안부 피해자 15명이 미국 워싱턴 연방지방법원에 일본을 상대로 집단소송을 냈다. 다른 강제징용 피해자도 소송을 준비했다.[2]

그러자 일본 정부와 일본기업이 긴장했다. 만에 하나 미국에서 패소하고 전범기업으로 낙인찍힐 경우 미국 시장에서 입을 타격이 두려웠다. 특히 미국 캘리포니아 주 의회는 1997년 7월 제2차 세계대전 시기의 피해배상 청구 시효를 2010년까지 연장한 '헤이든법'을 만들었다. 그때까지 일본에서 한국인 강제징용자의 소를 기각했던 '시효 만료'라는 무기가 미국에서는 쓸모없게 될 판이었다. 다른 한편 일부 한국인 피해자가 한국에서 손해배상청구를 시작했다. 이근목 씨 등 여섯 명이 2000년 5월 부산지법에 미쓰비시중공업을 상대로 소를 냈다. 한국 법원이 어떤 판결을 내릴지 모르는 상황이었다. 일본 정부와 기업으로서는 새로운 방어 논리를 창출해내야 했다. 그게 바로 청구권 협정이라는 게 김창록 교수의 지적이다.

일본 정부는 청구권 협정에 관한 해석을 전과 다르게 했다. 2000년대 이전에는 '완전히 그리고 최종적으로 해결되었다'라고 주장하다가 2000년대에 들어와서는 '한국 국민에게는 애당초 이러한 클레임을 제기할 수 있는 지위는 없기 때문에, 한국 국민이 이것을 청구해도 우리나라는 이것을 인정할 법적 의무는 없는 것이다'라고 말하고 있다.[3] 이 논리를 일본 재판부가 받아들였다. 그 뒤 일본에서 한국인 강제징용자 소송과 관련해서는 화해조차 이뤄지지 않고 있다. 청구권 소멸 논리에 의해 패소 결정이 잇따라 나오고 있을 뿐이다.

청구권은 소멸했는가

그렇다면 청구권은 소멸했는가. 이를 따지기 앞서 2005년 1월 18일 언론보도를 살펴보자. 『국민일보』는 1면 머리기사로 '징용 개인청구권 정부가 봉쇄'를 게재했다. 전날인 1월 17일 외교통상부는 한일회담 문서 5권 중 '제6차 한·일 회담 청구권 관계자료' 내 '한국의 대일 청구권 8개 항목에 관한 양측 입장 대조표'를 공개했다. 『국민일보』는 이를 근거로 "문서에는 우리 정부가 협상 과정에서 개인청구권 소멸 입장을 밝힌 사실이 드러나 국내 피해자 및 그 유족들의 보상 요구가 거세지고, 경우에 따라 한·일 협정에 대한 재협상 요구도 뒤따를 전망"이라고 썼다. 『국민일보』뿐 아니라 다른 종합일간지도 '정부가 대일 개인 청구권 포기'(『세계일보』), '한국 '개인 청구권' 포기했다'(『동아일보』) 등 대부분 1965년 한일협정을 통해 개인 청구권은 소멸됐다는 취지로 기사를 작성했다.

그런데 이상한 점이 있다. 1995년 9월 20일 공로명 전 외무부장관은 국회 상임위원회에서 "우리 정부는 1965년 한일협정 체결로 일단 일본에 대해서 정부 차원에서의 금전적 보상은 일단락된 것으로 보고, (……) 개인적인 청구권에 대해서는 정부가 그것을 인정하고 있다"라고 말했다. 2000년 10월 25일 이정빈 전 외교통상부 장관도 국

한일협정서에 서명하는 박정희 전 대통령

회에 서면으로 한 답변에서 "양국 정부 간에 청구권 문제를 일단락 지은 바 있다. 다만, 정부로서는 청구권 협정이 개인의 청구권 소송 등 재판을 제기할 권리에는 영향을 미치지 않는다는 입장"이라고 밝혔다. 두 전직 장관 모두 개인의 청구권이 한일협정에 의해 소멸됐다고 명확히 이야기하지 않았다. 오히려 그것이 소멸되지 않았다는 쪽에 말의 무게가 실렸다.

이쯤 되면 헷갈린다. 비록 한일협정 문서가 2005년 공개됐고 두 전직 장관의 발언은 그보다 앞서지만 문서에 관한 해석이 시간이 지났다고 해서 달라질 수 없는 일이다. 중요한 점은 우리 정부가 개인 청구권에 관해 적어도 '소멸' 입장을 보인 적은 없었다는 것이다. 그렇다면 2005년 1월 각 언론의 보도는 무엇인가. 이는 언론이 알아서 해석한 측면이 크다. 문서 공개에서 나타난 주된 내용은 징용 피해자 등의 몫으로 3억 6,400만 달러를 우리 정부가 일본에 요구했다는 것이었다. 언론은 이 점을 주목해 정부가 일제 피해자의 몸값을 받고 개인 청구권은 포기했다고 해석했다.

언론의 해석은 정확한 게 아니었다. 그러나 정부는 언론의 해석을 방치한 것으로 보인다. 개인 청구권을 명시적으로 인정할 경우 왜 지금까지 그 점을 국민에게 알리지 않았냐는 비난 여론을 고려해야 했고, 일본과 외교적 마찰이 일어날 가능성도 있었기 때문이다. 외교통상부는 문서만 공개하고 해석은 언론에게 맡기는 게 전략적으로 유리한 입장이었을 것이다.

그렇다면 일본 정부는 청구권 소멸에 관해 어떻게 해석했을까. 일본 정부도 우리 정부처럼 신중한 입장을 보여왔으며, 2000년 이전까지는 청구권이 소멸됐다고 밝힌 적이 없다. 오히려 일본 정부 관계자들은 일본 국회에서 여러 차례 청구권이 소멸된 게 아니라는 입장을 표명했다.

일한 양국이 국가로서 가지고 있는 외교보호권을 상호 포기한 것이라는 것입니다. 따라서, 소위 개인의 청구권 그 자체를 국내법적인 의미에서 소멸시킨 것은 아닙니다. 일한 양국 간에 정부의 입장에서 이것을 외교보호권의 행사로서 문제 삼을 수는 없다 이러한 의미입니다.

야나이 순지 전 일본 외무성 조약국장이 1991년 8월 27일 참의원 예산위원회에서 한 말이다. 즉 두 나라 정부가 국가로서 자국민의 권리가 불법적으로 침해당했을 경우 해당국가에 항의하여 자국민을 구제하는 외교보호권을 포기한 것이지, 각 개인이 손해배상을 청구할 수 있는 권리까지 없앤 건 아니라는 것이다.

한일협정 직후부터 일본 정부는 개인의 청구권은 소멸된 게 아니라는 입장을 밝혔다. 시이나 당시 외무대신은 11월 5일 중의원 '일본국과 대한민국 사이의 조약 및 협정 등에 관한 특별위원회'에 참석해 "협정에 의해 외교보호권만을 포기한 것이다"라고 여러 차례 말했다.

1993년 5월 26일 중의원 예산위원회에 참석한 당시 탄바 외무성 조약국장도 "청구권에 대해서는 그 외교적 보호의 포기에 머무르고 있다. 개인의 소위 청구권이라는 것이 있다고 한다면, 그것은 그 외교적 보호의 대상은 되지 않지만, 그러한 형태로는 존재할 수 있는 것"이라고 말했다.

하지만 일본 정부 입장은 2000년 이후 바뀌었다. 간 나오토 총리는 2010년 8월 10일 한일 강제병합 100주년을 맞아 발표한 담화 뒤 기자회견에서 "대일청구권 문제는 1965년 한일협정으로 해결이 종료된 것"이라고 말했다. 사죄와 보상은 별개라는 것이다. 이어 8월 22일에는 후쿠야마 관방부장관이 NHK 프로그램에 출연해 "간 나오토 총리의 한일 강제병합 100년 담화를 계기로 한국에 개인청구권을 인정할 계획은 일절 없다"고 했다.

그런데 여기서 주의해서 봐야 할 점은 두 사람 다 청구권 소멸을 직접적으로 언급하지 않았다는 것이다. 후쿠야마 관방부장관은 청구권이 있다, 없다 차원의 이야기를 한 게 아니라 '청구권이 있다고 하더라도 우리는 인정하지 않겠다'라는 의미로 말한 것이다. 그가 사용한 '인정'이라는 단어는 일본 정부의 치밀한 검토를 거친 뒤 나왔을 가능성이 크다. 간 나오토 총리의 '해결이 종료됐다'라는 말도 두루뭉

술하게 '문제가 끝났다'라는 것이지 엄밀히 말해 '청구권이 소멸됐다'를 뜻하는 게 아니다.

요컨대 개인 청구권에 관한 2000년대 이후 일본 정부의 입장은 '소멸'에 가깝고 '인정하지 않겠다'라는 것이지만 명확한 '소멸'은 아니다. 일본 정부는 왜 개인 청구권에 관해 딱 부러지게 '소멸' 입장을 밝히지 않는 것일까.

이 배경에는 1956년 일본과 옛 소련이 맺은 공동선언이 있다. 공동선언에서 양국은 "국가, 단체, 국민에 대한 모든 청구권을 서로 포기한다"라고 밝혔다. 그러자 일본 정부는 옛 소련에 재산을 두고 온 일본 국민들에게서 소송을 당했다. '소련에 있는 내 재산권을 정부가 소멸시켰으니 정부가 책임을 져야 한다'라는 것이었다. 그러자 일본 정부는 "각 개인의 청구권까지 포기한 게 아니다"라고 대응한다. 한국인 피해자의 일본 내 소송을 오랫동안 지원해 온 야마모토 세이타 변호사가 2005년 국내 한 언론과의 인터뷰에서 한 설명을 들어 보자.

"1991년 3월 일본 국회는 '일소 공동선언은 시베리아 억류자 개인의 소련 정부에 대한 배상청구권은 포기한 것이 아니다. 그러나 일본 정부의 소련 정부에 대한 외교보호권은 포기됐다. 따라서 억류자는 소련 국내 수속에 따라 청구해야 한다'라고 지적했다. 반면, 한일청구권 협정에 대해 일본 정부는 1999년 이전에는 '포기된 것은 외교보호권이며 한국 국민의 개인 청구권은 포기된 것이 아니다'라고 하더니 2000년 이후에는 '재산, 권리 및 이익 뿐 아니라 청구권도 청구권 협정에 의해 소멸됐다'라고 주장하고 있다."[4]

즉 일본 정부는 소련 정부에 대해 비록 공동선언에 의해 외교보호권은 포기했지만 개인 청구권은 남아 있으니 각 개인이 알아서 청구권을 행사해서 재산을 찾으라는 입장이었다. 이런 상황에서 한국인 개인의 청구권이 소멸됐다고 하면 스스로 모순에 빠질 수밖에 없었다. 그래서 한국인 개인의 청구권이 소멸됐다고 대놓고 이야기하기 어려웠던 것이다.

그러나 2000년대 들어 한국인 강제징용 피해자의 소송이 잇따라 새로운 대응 논리가 필요하자 일본 정부는 개인의 청구권을 인정하지 못하겠다며 말을 바꿨고, 일본 재판부는 이를 받아들였다.

양국 정부의 책임

관련 전문가의 일치된 견해는 청구권 소멸 여부가 현재로서는 명확하지 않다는 것이다. 물론 양국 정부 관계자의 그동안 언급으로 볼 때 개인 청구권은 인정되는 게 타당하다. 또 일본 정부는 비록 적은 액수이지만 근로정신대 할머니를 비롯한 일부 피해자에게 후생연금 탈퇴 수당을 지급했고 일부 원폭 피해자에게도 지원금을 주고 있다. 이런 점을 보면 개인 청구권은 살아 있다고 이해할 수 있다. 하지만 일본 정부와 사법부는 어떤 경우에는 개인 청구권을 인정하는 듯하면서 다른 때는 인정하지 않는 모순된 태도를 보이고 있다. 이러한 '혼란스러운 양상'은 피해자가 사죄와 보상을 요구할 때 불리하게 작용해왔다.

왜 이런 일이 나타나고 있을까. 근원적 이유는 1965년 한일협정이 엉터리로 맺어졌기 때문이다. 당시 양국 정부는 무엇보다 청구권이 무엇을 의미하는지 정해두지 않았다. 김창록 교수는 "협정 및 그 부속 문서의 어디에도 '청구권'에 관한 정의 규정이 없다. 그 결과 '청구권'이 무엇을 의미하는지 명확하지 않다. 그리고 무엇보다 협정 및 그 부속문서의 조문만으로는 우리의 문제, 즉 '한국의 외교적 보호권만 소멸된 것인가 아니면 한국인 개인의 재산, 권리 및 이익과 청구권까지 소멸된 것인가'에 관한 명확한 해답을 찾을 수 없다"라고 지적했다.[5]

다른 한편 양국 정부는 한일협정 뒤 후속 조치를 제대로 하지 않았다. 협정에 적힌 것처럼 '청구권에 관한 문제가 완전히 그리고 최종적으로 해결됐다'면 양국은 국내에서 관련법을 제정하고 후속 조취를 취했어야 했다. 우리나라 정부는 국민의 청구권을 소멸시키는 법을 만들고 동시에 일제 피해에 관한 보상법을 만들었어야 했다. 일본 정부도 자국민의 권리를 없애는 법을 만들고 한반도에 두고 온 재산을 보상해줬어야 했다. 그런데 일본 정부는 엉뚱하게도 한국인의 재산에 관한 권리를 소멸하는 국내법(이른바 144호)을 만들었다. 자국 국민의 재산권을 침해하는 일에 대해 당시 한국 정부는 아무런 이야기도 하지 않았다.[6]

한국 정부는 2005년 8월 26일 한일협정 문서를 공개한 뒤 청구권협정에 관해 견해를 밝혔다. 일본군 위안부나 원폭 피해 등 반인도적 불법행위는 한일 청구권협정으로 해결된 것으로 볼 수 없고 일본 정부의 법적 책임이 남아 있다는 것이었다. 당시 국무조정실 관계자는 "한일협정을 전부 다 들여다봐도, 일본군 위안부 등 반인도적 불법행위가 언급되지 않았다는 결론을 내렸다. 일본에 법적인 책임을 요구하고 유엔인권위 등 국제기구를 통해 이 문제를 계속 제기할 것"이라고 말했다.[7] 이 관계자는 사할린 동포와 원폭 피해자 문제에 관해서도 추가 조치를 취할 예정이라고 했다.

하지만 그 뒤 정부 차원에서 일본과 교섭하려는 노력은 찾아보기 힘들었다. 물론 성과도 없었다. 정부가 일본과 외교적 마찰을 우려해 교섭하지 않고 있다는 시각이 우세하다.

한일 양국이 1965년 이후 한일협정과 관련한 논란이 불거질 때마다 서로 다른 해석을 해온 점도 혼란을 키웠다. 대표적인 게 한일협정 뒤 일본이 우리나라에 건넨 이른바 무상 3억 달러의 성격이다. 우리나라 정부는 3억 달러를 한일협정에서 포기한 '재산, 권리 및 이익'의 대가로 본다. 이른바 청구권 자금이다. 2009년 외교통상부는 "강제동원 피해자의 공탁금은 1965년 한일청구권협정 체결을 통해 일본으로부터 받은 3억 달러에 포함돼 있다고 보아야 하므로 일본 정부에 대해 청구권을 행사하기 어렵다"라고 밝혔다.

2005년 1월 공개된 한일 청구권 관련 외교 문서를 시민단체 회원이 검토하고 있다.

일본은 3억 달러에 대해 '독립축하금'으로 경제 협력 차원에서 한국에 건넸다고 했다가도 나중에는 이를 부인하는 등 오락가락하는 입장이다. 공탁금에 관해서는 정확한 언급을 하지 않고 있다. 우리나라 정부는 공탁금을 돌려받기 어렵다는 입장이지만 일본 정부는 한국에 돌려줄 수 있는 돈인지 여부에 관해 입장을 밝히지 않고 있다. 그런데 일본 정부가 생각하는 공탁금의 성격에 관해 고쇼 다다시 일본 고마자와 대학 명예교수는 다소 충격적인 말을 했다.

"공탁금 2억 3,000만 엔은 결코 막대한 금액이 아닙니다. 3억 달러(1,080억 엔)의 2%에 지나지 않습니다. 그럼에도 일본 정부가 공탁금 몰수를 고집한 것은 다름 아니라 일본 통치는 한국의 발전에 공헌했다, 일본도 한국에 대해 청구권을 가진다는 이념을 관철하고 싶었기 때문일 것입니다. 공탁금 몰수는 단순히 돈의 문제가 아니라 한국 지배의 정당성을 주장하는 상징적 일입니다."

고쇼 교수의 말이 맞다면 일본 정부가 공탁금 관련 말을 아끼고 있는 이유는 식민지 지배의 정당성에 관한 괜한 논란을 불러일으키지 않기 위해서인 것으로 추측된다. 그들이 공탁금을 실체적으로 소유하고 있는 이상 한국 지배의 정당성을 암묵적으로나마 인정받고 있는 셈이기 때문이다.

한일협정 및 청구권을 둘러싼 혼란을 걷어내는 길은 우선 일본 정부가 한일협정 문서를 전면 공개하는 것이다. 우리나라는 2005년 문서를 전부 공개했으나 일본은 그렇게 하지 않았다. 관련 전문가들은 일본 정부가 문서를 공개하면 한일 양국 협상팀 사이 의사 불일치가 얼마나 많았는지 밝힐 수 있다고 보고 있다.

한편 한일협정 뒤 일본에서 받은 무상자금 3억 달러와 유상자금 2억 달러는 어떻게 쓰였을까. 박정희 군사 정권은 경제 개발에 이 돈을 썼다고 주장했다. 이 점을 인정하더라도 놓칠 수 없는 부분이 있다. 자금의 상당 부분은 일본에서 기계설비를 사들이는데 사용됐다. 그 과정에서 일본 전범기업에게 이 돈이 돌아갔다.

1962년부터 1971년 사이 대일경제협력실적(인가 기준)을 보면 이 기간 일본에서 청구권 무상자금 1억 8,250만 달러가 들어온 반면 직접투자를 비롯한 차관은 7억 9,370만 달러였다. 청구권 자금보다 네

배 이상 많은 일본 자본이 차관 형식을 통해 국내로 들어온 것이다.[8]

차관 자금으로 우리나라에 들어온 일본 자본은 대부분 설비와 관련된 것이었다. 종합제철소에 들어가는 각종 시설과 섬유기계, 건설자재 등이 국내로 수입됐다. 농업용 경운기, 어업용 엔진 등도 국내로 들어왔다. 물론 각종 생산 장비를 제작한 곳은 일본 기업이었고, 중간에서 수출을 담당한 곳 역시 일본 상사였다.

아이러니하게도 조선인 강제동원의 주범인 미쓰비시상사와 미쓰이물산도 국내에서 재미를 봤다. 미쓰비시상사는 종합제철소 설비와 건설자재, 건설기계, 굴삭기, 경운기 등을 팔았다. 미쓰이물산은 종합제철소 시설과 어업용 자재 및 설비를 우리나라에 수출했다.[9] 이들은 일제시대에는 노동력과 자본을 수탈하더니 이번에는 수출이라는 방식으로 우리나라에서 돈을 벌어갔다.

만약 무상 3억 달러와 유상 2억 달러가 징용 피해자의 개인 청구권을 포기한 대가라면, 그 대가로 강제동원의 주범인 일본 전범기업을 다시 한 번 배부르게 해준 셈이다. 경제 개발에만 눈이 멀어 국민의 피눈물을 기억하지 못했던 군사정권이 저지른 어처구니없는 일이었다.[10]

새로운 판례가 돌파구되나

강제징용 피해자는 앞으로도 재판을 통해 피해 보상을 받기 어려울 것으로 보인다. 무엇보다 그동안 판례로 볼 때 일본 사법부의 전향적 판결을 기대하기 힘들다. 1990년대 이후 열 건이 넘는 노무 피해자의 손해배상 청구소송은 대부분 원고 패소로 귀결됐다. 우리나라가 정부 예산으로 피해자에게 지원을 하고 있는 점도 일본 재판에서 불리하게 작용할 가능성이 크다. 한국 정부가 개인의 청구권이 인정되기 어려움을 인정하고 있다고 볼 수 있기 때문이다. 소송을 제기할 피해자들은 고령으로 속속 세상을 떠나고 있다. 무엇보다 일본 정부와 기업이 개인 청구권 소멸을 주장하고 있는 한 재판을 통한 보상은 기대하기 힘들다.

그런데 2007년 4월 27일 일본 최고재판소의 판결은 새로운 돌파구를 열어줄 수 있을 것 같다. 일본 최고재판소는 니시마츠건설에서 일했던 중국인 강제노동 피해자들이 낸 소송에 대한 최종심에서 피해자가 재판을 통해 구제받을 권리가 없다는 판결을 내렸다. 재판부의 논리는 이렇다. "중국 정부가 전쟁 배상을 포기한 중일공동선언의 법적 효력에 대해, 그것이 피해자 개인이 가지는 청구권을 실제적으로 소멸시키는 것은 아니라고 하더라도, 재판상 소구訴求할 권능은 잃게 했다"는 것이다. 청구권이 소멸됐든 아니든 간에 재판을 통해 다툴 권리가 피해자에게는 없다는 의미다. 일본 재판부는 그러면서 남은 유일한 해결책으로 피해자 개인이 갖고 있는 청구권의 실현을 위해 니시마츠건설 측에 피해 구제를 위한 노력을 하라고 촉구했다.

이 판결은 사실상 강제동원 보상 문제를 재판을 통해 해결할 길을 원천적으로 막겠다는 뜻을 지니고 있다. 그 점에서 우리나라 피해자들에게는 부정적 영향을 미칠 것이다. 그렇지만 동시에 개인의 청구권은 소멸되지 않았으니 피고, 즉 일본 기업이 피해자와 논의해 적절한 보상을 하라고 말하고 있다.

일제 피해자 소송을 지원해온 최봉태 변호사는 이 대목을 주목하고 있다. 최 변호사는 "이 판결은 샌프란시스코 평화조약의 틀 안에서 전후 처리가 이뤄진 것에 대한 법적 평가이다. 한일 청구권 협정 역시 샌프란시스코 평화조약의 틀 안에서 이뤄졌으므로 당연히 이 판결의 영향을 받는다. 우리는 판례에 따라 개인의 채무가 살아 있으니 자발적으로 이행하라고 일본 정부와 기업에 말할 수 있는 입장이 됐다"라고 말했다.

일본 최고재판소 판례대로라면, 그리고 그 판례가 최 변호사 말대로 우리나라 강제동원 피해자에게도 적용된다면 앞으로 전장戰場은 법정 안이 아니라 법정 밖이 될 가능성이 크다. 피해자들은 소송을 통해 보상을 청구하기보다 최고재판소 판례를 근거로 일본 정부와 기업에게 직접 피해 구제를 요구하는 길을 찾을 것으로 예상된다(중국인 피해자들이 니시마츠건설을 상대로 한 소송 사례는 4부 4장에서 자세하게 다루겠다).

한일협정 문서 공개 요구하는 일본의 시민단체

2005년 우리나라에서 한일협정 문서가 공개되자 일본에서도 여러 시민단체를 중심으로 일본 정부에 정보공개를 청구하자는 목소리가 커졌다. 특히 한국인 징용 피해자 소송에서 개인 청구권 문제로 잇따라 패소를 맞본 재판 지원 모임을 중심으로 정보공개 요구가 높아졌다. '일한회담 문서 전면공개를 요구하는 모임'이 생겼다. 2010년 2월 서울을 찾은 이 모임 고타케 히로코 사무국장(1936년생)에게서 지금까지의 성과를 들었다.

모임의 목적을 묻자 그녀는 간결하고 단호하게 대답했다. "일본 정부에게 일한회담 관련 문서의 전면 공개를 요구하여, 조선 반도에 대한 일본 식민지 지배의 사실과 책임을 인정토록 하고 아시아·태평양 전쟁으로 인한 한국인 피해자 및 그 유족에게 사죄와 보상을 실현

시키는 것입니다."

고타케 씨를 비롯한 모임은 2005년 4월 25일 처음으로 정보공개를 청구했다. 일본 정부는 2006년 8월 11일 겨우 65쪽짜리 문서를 공개했다. 한국 정부는 그 전해 3만여 쪽을 공개했다. 65쪽도 전부 다 볼 수 있는 게 아니었다. 부분 부분 검정색으로 칠해져 있었다.

모임은 그 뒤로도 세 차례 더 소송을 벌여 2010년 초까지 여섯 차례 정보공개를 이끌어냈다. 모두 합쳐 6만 쪽 분량. 그러나 약 25%는 검게 칠해져 있었다. 특히 독도 관련 내용은 부분적으로도 공개가 되지 않았다. 일본 외무성은 한일협정 관련 문서를 공개하지 않는 이유를 여덟 가지 들었다. 첫번째는 '한국 또는 북한과 교섭상 불이익이 된다'(259건)이고, 두번째는 '한국과의 신뢰관계가 없어진다'(109건)이다. '독도 문제'라 공개할 수 없다는 것이 48건이었고, 범죄 예방에 관련한 것이 11건이었다.[11]

고타케 사무국장은 자신이 정보공개 청구에 나서게 된 계기가 나고야 미쓰비시 근로정신대 할머니의 소송이라고 말했다. 재판부는 한일 청구권 협정을 들어 잇따라 패소 판결을 내렸다. "도대체 한일 협정에서 무엇이 결정되고 무엇이 결정되지 않았는지를 분명히 해야 할 필요를 느꼈습니다. 이는 일본 정부 뿐 아니라 한국 정부가 함께 검토해서 논의해야 할 부분입니다."

모임에는 한일 양국 시민이 함께 참여하고 있다. 하지만 일본 측 회원들이 정보공개 청구 주체라는 점에서 좀더 주도적인 역할을 하고 있다. 회원은 연 3,000엔을, 후원자는 연 2,000엔을 회비로 낸다. 한 전몰자 미망인은 2009년 말 '일본인으로서 아시아에 피해를 입혔는데 아무것도 하지 않을 수 없다'라면서 100만 엔을 기부했다고 한다.

3
베를린에서 길을 찾다

유럽 노인들은 어떻게 베를린을 방문했나

(장면 하나)

2010년 5월 4일 머리카락이 희끗희끗한 백인 노인 258명이 독일 베를린을 찾았다. 65~70년 전 제2차 세계대전 당시 강제수용소에서 인간 이하의 대우를 받으며 강제노동을 한 피해자들이었다. 그들이 65년 만에 다시 가해국인 독일을 찾은 이유는 종전 65년을 맞아 열린 기념행사에 참석하기 위해서였다. 기념행사는 다시 떠올리기 싫은 고통의 장소였던 옛 강제수용소 부지에서 개최됐다.

    노인 258명은 제각각 다른 나라에서 오는 길이었다. 이스라엘, 미국 등지에서 비행기를 타고 베를린에 도착하는 사람이 있었고, 기차를 타고 체코, 폴란드 등 동유럽에서 이동한 사람도 있었다. 이들의 교통비와 숙박비, 식비를 댄 곳은 독일의 한 재단이었다. 재단의 이름은 '기억, 책임 그리고 미래'Erinnerung, Verantwortung, Zukunft(이하 EVZ). 가해국인 독일의 정부와 기업이 기금을 걷어 2000년 설립한 곳이다.

재단 측은 비용을 낸 이유를 이렇게 설명했다. "아마도 강제수용소에서 살아남은 피해자와 만날 수 있는 마지막 기회가 아닐까 합니다. 본인이 겪은 나치 피해를 우리에게 말해줄 사람은 앞으로 점점 더 줄어들 겁니다. 이분들이 독일의 젊은 세대에게 경험을 더 오랫동안 전해줬으면 좋겠다는 취지에서 비용을 지원했습니다."

(장면 둘)

2010년 6월 15일 베를린 시내, 소피 숄Sophie Scholl 고등학교. 학생들이 컴퓨터 모니터 속 인물을 한동안 빤히 바라보고 있었다. 이른바 멀티미디어 수업 시간. 수업 분위기는 엄숙했다. 딴짓을 하는 학생은 찾아보기 힘들었다.

컴퓨터에 연결된 스피커에서는 학생들의 표정만큼이나 진지한 목소리가 낮게 흘러나오고 있었다. 남녀 노인 다섯 명이 모니터와 스피커를 통해 그들의 삶 이야기를 들려줬다. 옛 고향의 모습에서부터 어떻게 강제로 징용 장소에 끌려가게 되었는지까지. 옛 나치 독일 군인이 자신을 어떻게 괴롭혔는지에 관한 이야기도 있었다. 학생들은 그 독일 군인이 자신의 할아버지일지도 모른다고 생각했다.

교실 안에는 모니터에 등장했던 노인과는 다른, 나치 시대 강제노동을 한 피해자도 와 있었다. 이들은 학생들이 DVD를 다 본 뒤 실제 목소리로 자신이 겪었던 무자비함을 들려줬다.

피해자 인터뷰가 들어있는 DVD는 앞으로 독일 학교에서 널리 교재로 쓰일 것이다. 이 DVD는 독일의 세 기관이 함께 만든 것이었다. 독일 자유대학과 독일역사박물관, 그리고 EVZ다. 대학과 박물관이

DVD를 수업 자료로 만들었고, EVZ가 비용을 지불했다. 수업에 참석했던 피해자도 EVZ가 초청했다.

(장면 셋)

2010년 6월 2일 EVZ 사무실에서 독특한 발표회가 열렸다. 터키 이민자 2세인 청년들이 독일 근현대사 연구 결과를 청중 앞에서 낭독했다. 청년 15명은 국가사회주의와 홀로코스트에 관해 설명하고는 이런 일이 왜 다시 일어나지 말아야 하는지 역설했다. 베를린 도심 북부 모아비 지역에 거주하는 청년들이었다. 모아비 지역은 터키 이민자들이 모여 사는 곳이다.

아울러 청년들은 독일에서 이민자 2세로 겪는 정체성 혼란에 관해서도 털어놨다. 그들은 독일의 일부인지 아닌지, 독일의 역사를 그들의 일부로 받아들여야 하는 건지 말아야 하는 건지 오랫동안 고민해 왔다고 했다.

EVZ는 터키 이민자 2세들의 독일 역사 연구에 1만 8,000유로(약 2,700만 원)를 지원했다. 과거사 반성과 이민자가 무슨 상관이길래. EVZ의 홍보 책임자인 프란카 쿤 씨는 이렇게 설명했다.

"지금 독일 대도시 학교는 학생 40% 이상이 이민자 가족입니다. 그들에게 제2차 세계대전의 책임을 이야기하면 '우리 할아버지는 아무 일도 안 했어요. 나랑 관련 없는 일이에요'라고 말을 하죠. 하지만 우리는 그들이 독일에서 사는 한 책임을 일정 정도 나누기를 기대합니다."

EVZ, 강제노동 피해자에 직접 보상

기억, 책임 그리고 미래 재단. 제2차 세계대전의 가해국인 독일 정부와 기업이 강제노동 피해자 지원을 위해 만든 곳이다. 강제동원 사실조차 인정하지 않고 있는 일본의 정부 및 기업과는 전혀 다른 모습을 독일은 보여주고 있다. 독일 사회의 의식 수준이 아무리 높다 해도 강제노동 피해자를 위해 이토록 다양한 활동을 하는 데는 뭔가 다른 배경이 있을 것 같았다.

2010년 6월 28일 이곳을 찾아 귄터 자토호프 상임이사와 홍보 책임자 프란카 쿤 씨를 만났다. EVZ는 베를린 중심부인 티어가르텐 공원에서 남동쪽으로 약 2km 떨어진 린덴 거리에 위치해 있다. 짙은 회색 벽에 고풍스러운 모습의 건물 2층이다. 2010년은 EVZ가 마침 설립 10년을 맞은 때였다.

기억, 책임 그리고 미래(EVZ) 재단 귄터 자토호프 상임이사

자토호프 상임이사에게 축하의 말을 건네고 지난 10년간 활동을 평가해달라고 했다. 그는 중간에 끼어들 틈을 주지 않고 꽤 길게 대답했다. 자토호프 상임이사는 재단 창설 주역 가운데 한 사람으로 그동안 강

제노동 보상 작업을 총지휘했다. 그는 먼저 세 가지 주제하에 크게 20여 개의 프로젝트를 운영하고 있다고 했다. 첫번째는 역사에 관한 연구이고 두번째는 강제동원 피해자를 돕는 일, 세번째는 현재의 인권 문제에 관한 일이다. 프로젝트를 통해 시민사회 내부의 욕구를 해결하고 정보를 제공하는 역할을 해왔다고 한다.

자토호프 상임이사는 세 가지 주제 가운데 피해자 지원에 우선순위를 뒀다고 설명했다. 피해자들이 점점 늙고 있기 때문이다. EVZ는 재정 지출 순위에서 피해자 생활 지원과 의료·사회보험 지원을 가장 앞에 배정했다.

자토호프 상임이사는 취재팀이 잘 알고 있을 것이라고 생각해 설명을 생략했지만, 재단이 지난 10년간 한 가장 큰 활동은 강제노동 피해자에게 직접 금전적 보상을 한 것이다. 재단은 독일 정부와 기업이 낸 돈을 유럽과 미국 등 세계 각지에 살고 있는 강제노동 피해자에게 지급했다. 재단 설립의 가장 큰 목적이 바로 이 보상이었다.

보상 작업은 재단 설립 직후인 2000년부터 준비 작업을 거쳐 2007년 6월 종료됐다. 보상 대상은 유형별로 달랐다. 먼저 강제노동자는 A유형과 B유형으로 나뉘어 보상이 진행됐다. A유형은 강제수용소와 폐쇄된 게토에서 착취당한 피해자들이었다. 강제수용소와 유사한 수용시설에 있던 강제노동자도 A유형에 포함됐다. A유형에게는 약 7,670유로(약 1,100만 원)가 지급됐다. 강제수용소에 감금된 것은 아니지만 독일 또는 독일이 지배했던 영토로 강제로 옮겨져 수용당하거나 수용과 비슷한 생활조건하에서 강제노역에 처해진 피해자는 B유형으로 분류됐다. B유형 피해자는 최고 2,560유로(약 380만 원)를 받았다.

다른 방식으로 피해를 입은 피해자에게도 보상이 돌아갔다. '기타 개인적 피해', '재산적 손실', '보험금 피해 청구' 등 유형별로 보상이 이뤄졌다. '기타 개인적 피해'에서 피해자는 특별시설에 수용됐던 자녀가 숨지거나 건강이 심각하게 침해된 사람이었다. 의료시험을 당한 피해자도 보상을 받았다. 1인당 보상금액은 6,650유로였다.

나치 정권은 엄청난 양의 개인 소유 자산을 국가와 기업 등에 이전시켰는데, 독일의 종전 보상관련 법률에 따라 보상을 받지 못한 피해자에게 EVZ가 보상금을 지급했다. 약 1만 5,000여 명이 평균 4,000유로(약 600만 원), 최고 100만 유로(약 15억 원)를 지급받았다.

'보험금 피해 청구'는 1940년대 보험에 가입했지만 보험금을 타지 못하거나 몰수당했다고 신고한 피해자에게 보상한 것을 말한다. 약 4만 7,000명이 보상금을 지급받았다.[1]

전체적으로 종합하면, 98개국에 거주하고 있는 166만 5,000여 명에게 총 445만 유로(약 6조 7,000억 원)가 지급됐다. 1인당 평균 약 2,672유로(약 400만 원)씩 받은 셈이다.

권터 자토호프 상임이사에게 보상이 충분한 것이었냐고 물었다. 그는 "보상은 어디까지나 '상징적'인 것이므로 질문이 적절하지 않다"며 목소리를 높였다. 자토호프 씨는 이렇게 설명했다. "보상 수준을 결정하기 전까지 오랜 시간이 걸렸습니다. 케이스 바이 케이스로 할 수 없었어요. 일괄적으로 할 수밖에 없었습니다. 희생자 단체와 오랜 시간 협의를 했습니다. 피해자가 모욕감을 느끼지 않은 수준으로 지급하자는 원칙을 세웠습니다. 상징적 의미의 보상입니다. 다시 한 번 강조합니다. 독일 정부와 기업이 일방적으로 '이거 받아라. 이 정도면 되지?'라고 한 것이 아닙니다. 피해자 단체와 지속적으로 대화를 통해 결정했습니다."

보상은 각 피해국의 이른바 파트너 기관 일곱 곳을 통해 이뤄졌다. 파트너 기관은 각국의 정부가 역할을 맡기도 했고 그동안 피해자를 지원해온 단체가 맡기도 했다. 일곱 곳은 다음과 같다. 괄호 안은 각각의 파트너 기관이 배부받은 보상금과 비율이다. 유대인 보상청구연맹Jewish Claims Conference(20억 7,200만 마르크, 25.6%), 국제이주기구 International Organization for Migration(5억 4,000만 마르크, 6.7%), 폴란드(18억 1,200만 마르크, 22.4%), 우크라이나(17억 2,400만 마르크, 21.3%), 러시아(라트비아와 리투아니아 포함)(8억 3,500만 마르크, 10.3%), 벨로루스(에스토니아 포함)(6억 9,400만 마르크, 8.6%), 체코 공화국(4억 2,300만 마르크, 5.2%)

EVZ는 각각의 파트너 기관에 보상금 총액을 지급했다. 피해 신청을 받고 이를 심사해 보상 여부를 결정하는 것 역시 파트너 기관의 몫이었다. EVZ는 지급대상자 심의와 보상금 전달이 제대로 이뤄졌는지 감사를 실시했을 뿐이었다.

EVZ 설립 과정

강제노동 보상에 관한 독일 사회의 분위기는 20년 전인 1990년대 초반까지도 일본과 크게 다르지 않았다고 한다. 강제노동은 '전쟁과 점령 지배의 일반적 수반 현상'이므로 보상할 이유가 없다는 게 독일 정부와 기업의 입장이었다. 일부 기업이 1950년대 후반 강제수용소에 수용됐던 소수의 유대인에게 보상을 했을 뿐이었다.[2]

1980년대 녹색당이 강제노동에 관해 보상이 이뤄지지 않은 것을 문제 삼았다. 녹색당은 강제노동도 나치의 부정不正에 속한다고 보고 강제노동 보상 연방기금의 설립을 요구하는 법안을 제출했다. 그러나 더 이상 진전은 없었다.

분위기를 바꾼 것은 독일 통일이었다. 자토호프 상임이사는 1989년 베를린 장벽이 붕괴된 뒤 나치 정권 당시 피해를 입었던 유럽인이 독일 전지역을 자유롭게 오가며 자신이 당한 피해를 이야기했다고 말했다. 홀로코스트뿐 아니라 강제노동에 대해 뒤돌아봐야 한다는 분위기가 독일 사회에 확산됐다.

더불어 피해자들이 소송을 제기하기 시작했다. 독일 연방 헌법재판소는 1996년 결정적 판결 하나를 내린다. 개인이 강제노동에 관한 보상을 청구할 수 있다고 판결한 것이다. 개인의 청구권이 인정받았다. 그전까지 독일 사법부는 '강제노동에 대한 보상은 배상권에 속하는 것으로 개인이 아니라 국가만 청구할 수 있다'라며 소를 기각했다. 당시 독일에서는 강제노동 관련 소송이 약 5,000건 있었다.

더욱 결정적인 계기는 미국에서의 집단 소송이었다. 1998년 3월 미국 뉴저지 주에서 쾰른의 포드 사와 미시간 주의 포드 사에 대한 제소가 있었다. 같은 해 8월 12일 1996년 이래 계속된 스위스의 두 개 은행에 대한 소송에서 합의가 이뤄졌다.[3] 미국에서 소송이 잇따르자 독일 기업의 책임 의식과 도덕성에 대한 의심이 미국에서 일었다. 강제노동 피해자 가운데 상당수는 미국에 거주하고 있다. 드디어 미국 행정부가 피해자 입장에서 이야기하기 시작했다.

안팎에서 압력에 직면하자 독일 정부와 기업은 각각 기금을 창설한다는 구상을 한다. 다임러-크라이슬러와 알리안츠, 바이엘 등 대기업 12곳이 '독일 경제의 기금 이니셔티브'를 만들었다. 이 기금이 독일 정부의 '나치 강제노동을 위한 보상' 구상과 하나로 합쳐진 것이 지금의 EVZ로 이어졌다. 정부와 기업이 각각 약 25억 5,000만 유로

(약 3조 8,000억 원)와 약 26억 유로(약 3조 9,000억 원)를 냈다.

독일 기업 입장에서는 기금을 끝으로 더 이상 소송은 없다는 '법적 안정성'이 무엇보다 중요했다. 독일 경제의 기금 이니셔티브는 애초 '강제노동 희생자에게 사죄하지 않고, 강제노동에 대한 독일 기업의 책임을 인정하지 않으며 생존자가 법적으로 보상을 청구하지 않고, 해당 기업의 도덕적 책임만을 인정한다'는 구상을 밝혔다.[4] 물론 이는 피해자들에 의해 받아들여지지 않았다. 법적 안정성 문제는 기금 법률이 최종 확정될 때까지 피해자 대리인 조직과 독일 정부, 기업 사이에서 줄곧 '뜨거운 감자' 역할을 했다.

나중에 절충된 법률안은 독일 기업의 도의적 책임뿐 아니라 역사적 책임을 인정한다는 것이었다. 대신 법적 안정성도 법률로 보장됐다. 자토호프 상임이사에게 기업이 법적 안정성 때문에 돈을 낸 게 아니냐고 물었다. 그는 "미국에 지사나 사무실을 둔 기업은 좋은 평판을 잃어버릴까봐, 영업이 어려워질까봐 걱정했다는 점을 부정할 수 없습니다. 하지만 모든 회사가 그런 것은 아닙니다"라고 했다. 자토호프 상임이사는 "기금에 참여한 기업은 처음 12곳에서 재단 설립 전까지 6,500곳으로 늘어났습니다. 이 가운데 약 40%는 나치 정권 때 존재하지 않았고 종전 후 창립된 회사들입니다"라고 했다. 독일 산업계 전체가 책임 의식을 갖고 보상한 것으로 봐야한다는 주장이었다. 하지만 책임을 지지 않아도 되는 다른 회사까지 기금 마련에 참여하게 한 것은 책임 문제를 희석시키려는 독일 산업계의 의도라는 해석도 있다.

재단이 만들어진 과정은 순탄하지 않았다. 상당수 독일인은 '전쟁이 끝난 지 50년이 넘었는데 왜 이제 와서 보상이냐'라면서 반대했다. 그럼에도 재단이 만들어질 수 있었던 이유는 여러 사회적 조건이 절

묘하게 작용을 했기 때문이다. 자토호프 상임이사는 "10주년 행사에 독일 연방 재무부장관이 참석했습니다. 그는 재단 설립 당시 본인을 비롯해 많은 사람이 반대했는데 지금은 이런 재단이 있어 자랑스럽다고 이야기했습니다"라고 말했다.

EVZ 재단의 현재와 미래

EVZ 재단은 독일 정부와 기업이 낸 기금을 전부 사용하지 않고 일부를 남겨 놨다. 기금의 7%인 3억 5,800만 유로(약 5,400억 원)다. 자토호프 상임이사가 말한 20여 개의 프로젝트는 바로 이 기금과 기금의 이자 수익을 가지고 진행되고 있다.

프로젝트는 여러 방면에서 이뤄지고 있다. 앞서 소개한 강제노동 피해자가 자신의 경험을 독일 시민에게 들려주는 프로그램이 대표적이다. EVZ는 2010년에만 '(나치 피해) 목격자와의 만남' 프로그램에 29만 유로(약 4억 4,000만 원)를 쏟아붓는다. 학교나 시민단체가 강제노동 피해자를 초청해 경험담을 듣는 자리를 마련하면 경비를 대겠다는 것이다. EVZ는 전쟁의 참혹함을 피해자의 육성으로 젊은 세대에게 알리는 일이 효과가 크다고 보고 있다.

동유럽과 러시아 국가 학생을 초청해 1년간 독일에서 공부하게 하거나 독일 학생이 이들 국가에 유학하는 것을 지원하는 장학 프로그램도 있다. 청소년기부터 서로의 역사에 관한 이해를 깊게 하려는 취지다.

사진 콘테스트도 있다. 주로 강제노동 피해자의 현재 모습을 찍는 것이다. 콘테스트에서 수상한 사진을 보면 예술성은 별로 느껴지지 않는다. EVZ 홍보 책임자인 프란카 쿤은 "피해자를 만나는 프로그램이 있습니다. 이 프로그램에 참가하는 학생들이 여기에 참가하지 못하는 학생들에게 프로그램을 알리는 차원에서 사진 콘테스트를 하는 겁니다"라고 말했다.

프로젝트는 크게 세 방향이다. 첫번째는 '역사에 관한 비판적 접근'A Critical Exmamination of History다. 강제노동에 관한 역사를 연구해 기록으로 남겨두는 것이다. 나치가 잘못한 일에 대한 연구를 할뿐 아니라 유대인이 유럽 역사에 기여한 일을 찾고 이에 대한 이해를 높이는 일도 한다.

독일 베를린 린덴 거리에 위치한 EVZ 사무실 건물

프란카 쿤 씨는 역사 연구 프로그램을 통해 새로 알게 된 사실 하나를 들려줬다. "일반 가정에서도 강제노동자를 살 수 있었다는 사실은 전에는 몰랐던 겁니다. 독일 사람들은 2차 대전 당시 정부 사무실에 가서 '일할 사람 세 명만 달라'고 할 수 있었어요. 사실은 공짜였죠. 강제노동자들은 자동차 공장에서뿐 아니라 일반 가정에서도 착취를 당했던 겁니다. 이런 강제노동자는 옷에 다른 모양의 별을 붙이고 다녔어요. 결국 모든 곳에 강제노동이 있었다는 거죠. 전쟁 중 독일인들의 생활은 더 나았어요. 왜냐면 9,900만 명이 하나의 경제를 위해

EVZ의 홍보 책임자 프란카 쿤 *

일했으니까요. 당시 독일인들은 모두 알았겠지만 전쟁 뒤 다들 말하지 않았던 것이죠. EVZ가 지원한 역사 연구 프로그램이 이런 사실을 최근 밝혀냈어요."

두번째 프로젝트는 '인권 향상 활동'Working for Human Rights이다. 역사 학습을 통해 전반적인 인권 의식을 향상시키는 일이 여기 포함된다. 세번째 프로젝트는 '국가사회주의로 인한 희생자 지원'Commitment to the Victims of National Socialism이다. 생존하고 있는 피해자에게 인도적 지원을 해주는 것을 말한다.

EVZ는 지금까지 세 분야에서 2,100개 프로그램을 지원했다. 시민단체나 학교, 공공기관에서 프로그램을 기획하고 EVZ에 지원을 요청하면 심사를 통해 비용을 내주는 것이다. 1년 평균 이자 수익 800만

유로(약 120억 원)를 해마다 프로그램에 투입한다.

자토호프 상임이사에게 EVZ가 독일 사회에 긍정적 기여를 했냐고 물었다. "프로젝트에 참여하는 학생의 숫자가 늘고 있습니다. 지금까지 참여한 학생 수만 수천여 명에 이릅니다. 프로젝트는 학교와 달리 성적과는 상관이 없는데도 자발적으로 참여한 것입니다. 친구를 데려오는 학생도 많습니다. 사회 전체까지는 모르겠으나 일단 젊은 사람들이 '과거에 비춰봤을 때 나는 누구인가'를 스스로 알아갈 수 있게 해주는 데 도움을 줬다고 생각합니다."

EVZ 활동은 앞으로도 계속될 전망이다. 독일 법률이 정한 기관이고 넉넉한 이자 수익이 있기 때문이다. 무엇보다 독일 사회가 EVZ를 바라보는 시선이 긍정적이다.

자토호프 상임이사는 2008년 10월 국내에서 열린 심포지엄 '동아시아 역사 화해를 위한 세계시민사회의 역할'에 참석했다. 그래서 일본 정부와 기업이 과거사에 대해 아무런 책임을 지려 하지 않고 있다는 사실을 잘 알고 있다. 그에게 충고를 부탁했다. 그는 잠시 머뭇거리더니 입을 열었다.

"일본 정부에 제가 이야기를 할 입장은 아닙니다. 다만 도덕적 책임에 조금 더 민감하게 반응해서 피해자가 참여하고 피해자가 인정할 수 있는 한·일 공동의 프로젝트가 있기를 희망합니다."

영원히 기록될 강제노동자 이야기

EVZ의 프로젝트 가운데 가장 인상 깊었던 것은 피해자 인터뷰를 녹화해 디지털 자료로 남겨두는 작업이었다. 프로젝트 이름은 '강제노동 아카이브, 1939~1945'. EVZ와 베를린 자유대, 독일역사박물관의 공동작업이다. 이 프로젝트를 더 자세히 알아보기 위해 베를린 자유대 디지털시스템 센터를 찾았다. 센터는 유서 깊은 이 대학 도서관 건물 안에 자리 잡고 있었다.

센터의 도리스 타우슨프런트 박사가 디지털 아카이브를 시연했다. 모니터에서 빨간색 스웨터를 입은 백인 할아버지 얼굴과 상반신이 나타났다. 그의 이름은 알파벳 B로 시작한다. B할아버지가 입을 열었다. "나는 1923년 우크라이나에서 태어났습니다. 학교를 다녔는데 집에서 학교까지 뛰어다녔어요. 10월에 벌써 서리가 내렸는데 난 신발이 없었습니다."

B할아버지는 제2차 세계대전 당시 독일로 끌려가 강제노동을 했다. 나치 피해자다. 인터뷰 비디오는 인터넷 홈페이지 'https://zwangsarbeit-archiv.de'에 연구자, 교사, 언론인으로 등록하면 언제든지 볼 수 있다.

홈페이지에는 나치 강제노동 피해자 590명(짝지어 인터뷰한 경우가 있어 인터뷰 숫자는 583개)의 이야기가 있다. 디지털시스템 센터가 자랑하는 것은 뛰어난 검색 능력이다. 강제노동자의 현 거주지별로, 인터뷰한 언어별로, 강제노동 그룹(유형)별로, 강제로 끌려간 지역별로 인터뷰를 검색할 수 있다. 취재팀은 영어로 된 인터뷰만 골라서 검색해봤다. 영어를 모두 알아듣지 못해도 내용을 파악하는데 큰 문제가 없었다. 인터뷰 전문이 문서로도 만들어져 있기 때문이다. 타우슨프런트 박사는 인터뷰는 '날것 그대로'라고 강조했다.

"피해자 한 분당 인터뷰 길이가 평균 3시간입니다. 편집하지 않고 홈페이지에 올려두었습니다. 손을 대면 역사를 왜곡하는 것이니까요."

베를린 독일역사박물관에서 강제노동 피해자 아카이브를 검색하는 모습(위)과 인터뷰 원본 비디오

개별 인터뷰 내에서도 폭넓은 검색이 가능했다. 검색한 단어가 등장하는 지점부터 동영상이 다시 시작됐다. 각종 사진과 강제노동 관련 자료 4,000여 점도 스캔돼 자료로 만들어졌다. B할아버지 인터뷰 동영상과 함께 그가 제출한 옛 사진과 각종 증명서를 볼 수 있다.

인터뷰는 2005~2006년 26개 국가에서 실시됐다. 독일의 하겐 원격대학이 32개 프로젝트 팀을 가동해 실시한 인터뷰를 세 기관에 제공했다. 독일역사박물관은 아날로그 방식으로 녹음된 자료를 디지털 파일로 바꾸고 원본을 보관하는 역할을 하고 있다. EVZ는 재정 지원을 담당한다.

베를린 자유대 디지털시스템 센터는 최근 인터뷰 번역에 열중하고 있다. 좀더 많은 독일인에게 과거의 역사적 사실을 알리기 위해 다른 언어를 독일어로 번역하는 것이다. 25개 언어로 기록된 전체 583개 인터뷰 가운데 지금까지 약 150개가 번역됐다. 나머지 인터뷰도 앞으로 독일어로 번역할 계획이다.

교육용 DVD 제작도 센터의 주요 작업이다. 앞서 소피 숄 고등학교에서 쓰인 바로 그 DVD다. 교육용 DVD는 대표적인 피해자 다섯 명의 인터뷰와 나치 정권 당시 역사적 사실에 관한 각종 그래픽·지도·문서·용어설명 자료가 담겨 있다. 굳이 다른 자료를 찾아보지 않아도 나치 정권으로 인한 피해와 당시의 역사적 상황 등을 DVD에서 알아낼 수 있다. DVD는 인터액티브 방식으로 제작돼 학생들이 지루하지 않게 학습할 수 있다. 타우슨프런트 박사는 "학생들이 수업이 끝나고 다른 곳에서 또 이야기할 만큼 큰 흥미를 보였다"라고 했다.

가해국인 독일이 피해자의 인터뷰를 데이터베이스로 만든 이유는 무엇일까. 타우슨프런트 박사는 "국가사회주의의 역사를 생생하게 알 수 있게 도와주기 때문"이라고 했다. 시간이 더 지나기 전에 강제노동 피해자가 겪은 일을 기록으로 남겨야 한다는 취지다.

지금도 이뤄지고 있는 현장 복원

'역사'를 보존하고 이를 통해 과거에 대한 책임을 지겠다는 독일 사회의 의지는 여러 곳에서 느껴졌다. 민간재단 '테러의 토포그래피' Topographie des Terrors는 2006년부터 독일 베를린의 옛 강제수용소 막사를 복원하는 작업을 하고 있다.

2010년 6월 30일 찾아간 베를린 남동부 쇠네바이데 지역 주택가. 어른 어깨 높이의 철조망 너머로 막사barrack 여러 개가 보였다. 막사는 모두 11동棟. 각각 약 330m² 넓이의 건물 11개가 하나의 캠프를 이루고 있다. 모두 1943년에서 1945년 사이 나치 정권이 유럽 각지에서 끌고 온 포로와 민간인을 부리려고 만든 일종의 기숙사다.

철조망 문을 통과한 뒤 막사 안에 들어가자 옛 강제노동자의 흔적이 하나둘씩 보이기 시작했다. 전후 1995년까지 백신연구소로 쓰이던 건물의 한 방 안에는 짙은 갈색에 지름이 약 1m인 석재 시설물이 있었다. 이곳 책임자인 크리스틴 글라우닝 박사가 강제노동자들이 사용하던 공동 대야였다고 알려줬다. "당시 한 막사에 160~200명이 지냈는데 이런 공동 대야 세 개로 모두가 씻었습니다. 대야 하나로 50~60명이 씻은 것이지요."

나치 정권 당시 베를린과 도시 근교에는 이러한 캠프가 약 3,000곳 있었다. 이곳처럼 보존 상태가 좋은 곳은 거의 남아 있지 않았다. 막사가 벽돌로 지어져 가능한 일이었다.

민간 재단이 복원하고 있는 옛 강제수용소 막사 *

이곳의 강제노동자는 주로 이탈리아인이었다. 복원 중인 막사 지하 벽에는 이탈리아인이 쓴 것으로 보이는 숫자와 글씨가 있었다. '21-3-45'(1945년 3월 21일)이라고 쓰고 'PASATO'라고 적은 낙서였다. 철자가 하나 빠졌지만 Passato는 이탈리아어로 '지났다'는 뜻이다. 전쟁 막판까지 이들은 날짜를 세고 있었던 것이다.

이탈리아인은 막사 주변의 한 공장에서 배터리를 만드는 일 등을 했다. 가혹한 노동을 주문한 기업 가운데는 세탁기와 청소기로 유명한 가전업체 AEG(아에게)도 있었다.

이곳은 '테러의 토포그래피'가 2006년부터 '도큐멘테이션 센터'를 차리고 관리, 운영해왔다. 11곳 전부는 아니다. 재단은 11곳 가운데 서쪽의 여섯 곳과 동쪽의 한 곳만 관리한다. 동쪽 다섯 곳 가운데 네

강제노동 피해자들이 사용했던 공동 대야(위)와 이탈리아인들이 막사에서 날짜를 셌던 흔적

작센하우젠 강제수용소를 찾은 관광객

곳은 현재 사우나장과 볼링장, 어린이집 등으로 쓰이고 있다.

복원 중인 막사에서 글라우닝 박사가 벽 앞으로 툭 튀어나온 기둥을 가리켰다. "우리가 이곳을 여러 차례 조사했는데 불을 피운 흔적을 전혀 찾아볼 수 없었습니다. 겨울철에도 난방이 제공되지 않았다는 뜻이죠." 이 막사는 복원을 마치고 2010년 8월 30일 일반에 공개됐다.

도큐멘테이션 센터에서 서북 쪽으로 약 50km 떨어진 곳에 또 다른 '현존 막사'가 있다. 작센하우젠 강제수용소 부지다. 베를린 북부 경계를 벗어나자마자 바로 있는 브란덴부르크 주 오라니엔부르크에 위치한 이곳은 유럽인과 미국인 사이에서 유명한 '유적지'다. 평일임에도 불구하고 수많은 여행객의 모습을 볼 수 있었다. 주로 유럽 다른 국가와 미국 등지에서 온 사람들이었다. 무언가를 설명하는 교사와

이에 귀를 기울이는 학생들의 모습이 여기저기서 눈에 띄었다.

작센하우젠 강제수용소 부지는 전쟁포로와 강제노동자의 삶을 그대로 엿볼 수 있게 해놨다. 당시 침실과 식당, 화장실 등이 그대로 보존돼 있다. 10여 명의 노르웨이 노인들에게 이곳을 안내하던 여성 가이드는 "노르웨이인 2,500명이 이곳에 끌려왔었다. 어린 학생들도 이곳을 많이 찾는다. 노르웨이 역사에서도 중요한 곳이다"라고 말했다.

독일 사회는 왜 '가해의 흔적'을 보존하려 애쓰는 것일까. 글라우닝 박사에게서 '책무'라는 대답이 돌아왔다. "여기서 무슨 일이 있었는지 우리를 찾아오는 사람들에게 알려줘야 합니다. 특히 어린 학생들과 역사에 관해 이야기하는 게 중요합니다."

4
전범기업에 승리한 중국인 피해자들

12년간 치열한 투쟁의 결실…… "한국도 승리하길"

사오이청邵義誠 노인은 울고 또 울었다. 1925년생으로 이제는 백발밖에 남지 않은 고령이지만 뜨거운 눈물이 그렁그렁하는 것을 어쩌지 못했다. 2009년 10월 23일 일본 중견기업 니시마츠건설西松建設 측과 화해가 성립된 뒤 다른 피해자 및 유족들과 보고집회를 가지는 자리에서도 그랬고, 축하연회를 가지면서 또 그랬다. 이제 다 됐다는 만족감과 기쁨에 젖어 어깨를 들먹였고, 이미 세상을 떠났거나 연락이 두절된 다른 노인들이 안타까워 흐느꼈다.

사오 노인을 비롯한 중국인 노무동원 피해자 360명은 태평양전쟁시기 강제동원을 자행했던 일제 전범기업과 2009년 10월 극적인 화해를 이뤘다. 가해자인 니시마츠건설 측은 일본 특유의 애매한 수사修辭가 아닌, 명백하고 직접적인 사죄를 기자회견을 열어 공개적으로 실천했다. 단계적으로 보상금도 지급했다. 금액은 총 2억 5,000만 엔(당시 한화 약 32억 원). 피해자들은 1943년에서 1945년 8월 종전 때까지 니시마츠건설에 의해 일본 히로시마廣島현 야스노安野 수력발전소 공사 현장으로 끌려갔던 노무자 또는 그 유족이다.

또 다른 중국인 183명도 2010년 4월 같은 기업과 화해를 이뤄냈다. 니가타新潟현 시나노가와信濃川 발전소 건설 현장에서 혹사당했던 노무자 출신이다. 이들 역시 사과와 함께 화해금 1억 2,800만 엔(한화 약 15억 2,000만 원)을 받아냈다. 니시마츠건설은 야스노 발전소 노역 피해자들과 과거사를 정리한 것을 계기로 시나노가와 발전소 피해자들에게도 깨끗이 보상했다.

사오이청이 2009년 10월 니시마츠건설과의 화해 협상을 위해 일본을 방문했을 때 중국 관영 CCTV 기자와 인터뷰하며 울먹이고 있다.

사오 노인은 지금 생각해도 감회가 새롭다. 그 과정은 지난했지만 결과에 만족한다. 이제 과거사가 자신을 괴롭혀 깊은 밤에도 잠 못 들고 늙은 육신을 뒤척이는 일은 없다. 중국 톈진天津시 베이천北辰 구에 위치한 아파트 자택에서 2010년 7월 5일 취재팀을 만난 사오 노인은 느리지만 차분하고 또박또박한 말투로 그간의 과정을 얘기했다.

"우리의 피와 눈물이 헛되지 않았습니다. 화해하고, 사죄도 받았

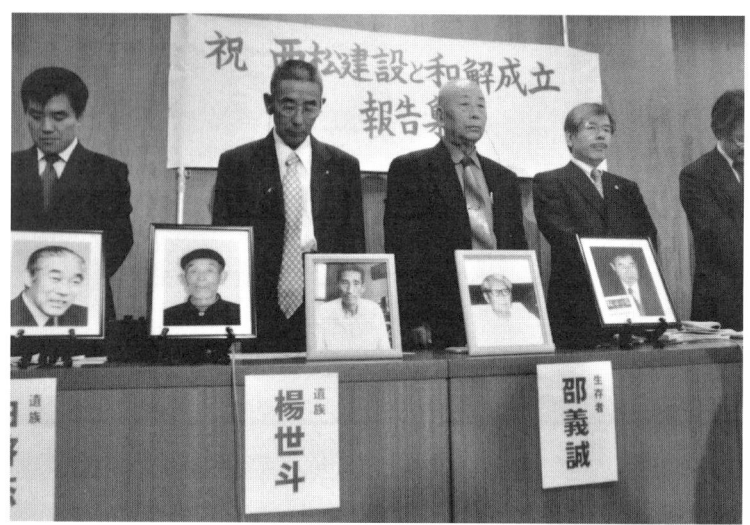

사오이청(왼쪽에서 세번째)을 비롯한 중국인 피해자들이 2009년 11월 '화해성립 보고집회'를 갖는 모습.
단상 위에 놓인 액자 속 인물들은 피해자 중 이미 사망한 이들이다.

고, 게다가 기념비도 건립하기로 해서 전체적으로 만족합니다. 기념비 건립과 추모 행사 비용 등을 빼고 1인당 60만 엔, 2009년 인민폐로 환산하면 4만 5,300위안을 받았지요. 도시 사람들에게는 큰돈이 아니겠지만, 그래도 농촌 사람들은 그 돈으로 집 두 채를 지을 수 있어요. 허허."

사오 노인은 지난해 4월 다른 피해자들과 배상 문제를 논의하느라 산둥성 칭다오青島에 갔다가 뇌출혈로 쓰러져 열흘간 입원한 일이 있지만 건강은 대체로 좋아보였다. 그때의 후유증으로 다소 손을 떨며 건네는 명함을 받아보니 '히로시마 야스노 수난자 연합회 사오이청'이라고 쓰여 있었다. 그는 연합회 대표를 맡고 있었다. 어쩌다 일제 식민지도 아니었던 중국 땅에서 히로시마까지 끌려가게 됐을까.

"그때가 1944년 7월이고, 내 나이 열아홉이었어요. 톈진에서 담배를 파는 작은 장사를 하고 있었지요. 아버지가 이미 1년 전에 일본군에 끌려간 뒤 소식이 없는 상태였기 때문에 내가 생계를 책임져야 했습니다. 어머니와 누나, 여동생만 있었으니까. 하루는 칭다오에 담배를 사러 기차를 타고 갔는데, 역전으로 나오자마자 일본군 지시를 받은 중국인 부랑자들에게 붙들렸습니다. 그래서 '일본인노동자협의회'라는 이름의 사무실에 끌려가 일주일간 잡혀 있었어요. 거기 사람들이 '안 가면 죽는다'라고 협박해서 결국 일본으로 가게 됐습니다. 일본에 끌려간 중국인 노동자가 4만 명이나 되던 시절이지요."

당시 사오 노인과 함께 끌려간 일행은 360명이었다. 칭다오에 있던 군인 포로가 300명이고, 나머지는 사오 노인처럼 그 일대에서 마구잡이로 붙잡힌 민간인이었다. 출발할 때까지도 행선지를 알 수 없었다. 일주일간 배를 타고 갔다. 항구에 도착해 일본인 인솔자를 따라가보니 히로시마 현 야스노 수력발전소 건설 현장이었다.

"발전소 근처 산의 상류에서 하류로 내려오는 수로가 있었는데 거기 돌이 많았어요. 그 돌들을 밖으로 치우고 정비해서 물이 잘 흐를 수 있도록 하는 일을 맡았지요. 수로 길이가 약 8km이고, 그 수로를 따라 흐른 물이 발전소를 돌렸습니다. 작은 돌은 혼자, 큰 돌은 두 사람이 같이 들었는데 늘 맨손으로 일했어요. 아침 6시부터 저녁 6시까지, 저녁 6시부터 다음 날 아침 6시까지 하루 2교대였습니다. 잠은 나무로 만든 숙소에서 땅바닥에 다다미를 깔고 잤고, 식사는 내용물도 없는 조그만 만두 2개에 소금을 한 끼니로 먹었습니다. 작업복도 안 줘서 처음 끌려갈 때 입었던 여름 옷 한 벌을 겨울에도 계속 입었어요. 그곳을 떠날 때까지."

중국인 피해자들이 2009년 10월 강제동원 현장이었던 야스노 발전소를 직접 방문했을 때의 모습

그는 노역 중에 크게 다쳤다. 돌을 들다 무거워서 떨어뜨리는 바람에 다리에 부상을 입었다. 단 한 번도 치료를 못 받아 상처가 곪고 다른 부위까지 전이되면서 정신을 잃을 정도로 앓아누웠다. 머리카락이 한 움큼씩 빠졌다. 니시마츠건설 측은 1945년 3월 사오를 포함해 더 이상 노동을 하지 못하는 환자 13명을 중국으로 돌려보냈다. 임금 한 푼 못 받은 채 천신만고 끝에 귀국한 그는 병 치료에 꼬박 2년을 보냈다. 치료비를 마련하기 위해 살던 집의 방 두 칸을 팔았다고 한다. 그는 그래도 살아서 다행이다. 강제동원 과정에서 동료 29명이 객사했다. 처음 일본으로 가는 배 위에서 세 명이 병으로 죽고, 26명은 노역 중에 또는 히로시마 원자폭탄 투하 때 목숨을 잃었다. 두 눈을 실명失明한 이도 있다.

종전 뒤에도 일본 측에 항의할 생각을 못하고 그저 생존의 시름 속에 세월을 흘려보냈다. 불행했던 시간을 지우고 싶어 부인과 자식 누구에게도 강제동원 사실을 일절 얘기하지 않았다. 그런데 1996년 한 대학교수가 찾아왔다. 마침 그가 집을 비운 사이 이 교수는 "가족 가운데 예전에 일본에 끌려갔던 사람이 있지 않으냐"라고 물었다. 부인과 자식들은 그런 사람 없다고 했다. 그러나 이 교수는 이튿날 다시 찾아와 사오 노인을 만났다.

"일본의 학자들과 시민단체 사람들이 히로시마 원폭 사망 사건을 조사하다가 중국 노동자들도 죽은 걸 알게 됐답니다. 그래서 조사를 하다가 니시마츠 강제노역 건을 찾아낸 것이지요. 이분들이 중국인 학자들과 힘을 모아 배상을 받을 수 있도록 도와주게 됐습니다. 그래서 나한테도 찾아왔고요. 자료를 보여주면서 신청서를 쓰라고 하더군요. 그래서 기업을 상대로 소송이 시작됐습니다."

슈강修剛 톈진외국어대 총장 등이 동참해 피해자들을 하나하나씩 찾았다. 진술과 증거를 확보하고 마침내 1998년 1월 사오 노인을 비롯한 피해자 대표 5명을 원고로 해서 니시마츠건설을 상대로 일본 법원에 민사소송을 제기했다. 1심에서 청구시효(10년)가 지났다는 이유로 패소했다. 그래도 좌절하지 않고 항소했다. 2심에서는 "현저한 인권침해에 시효를 적용하는 것은 권리 남용"이라는 판결을 받아내 승소했다. 니시마츠건설은 이를 수용하지 않고 3심까지 끌고 갔다. 결국 2007년 4월 27일 도쿄 최고재판소(한국의 대법원에 해당)는 1972년 체결된 '중일공동성명'으로 중국인 개인은 피해보상 청구권이 없다며 최종적으로 니시마츠의 손을 들어줬다.

그런데 나카가와 료지中川了滋 재판장은 판결을 내리면서 "심한 정신적, 육체적 고통을 받은 원고들의 피해구제를 위한 관계자의 노력이 기대된다"라고 덧붙였다. 피해자 측은 이에 힘입어 끝까지 포기하지 않고 기업 측을 직·간접적으로 압박했다. 니시마츠건설은 판결 직후 "더 이상 문제될 게 없다"던 자세에서 점차 벗어나 피해자들과의 협상에 응하기 시작했다. 마침내 같은 해 10월 23일 양측은 도쿄 간이재판소에 화해신청서를 제출했다. 기업이 역사적 책임을 인식해 '깊은 사죄의 뜻'을 표명하고 피해 배상과 실종자 조사, 기념비 건립 등을 위해 2억 5,000만 엔의 구제기금을 신탁하겠다는 내용이었다. '배상금'이냐 '구제금'이냐는 명칭 문제를 놓고 양측이 마찰을 빚기도 했지만 피해자 측이 한 발 양보해 구제금으로 정리했다. 무려 12년에 걸친 소송과 협상. 사오 노인은 감개무량할 수밖에 없었다.

"그간 일본에 여덟 번이나 갔어요. 예전에 노동했던 발전소 작업 현장도 가봤지요. 중국인 노무자 숙소도 찾았는데, 2009년에 기업과 화해하고 사망자들을 추모하러 현장에 다시 가봤더니 없어졌더라고요. 우리는 승리했습니다. 니시마츠 측에서 공개적으로 기자회견을 열어서 진심으로 사죄했고 이를 일본의 언론 매체에서 모두 보도했습니다. 기념비는 원래 올해 5월에 짓기로 했는데 10월로 연기됐어요. 장소를 정하는데 다소 문제가 있어서. 우리는 사건이 일어난 그 발전소 인근에 짓기를 원하는데, 지금 발전소 소유권이 니시마츠 측에 없다는군요. 그러나 어쨌든 다시 장소를 물색해서 중국인 노동자 360명 전원의 이름이 새겨진 기념비를 건립하게 될 것입니다."

사오 노인의 만족스러워하는 표정이 부러웠다. 한국의 피해자들은 언제쯤 저렇게 흐뭇해 하는 표정을 지을 수 있을까. 중국 피해자들은 보상금이 적어 다소 불만이라고 하지만, 일제 때 미쓰비시중공업 작업장에 끌려갔던 한국의 근로정신대 할머니들은 커피 한 잔, 자장면 한 그릇 값도 안 되는 99엔을 받고 분노와 통한의 눈물을 흘린 바 있다. 한국에서는 당신과 비슷한 나이의 할머니들이 겨우 99엔을 받은 일이 있다고 사오 노인에게 얘기했다. 그는 흠칫 놀라는 표정으로 이렇게 말했다.

"너무 적군요. 피해자들에게 어떻게 그렇게 적은 돈을 줄 수 있나요……. 중국에서는 우리 360명과 또 다른 183명의 두 그룹이 화해하고 배상을 받았어요. 한국인 피해자들도 그렇게 됐으면 좋겠습니다. 한국의 정부와 언론과 피해자들이 계속 함께 힘을 모으고 응집해서 꼭 승리하기를 바랍니다."

중국 정부·언론, 책임 회피하는 일본 전범기업 집요하게 압박

니시마츠건설과 중국인 강제노역 피해자들 간 화해는 '기업의 자발적 배상'이라는 선례를 남겼다는 점에서 중요하다.¹ 니시마츠건설은 이미 일본 법원에 의해 배상할 필요가 없다는 면제 판결을 받았기 때문에 법적으로는 하등 거리낄 게 없는 상황이었다. 다른 전범기업들도 이렇게 도의적 책임에 따라 움직여 준다면? 한국의 징용 피해자들에게는 하나의 모델이 될 만한 사례다.

그러나 니시마츠건설이 처음부터 순순히 사죄하고 보상하겠다고 나선 것은 아니다. 피해자들이 민사소송을 제기했을 때 강제동원 사실을 전면 부인하거나, "그건 국가에서 한 일이고 기업과는 관계가 없다"며 책임을 회피하는 데 급급했다. 그런 식으로 자국의 최고재판소까지 소송을 끌고 가 기어코 승소했다. 그런데 어느 순간 태도를 바꿔 최고재판소의 아무 강제력도 없는 '화해 권고'를 뒤늦게나마 전격적으로 실행에 옮겼다. 게다가 니시마츠 측은 당초 원고가 다섯 명에 불과했음에도 히로시마 야스노 발전소 피해자 360명 전원에 대해 배상을 결정했다. 한 발 더 나아가 니가타 현 시나노가와 발전소 피해자 183명에 대해서도 일괄적으로 화해 조치를 단행했다. 왜 그랬을까. 피해자들이 끝까지 포기하지 않았다는 점 이외에 어떤 이유가 작용했을까.

"중국 정부와 언론의 움직임이 큰 영향을 미쳤다고 봅니다. 중국 외교부는 일본 측에서 타당하게 이 사건을 해결해야한다고 공개적으로 지적했고, 관영 CCTV(중국중앙방송국) 등 언론매체에서도 이 사건을 일본 법원에서 심리할 때부터 추적보도하며 많은 관심을 기울였어요. 니시마츠건설은 항구, 아파트, 발전소 등을 짓는 기업으로 중국 광둥성과 홍콩 등에 지사를 두고 있습니다. 중국에서 계속 사업을 하고 시장을 확대해야 하는데 중국 정부와 언론이 그렇게 부정적으로 나오니 어떻게 하겠습니까. 겉으로 표시는 안 했지만 기업 이미지를 바꿔야 한다는 필요성을 분명히 고려했을 것입니다."

슈강修剛 톈진외국어대학 총장의 설명은 명쾌했다. 톈진千津 시 허시河西 구의 대학 내 교수회의실에서 2010년 7월 6일 만난 그는 중국 여론이 해당 기업을 움직여 '실리적 판단'을 하도록 유도했다는 요지로 말했다. 한국 정부나 언론에 많은 시사점을 던지는 대목이었다. 일본어 교수이기도 한 그는 니시마츠건설 소송 사건의 초기부터 관여하면서 피해자들을 적극 도왔기 때문에 전후 관계를 잘 알고 있었다. 그의 말처럼 이 사안에 대한 중국 정부의 입장은 확고하고 단호했다.

일본 최고재판소 판결 바로 전날인 2007년 4월 26일 중국 외교부

슈강 톈진외국어대학교 총장

류젠차오劉建超 대변인은 기자회견에서 "중국 노동자에 대한 강제연행은 일본 군국주의가 제2차 세계대전 중에 저지른 중대한 범죄행위로, 일본 정부는 성실한 태도로 책임을 다하고 강제연행 문제에 진지하게 대처함으로써 적절하게 처리해야 한다"라고 역설했다. 우회적인 외교적 수사 따위는 전혀 고려치 않고 직설적으로 일본 측을 압박한 것이다. 한국 외교부에게는 거의 기대하기 어려운 방식이다. 근로정신대 할머니들의 99엔 사건 때 한국 외교부가 보인 무신경을 떠올리면 더욱 그렇다.

중국 외교부는 일본 측이 '중일공동성명'을 이유로 피해자 개개인의 배상 청구권이 소멸됐다고 주장하는 데 대해서도 강한 경고 메시지를 보냈다. 류 대변인은 "중일공동성명은 중일 양국정부가 조인한 엄숙한 정치적 문서로 제2차 세계대전 이후 단절된 중일 관계의 회복과 발전을 위한 정치적 기반이 되고 있다. 따라서 어느 한쪽이 이 문서의 중요한 원칙과 사항에 대해서 사법적 해석을 포함한 일방적 해석을 내려서는 안 된다"라고 강조했다.

1972년 9월 29일 발표된 중일공동성명은 중국 정부와 일본 정부가 태평양전쟁 이래 단절돼 있던 외교 관계를 회복하기 위해 체결한 것이다. 1965년 한국과 일본 정부가 국교 정상화를 위해 체결한 한일기본조약(한일협정)의 판박이라고 할 수 있다. 중일공동성명 제5조에는 '중화인민공화국 정부는 중일 양국 국민의 우호를 도모하기 위해 일본에 대한 전쟁 배상 청구권을 포기할 것을 선포한다'라고 돼 있다. 이에 근거해 일본 최고재판소가 "중일공동성명은 개인의 손해배상 등의 청구권을 포함, 전쟁 중에 발생한 모든 청구권을 포기한다는 취지를 담고 있다고 해석할 수 있는 바 원고들은 재판상의 청구 자격을 상실했다"라는 판결을 내린 것이다.

하지만 중국 측에서는 이 성명으로 중국 '정부'의 청구권은 포기됐을망정 '개별 민간인'의 청구권이 포기된 것은 아니라고 반박하고 있다. 전쟁 배상의 주체는 국가(정부)와 국민으로 구분된다는 게 국제법의 기본 원칙이고 관례라는 주장이다. 이미 1995년 3월 7일 당시 첸치천錢其琛 부총리 겸 외교부 장관은 전국인민대표대회에서 "중일공동성명에 중국 정부가 일본에 대한 전쟁배상 청구권을 포기했다고 하는데, 이는 나라 간의 전쟁 배상에 제한될 뿐 중국 국민의 손해배상 청구권을 포함하지는 않는다"라고 명백하게 선을 그었다.

슈강 총장도 이 같은 중국 정부의 자세를 지지했다. "중일공동성명의 본 명칭은 '중화인민공화국 정부와 일본 정부의 공동성명'입니

니시마츠건설 소송 문제를 보도한 중국의 각종 신문들

다. 청구권 포기의 주체는 어디까지나 정부일 뿐, 민간이 포기한다는 언급은 성명 어디에도 없어요. 일본이 우리와 상의하지 않고 자기들 견해대로 이 사건을 해석하면 안 된다는 게 중국 정부의 일관된 입장이지요." 한일협정으로 민간인 청구권은 다 해결됐다는 현재 한국 정부의 자세와 비교하면 그야말로 천양지차다.

과연 류젠차오 대변인은 자국 국민들이 끝내 패소하자 "중국 측이 수차에 걸쳐 엄정하게 입장을 밝혔음에도 일본 최고재판소가 일방적이고 편면적인 해석을 내린 데 대해 강력한 반대를 표한다"라며 "이 해석은 또한 불법적이고 무효한 것"이라고 최고 수위의 항의를 했다. 중국 관영 신화통신, CCTV를 비롯한 언론에서도 벌떼같이 일본 측을 비판하는 보도와 논평을 내보냈다. 일각에서는 니시마츠 불매운동도

제기됐다. 일본 내부에서조차 니시마츠의 처신을 지적하는 목소리가 강하게 제기됐다.[2]

이런 상황에서 중국이라는 거대 시장에 진출해 있는 영리기업 니시마츠건설은 회사 이미지 개선 여부를 놓고 판단을 할 수밖에 없었다. 사죄 요구를 끝까지 외면하고 버티면서 시간을 보낸다? 대형 건설사로서 기업 규모에 비하면 작은 액수일 수도 있는 화해금을 끝내 거부하고 중국 시장을 포기한다? 그건 현명한 판단이 될 수 없었다. 니시마츠건설이 사회적 책임을 중시하는 쪽으로 방향을 전환하기까지는 이런 배경이 있었다.[3] 여기서 우리는 어떤 교훈을 발견할 수 있을까.

중국인 피해자들의 일본 내 소송 대리인이었던 아다치 슈이치足立修一 변호사는 니시마츠 사례의 의미를 이렇게 정리했다. "앞으로 최고재판소에 가도 해결이 안 된다. 결국 재판이 아닌 당사자 간 협상을 통해 문제를 해결할 수 있다. 이것이 니시마츠 화해의 교훈입니다. 재판에서 졌다고 끝이 아니에요."

천준룽陳春龍 중국민간대일배상청구연합회 부회장(중국사회과학원 법학교수)의 다음과 같은 지적도 우리 정부 관계자들이 귀담아 새길 만하다.

"부인할 수 없는 사실은 바로 중국인 개개인의 배상 청구권이 중일공동성명으로 포기됐다는 일본 최고법원의 관점에 대해 중국 정부가 강력한 반대를 표시했다는 것이다. (……) 1995년부터 시작된 대일배상 청구소송은 오직 중국 정부의 참여하에서만 성공을 거둘 수 있다. 이는 정부의 권력이자 나아가 정부의 책임이기도 하다.

본국 국민이 타국에서 불공정 대우를 받았을 경우 정부는 그에 상응한 외교적 보호를 이행할 의무를 가졌고, 양국 간 조약에 대한 타국의 일방적 해석으로 본국 국민이 피해를 입었을 경우 이를 명확히 규명할 의무가 있으며, 배상에 대한 타국의 무리한 거절로 인해 본국 피해자가 물질적으로 어려운 상황에 처할 경우 그들을 구제하고 원조할 의무가 있다.

가능한 빨리 입장과 태도를 분명히 밝혀 일본 우익 세력에게 환상과 구실의 여유를 남기지 않으며 피해자들에게는 실망과 불만을 가져다주지 않는다. 이론적 근거, 법률적 요구, 외교적 투쟁, 현실적 수요 등 어느 관점에서 보나 정부가 응당, 확실하게, 즉시 대일 손해배상 청구사업에 개입해야 한다."

중국 정부나 여론은 아직도 일본 측을 압박하고 있다. 슈강 총장은 이렇게 전했다.

"당사자들 간에 화해가 성립되긴 했지만 현재 중국 여론은 불만이 남아 있어요. 하나는 배상금이 적다는 점, 또 하나는 해당 기업뿐 아

니시마츠건설과 중국인 피해자 화해 일지

1943~1945년	중국인 543명, 텐진과 칭다오 등지에서 니시마츠 작업장으로 강제동원 (360명은 히로시마 현 야스노 발전소, 183명은 니가타 현 시나노가와 발전소로 동원)
1998년 1월	야스노 발전소 피해자 대표 5명, 히로시마 지방법원에 손해배상 소송 제기
2002년 7월	소송 시효 등이 지났다는 이유로 1심 패소
2004년 7월	현저한 인권침해에는 시효가 적용되지 않는다는 판결로 2심 승소
2007년 4월	중일공동성명에 따라 개인은 청구권이 없다는 이유로 최종심 패소 법원의 화해 권고에 근거해 물밑 협상 개시
2009년 10월	야스노 발전소 피해자 360명 전원과 니시마츠건설 화해
2010년 4월	시나노가와 발전소 피해자 183명과 니시마츠건설 화해

톈진외국어대 교수회의실에서 슈강 총장과의 인터뷰를 마치자 지역 최대 언론인 톈진 방송국의 류샤오팅 기자가 찾아와 취재팀 김호경 기자를 인터뷰했다. 2004년부터 니시마츠건설 문제를 취재해왔다는 기자는 사오이청 노인으로부터 한국 기자가 온다는 소식을 들었다며 〈도시보도 60분〉이라는 프로그램에 인터뷰 내용을 방송하겠다고 했다.

니라 일본 정부도 배상을 해야 한다는 점에서 아직 부족하다는 것입니다. 후자의 문제와 관련해 중국 정부에서는 일본 정부 명의로 기금을 만들든지 해서 다른 방식으로 배상하고 사죄도 해야 한다는 입장이에요. 도쿄 최고재판소에서 '피해 구제를 위한 관계자의 노력이 기대된다'라고 화해 권고를 했을 때 언급한 '관계자'에는 당연히 일본 정부도 포함된다는 이유에서입니다. 이런 여론이 다 일본 측에 압박이 되겠지요."

그는 마지막으로 한국 측에 이렇게 조언했다.

"일본의 경제적 성과는 중국인, 한국인 등 아시아인들을 노예적으로 사용해서 이룬 부분이 큰데, 이런 강제노역 사건을 밝혀내지 않으면 보통의 국민들은 그런 사건이 있었다는 것도 모르고 지나갑니다. 한국 정부나 국민들은 식민지로 침략당한 사실을 지난 일이라고만 생각하지 말고 명확하게 알아야 해요. 비록 현재 중국, 한국, 일본이 서로 협력하고 있지만 과거의 역사를 잊지는 말아야 합니다. 중국 정부와 국민들은 역사적 사실을 똑바로 이해하고 있습니다. 니시마츠건설 사례가 한국 국민들에게 참고가 됐으면 좋겠습니다. 역사를 기억하자는 건 분노를 기억하자는 게 아니라, 이후의 사람들에게 인권과 평등을 보장하고 배울 수 있도록 교육하기 위해서입니다."

중국인 피해자는 승리, 한국인 피해자는 소외

태평양전쟁 시기 중국인들을 강제 동원했던 니시마츠건설은 조선인들도 역시 기업 산하 각종 작업장에 다수 동원했다. 이들 조선인 피해자 역시 중국인들과 거의 비슷한 환경에서 노역에 혹사당했다. 그러나 한국의 경우 정부나 시민사회단체 아무도 피해자들을 위해 나서는 이가 없어 니시마츠건설로부터 사죄나 배상을 일절 받지 못하고 있는 실정이다.

충남 아산시 둔포면 송용리에 살고 있는 정준모 할아버지는 열아홉 살이던 1941년 4월 니가타 현 시나노가와 발전소로 강제 동원됐다. 중국인 피해자들이 노동했던 바로 그곳이다.

"아유, 막 끌려갔지유. 집에 있는데 면 직원이 쪽지(영장)를 갖고 왔어유. 몇날 몇시까지 지서로 오너라 하는. 어떤 사람은 몇 번을 통지해도 안 가다가 결국 나갔는데, 지서에서 이래유. '형들은 이 공사 저 공사 전쟁에 모두 바쁜데 동생이 뒷바라지라도 해야지 않느냐, 너는

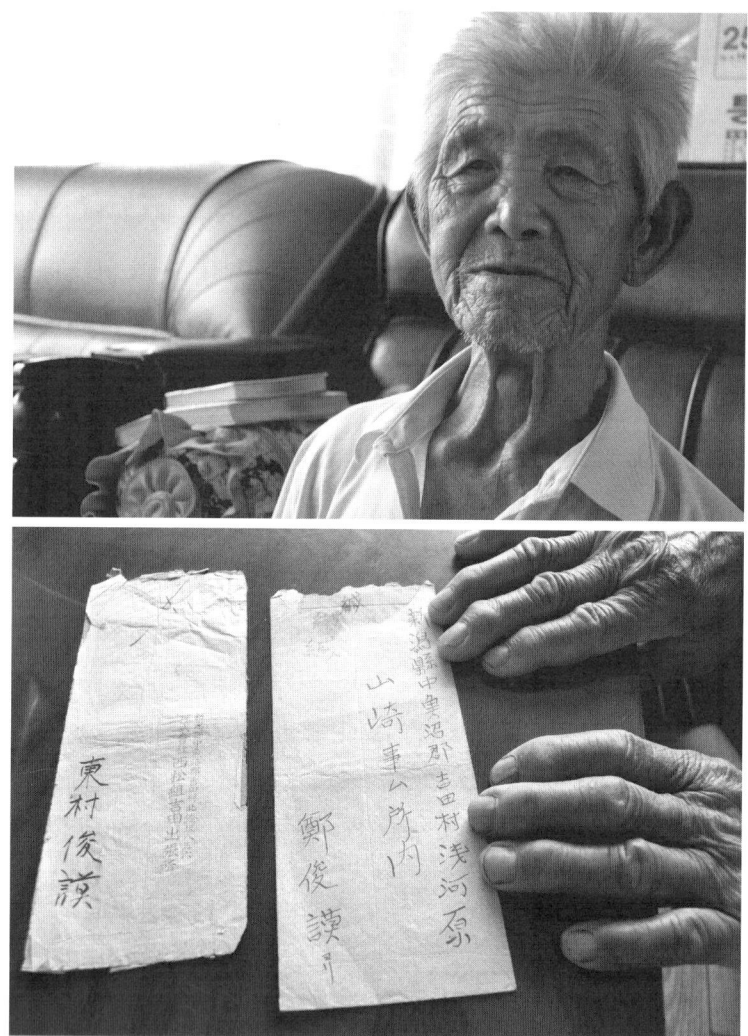

정준모 할아버지(위)와 정 할아버지가 니시마츠건설에서 강제노역 할 당시 고향의 가족과 주고받은 편지 겉봉. 편지 겉봉에는 니가타新潟 현 나카오노마中魚沼 군 요시다무라吉田村 라는 작업장 주소와 도무라 데이東村俊謨 라는 그의 창씨명이 적혀 있다. 할아버지의 투박한 손이 그 시절의 수난을 상징하는 듯하다.*

나쁜 놈이다' 이러면서 따귀를 막 갈겨유. 일본은 형이라고 하고 조선은 동생이라고 그랴."

같은 면에서 차출된 55명이 당시 아산군청 마당에 모였더니 니시마츠구미(西松組, 니시마츠건설의 당시 이름) 노무계 직원이 와 있었다. 노무계는 일본인 군수와 경찰지서장에게 "이만큼 인부를 줘서 고맙다"고 사례하고 조선인들을 인솔해 갔다. 온양에서 부산, 시모노세키를 거쳐 출발 닷새 만에 니가타 현의 수력발전소 작업장에 도착했다.

"수로 공사를 하는데 나는 삽질도 하고 구르마(손수레)도 끌고 했지유. 강변에 가서 자갈 실어다 나르기도 하고. 돌에 짓찧어서 흉터가 좀 있어. 전라도 사람 하나는 다리 위로 구르마를 밀고 가다가 발을 헛디뎌 냇가 바닥에 그냥 떨어져 피를 흘리며 실려갔어유. 수원 사람 중에 셋이 죽었지. 일하다 흙더미가 덜컥 무너지는 바람에 파묻혔는데, 꺼내려고 가보니까 너무 깊이 묻혀서 삽으로 어떻게 팔 엄두가 안 나. 나중에 겨우겨우 팠어유."

정 할아버지는 1922년생으로 곧 구순을 바라본다. 그는 니시마츠건설이 중국인 노무자들에 대해서는 배상을 하고 공개사과도 했다는 얘기를 듣자 자못 흥분했다. "중국 사람들은 어떻게 해서 그렇게 많이 주고 한국 사람은 빼냐. 줄려면 일정하게(공평하게) 줘야지, 그 사람들은 많이 주고 한국 사람은 제쳐놓고, 그건 경우가 틀린 거유. 정치가 잘못됐나, 담당자가 잘못됐나. 허……." 강제동원조사위원회에 따르면 2010년 7월 20일 현재 니시마츠건설 강제동원 사실이 인정돼 위원회로부터 피해 판정을 받은 사람은 총 110명이다. 이중 79명이 니가타, 이와테岩手, 미야자키宮崎, 시즈오카靜岡, 아오모리靑森 등 일본 본토의 각 현에 끌려갔던 국외동원 피해자다. 나머지 31명은 함경남·북도와 평안북도, 전라북도 등 한반도 내 작업장에서 노역에 종사한 국내 동원 피해자로 분류됐다. '근로정신대 할머니와 함께하는 시민모임' 이국언 사무국장은 이렇게 평가했다. "똑같은 기업에 의해 중국인 피해자들은 보상받고 한국인 피해자들은 외면당하는 건 전적으로 과거사 문제를 대하는 양국 정부의 대응 차이에서 비롯된 결과다. 대표적 전범기업인 미쓰비시중공업에 '아리랑 3호' 위성발사 용역권을 넘겨준 우리 정부의 태도만 봐도 알 수 있다. 이런 게 바로 국격의 차이다."

5
한일 양국 정부와 기업이 나아갈 길
— 일본 정부가 나아갈 길

좁혀지기 힘든 한일 간 간극

2010년 6월 20일 서울 여의도 한 식당. 한국·일본의 변호사 20여 명이 마주 앉았다. '대한변협·일변연(일본변호사연합회) 공동 심포지엄'을 하루 앞둔 오후였다.

양측 표정은 밝지 않았다. 문제가 있었다. 다음 날 심포지엄에서 '공동선언'을 발표하기로 했는데 최종 내용이 결정되지 않은 상황이었다. 이견은 일제시대 강제노동 문제를 푸는 데 있었다.

한국 측은 구체적 실천 방안을 선언에 포함하길 원했다. 특히 피해자에게 어떻게 보상할 지 대략적 방향이라도 싣자고 했다. 일본 측은 어려워했다. 강제동원 문제에 관해선 일변연 내부에서 합의한 게 없다는 이유 등을 들었다. 그 부분은 이렇게 정리돼 21일 심포지엄에서 발표됐다.

서울 대방동 서울 여성프라자에서 개최된 한일 양국 변호사 심포지엄

강제연행 문제에 대해서는, 한일협정에서 처리가 완료되지 않은 문제를 대한변협이 제기하여 이에 대한 공동 조사연구를 조속히 실시하고, 법적 문제, 해결책의 법적 검토, 나아가 제언 등을 하는 것이 검토되어야 한다고 생각한다.

아주 조심스러운 입장 표명이었다. 문제를 거론한 주체가 일본이 아니라 한국 측이라고 선을 그었다.

강제병합 100년을 맞아 위안부 문제 등 과거사 해결을 논의하자는 차원에서 마련된 심포지엄이었다. 그동안 일본 현지 소송에서 한국인 피해자 편에서 헌신적으로 일해 온 일본 변호사들이었다. 하지만 포괄적 차원의 보상과 대책 마련에서 이들은 소극적이었다. 강제동원 보상 문제를 둘러싼 일본 내부 환경은 이처럼 차가운 것이 현실이다.

취재진이 2010년 상반기 동안 만난 일본 인사들은 대부분 일본의 강제동원이 잘못된 것이고 사죄와 함께 보상을 해야 한다고 주장했다. 하지만 정작 책임 주체를 따질 때는 해당 기업에 보상 책임을 돌리는 경우가 많았다. 2010년 1월 25일 일본 국회의원회관에서 만난 곤도 쇼이치 의원도 그랬다.

"일본 기업 중에서도 도덕적 책임을 져야 한다고 생각하는 기업이 있습니다. 니시마츠건설의 경우처럼 적극적으로 대처하는 기업도 있습니다. 일본 기업이 각각의 판단 아래 문제에 임해줬으면 하는 생각입니다."

곤도 의원은 기업이 적극적으로 보상에 대처할 수 있게 정부가 지원할 생각이 있냐는 질문에는 고개를 저었다. "솔직히 정부가 거기까지 힘쓰는 것은 어렵지 않나 생각합니다."

곤도 쇼이치 일본 민주당 의원

일본 법조계와 시민단체는 소송을 통한 보상에 초점을 맞추고 있다. 제1차 후지코시 소송이나 니시마츠건설의 중국인 피해자 보상이 본보기다. 근로정신대 출신 할머니 일곱 명은 후지코시를 상대로 한 소송 과정에서 '화해'를 해 해결금 3,500만 엔을 받았다. 우키시마 마루 폭침 사건 등을 변론해온 야마모토 세이타 변호사는 6월 21일 심포지엄에서 취재진과 만나 "일본 정부의 사죄와 배상이 필요하다. 그렇지만 일본 정부는 아직 배상 준비가 안 됐다. 기업에 의한 배상은 실현 가능성이 있다"고 했다.

사실 기업이 보상에 응한다는 것 자체도 지금까지 일본 전범기업의 태도에 비춰보면 진일보한 일이다. 전범기업은 대부분 강제징용을 인정하지 않고 있다.

우리나라 법조계와 시민단체는 각 기업의 보상도 중요하지만 포괄적 해결책을 마련해야 한다는 입장이다. 힘겨운 투쟁 끝에 특정 기업에게서 보상받고, 그 다음 기업과 싸우고 하는 식은 시간이 많이 필요하고 피해자 전부를 위한 일도 아니라는 생각이다. 피해자가 고령인 점도 고려하고 있다.

따라서 국내에서는 기금 조성에 대한 요구가 크다. 일본 정부, 기업 뿐 아니라 한국 정부와 기업까지 참여해 기금을 마련하고 피해자에게 직접 보상을 하자는 것이다. 독일의 '기억, 책임 그리고 미래' 재단이 모델이다. 재원에는 일본 전범기업이 전후 정부에 공탁한 공탁금이 포함돼야 한다는 게 국내 강제동원 전문가들의 목소리다. 이들은 공탁금이 당시 기준으로 약 2억 엔이었지만 현재 가치로 환산하면 약 4조원에 이를 것으로 보고 있다.

일제 피해자 소송 전문가인 최봉태 변호사는 6월 21일 심포지엄에서 "일본 재판부 판결로서는 (문제 해결이) 힘들다는 사실이 다 나왔다. 다른 방법을 찾아야 한다. 기금을 당장 만들기 어렵다면 사할린군사우편저금을 갖고 모델을 만들어나가면 된다"라고 말했다. 사할린에 강제 징용돼 일했던 조선인들이 임금 일부를 일본 정부의 강요로 불입한 게 사할린군사우편저금이다. 59만 계좌에 1억 8,600만 엔이 일본에 보관 중이며, 일본이 대만 피해자에게 120배로 지불한 것을 고려하면 현재 가치가 2,200억 원이 넘을 것으로 추정된다.

일본 내에서도 기금을 마련하자는 목소리가 있다. 고쇼 다다시 고마자와 대학 명예교수는 "강제병합 100년에 걸맞은 전후 처리는 몰수한 공탁금을 피공탁자(조선인)의 손에 반환하는 것"이라며 "이에 더해 정부와 기업뿐 아니라 시민까지 돈을 내 받지 못한 임금을 돌려줘야 한다"고 말했다.

일본 정부가 나서야

어떤 방향이든 중요한 것은 일본 내 반성 분위기다. 이 문제에 관한 사회적 합의를 기반으로 대책 마련이 구체화돼야 하는데, 일본 사회는 아직 그 수준에 이르지 못했다. 보상을 해야 한다는 목소리는 일부 양심적 지식인과 시민단체만 내고 있다. 상당수 국민이 강제동원 사실을 잘 모르고 있는 상황이다.

따라서 일본 정부가 전향적 결단을 내려야한다는 목소리가 크다. 정부가 먼저 움직여 기업과 국민에게 왜 사죄해야 하고 보상이 필요한지 설득해야 한다. 이 점에서 2010년 8월 10일 간 나오토 일본 총리의 강제병합 100년 담화는 기대에 미치지 못했다. "통절한 반성과 마음에서 우러나오는 사죄의 심정을 표명"한다고 했으나 식민 지배의 불법성에 관해서는 언급하지 않았다. 이에 따라 강제동원의 불법성을 따지는 일도 더 나아가지 못했다. 보상과 관련해서는 간 총리의 담화가 크게 미흡했다. 그는 이른바 후속 조치로 사할린 한국인 지원과 한반도 출신자의 유골 봉환 지원을 언급했으나 강제동원 보상에 대해서는 한마디도 하지 않았다. 오히려 담화 뒤 기자회견에서 강제징용자의 보상 문제는 1965년 한일협정으로 끝이 났다고 선을 그었다.

일본 정부의 과제는 간 나오토 총리가 밝힌 것보다 훨씬 더 많다. 먼저 공탁금을 어떻게 처리할 것인지 결정해야 한다. 전후 65년 넘게 은행에서 잠자고 있는 조선인 미불임금을 피해자에게 돌려줄 것인지, 돌려준다면 어떤 방식이 될 것인지를 깊이 논의할 필요가 있다. 불가능한 일이 아니다. 곤도 의원은 "상당히 어려운 측면이 있지만 앞으로 고민해 좋은 방법이 어떤 것인지 연구할 수 있다"라고 했다. 일본 정부가 보이는 성의의 정도가 앞으로 기금 조성이 가능한지 가늠하는 척도가 될 것이다.

두번째 과제는 한일협정 문서 공개다. 개인 청구권 소멸 여부를 정확히 확인하려면 문서를 봐야한다. 일본 정부는 시민단체의 정보공개 청구 소송에 못 이겨 2007년부터 약 6만 쪽의 한일회담 문서를 공개했다. 그 가운데 25%는 검게 칠해져 있었다. '일한회담 문서 전면 공개를 요구하는 모임'의 고타케 히로코 사무국장은 "도대체 한일협정에서 무엇이 결정되었고, 무엇이 결정되지 않았는지 분명히 해야 한다"고 말했다. 문서 공개는 일본 측이 말하는 '소송을 통한 보상'이 가능한 지 보여주는 잣대가 될 것이다.

일본 전범기업의 태도 변화도 중요하다. 먼저 각 기업이 갖고 있는 조선인 노무자 관련 자료가 있으면 공개해야 한다. 몇 명의 조선인을 얼마나 오랫동안 고용했는지, 누락된 공탁금이 있는지 등을 밝혀야 한다. 책임이 큰 전범기업끼리 모여 사죄와 보상 대책을 논의하는 것도 좋은 방법이다. 독일도 대기업 여러 곳이 소송과 불매운동으로 압박을 받자 먼저 머리를 맞대고 기금 창설을 구상했다.

5
한일 양국 정부와 기업이 나아갈 길
― 한국 정부가 나아갈 길

한국 정부 '99엔 사건' 식 대처 더 이상 안 된다

한국 정부는 2009년 12월 발생한 '99엔 사건'에 대해 약 한 달간 침묵했다. 일본 정부가 근로정신대 할머니들에게 후생연금 탈퇴수당으로 당시 액면가 그대로인 99엔을 지급해 국민적 분노를 촉발시켰지만 주관 부서인 외교부통상부는 구체적 경위와 우리 측 조처에 대한 상세 답변을 피했다. 해를 넘겨 여론이 잦아든 2010년 1월 22일 유명환 당시 외교통상부 장관은 기자들 앞에서 이렇게 말했다.

"그런 문제에 대해서 우리가 새롭게 이것을 외교적인 이슈로 문제를 (제기)해서 다시 협상하지는 않더라도, 일본 정부의 성의 있는 조치를 기대한다는 의사는 전달을 한 바 있습니다."

유 장관의 발언은 사실상 한국 정부가 할 수 있는 조치는 다 했다는 뉘앙스였다. 이 발언은 즉각 근로정신대 할머니들의 규탄 시위를 불러왔다. 할머니들과 피해자 단체는 외교부가 이 문제를 일본 정부에 공식적으로 문제 삼지 않겠다고 선언한 것으로 여겼다. '근로정신대 할머니와 함께하는 시민모임'의 이국언 사무국장은 "피해국인 대한민국 외교 수장이 가해국인 일본 정부를 향해 고작 한다는 소리가 '성의를 보여라'인가"라며 분노했다.

강제동원 보상 문제에 관해 한국 정부는 사실상 일본 정부와 공동보조를 취하고 있는 형편이다. 정부 차원의 해결책은 끝났으니, 개별 보상 문제는 알아서 하라는 식이다. 피해 보상의 '아킬레스건'인 한일청구권 협정 때문이라곤 하지만 피해자들은 이런 무책임한 한국 정부의 태도에 더욱 분노하고 있다.

"일본 정부는 강도, 한국 정부는 도둑"

강제동원의 역사는 '한국 정부에 대한 불신'이란 깊은 상처를 피해자 개개인에게 남겼다. 취재과정에서 만난 90대 할아버지는 숨이 가빠 말하기가 힘겨우면서도 "일본이 강도라면, 한국 정부는 도둑"이라고 힘주어 말했다. 자신들을 강제로 해외에 데려가 노역시키고 마땅히 약속한 돈을 주지 않는 일본이 강도라면, 강도에게 돌려받을 돈을 청구권 자금이란 명목으로 받아왔다고 선전한 한국 정부는 중간에서 피해자들의 돈을 가로챈 도둑이란 뜻이다.

대다수 강제동원 피해자들은 1945년 해방 당시 귀국을 모색할 때 '우리들이 받아야 할 미수금 등 임금은 어떻게 해야 하냐'고 회사에 문의했다. 회사는 '일단 귀국하고 나중에 차차 해결해 주마'란 식으로 말했다. 임시방편이었지만 하루라도 빨리 귀국하고 싶은 마음에 피해자들은 대부분 이를 받아들이고 단체로 귀국선에 올랐다. 새로 들어서는 한국 정부가 자신들을 대신해 일본에 남아있는 재산권을 되찾아 주리라는 믿음이 있었음은 물론이다.

하지만 이 믿음은 이승만 정권에서부터 이명박 정부까지 철저하게 배반당했다. 박정희 정권은 징용자들의 핏값으로 일본을 압박해 경제협력자금 명목으로 돈을 구해와 경부고속도로와 포항제철을 건설했다. 독재정권이 몰락하고 민주화된 정부가 들어섰지만 입장이 크게 바뀐 건 아니었다. 1990년대 일본 각지에서 전범기업을 상대로 한 피해자들의 소송이 봇물같이 일어났어도 한국 정부가 도움이 됐던 적은 없다.

이런 정부에 대한 불신은 실제 극단적인 운동으로 분출되기도 했다. 2003년 8월 '태평양전쟁 희생자유족회', '일제 강제연행 한국 생존자협회', '나눔의 집', '시베리아 삭풍회' 등 일제 피해자 단체 회원 약 300여 명이 청와대 앞에서 국적 포기 선언을 하기에 이른다. 이들은 "한국 정부가 1965년 체결된 한일협정과 대일 관계를 이유로 희생자들을 외면하고 있다"고 절규했다. 나라를 잃어 청춘을 타국에서 강제노역에 시달린 사람들이 자신들을 보호해줄 그 국가를 포기하겠다고 선언하는 일 만큼 비극적인 게 또 있을까. 막다른 곳에 다다른 고령의 피해자들이 최후의 선택을 한 것이다.

수십 년간 누적된 피해자들의 분노를 보여주는 이 사건을 계기로 한국 정부의 위로금 지원 사업이 시작된다. 정부는 2004년 특별법을 제정해 '보상' 대신 '지원'을 하기로 결정했다. 일본 정부와 기업이 돌려주어야 할 강제동원 피해자들의 미수금을 받아오지는 못하지만, 그에 상응하는 지원을 한국 정부가 피해자들에게 대신 해주겠다는 것이다. 2004년 11월 '국무총리 소속 일제강점하 강제동원피해 진상규명위원회'와 그 후신 '대일항쟁기 강제동원 피해조사 및 국외강제동원 희생자 등 지원위원회'가 설립된 배경이다.

이때부터 한국 정부는 사망하거나 행방불명된 국외 강제동원 희생자의 유족에게 1인당 2,000만 원씩, 부상자나 그 유족에겐 부상 정도에 따라 1인당 300~2,000만 원씩, 생환자에게는 사망 시까지 1인당 매년 80만 원의 의료지원금을 지급하고 있다. 일본에서 돌려받지 못한 미수금의 존재가 확인되면 피해 당사자나 유족에게 1엔당 2,000원으로 환산해 미수금을 대신 지급하기도 한다.

하지만 이것으로 강제동원 관련 한국 정부의 책임이 모두 해소된 것은 아니다. 최봉태 변호사는 "1965년 한일협정을 맺음으로써 한국인 피해자들이 일본 측으로부터 권리 구제를 받는데 지장을 초래한 한국 정부의 원천적 책임이 남아 있다"고 말한다. 한국 정부나 일본 정부, 그리고 일본 기업들이 1965년 이후로 일제 피해자들의 권리를 짓밟았기 때문에 모두 함께 이 문제를 풀도록 노력하는 게 순리에 맞다는 주장이다.

우선 한국 정부는 자국민인 강제동원 피해자 개개인이 전범기업을 대상으로 받지 못한 돈이 얼마인지 명쾌하게 밝힐 책임이 있다. '근로정신대 할머니와 함께하는 시민모임' 이국언 사무국장은 "수십 년을 싸웠고, 지금도 여든을 넘긴 노구를 끌고 일본 기업과 싸우고 있는 피해자들이 최소한 자기 구제만이라도 할 수 있도록 한국 정부가 미불금의 정확한 액수만이라도 파악해 달라"고 말했다.

정부가 미불금 등의 정확한 규모를 추적하기 위한 노력을 아예 접은 것은 물론 아니다. 정선태 전 강제동원조사위원회 위원장은 이렇게 설명했다.

"2004년 출범한 위원회가 5년간 23만여 명의 피해조사 신청을 받았습니다. 그중에 16만 명이 노무자입니다. 군인 군속이나 종군 위안부는 일본 정부가 관련 기록을 잘 해왔습니다. 2010년 중반까지 90%의 피해조사를 마쳤습니다.

문제는 노무자입니다. 반도 못했습니다. 왜냐하면 국내엔 기록이 없고, 일본 기업은 아예 자료가 없다고 하고, 일본 정부는 개별 기업이 가지고 있을 것이라고 주장합니다. 일본 정부는 현재 기업이 제출한 노무자 공탁금 명부나 후생연금 명부 등 2차 자료만 주고 있습니다. 결과적으로 우리 정부가 예산으로 피해자에게 지원을 하고 싶어도, 근거가 없어 지원하지 못하는 곤란한 상황입니다. 정부의 노력만으로는 한계가 있습니다. 국회를 비롯한 각계가 일본에 촉구해야 한다고 봅니다. 기초자료만이라도 일본 정부가 제대로 제공할 수 있도록 만드는 여건이 필요합니다."

정선태 전 강제동원조사위원회 위원장

한일민족문제학회 회장을 맡고 있는 광운대 김광열 동북아대학 학장의 생각은 조금 다르다. 김 교수는 "이 대목에서 한국 정부가 좀더 노력해야 한다"고 말한다.

김광열 광운대 동북아대학 학장

"1970년대부터 일본 정부의 강제동원 관련 자료들이 몇 차례에 걸쳐 국내로 들어왔습니다. 노태우 정부 때도 노무자 관련 일본 후생노동성이 작성한 명부가 들어온 적이 있습니다. 하지만 자료들이 체계적으로 정리돼 있지 못합니다. 점점으로 흩어져 있습니다. 정부가 이를 모아 빠진 부분이 어딘지 정확히 파악하고, 누락된 부분은 다시 일본 정부에 요구해야 합니다.

2차 대전 당시 기본적으로 동원 계획을 세운 건 일본 정부입니다. 1943년에는 군수성을 직접 만들기도 합니다. 중앙 정부가 인원 계획을 세우고 조선에 얼마, 일본 본토에 얼마 하는 식으로 할당합니다. 그럼 조선총독부가 또 기업의 신청을 받아 지역을 할당합니다. 결국 일본 정부가 강제동원에 관계된 자료를 다 가지고 있다는 뜻입니다. 어느 기업에서 몇년도에 몇 명을 어느 지역으로 데려갔는지 그 자료가 후생성 안에 다 있다고 봅니다. 기업들이 노동자를 데려오면, 전체적인 동원 시스템 아래서 행했기 때문에 기록이 있을 수밖에 없습니다.

기업이 기록을 없앴다 하더라도 지방경찰들이 기록을 가지고 있을 겁니다. 기업은 강제 동원한 조선인에 대해 인원 내역 등을 지역 경찰에 반드시 신고하게 돼 있었습니다. 이런 동원 시스템을 이해한다면 일본 정부에 이러이러한 자료가 있을 것이라고 한국 정부가 지적을 해줘야 합니다. 빠진 부분을 정확하게 지적해서 요구를 하면 일본 정부도 무시하지 못할 것입니다."

강제동원 문제해결은 동아시아 평화 공동체 건설의 첫발

현재 실시 중인 정부의 지원 활동 가운데 비합리적 면모도 해소되어야 한다. 국외 동원 대상자들과 똑같이 강제노역을 했지만 장소가 한반도 내 작업장이란 이유로 정부는 국내동원 대상자 최소 2만 5,000여 명에게 위로금 지급을 거부하고 있다. 똑같은 미쓰비시, 미쓰이 작업장이지만 일본이 아닌 국내 작업장이라는 이유뿐이다. 이에 대해서는 위헌법률심사 제청이 이뤄진 상태여서 헌법재판소 판단이 주목된다.

전범기업에게서 받지 못한 미수금을 우리 정부가 '1엔=2,000원'으로 환산·지원해주는 셈법도 문제다. 유명환 전 외교통상부 장관은 일본 정부가 근로정신대 할머니들에게 후생연금 탈퇴 수당으로 99엔, 즉 1,300원 정도 가치로 돌려준 데 대해 국민적 공분이 거세지자 "당시 소 두 마리 값의 가치가 있었던 99엔을 현재 액면가 그대로 지급한 것은 상식적으로 이해하기 어렵다"고 말했다.

하지만 한국 정부의 '1엔=2,000원'의 셈법을 그대로 적용한다면 '99엔=19만 8,000원'일 뿐이다. 소 두 마리 값에 턱없이 모자라는 것은 마찬가지다. 그래서 한국 정부의 조처가 자가당착이란 비판이 나온다. 김광열 교수는 "도쿄를 중심으로 1940년대 초와 2000년대를 비교해 보면 물가 변동이 최소 1,700배다. 여기에 환율까지 감안하면 정

최봉태 변호사. 대한변호사협회 일제피해자인권소위 위원장직도 맡고 있다.

부의 환산 비율은 훨씬 많은 배수가 되어야 한다. 기왕에 정부가 지원한다면 성의를 들여 제대로 해야 한다"고 말했다.

유골 봉환은 금전 보상과는 또 다른 문제다. 일본 내 사찰에 안치된 민간인 강제동원 희생자들의 유골조차 모셔오지 못한다면 한국 정부는 자국민 보호라는 기본 책임마저 저버렸다는 비판을 면치 못하게 된다.

정부가 청구권 협정 당시 언급되지 않았던 일제 피해자 문제를 의제로 삼아야 한다는 제안도 나온다. 태평양전쟁피해자보상추진협의회 김민철 집행위원장은 "반인도적 범죄인 위안부 문제와 사할린 억류 강제동원 피해자 문제부터 풀자고 우리 정부가 일본에 제안해야 한다"고 주장한다. 김 위원장은 "우리가 강력한 의지를 가지고 일본 정부를 협상장에 끌고 나와야 하는데, 이명박 정부가 미동조차 하지 않아 답답하다"며 "최고위층의 정치적 결단이 절실하다"고 말했다.

최봉태 변호사는 강제동원 피해자 문제를 푸는 과정 자체가 동아시아 공동체를 보다 민주적으로 가꾸는 데 도움이 될 것이라고 믿는다. 한국 정부도 이런 장기적 안목에서 출발해야 한다고 강조한다. 최

변호사는 취재팀에게 "국치 100년이다. 일제 침략으로 인한 전쟁 상처와 피해자 문제를 해결하지 않고서 새로운 100년은 없다. 우선 강제동원 명부 공개가 필요하다. 또 일본 정부가 한일협정 문서를 공개해 자국민에게 진실을 알려야 한다. 그래야 화해의 물꼬가 터진다. 한국 정부도 길게 보고 장기계획을 세워야 한다. 강제동원은 과거사가 아니다. 피해자가 살아있는 이상 현재의 문제다. 우리 정부가 일본의 단순한 반성 촉구를 넘어, 일본 사회의 민주화와 동아시아 평화 공동체 건설을 위해 강제동원 문제부터 풀어야 한다고 설득할 수 있어야 한다"고 말했다.

5
한일 양국 정부와 기업이 나아갈 길
— 청구권 수혜 기업의 책임

1968년 6월 15일 새벽 4시, 비상 소집된 포항제철 건설요원들은 긴장한 표정이었다. 수평선 너머로 붉은 태양이 막 솟아오르고, 현장 건설 사무소 오른쪽 아래로는 영일만의 짙푸른 파도가 일렁이고 있었다. 나는 요원들에게 외쳤다. '우리 선조들의 피의 대가인 대일 청구권 자금으로 짓는 제철소요. 실패하면 역사와 국민 앞에 씻을 수 없는 죄를 짓는 것입니다. 그때는 우리 모두 저 영일만에 몸을 던져야 할 것이오.'

박태준 포스코 명예회장의 회고록에 나오는 대목이다. 포항제철 건설 때의 비장한 각오와 결의가 고스란히 담겨 있다. 박 명예회장 표현처럼 포항제철은 '선조들의 피의 대가인 대일 청구권 자금'으로 설립됐다. 1976년 당시 경제기획원이 작성한 『청구권자금 사용백서』에 따르면 1965년 한일협정 타결 이후 포항제철에 들어간 청구권 자금은 모두 1억 1,948만 달러다. 일제강점기 피해자들을 대신해 한국 정부가 받은 유상 2억, 무상 3억 등 총 5억 달러의 돈 가운데 단일 사업으

1970년 4월 1일 경북 포항 영일만 모래 벌판에서 열린 포항제철 1기 착공식에서 박태준 당시 포철 사장, 박정희 대통령, 김학렬 부총리(왼쪽부터)가 착공 버튼을 누르고 있다.

로 가장 많은 액수가 투입됐다. 포항제철은 그 '종자돈'을 토대로 이제 연매출 30조 원(2009년 기준)의 세계적 기업 포스코로 성장해 있다.

포스코의 이런 설립 배경을 근거로 일제 강제동원 관련 피해자 단체와 전문가들은 "청구권 수혜 기업이 일제 피해자 구제를 위해 적절한 책임을 져야한다"고 꾸준히 주장해왔다. 한일협정 당시에도 강제동원 피해자들에 대한 보상은 구체적으로 논의됐었다. 한국 정부는 당초 일본에 총 12억 2,000만 달러를 요구했는데, 그중 피징용자 보상액으로 상정했던 금액이 3억 6,400만 달러였다. 결국 피징용자 개별 보상은 무산되고 정부가 일괄적으로 돈을 받아 포항제철공장, 경부고속도로, 남해대교, 소양강다목적댐, 영동화력발전소 건설 등에 투입했다. 강제동원 피해자 측이 청구권 수혜 기업들에게 일정한 책임의식을 요구하는 건 충분히 일리 있는 행동인 것이다.

이미 관련 단체들의 연합체인 강제동원진상규명시민연대는 2006년 8월 기자회견을 열어 "한일협정을 통해 수많은 피해자들의 고통을 담보로 성장한 기업들이 문제해결에 앞장서야 할 때"라고 공개 촉구했다. 시민연대는 당시 청구권 수혜 10대 기업을 발표했는데 여기에는 포스코를 필두로 한국도로공사, 한국철도공사, 한국전력공사, 외환은행, KT, KT&G, 한국수자원공사, 한국과학기술연구원(KIST), 기상청 등이 포함됐다.

이후 피해자 측은 청구권 수혜 기업 가운데 가장 상징성이 큰 포스코를 집중 표적으로 삼아 위자료 청구소송 등 법적 투쟁을 벌였다. 판단이 쉽지는 않은 사안인데, 담당 재판부도 일도양단식 판결을 내리지는 않았다. 포스코의 법적 책임은 추궁하지 않되 도의적 책임은 지적하는 방식을 취한 것이다. 2009년 7월 서울고법 재판부는 "포스코는 적법한 절차에 따라 청구권 자금 일부를 투자받았다"며 원고 측이 낸 위자료 청구소송을 1심과 마찬가지로 기각했다. 재판부는 동시에 "포스코의 설립 경위와 사회윤리적 책임 등에 비춰 강제동원 피해자나 유족을 위해 상당한 노력을 하는 것이 바람직하다"고 권고했다. 강제력이나 구속력이 있는 것은 아니지만 대기업의 이미지를 고려할 때 포스코로서는 곤혹스러울 수밖에 없었다.

마침내 정준양 포스코 회장은 2010년 2월 26일 서울 강남 포스코센터에서 열린 주주총회에서 "강제징용 피해자들의 요구는 충분히 알고 있다. 정부에서 종합해 대응하는 게 효과적인 만큼 정부의 지원 방안이 마련되면 앞장서서 참여해 징용 피해자 분들에게 도움이 되도록 하겠다"고 답했다. 자신을 징용 피해자 유가족이라고 밝힌 주주가 발언권을 얻어 "포스코가 징용 피해자들의 피와 땀의 보상으로 이뤄진 회사인 만큼 피해자와 유족들을 도와야 한다"라고 요청하자 이에 화답한 것이다.

그러나 그 이후, 취재팀이 이 책을 집필하고 있는 10월 말 시점까지 정부나 포스코 측에서 실질적인 지원 방안을 내놓은 것은 없다. 포스코 관계자는 취재팀과 만나 "정부가 화해, 상생 차원에서 해당 기업들과 함께 재단을 만든다든가 하는 식으로 그분들을 지원하는 여러 방안을 낸다면 우리도 할 수 있는 걸 찾아서 동참하겠다는 것"이라며 "그러나 정부에서 구체적으로 마련하는 방안이 없기 때문에 우리가 먼저 나서기는 곤란하다"고 거듭 난감한 입장을 피력했다.

이에 대해 피해자 측 소송대리인인 최봉태 변호사의 반응은 한마디로 냉소적이다. 최 변호사는 "일본 미쓰비시중공업 같은 경우도 자국 정부의 방안과 상관없이 근로정신대 할머니들과 보상 협상을 하겠다고 나섰다. 그런 태도와 비교하면 포스코 얘기는 다 핑계"라며 "본인들이 이런 의사가 있으니까 정부에서 도와달라고 해야 맞지, 정부가 뭔가를 먼저 해야 움직이겠다는 건 전혀 성의가 없다는 얘기밖에 안 된다"고 반박했다.

물론 피해자 단체 측에서는 아쉬움과 답답함을 표시한다. 그래도 일말의 기대를 버리지는 않고 있다. 김인성 일제피해자총연합회 공동대표는 "정부가 포스코와 협의를 해서 국회에 피해자 후생복지 사업을 위한 재단 설립 법안을 제출하기를 기대한다"며 "재단에 우리 정부와 청구권 수혜기업, 아울러 일본 정부와 전범기업들이 함께 참여한다면 좋은 모델이 될 것"이라고 말했다.

정부 차원에서 해당 국내 기업들과 함께 재단이나 기금 마련을 위한 논의를 한 적이 지금까지 한 번도 없었던 것은 아니다. 참여정부

강창일 의원

시절 상당히 구체적이고 현실적인 해법을 모색했던 사실이 비화로 전해진다. 정치인 가운데 이 분야에서 가장 전문가라고 할 수 있는 강창일 민주당 의원에 따르면 노무현 대통령 집권 당시 여권 최고의 실세였던 이해찬 국무총리가 직접 나서 청구권 수혜 기업 측과 접촉한 사실이 있다. 특히 청구권 자금을 토대로 건설된 경부고속도로에 대해 이용료의 0.1%를 일제 피해자 지원기금으로 조성하는 방안이 추진됐다고 한다. 강 의원은 이렇게 전했다.

"경부고속도로와 포스코는 한일협정에 따른 경제협력 자금으로 만들어졌지요. 모두가 아는 대로 이후 크게 수익을 남기고 있습니다. 그래서 참여정부 시절 이해찬 총리가 그쪽하고 접촉을 했어요. 경부고속도로의 경우 이용료의 0.1%만이라도 강제동원 피해자들을 위한 기금으로 내놓자는 방안을 갖고 이 총리가 직접 한국도로공사 사장을 만났습니다. 고속도로 이용료가 1만원이면 그 가운데 10원을 출연하는 셈이라 부담이 안 되는 겁니다. 포스코도 접촉했어요. 사회공헌이라는 차원에서 노력해볼 수 있다는 쪽으로 이야기가 됐어요. 그래서 기금이나 재단 설립이 가능하지 않겠나 했지요. 정부가 일정 정도 기금을 내고, 청구권 수혜 기업들도 기금을 내서 합치면 만족할 수준은 아니지만 한일협정 경제협력자금에 상응하는 대응을 할 수 있지 않을까 해서 참여정부 때 추진했습니다. 그러다 정권이 바뀌고 현재 스톱된 상태입니다. 그 점은 참여정부의 일원으로서 송구스럽게 생각합니다."

이에 대해 최봉태 변호사는 "도로공사와 포스코 외에도 한국전력공사, 코레일, 한국수자원공사 등 많은 관련 기업이 있다. 이런 기업들이 매출액의 1%를 피해자들을 위한 기금으로 출연하고, 정부나 국회에서는 이런 기업에 대해 법인세를 감면해준다면 명분도 좋고 실리도 있을 것이다. 국민통합 차원에서라도 참여정부가 못했던 것을 이명박 정부가 해준다면 참으로 역사적 과업을 이루는 일이 될 것"이라고 제안했다.[1]

■ 강제동원, 이것이 궁금했다면
박경식의 위대한 첫걸음,
그리고 일본 풀뿌리 NGO의 힘

일제 강제동원의 진상을 규명하는 데 없어서는 안 될 존재가 일본 내 양심적인 시민단체와 활동가들이다. 이들은 태평양전쟁 시기 일본 본토 구석구석에서 벌어진 조선인 강제노역의 실상을 개별 지역 또는 작업장에 대한 꼼꼼한 현장답사와 다양한 자료 수집, 관계자 탐문 등 끈질긴 추적 작업을 통해 재구성하는 일을 헌신적으로 수행해왔다. 한국의 정부와 학자들, 피해자 및 유족들이 지리적·언어적 여건 때문에 미처 하지 못했거나 도저히 할 수 없는 부분을 일본 전역 곳곳에서 활약 중인 풀뿌리 NGO(비정부기구)들이 도맡아 해주고 있는 것이다. 강제동원 분야를 조사하는 국내 연구자들은 일본에서 수백 개의 시민단체와 활동가들이 역동적으로 움직이는 모습에 거듭 감탄하곤 한다. 정작 한국에는 그 같은 단체나 연구자들이 극히 희소하기 때문에 더욱 그렇다.

일본 내 진상규명 활동의 시발점이자 전범典範으로 꼽히는 한 사람의 연구자와 그의 저서가 있다. 바로 재일조선인 사학자 고 박경식(1922~1998)의 『조선인 강제연행의 기록』이다. 경북 봉화에서 태어나 여덟 살 때 부모를 따라 일본으로 이주한 박경식은 재일조선인 1세대로서 해방 전후 일본 사회의 냉혹한 조선인 차별을 온몸으로 겪었다. 그의 부모는 규슈 지방 오이타 현의 벽촌에서 아무도 손대지 않는 산골짜기의 황폐한 논 1,500여 평을 빌려 소작농으로 일구면서 '조센진'이라고 온갖 멸시를 당했다.

박경식은 조총련 계열인 도쿄의 조선대학교 교원으로 재직하면서 재일조선인 문제를 필생의 연구과제로 삼았다. 특히 강제동원 희생자에 대한 연구가 거의 불모지 상태였던 일본 학계의 냉담한 분위기에 아랑곳하지 않고 각고의 노력 끝에 『조선인 강제연행의 기록』을 펴냈다. 일본 전역의 광산지대 등을 직접 찾아다니며 자료를 수집하고 생존자의 증언을 모은 이 노작은 '피가 역류하고', '분노가 끓어오르는' 심정으로 일제의 만행을 낱낱이 고발해 당시 일본 지식인 사회에 큰 충격을 던졌다.

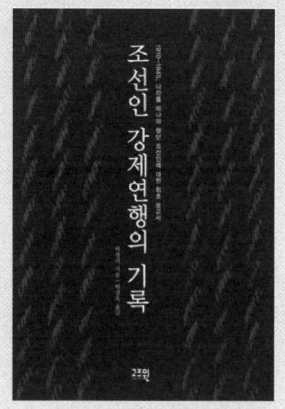

국내에 번역 출간된 박경식의 『조선인 강제연행의 기록』 표지

일부 중국인 강제연행에 대한 연구만 이뤄지던 시절이기 때문에 조선인 징용에 대해서는 최초의 보고서라고 할 수 있었다. 그래서 재일동포들에게는 "우리가 왜, 어떻게 일본에 와서 이렇게 차별 받고 살고 있는가?"라는 근원적인 질문을 던졌으며, 일본인들에게는 "우리가 무슨 짓을 저질렀던가?"라는 양심의 목소리를 불러 일으켰다. 강제동원 문제에 있어 '위대한 첫걸음'이 된 이 기념비적인 저작은 한일협정이 맺어진 1965년 출간됐다(국내에는 2008년에야 번역 출간). 박경식은 서문에서 이렇게 밝혔다.

이 책은 이른바 한일유착의 시초가 된 한일조약 체결을 강행하려는 긴박한 정세 속에서 출판됐고, 나는 그 조약 체결에 반대하는 입장에서 이 책을 썼다. (……) 나는 재일조선인이 얼마나 험난한 길을 걸어왔는지 알리기 위해, 특히 태평양전쟁 당시 조선인 강제연행 문제를 통해 제국주의 침략자의 정체를 밝히기 위해, 또 재일조선인의 민주주의적 민족 권리를 지키기 위해, 그리고 제국주의 침략자의 사상적 잔재를 청산하고 조선과 일본의 우호친선과 진정으로 평등한 국제 연대에 조금이나마 도움이 되기를 바라는 마음으로 이 책을 썼다.[1]

박경식은 '김일성 우상화' 역사교육에 반대하는 등 조총련과 갈등을 빚다 결국 결별하고 재일조선인의 주체성과 위상 정립에 관계된 저서들을 집필하는 데 더욱 매진했다. 『일본 제국주의의 조선 지배』, 『천황제 국가와 재일조선인』, 『재일조선인 운동사-8·15 해방 전』, 『재일조선인 관계자료 집성』, 『조선 문제 자료 총서』 등 다수의 저서가 있는데 당대 학계에서 거의 독보적인 연구 성과물들이었다. 그는 이 분야의 초석을 다져 재일한국인사를 일본 역사학계에서 거론하게 되는 기틀을 마련했다.[2]

이 밖에 일본인들을 상대로 한 강연과 기고 등 대외활동도 적극적으로 전개했다. 자신은 헌책방을 운영하고 부인은 삯바느질을 할 만큼 어려운 생활 속에서도 40여 년에 걸쳐 방대한 사료를 수집하고 검증했다. 그는 1998년 불의의 교통사고로 세상을 떠났지만 그가 뿌린 양심의 씨앗은 무성한 잎을 피워 일본 각 지역에서 조선인 강제동원 문제를 조사하는 시민단체가 우후죽순으로 태동하게 됐다. 이에 대해서는 당사자들의 많은 증언이 존재한다. '강제동원 진상구명 네트워크' 공동대표인 우쓰미 아이코 와세다대학원 객원교수, 역시 '강제동원 진상구명 네트워크' 3인 공동대표 중 한 명인 히다 유이치 고베학생청년센터 관장 같은 이들이 박경식의 영향을 크게 받았다. 모리야 요시히코 전 사세보 공업고등전문학교 교수도 "내가 처음으로 조선인 강제연행에 관심을 가진 것은 1965년 쿄토에 있는 도시샤同志社 대학 대학원에 진학해 그해 5월 박경식의 『조선인 강제연행의 기록』을 읽고 나서였다"라고 취재팀에게 밝힌 바 있다. 정혜경은 이렇게 설명한다.

"박경식 선생이 해방 직후부터 시작한 강제연행 현지조사는 『조선인 강제연행의 기록』을 낳았다. 조선인 강제연행 사실 자체를 부정하던 일본 사회와 정부에 도저히 부정할 수 없는 증거를 제시하면서 강제연행의 역사를 학문적인 주제로 제기한 이후 일본 전역에서 몇몇 시민들의 손으로 강제연행의 역사를 규명하기 위한 작업이 시작되었다. 자신들이 사는 지역에서부터 강제연행의 역사를 찾아내는 작업은 1년에 한 번씩 개최되는 강제연행 전국교류집회를 통해 결속력이 강화되고 정보도 교환된다. 2003년 3월 조선인강제연행진상조사단의 홍상진 사무국장이 42만 명분의 강제연행자 명단을 공개하게 된 것은 바로 이러한 일본 지역 활동의 산물이기도 하다."[3]

이렇게 해서 확산된 일본 내 강제동원 관련 시민사회단체는 현재 200여 개에 달하는 것으로 추산된다. 그중 움직임이 남달리 활발하거나 국내 희생자 및 연구자들과 지속적으로 연대하고 있는 단체만 해도 30개가 넘는다. 대략 다음과 같은 단체들을 꼽을 수 있다.

△강제동원 진상구명 네트워크 △강제연행·기업책임 추급재판 전국네트워크 △일한회담문서 전면공개를 요구하는 모임 △후지코시 강제연행·강제노동 소송을 지원하는 호쿠리쿠 연락회 △나가사키 재일조선인 인권을 지키는 모임 △아시아 여성자료센터 △일본군 위안부 역사관 후원회 △하나오카에서 일본과 중국이 다시는 싸우지 말자고 기록한 우호비를 지키는 모임 △소라치 민중사강좌 △삿포로 향토를 발굴하는 모임 △강제연행·강제노동 희생자를 생각하는 홋카이도포럼 △조세이탄광 물 비상을 역사에 새기는 모임 △조선인 강제연행 진상조사단 △에오로시 발전소 및 주베쓰 강 유수지 조선인 강제연행의 역사를 발굴하는 모임 △세계인권문제 연구센터 △재일조선인 위안부를 지원하는 모임 △재일위안부 재판을 지원하는 모임 △재일한국민주여성회 △시모노세키 재판을 지원하는 모임 △일본의 전후책임을 확실히 하는 모임 △일본제철 전 징용자 재판을 지원하는 모임 △일본전쟁책임자료센터 △일본의 전쟁책임을 대신 짊어진 한국 조선인 BC급 전범을 지원하는 모임 △재일 전후보상을 요구하는 모임 △재일조선인 운동사 연구회 △재한국인 군속 재판을 지원하는 모임 △재한피폭자문제 시민회의 △전쟁과

여성의 폭력 일본네트워크 △전쟁피해 조사회법을 실현하는 시민회의 △조선인·중국인 강제연행·강제노동을 생각하는 전국교류집회 △한국의 원폭피해자를 구원하는 시민모임 △효고 조선관계연구회 △전후책임을 묻는 관부재판을 지원하는 모임 △나고야 미쓰비시 조선여자근로정신대 소송을 지원하는 모임 △히로시마 미쓰비시 전 징용공 피폭자 재판을 지원하는 모임

이들 NGO에게는 몇 가지 공통점이 있다. 일본 사회학자 히다카 로쿠로 日高六郎는 1960년대 들어 등장하기 시작한 일본 시민운동의 특징을 네 가지로 요약한 바 있는데, 이를 그대로 적용할 수 있다. 즉 무당무파無黨無派, 정치적 야심 없음, 전업활동가 없음, 상부의 지시 없는 횡적 연대관계 등이다. 이른바 '4무無'다. '4무'는 무엇보다 시민운동의 당파성을 배제하고 정치지향성을 경계한다. 운동에 참여하는 사람들 스스로 정치적 야심을 배제하면서 이를 위해 시민운동만을 꾀하는 전업활동가를 두지 않고 있다. 각각 생업을 가진 사람들이 시간을 쪼개 시민운동에 참여하는 파트타임 활동가를 지향한다. 또 '4무'를 통해 시민운동이 종적 연대관계를 배제한다는 점도 눈길을 끈다. 전업활동가를 두지 않음으로써 운동참가자의 자발성을 높이고 필요한 비용도 참가자가 각각 나눠 부담하는 것을 원칙으로 한다. 지도부-대중, 본부-지부로 짜인 상명하달식 위계구조에 대한 거부는 시민운동이 여타의 노동운동이나 사회주의 운동과 확실히 구분되는 대목이다.[4]

조용래는 "또 하나 일본 시민운동의 강점으로 거론될 수 있는 것은 조직의 규모와 구성원의 크기에 상관없이 관심을 갖고 시작한 문제에 대해서는 언제까지나 한결같은 열심을 유지한다는 사실이다. 이것은 지금 당장 눈에 띄는 성과만을 좇는 한국의 여느 시민운동 그룹과는 구별되는 점이다. 이것이 자신들의 목소리를 작지만 꾸준히 유지하며 달려온 일본 풀뿌리 시민운동의 힘이다"라고 정리했다.[5]

흔쾌히 동의할 수 있는 규정이다. 취재팀이 일본 전역에서 만난 시민운동가 대부분이 그런 미덕을 갖추고 있었다. 그들의 정열과 끈기, 용기와 헌신, 그리고 마니아적 몰입에 감탄한 적이 한두 번이 아니었다. 이 책은 그런 일본인들 덕분에 만들어질 수 있었다.

오늘도 일본 어딘가에서는 소수정예의 지역별 활동가들이 일제와 전범기업의 만행을 뉘우치고 성찰하며 한국의 희생자들을 위해 땀 흘리고 있을 것이다.

* 미주

총론 강제동원과 전범기업

1장

1 강제동원조사위원회, 2006, 『똑딱선 타고 오다가 바다 귀신 될 뻔 했네』, 138~168쪽.
2 '일제강점하 강제동원피해 진상규명위원회'가 2010년 3월 관련법 개정에 따라 '태평양전쟁 전후 국외강제동원 희생자 등 지원위원회'와 통합해 재출범하면서 총 29자에 달하는 긴 이름이 됐다. 그런데 왜 굳이 '일제강점하'라는 표현을 빼고 '대일항쟁기'로 전환해야 했을까. 같은 해 2월 위원회 통합 방안을 논의하는 국회 행정안전위원회 법안소위에서 한나라당 신지호 의원은 일제강점하라는 표현이 일본의 식민지 지배를 정당화하는 표현이라는 이유를 들어 대일항쟁기로 바꿔야 한다고 주장했다. 일제강점기를 곧 대일항쟁기로 칭하는 것은 무리가 있고, 특히 대일항쟁기라는 표현이 북한에서 쓰는 용어라는 야당 의원과 위원회 측 참석자의 반대가 있었지만 결국 신 의원의 의견이 관철됐다. 대일항쟁기라는 표현은 북한 김일성 주석의 회고록『세기와 더불어』에서 처음 유래한 것으로 알려져 있다.
3 곽건홍, 2001, 『일제의 노동정책과 조선노동자』, 신서원, 109쪽.
4 다카사키 소지(이규수 옮김), 2006, 『식민지 조선의 일본인들』, 역사비평사, 169쪽.
5 이흥섭, 1990, 『아버지가 건넌 바다』, 광주, 45쪽.
6 내지內地는 일본 본토를 뜻한다.
7 김민영, 1995, 『일제의 조선인 노동력 수탈 연구』, 한울, 78쪽.
8 일본에서는 강제동원 대신 '강제연행'이라는 표현을 주로 쓰는데, 이 책이 그 시초가 됐다.
9 박경식, 2008, 『조선인 강제연행의 기록』, 고즈윈, 17쪽.
10 정혜경, 2006, 『조선인 강제연행 강제노동 1: 일본편』, 선인, 277쪽.
11 정혜경, 2003, 『일제말기 조선인 강제연행의 역사』, 경인문화사, 64쪽.
12 『한국일보』, 2003년 2월 21일, 「일제의 조선인 강제연행 南北 공동 학술토론회」.
13 이상의, 2006, 『일제하 조선의 노동정책 연구』, 혜안, 159쪽.
14 이흥섭, 1990, 『아버지가 건넌 바다』, 광주, 50쪽.
15 이상의, 앞의 책, 161쪽.

2장

1 김민영, 1995, 『일제의 조선인 노동력 수탈 연구』, 한울, 53~54쪽.

2   박경식, 2008, 『조선인 강제연행의 기록』, 고즈원, 51~52쪽.
3   박경식, 앞의 책, 56~57쪽.
4   아사오 나오히로 외 엮음(이계황 외 옮김), 2003, 『새로 쓴 일본사』, 창비, 526쪽.
5   정혜경, 2006, 『조선인 강제연행 강제노동 1: 일본편』, 선인, 155쪽.
6   이상의, 2006, 『일제하 조선의 노동정책 연구』, 혜안, 181~184쪽.
7   정혜경, 앞의 책, 103쪽.
8   전기호, 2003, 『일제시대 재일 한국인 노동자계급의 상태와 투쟁』, 지식산업사, 75쪽.
9   한수산, 2003, 『까마귀 2』, 해냄, 165~166쪽.
10   강제동원조사위원회, 2008, 『내 몸에 새겨진 8월』, 30쪽.
11   『프레시안』, 2006년 8월 11일, 「일제 강제동원 보상금은 기업 아닌 피해자 몫-청구권 자금 받은 기업 10곳 및 일본 전범 기업 10곳 발표」. 취재팀은 강제동원진상규명연대의 당시 기자회견문과 발표문 원문을 모두 구해 읽어봤으나 선정 기준에 대한 이렇다 할 설명은 역시 찾을 수 없었다.
12   존 다우어(최은석 옮김), 2009, 『패배를 껴안고』, 민음사, 604~605쪽.
13   강태현, 2000, 『일본 전후戰後 경제사』, 오름, 38쪽.
14   미와 료이치(권혁기 옮김), 2004, 『일본경제사』, 보고사, 242~243쪽.
15   강태현, 앞의 책, 34쪽.

3장

1   norma. 러시아어로 영어의 'norm', 'standard'에 해당한다. 개인이나 공장에 할당된 노동이나 생산의 최저 기준량, 또는 각 개인에게 부과된 노동량을 뜻한다.

1부 일본 3대 재벌의 전쟁범죄

1장

1   강제동원조사위원회, 2008, 『내 몸에 새겨진 8월』, 286~287쪽.
2   강제동원조사위원회, 앞의 책, 303~304쪽.
3   강제동원조사위원회, 앞의 책, 363~364쪽.
4   강제동원조사위원회, 앞의 책, 270쪽.
5   강제동원조사위원회, 앞의 책, 343~345쪽.
6   1874년 2월 정한논쟁征韓論爭에서 패배해 유신정부에서 물러난 에토 신페이江藤新平가 규슈의 사가에서 일으킨 반란. 정부는 신속하게 군대를 보내 난을 진압했는데 그때 미쓰비시상회가 군사수송을 하청받아 몇 척의 기선을 운항했다. 이와사키는 이 사건을 기회로 적극적으로 정부에 접근해 원조를 받게 된다. 이후 정부와의 협력을 최우선으로 하고 그것을 이용해 거대한 이윤을 챙기는 정상政商으로서의 활동에 전념하게 된다.

7   김현숙·오일주, 1994, 『일본 경제의 선구자들』, 혜안, 45쪽.
8   고광명, 2008, 『일본의 기업과 경영 특성 연구』, 제주대학교출판부, 98쪽.
9   '일본전쟁책임자료센터'에서 발간하는 계간 논문집. 이 센터는 일본군 위안부, 역사교과서, 야스쿠니 신사 문제 등 일본의 침략전쟁과 그 유산에 대해 실태를 규명하고 전후 보상 문제에 대해서도 폭넓게 연구하는 비영리단체다. 1993년 4월에 발족했으며 사학·법학·정치학 등 각 분야의 전문가와 시민운동가 등이 자발적으로 참여하고 있다.
10 강태헌, 2000, 『일본 전후 경제사』, 오름, 42쪽.

2장

1   강제동원조사위원회, 2005, 『당꼬라고요?』, 303쪽.
2   서정익, 2008, 『전시 일본 경제사』, 혜안, 291쪽.
3   아사오 나오히로 외 엮음(이계황 외 옮김), 2003, 『새로 쓴 일본사』, 창비, 506쪽.
4   김현숙·오일주, 1994, 『일본 경제의 선구자들』, 혜안, 171쪽.
5   강제동원조사위원회, 2007, 『수족만 멀쩡하면 막 가는 거야』, 225쪽.
6   강제동원조사위원회, 앞의 책, 81쪽.
7   강제동원조사위원회, 앞의 책, 300쪽.

3장

1   박경식, 2008, 『조선인 강제연행의 기록』, 고즈윈, 186쪽에서 재인용.
2   홍하상, 2009, 『일본의 상도』, 창해, 76쪽.
3   강태헌, 2000, 『일본 전후 경제사』, 오름, 44쪽.
4   강제동원조사위원회, 2009, 『아홉머리 넘어 북해도로―홋카이도 강제동원 피해 구술자료집』, 269쪽.
5   강제동원조사위원회, 2009, 『강제동원 명부 해제집 1』, 128쪽에서 재인용.
6   강제동원조사위원회, 2009, 『사진으로 보는 강제동원 이야기』, 179쪽.

▪ 강제동원, 이것이 궁금했다면

1   일본 열도와 대륙 간 수송 수요가 급격하게 늘자 일제는 1934년 이래 부관 항로를 보완하는 여수―시모노세키, 목포―시모노세키, 부산―하카다, 목포―하카다 등의 보조 항로를 개설했다. 그러나 부관 항로가 가장 중요한 루트라는 사실에는 변함이 없었다.
2   「사死의 찬미」로 일세를 풍미했던 가수 윤심덕은 1926년 8월 4일 일본에서 배를 타고 귀국하던 길에 29세의 동갑내기 애인인 극작가 김우진과 함께 현해탄에 몸을 던졌다. 자신의 노래를 극적으로 실천한 이 비극적 연애 사건으로 당시 조선 사회가 떠들썩했는데, 두 사람이 타고 있다 뛰어내렸던 배가 바로 부관연락선 도쿠주마루다.
3   최영호·박진우·류교열·홍연진, 2007, 『부관연락선과 부산』, 논형, 85~86쪽.

4   강제동원조사위원회, 2005, 『당꼬라고요?』, 35쪽.
5   강제동원조사위원회, 앞의 책, 284쪽.
6   이흥섭, 1990, 『아버지가 건넌 바다』, 광주, 16~17쪽.
7   강제동원조사위원회, 앞의 책, 90쪽.

2부 낯선 기업, 숨은 가해자

1장

1   2심 재판은 나고야 고등재판소 가나자와 지부에서 열렸다.
2   강제동원조사위원회, 2008, 『조선여자근로정신대, 그 경험과 기억』, 432쪽.
3   강제동원조사위원회, 2008, 『'조선여자근로정신대' 방식에 의한 노무동원에 관한 조사』, 49쪽.
4   강제동원조사위원회, 앞의 책, 49~50쪽.
5   강제동원조사위원회, 앞의 책, 112쪽.
6   일반인들이 근로정신대와 군 위안부를 혼동하게 된 데에는 '한국정신대문제대책협의회'(정대협), '한국정신대연구소' 등 위안부 관련 단체의 이름에 '정신대'가 들어간 것도 한 원인이 됐다.

2장

1   강제동원조사위원회, 2009, 『아홉머리 넘어 북해도로―홋카이도 강제동원 피해 구술자료집』, 333쪽.
2   강제동원조사위원회, 2009, 『사진으로 보는 강제동원 이야기』, 147쪽에서 재인용.
3   홍하상, 2009, 『일본의 상도』, 창해, 234~235쪽.
4   http://www.nsc.co.jp/en/company/history/img/index02_l.gif 참조.
5   '조선인 노무자 관계'가 고쇼 교수 손에 들어간 과정이 흥미롭다. 자료는 도쿄 대학 앞 서점인 '케이오 서보'에서 발견된 것이다. 고쇼 교수와 같은 대학에 있던 교수가 자료를 본 뒤 대학 도서관에 구매를 요청했다. 고쇼 교수는 일본제철 총무부장이나 총무과장이 집에 보관하고 있다가 그가 숨진 뒤 자료가 서점으로 흘러들어왔을 것으로 추정했다.

3장

1   니혼카이선은 겨울철 운행을 미리 확인해야 한다. 폭설과 눈보라가 잦은 곳을 지나다 보니 사고가 많기로 유명하기 때문이다. 취재팀도 미리 현지 기상을 점검한 뒤 좌석을 예약했다.
2   최광순 씨 할머니는 아들이 어디에서 숨졌는지 자세히 몰랐던 것 같다.
3   다츠코 히메는 전설 속의 여성으로 영원한 아름다움을 추구했다. 신에게 아름다움을 유지할 수 있게 해달라고 간청해 영험한 물을 마셨지만 오히려 용으로 변해 다자와 호에 살고 있다고 한다.

4　도수로 공사는 크게 세 구간에서 이뤄졌다. 강 상류와 호수를 잇는 '다마가와 도수로'는 길이가 1,865.24m이고, 호수와 하류를 잇는 '오보나이 발전소 도수로'는 2,626.79m다. 센다츠 발전소에서 방류된 물을 센다츠 강으로 잇는 도수로 공사 구간은 4,025.58m다. 다자와 호 발전소는 다마가와 도수로를 이용해 건설했다.
5　나가야의 사전적 의미는 '일본식 연립주택'이다. 여러 세대가 나란히 이어져 있으면서 외벽을 공유하는 건물을 말한다. 강제 동원된 조선인이 생활했던 나가야는 나무로 지어진 허름한 기숙사에 불과했다.
6　몇 명의 조선인이 이곳에서 일했는지는 사람마다 기억이 엇갈린다. 과거 노무 관련 일을 했던 일본인은 조선인 숫자가 3,800명에서 4,000명 정도였다고 증언했다. 약 2,500명이었다는 기억도 있다. 일본 후생성 명부에는 687명으로 기록돼 있다.

4장

1　강제동원조사위원회, 2007, 『아소 탄광 진상조사 관련 생존자 조사』, 11~12쪽.
2　일제의 사주를 받은 친일파 박춘금, 이기동 등이 재일 조선인들의 노동쟁의 및 학생 운동을 탄압·분쇄하기 위해 1920년 도쿄에서 조직한 친일폭력단체. 조선 내에도 진출해 총독부 비호 아래 민족 운동과 노동자·농민 운동 등에 대해 무차별적 폭력을 자행했다. 1938년 내선융화의 첨병으로 협화회協和會가 조직되면서 상애회는 해체되고 협화회에 흡수·통합됐다. 협화회는 일본 각 지역 경찰서 관내마다 지부가 설치됐으며 소재지 경찰서장이 지부장을 맡고 조선인 형사 및 유력자들이 간부로 활동했다. 강제 동원된 조선인 노무자를 포함해 관내에 있는 모든 조선인을 의무적으로 등록시키고 일본어 습득, 창씨개명, 신사참배, 국방헌금 납부 등을 강요했다. 경찰의 수족이 돼 도주한 조선인 노무자를 적발하고 폭행하는 일도 서슴지 않았다. 일제와 기업의 앞잡이가 돼 조선인 감시 및 통제에 혈안이었던 일선 관제단체가 상애회이고 협화회였다.
3　일본어로 보타야마ボタ山라고 한다.
4　당시 일본 탄광은 군대 조직같이 분대, 소대, 중대, 대대 등의 편제를 취했다.

5장

1　박경식, 2008, 『조선인 강제연행의 기록』, 고즈윈, 182~183쪽.
2　강제동원조사위원회, 2009, 『사진으로 보는 강제동원 이야기』, 50~51쪽.
3　홋카이도청, 1999, 『북해도와 조선인 노동자－조선인 강제연행 실태조사 보고서』, 134~135쪽.
4　강제동원조사위원회, 앞의 책, 81쪽.
5　강제동원조사위원회, 2009, 『아홉머리 넘어 북해도로－홋카이도 강제동원 피해 구술자료집』, 366~381쪽.
6　강제동원조사위원회, 앞의 책, 402~425쪽.

6장

1   자세한 명단 내역은 일본 민간단체 '강제동원 진상구명 네트워크' 홈페이지 www.ksyc.jp/sinsou-net/takeitu-itiran.pdf 참조.
2   규슈 지역의 강제동원 작업장 분포를 보면, 후쿠오카 현 166곳, 사가 현 44곳, 나가사키 현 124곳, 오이타 현 43곳, 구마모토 현 45곳, 미야자키 현 36곳, 가고시마 현 64곳, 오키나와 현 132곳이다.
3   pier의 일본식 발음. 해저탄광의 환기구를 일컫는다. 갱내에 유입된 해수를 배출하는 배수구, 채탄된 석탄을 반출하는 통로로도 이용됐다.
4   강제동원조사위원회, 2007, 「일본 조세이 탄광 수몰사고 진상조사」, 35쪽.
5   강제동원조사위원회, 앞의 책, 82쪽.
6   수몰사고를 뜻하는 일본 탄광 용어.
7   야마구치 대표는 '쾌지나칭칭나네'의 후렴구를 흥얼거리며 불렀는데 곡조가 정확했다.
8   강제동원조사위원회, 2008, 「내 몸에 새겨진 8월」, 192~194쪽.
9   강제동원조사위원회, 앞의 책, 228~229쪽.

3부 강제동원 더 깊이 들여다보기

1장

1   강제동원조사위원회, 2007년 5월 15일, 「전북 장수 면담조사 보고서」.
2   강제동원조사위원회, 앞의 보고서.
3   강제동원조사위원회, 2007년 6월 21일~7월 1일, 「남양군도 조선인 노무동원 직권조사를 위한 중부태평양지역 현지조사 보고서(팔라우공화국·북마리아나제도연방)」, 24~27쪽.
4   강제동원조사위원회, 2009, 「남양군도 지역 한인노무자 강제동원 실태에 관한 조사(1939~1941)」, 15쪽.

2장

1   강제동원조사위원회, 2006, 「검은 대륙으로 끌려간 조선인들」, 92쪽.
2   강제동원조사위원회, 앞의 책, 76~77쪽.
3   강제동원조사위원회, 2006, 「지독한 이별」, 530~531쪽.
4   강제동원조사위원회, 앞의 책, 382쪽.
5   강제동원조사위원회, 앞의 책, 459, 467쪽.
6   강제동원조사위원회, 2006, 「검은 대륙으로 끌려간 조선인들」, 68쪽.
7   강제동원조사위원회, 앞의 책, 39~40쪽.

3장

1   학계에서는 이를 '현원 징용'이라고 한다.
2   전남 해남군, 1995, 『해남군사』, 564~565쪽.
3   김백운 씨는 배에 탄 인원이 250명이라고 주장하고 있고, 『해남군사』는 220명으로 기록하고 있다. 여기서는 편의상 200여 명이라고 쓴다.
4   전남 해남군, 앞의 책, 566쪽.
5   일본 배가 생존자를 고향인 해남까지 데려다준 것은 아니다. 일본 배는 바쁘다는 핑계로 이들을 청산도에 내려줬다. 청산도 청년들이 벌거벗고 나타난 이들에게 중요 부위를 가릴 천과 따뜻한 물과 음식을 가져다 줬다고 한다. 그래서 옥매산 인근 마을 주민은 아직도 청산도 사람들에게 고마운 마음을 갖고 있다.
6   이 숫자는 2010년 3월 국회에 제출된 자료에 나온 것이다. 강제동원조사위는 그 뒤 보완 과정을 거쳐 노무 작업장 숫자가 7,153개라고 밝혔다(조사위에서 발간하는 뉴스레터 2010년 7월호 참조). 조사위는 자료가 추가 입수되는 대로 국내 노무 작업장 현황을 계속 보완할 예정이다.
7   강제동원조사위가 일본 대장성 관리국 자료 「일본인의 해외활동에 관한 역사적 조사」 통권 제10책, 조선 편 제9분책(1947) 71쪽을 인용한 것을 재인용.
8   전봉관, 2005, 『황금광시대』, 살림, 21쪽.
9   전봉관, 앞의 책, 286~294쪽 참조.
10 전봉관, 앞의 책, 318쪽.
11 강제동원조사위원회, 2006, 「거문도 군사시설 구축을 위한 주민 강제동원에 관한 조사」, 27쪽.
12 강제동원조사위원회, 2007, 「제주도 군사시설 구축을 위한 노무·병력동원에 관한 조사」, 1쪽.
13 강제동원조사위원회, 앞의 책, 17쪽.
14 강제동원조사위원회, 2006, 「소록도 한센병 환자의 강제노역에 관한 조사」, 28~33쪽.
15 강제동원조사위원회, 앞의 책, 13쪽.
16 미불임금 지급은 지금(2010년 11월 현재)까지는 군인과 군속 출신에 대해서만 이뤄졌고 일반 노무자는 이런 식으로 받은 경우가 거의 없다. 일본 기업이 미불임금 관련 자료를 공개하고 있지 않기 때문이다. 지난 3월 일본 정부가 우리 정부에 전달한 공탁금 관련 자료 분석이 끝나면 전부는 아니지만 일반 노무자도 1엔당 2,000원으로 환산된 미불임금을 받을 수 있다. 하지만 여기도 논란이 있다. 일부 피해자가 1엔당 2,000원은 너무 적다고 주장하기 때문이다. 2010년 6월 18일 서울행정법원은 1엔당 2,000원이 정당하지 않다는 피해자 측의 위헌법률심판 제청 신청을 받아들였다. 이 문제가 어떻게 결론이 날지는 더 지켜봐야 한다.

4장

1   강제동원조사위원회, 2009, 『사진으로 보는 강제동원 이야기』, 126~127쪽.
2   정혜경, 2006, 『조선인 강제연행 강제노동 1: 일본 편』, 선인, 289쪽.

5장

1   물가나 화폐가치 상승 폭을 어느 정도로 계산해야 할지에 대해서는 여러 견해가 있다. 일례로 일본 내 5대 소비자물가(식비, 주거비, 광열비, 피복비, 잡비)의 변화 측면에서 볼 때 도쿄의 경우 1936년 시점의 물가를 1로 하면 2005년 시점에는 1,785가 된다는 일본 정부 총무성 통계국의 조사결과가 있다. 모리야 요시히코 전 사세보 공업전문학교 교수는 이보다 훨씬 큰 7,500~1만 배의 화폐가치 상승이 있었다는 입장이다.
2   『일제피해자신문』 창간 준비 2호, 2009년 3월 12일, 「일제 강제동원 피해자의 공탁금이란 무엇인가」(김광열 광운대 교수).
3   일본 국내법으로 재외 한국인 개개인의 재산권 행사를 원천 금지한다는 게 유효할 수 있을까. 최봉태 변호사는 이렇게 반박한다. "우리가 멋대로 일본 사람 재산을 소멸시키는 한국 국내법을 만든다면 일본 사람들이 무슨 장난 같은 소리하냐고 이야기할 것 아니냐. 그런 장난 같은 짓을 일본에서 하고 있다. 문제는 한국 정부가 큰소리를 못 치고, 바꾸라는 말도 못했다는 거다."
4   김민영, 1995, 『일제의 조선인 노동력 수탈 연구』, 한울, 246쪽.
5   일본에는 공문서 관리법이 미비해 공무원이 공문서를 임의로 폐기, 은폐하는 일이 벌어지고 있으며 기업은 이런 공무원의 보호를 받고 있다는 게 고바야시 사무국장의 설명이다.

4부 투쟁과 좌절, 그리고 희망의 역사

1장

1   일본제철 징용자 유족 11명이 1997년 9월 18일 위로금 2,000만 엔을 받기로 하고 신일본제철과 화해에 합의했다는 언론보도가 있다(1997년 9월 22일 『서울신문』 3면 등). 고 김경석 씨가 화해를 이룬 1999년 4월보다 앞선 시기다. 하지만 경북대 법학부 김창록 교수는 "1심에서 신일본제철과 화해가 성립되었지만 일본국은 화해를 거부하여 소송이 계속된 결과 1·2·3심 모두 원고 패소 판결이 내려졌다"라고 설명했다. 2심 패소는 2005년 9월 29일, 3심 패소는 2007년 1월 29일 결정됐지만 당시 이 사실을 보도한 언론은 찾아볼 수 없다. 일본제철 징용자 유족 11명에게 피해자의 사망 소식을 알려준 사람은 이 책 2부 2장에서 소개한 고쇼 다다시 일본 고마자와 대학 명예교수다. 유족들은 신일본제철을 상대로 1995년 9월 22일 손해배상과 유골 반환을 청구하는 소송을 냈었다.
2   고 김경석 씨와 태평양전쟁한국인희생자유족회가 이해관계인으로 재판에 참여했다.
3   국사편찬위원회, 2005, 『대일과거청산소송자료집』 「후지코시 강제동원 소송기록 1」, 25쪽. 그 외 후지코시 소송 관련한 내용도 이 기록을 참고했다.
4   비록 소송에서 졌지만 재판부가 이때 나타낸 개인청구권에 관한 시각은 중요하다. 개인청구권이 소멸되지 않았음을 밝혔기 때문이다. 2000년 이후 대부분 일본 재판부는 1965년 한일협정으로 개인청구권이 소멸됐다고 밝혔다.

5   피해자가 99엔을 받았다는 것은 강제노동 당시 연금으로 적립한 후생연금 탈퇴수당과 관련된 이야기지, 재판과 직접 관련된 사항은 아니다.
6   소송이 제기된 날짜와 결과는, '김창록, 2007,『법사학연구 제35호』「일본에서의 대일과거청산소송」'을 참고했다.
7   정혜경, 2006,『조선인 강제연행 강제노동 1: 일본 편』, 263쪽.
8   정혜경, 앞의 책, 251~263쪽.

2장

1   김창록, 2007,『법사학연구』제35호「일본에서의 대일과거청산소송」, 360쪽에서 재인용.
 하지만 미국에서의 소송에서도 한국인 피해자는 모두 패소했다. 김창록 교수는 "개인 청구권을 남아 있는 것으로 보면 미국이 구상한 제2차 세계대전 질서가 무너진다. 일본 원폭 피해자와 전쟁 포로도 미국에 제소할 가능성이 있다. 이에 따라 미국 국무부는 법정에서 일본 정부를 옹호하는 입장을 취했다"라고 말했다.
2   김창록, 앞의 글, 361쪽.
3   오마이뉴스, 2005년 5월 16일,「일본인이 '일본전후책임 이중성' 고발」.
4   김창록, 2002,『법학연구』Vol.43, No.1,「'한일협정'과 한국인 개인의 권리」, 2, 3쪽.
5   한일협정 뒤 후속조치가 거의 없었다는 것은 최봉태 변호사가 2010년 8월 6일 국민일보 좌담회에서 한 주장을 폭넓게 인용했다.
6   『국민일보』, 2005년 8월 26일,「정부 "日에 위안부 배상 요구"… 한일 간 외교마찰 예고」.
7   박동철, 1995,「한일협정을 다시 본다」「청구권 협정 1—한일 국교 정상화와 청구권 자금」, 아세아문화사, 177쪽.
8   박동철, 앞의 글, 183쪽.
9   다른 한편 일본은 결과적으로 한일협정을 통해 일본 자본의 한국 진출이라는 '성과'를 얻어냈다. 박동철은 앞의 글에서 "일본자본의 한국 진출은 청구권 자금의 도입을 통해 정당화되었고, 그것은 일본 측이 한일협정을 체결한 직접적 동기였다"고 설명했다.
10   나머지 이유는 '해안보안청 경비체제와 관련된 자료', '개인정보', '다른 나라와의 신뢰관계' 등이다.

3장

1   보상에 관한 내용은 Foundation Remembrance, Responsibility and Future, 2009,『Mutual Responsibility and a Moral Obligation; The Final Report on Germany's Compensation Programs for Forced Labor and other Personal Injuries』를 참고했다. 이 책은 국내에 번역돼 있지 않다. 다만 2010년 6월 21일 대한변협과 일본변협이 공동 주최한 심포지엄 '법의 지배와 일제피해자의 권리구제'의 자료집에 박영아 변호사가 책의 일부 내용을 발췌해 한국어와 일본어로 번역한 것이 있으며, 이 자료 역시 참고했다.
2   일본의 전쟁책임자료센터(서각수·신동수 옮김), 2009,『세계의 전쟁 책임과 전후 보상』「독

일 '기억·책임·미래' 기금의 성립과 그 역사적 의의」, 동북아역사재단, 52쪽.
3   일본의 전쟁책임자료센터, 앞의 글 54쪽.
4   일본의 전쟁책임자료센터, 앞의 글 57쪽.

4장

1   법원에서의 승소 여부와 상관없이 중국인 강제동원 피해자들에게 일본 기업이 배상한 사례는 니시마츠건설 건 외에도 존재한다. 일본 최대 스테인리스 철강회사인 닛폰야킨코규日本冶金工業는 2004년 9월 징용 피해 중국인 여섯 명에게 각각 350만 엔(약 3,600만 원)씩의 배상금을 지불하기로 합의하고 6년여를 끌어온 법적 분쟁을 끝냈다. 1944년 교토 부 소재 니켈광산에 끌려와 강제 노역했던 당사자 네 명과 유족 두 명은 1998년 닛폰야킨코규를 상대로 손해배상 청구 소송을 제기했다가 패한 바 있다. 교토 지방법원은 당시 일본 정부와 기업 측의 불법행위를 인정하면서도 공소 시효가 지났다는 이유로 2003년 1월 원고들의 손해배상 요구를 기각했다. 피해자들은 이에 굴하지 않고 오사카 고등법원에 항소해 소송을 계속 진행하다가 마침내 기업 측과 화해를 이뤄낸 것이다. 또 일본 가지마鹿島건설은 태평양전쟁 말기 징용됐던 중국인 노동자들이 가혹한 노동조건에 견디다 못해 집단 봉기한 이른바 하나오카花岡사건에 관해 회사 측 잘못을 시인하고 2000년 11월 5억 엔의 배상기금을 마련한다는 조건으로 피해자 측과 화해했다. 배상금 수혜 대상자는 구타와 고문, 질병 등으로 숨진 희생자 418명의 유족을 포함해 986명이나 됐다. 하나오카 사건은 이 책 2부 3장 도와홀딩스 편에 소개돼 있다. 가해자였던 하청업체 가지마구미의 후신이 바로 가지마건설이다. 이처럼 중국인 피해자들만 집단으로 일본 기업의 사죄 및 배상을 받아내는 것이 우연에 의한 결과는 아닐 것이다.
2   일례로 『마이니치신문』은 2007년 4월 28일자 사설을 통해 이렇게 지적했다. "그동안 니시마츠건설은 강제 연행과 노동은 없었다고 주장하며 원고와는 안전 배려 의무가 있는 고용계약도 없었다고 반론해 왔다. 하지만 판결에서는 기업이 강제연행 노동자의 가혹한 노동을 발판 삼아 이익을 올렸다고 인정했다. 법적 구제 대상은 아니지만 기업 스스로가 방법을 강구해야 한다고 제시한 것이다. 승소했으니 상대에게 어떠한 의무도 없다고 묵살한다면 국내외 여론이 가만 있지 않을 것이다."
3   도쿄에 본사를 둔 니시마츠건설은 댐과 터널 등 대형 토목공사를 주로 벌이는 중견 기업이다. 일본 사회에서는 뇌물 스캔들로도 유명하다. 정계 실력자인 오자와 이치로小澤一郎 민주당 간사장 측에 거액의 불법 정치자금을 제공한 사실이 도쿄지검 특수부의 수사로 2009년 3월을 전후해 드러났다. 이 사건이 니시마츠건설에 또 다른 압박이 돼 중국인 징용 피해자들과의 화해 협상을 촉진시킨 측면도 있다.

5장

1   『국민일보』, 2010년 8월 11일, 「경술국치 100년 기획 전문가 좌담」.

■ 강제동원, 이것이 궁금했다면

1 박경식, 2008, 『조선인 강제연행의 기록』, 고즈원, 6~7쪽.
2 재일본 대한민국 민단 중앙 민족교육위원회, 2007, 『재일 한국인의 역사』, 역사넷, 12쪽.
3 정혜경, 2003, 『일제말기 조선인 강제연행의 역사』, 경인문화사, 378쪽.
4 『국민일보』, 2003년 1월 13일, 「한마당-4無의 시민운동」
5 조용래, 2009, 『천황제 코드』, 논형, 254쪽.

· 글을 마치며

근로정신대 할머니들,
미쓰비시와의 협상에서 꼭 승리하시길

김호경

2009년 10월 어느 날, 인터넷 검색을 하다『연합뉴스』지방 면에 뜬 광주발 기사 하나를 접하게 됐다. '근로정신대 할머니와 함께하는 시민모임'이라는 단체가 미쓰비시자동차 광주전시장 앞에서 기자회견을 열고 전시장 철거를 요구했다는 내용이었다. "할머니들과 아픔을 함께 해달라"고 시민들에게 관심을 호소했다는 원고지 2매 정도 분량의 단신 기사. 근로정신대와 미쓰비시? 솔직히 처음 들어보는 조합이었다. 그러나 직감적으로 '기사는 되겠다'는 느낌이 들었다. 광복이 이뤄진 지 반세기가 훨씬 넘게 지났음에도 일제시대 강제동원에 따른 보상을 받기 위해 투쟁하고 있는 할머니들이 있다는 점이 눈길을 끌었다. 할머니들 사연을 취재하고, 시민모임 관계자를 인터뷰하고, 집회 현장을 스케치하면 신문 1개면은 어렵지 않게 쓸 수 있겠다 하고 생각했다. 한 차례 관심을 호소하는 정도. 잘하면 2개면도 가능할까? 시민모임 이국언 사무국장 연락처를 알아내 전화를 걸었다.

그렇게 관성적이고 일회적인 아이템 발굴에서 시작한 취재가 갈수록 몸집이 커져 중대형 기획기사로 발전하고, 결국엔 이렇게 두툼한 책으로까지 묶이게 됐다. 돌이켜 생각하면 누군가 이끄는 대로 무작정 따라온 듯한 느낌도 든다. 집필을 위해 일제시대 관련 저서들을 닥치는 대로 읽으면서 그 시절 민초들의 고통에 깊숙이 감정이입 돼가는 자신을 발견하고 깜짝깜짝 놀라기도 했다. 지하철 출근길에 박은식의 『한국독립운동지혈사』를 읽다 나도 몰래 눈물을 뚝뚝 떨구곤 겸연쩍어 주변을 둘러보던 기억이 떠오른다. 교육방송(EBS)에서 노만 주이슨 감독의 1960년대 영화 『밤의 열기 속으로』In The Heat Of The Night를 다시 보다 카튼 필드에서 흑인들이 일하는 장면에 문득 가슴이 뭉클했던 적도 있다. 예전에 봤을 때는 별 감흥이 없었던 장면인데, 스탈린에 의해 중앙아시아로 강제이주 당해 집단농장에서 노동했던 고려인들(따지고 보면 이들도 일제의 피해자다)과, 온갖 작업장에서 고된 노역에 종사했던 조선인들 모습이 땡볕에서 목화를 따는 흑인 노동자들의 영상과 계속 오버랩 됐다.

    일간지 기자로 이런저런 일상적 업무들을 처리하면서 책 쓰는 작업을 병행하느라 나름대로 스트레스가 쌓이고 우여곡절도 많았지만, 이제 그간의 피로를 압도할 만한 보람을 느낀다. 입사 이래 기자 생활이라는 게 대개 출입처에서 그날그날의 '꺼리'를 갖고 주어진 지면을 책임지는 '하루살이' 생활에 가까웠는데, 처음으로 이렇게 한 가지 주제에 집중해 오랜 시간 긴 호흡 속에서 취재 활동을 할 수 있었다. 개인적으로 특별한 체험인데다, 누군가는 꼭 해야 할 일을 맡아 제한된 여건 속에서나마 수행했다는 점에서 자부심을 느낀다. 나아가 강제동원 피해자들이 해당 전범기업들로부터 합당한 사죄와 보상을 받는데 작은 기여라도 할 수 있다면 더 바랄 게 없겠다. 한창 집필 막바지 작업을 하는 중에 미쓰비시중공업이 근로정신대 할머니 측의 요구를 받아들여 종전 이후 처음으로 협상 테이블에 앉기로 했다는 소식을 접했다. 실무진 사이의 대화는 곧바로 시작됐지만 실질적인 진척은 더디 2010년 내에는 타결이 어렵고 해를 넘길 것 같다고 들었다. 앞으로도 많은 역경이 닥치겠지만, 미쓰비시의 상징성이 워낙 크고 다른 전범기업들에 미칠 파급력도 지대한 만큼 부디 인내심을 갖고 협상을 벌여 만족할 만한 성과를 얻어내시길 진심으로 기원한다.

「들어가는 글」에서도 포괄적으로 밝히긴 했지만 여전히 남는 아쉬움과 미진함들이 있다. 예컨대 일제와 전범기업에 협력해 권력의 말단이자 촉수로서 강제동원의 조력자로 활동한 면장, 지주 등 '조선인 가해자'들의 역할과 책임을 충분히 다루지 못한 점이 그렇다. 야스다, 히타치 등 또 다른 일본 유수 기업들의 강제동원 실상을 시간과 능력 부족으로 미처 취재하지 못해 주요 전범기업의 영역을 좀더 확장시키지 못한 점도 못내 마음의 짐으로 남아 있다. 관련 피해자 분들의 너그러운 이해를 구한다.

취재와 집필에 직접 도움을 준 것은 아니지만 두루 토양을 만들어주신 분들께 몇 글자나마 감사의 뜻을 전하지 않을 수 없다. 일각의 냉소에 아랑곳하지 않고 변함없이 지면을 할애하고 응원해주신 국민일보 임순만 당시 편집국장과 박정태 부장, 그리고 일본 출장을 재정적으로 뒷받침해준 정재호 부장이 몹시 고마웠다. 김종호 편집자는 물론, 안지나 팀장을 비롯한 그래픽디자인팀도 수고가 많으셨다. 남양군도와 사할린 취재는 동북아역사재단의 후원이 있었기에 가능했다. 정재정 이사장과 김인선 씨 등 실무자 분들께도 감사드린다.

• 글을 마치며

재일교포와 조선학교,
그리고 미래를 쳐다보지 않는 이유

권기석

　일본 현지 취재에서 만난 재일교포 두 사람 이야기를 책에서 다 쓰지 못했다. 강제동원 피해자를 돕는 일본인도 인상 깊었지만, 묵묵히 선대의 아픔을 치유해온 두 재일교포의 삶도 감동적이었다.

　도쿄 조선인강제연행진상조사단 사무국장인 이일만 씨는 첫 만남에서 자신을 '전북 내장산 근처 시골 출신'으로 소개했다. 1944년 도쿄에서 태어나 평생을 일본에서 살았다면서, 고향이 전북이라니? 고향에 가본 적이 있느냐고 물었다. "2003년 고향 마을 입구까지 갔었는데, 결국 들어가지 못하고 차를 돌렸습니다. 친척들이 나를 함부로 빨갱이로 부를 것 같다는 생각이 들었습니다."

　전북 내장산 근처는 사실 이 씨 부친의 고향이다. 부친은 일제시대 도쿄로 유학을 와 공산주의 운동을 했다. 아들 이 씨는 이른바 총련계에서 활동했고, 조선학교에서 교장을 지냈다. 그는 총련을 무조건 친북세력으로 보는 남한 일반의 시선을 피하고 싶었던 것이다.

　윤봉길 의사 암매장지적보존회 사무국장을 맡고 있는 김병권 씨(1932년생)도 부친의 고향인 경북 봉화를 자신의 고향이라고 생각하는 재일교포 2세다. 일본에서 태어나 80년 가까이 그곳에서 살았음에도 그는 한결같이 '조선인'이었다. 이시카와 현 가나자와 시 야산의 윤봉길 의사 매장지를 김 씨는 오늘도 지키고 있다.

두 재일교포는 한반도에서 태어나지도, 자라지도 않았지만 강제동원된 조선인을 돕는 일에 반평생을 바쳤다. 이 씨는 조선인 노무자 명부와 유골이 발견됐다는 소식이 들리면 어디든 달려갔다. 유골 주인이 남한 출신인지, 북한 출신인지 따지지 않았다. 그에게는 다 같은 조선인이었다. 김병권 씨는 윤봉길 의사가 암매장된 자리가 어렸을 때 발을 구르고 다니던 길이라는 사실을 뒤늦게 알고 가슴을 쳤다고 했다. 그는 식민지 시대 실상과 변모한 조국을 알리려고 2010년 10월에도 일본인 한 무리를 이끌고 우리나라를 찾았다.

현지에서 만난 재일교포 2, 3세 가운데는 비록 어눌했지만 우리말을 할 줄 아는 사람이 많았다. 이들이 일본 환경에 최소한으로 종속된 배경에는 '조선학교'가 있었다. 축구선수 정대세도 조선학교를 다녔다. 조선학교는 북한의 재정 지원으로 운영돼 우리 사회에서 오랫동안 접근이 금기시된 대상이었다. 현지에서 그간의 사정을 듣고 따져보니 강제동원으로든 다른 사연으로든 식민 지배의 결과로 일본에 남은 조선인 2~4세대가 중심을 잃지 않고 살아가게 해준 지렛대가 조선학교였다. 남한 사회는 그동안 이들에게 무엇을 했던가. 이념이라는 허울을 방패 삼아 옛 지배국에 남겨진 동포의 상처를 모른 척한 것은 아닐까. 진한 아쉬움이 숙제처럼 남아 있다.

취재와 집필 과정에서 역사의 연속성에 관해 생각했다. 그동안 현실과 텍스트를 통해 본 우리나라 근·현대사는 단절적인 것이었다. 사변과 혁명, 정권교체 뒤에는 늘 새로운 역사가 쓰여졌다. 그래서 1945년 해방 전과 후의 삶은 전혀 달랐을 것이라고 생각했다.

역사는 그렇게 나눌 수 있는 것이 아니었다. 강제 동원된 피해자들은 해방이 된 뒤로도 오랫동안 아프게 살았다. 피해를 보상받았다고 해서 - 대부분은 보상을 받지 못했다 - 일이 끝난 것은 아니었다. 나중의 삶은 반드시 앞의 삶의 영향을 받았다. 역사의 단추는 한번 잘못 채우면 바로잡는 것이 거의 불가능하다는 단순한 진리를 새삼 깨달았다.

이번 작업에서 간혹 받았던 비판은 '미래지향적 시각이 부족하다'는 것이었다. 되묻고 싶다. 한일 간 미래는 그렇게 불투명하고 어두운 것인지. 베를린에서 만난 독일인은 "한일 간 경제 교류가 이뤄지고 있느냐"고 물었다. 그토록 피해를 준 상대라면 경제 교류를 할 이유가 없지 않느냐는, 아주 상식적이고 보편적인 시각이다.

이런 시각에 비춰볼 때 해방 이후 한일관계는 더할 나위 없이 긍정적이었다. 앞으로도 그럴 것이다. 경제 교류뿐 아니라 정치, 문화, 사회 모든 분야에서 한일 간 교류를 막는 현실적 장애물은 거의 없다. 양국 시민은 이미 서울 명동에서, 도쿄 신주쿠에서 두 나라의 다름을 느끼고 이해하고 소비하고 있다. 우리가 미래지향적이어야 한다는 명제는 추상적 역사 세계에서 떠나오지 못한 어리석은 지식인의 주장일 뿐이다.

한일 간 과거사를 다루는 작업이 꼭 미래지향적일 필요는 없다. 오히려 해결하지 못하고 묵혀 둔 과제를 처리하는 게 미래 한일 관계를 더 밝게 하는 데 도움이 된다. 비록 우리 모두가 동의하지 않았지만, 빚쟁이와는 이미 화해의 악수를 나눴다. 앞으로 더 좋은 사이가 되려면 최소한 밀린 빚은 받아야 하는 것 아닌가.

· 글을 마치며

왜 우리 언론은
피해자의 아픔을 조명해오지 못했나

우성규

　대한민국 중학교 국사 교과서는 강제동원에 관해 딱 두개의 문장을 할애하고 있다. "일제는 한국인을 강제징용으로 끌고 가 광산이나 공장에서 고통스러운 노동을 강요하였고, 지원병 제도와 학병제, 징병제를 실시하여 많은 청년들을 전쟁터로 내몰았다. 일제는 여성들도 근로보국대, 여자근로정신대 등의 이름으로 끌고 가 노동력을 착취하였다." 이 정도다.

　강제동원 부분만 놓고 보면 가해자 측인 일본의 교과서와도 별 차이가 없다. 일본서적신사판 중학 사회 교과서는 177쪽에서 "일본 국내의 노동력 부족을 보충하기 위해 조선과 중국의 점령지로부터 많은 사람들이 일본 국내로 강제적으로 끌려오게 됐다. 강제 연행된 조선인은 약 70만 명, 중국인은 4만 명이라고 여겨지고 있다"라고 기록했다. 특히 역사 왜곡으로 지탄을 받은 바 있는 일본 후쇼샤의 교과서조차 "전쟁 말기에는 징병이나 징용이 조선과 대만에도 적용돼 현지 사람들에게 여러 가지 희생과 고통을 강요하였다. 또 다수의 조선인과 중국인이 일본의 광산 등에 끌려와 혹독한 조건 아래서 강제로 일을 했다"라고 적고 있다.

강제동원은 전 민족적인 수난이었다. 수백만 명의 삶이 얽혀있는 다수의 역사다. 하지만 우리는 김구, 안중근 등 소수 독립운동가의 인생은 자세히 알고 있으면서도 가난하고 힘없던 다수 대중의 역사에 대해선 무관심했다. 전 국민이 배우는 국사 교과서를 읽고 나면 자연스레 이런 의문이 든다. 어떤 일본 기업이 강제동원을 많이 했는가, 현지 작업장은 어땠는가, 노동력 착취에 대한 보상은 이뤄졌는가 등등. 그러나 이 질문은 해방 후 60여 년 동안 묵살되다시피 했다.

기자는 팩트로 말한다. 그 팩트를 육하원칙에 의해 얻어내는 과정이 취재다. 일본, 남양군도, 사할린, 독일, 중국 등 해외 취재에 난관이 적지 않았다. 하지만 국내에서 할아버지, 할머니를 찾아가 취재할 때가 가장 어려웠다. 많이 배우지 못하셨고, 세월에 귀도 어두워진 탓에 이분들께 언제, 어디로, 어떻게 끌려갔는지를 다루는 한 문장을 얻으려면 10여분 동안 단어 하나하나를 되짚어 가며 반복 질문을 던져야 했다. 문장 하나가 간신히 완성되면 다시 동원 지역에서 무슨 피해를 어떤 연유로 입게 됐는지 되묻고, 한두 마디씩 돌아오는 대답을 몇 시간에 걸쳐 모아야 했다.

어려운 취재를 해냈다는 생색을 내기 위함이 아니다. 다만 왜 그동안 이런 아픔을 보다 정밀하게 조명해오지 못했던가에 대한 반성을 말하려 한다.

원고 마감 뒤인 2010년 11월 4일, 서울 청파동 숙명여대 백주년기념관에선 한일 양국의 주요 언론사 기자들이 모여 〈2010년 한일간 상호이해의 모색: 과거 100년 미래 100년〉이란 주제로 심포지엄을 열었다. 국민일보 취재팀도 〈잊혀진 만행, 일본 전범기업을 추적한다〉 기획 보도와 관련해 진정한 동아시아 우호 협력을 위해서는 강제동원 피해자 문제의 해결과 전범기업의 진솔한 사과가 필요하다는 내용으로 발표했다. 아사히신문 구마모토 신이치 편집위원은 취재팀 보도에 대해 "기자들의 의욕과 열정이 묻어난다"라고 평가한 뒤 "이 문제는 무엇보다 지속적인 보도가 중요하다"면서 "필요하면 아사히신문의 데이터베이스를 제공해주겠다"고 호의를 표시했다.

냉소는 오히려 한국 언론인들에게서 나왔다. 보수신문의 도쿄 특파원을 지낸 한 대학 겸임교수는 "전형적인 타책他責 기사의 범주"라고 했고, 진보신문의 한 기자는 "한국인들은 피해자 의식에 지나치게 매몰돼 있다"는 취지로 말했다.

취재팀은 공감할 수 없었다. 남의 탓 않고 피해자 의식에서 벗어나려면 정확한 사실 규명이 전제되어야 한다. 한국 언론은 이를 등한시해왔다. 취재팀이 몸담고 있는 신문도 마찬가지였다. 이 책은 그런 자책自責의 산물이다. 한일 우호 협력을 두루뭉술하게 되뇌기 이전에 팔순, 구순을 넘어 생존의 시간이 얼마 남지 않은 강제동원 피해자들이 어떤 증언을 하는지 더 늦기 전에 취재해볼 것을 권한다. 피해자들이 겪은 고통을 전하고 그 원인과 해법을 찾아보는 작업이 단지 타책이고 피해의식의 산물인지는 그 뒤에 생각해보는 게 좋겠다.

* 취재에 도움을 주신 분들(가나다순)

국내

△강창일 민주당 의원 △구연승 와니시제철소 강제동원 피해자 유족 △김경용 고사카광산 강제동원 피해자 △김광열 광운대 동북아대학장 △김명환 강제동원조사위원회 조사3팀장 △김민철 태평양전쟁피해자보상추진협의회 집행위원장 △김백운 옥매산 노동자 조난사건 피해자 △김영준 해남군 문내면 원문마을 이장 △김윤미 강제동원조사위원회 전 조사관 △김인성 일제피해자총연합회 공동대표 △김정주 후지코시 강제동원 피해자 △김창록 경북대 법학부 교수 △도종환 시인 △박장규 해남군 문내면 신흥마을 주민 △방일권 한국외국어대 연구교수 △송경섭 태평양전쟁피해자보상추진협의회 간사 △심재욱 강제동원조사위원회 조사4팀장 △양현 조세이탄광 희생자 유족회 부회장 △오다정 한림대학교 언론정보학과 언론전공 △오일환 강제동원조사위원회 기획4팀장 △이국언 '근로정신대 할머니와 함께하는 시민모임' 사무국장 △이도재 나우루 강제동원 피해자 △이명수 자유선진당 의원 △이명숙 대한변협 인권위원장 △이선영 강제동원조사위원회 조사관 △이용섭 민주당 의원 △정선태 강제동원조사위원회 전 위원장(현 법제처장) △정윤섭 해남군 문화관광과 직원 △정재정 동북아역사재단 이사장 △정준모 시나노가와발전소 강제동원 피해자 △정현영 강제동원조사위원회 전 조사관 △정혜경 강제동원조사위원회 조사2과장 △지옥동 아사지노비행장 강제동원 피해자 △진상윤 삿포로별원 강제동원 피해자 유족 △최봉태 변호사 △최찬국 아카비라광업소 강제동원 피해자 △하승현 강제동원조사위원회 조사2팀장 △한정숙 서울대 서양사학과 교수 △허광무 강제동원조사위원회 조사3과장

해외

△고바야시 히사토모 강제동원진상구명네트워크 사무국장 △고쇼 다다시 고마자와대 명예교수 △고타케 히로코 '일한회담문서 전면공개를 요구하는 모임' 사무국장 △곤도 쇼이치 일본 중의원 의원 △권터 자토호프 독일 '기억, 책임 그리고 미래' 재단 상임이사 △김병권 '윤봉길 의사 암매장지 적보존회' 사무국장 △김 빅토르 니콜라예비치 브이코프탄광 총지배인 △김윤덕 가와카미탄광 강제동원 피해자 △전은옥 '오카 마사하루 기념 나가사키 평화자료관' 객원연구원 △김재홍 북마리아나제도 사이판 한인회장 △나카가와 미유키 '제2차 후지코시 강제연행·강제노동 소송을 지원하는 호쿠리쿠 연락회' 사무국원 △다츠미 아키라 홋카이도 사루후쓰 촌장 △다카자네 야스노리 '나가사키 재일 조선인 인권을 지키는 모임' 대표 △도가시 야스오 '하나오카에서 일본과 중국이 다시는 싸우지 말자고 기록한 우호비를 지키는 모임' 사무국원 △도노히라 요시히코 '강제연행·강제노동 희생자를 생각하는 홋카이도포럼' 공동대표 △도리스 타우슨프런트 베를린자유대 디지털시스템센터 박사 △리퍼트 볼프람 베를린자유대 디지털시스템센터 박사 △모리야 요시히코 전 사세보 공업고등전문학교 교수 △무라카미 도키오 유바리 리조트 총지배인 △미즈구치 고이치 홋카이도 미즈구치

공무점 대표 △볼프 펠리칸 독일역사박물관 미디어기술 담당자 △사사키 아키오 아키타현 오보나이 마을 주민 △사오이청 '히로시마 야스노 수난자 연합회' 대표 △쇼지 도키지 '하나오카에서 일본과 중국이 다시는 싸우지 말자고 기록한 우호비를 지키는 모임' 사무국원 △슈강 톈진외국어대 총장 △시라토 히토야스 홋카이도 비바이시 교육위원장 △시바타 도시아키 '나가사키 재일 조선인 인권을 지키는 모임' 사무국장 △신야 히로시 '제2차 후지코시 강제연행·강제노동 소송을 지원하는 호쿠리쿠 연락회' 사무국원 △심재길 미이케 탄광 강제동원 피해자 △아다치 슈이치 변호사 △야마구치 다케노부 '조세이 탄광 물 비상을 역사에 새기는 모임' 대표 △야마모토 세이타 변호사 △오사나이 고이치 홋카이도 사루후쓰촌 의원 △오이쿠보 아츠시 홋카이도 사루후쓰촌 건축계장 △요코가와 데루오 강제동원진상구명네트워크 회원 △우에노 시로 홋카이도 무로란 시 강제연행문제연구자 △우치오카 사다오 '조세이탄광 물 비상을 역사에 새기는 모임' 회원 △우판근 재일대한민국민단 오무타지부 지단장 △이시무라 히로시 홋카이도 신도쓰가와 농업고등학교 교사 △이일만 도쿄 조선인강제연행진상조사단 사무국장 △이토 다모쓰 '하나오카에서 일본과 중국이 다시는 싸우지 말자고 기록한 우호비를 지키는 모임' 사무국원 △정창윤 사할린 한국교육원장 △즈루마 마쓰히코 홋카이도 히가시카와 정 의원 △즈카다 다카야 '에오로 시 발전소 및 주베쓰 강 유수지 조선인 강제연행의 역사를 발굴하는 모임' 사무국장 △차타니 주로쿠 일본 민족예술연구소 연구원 △채홍철 '강제연행·강제노동 희생자를 생각하는 홋카이도포럼' 공동대표 △크리스틴 글라우닝 독일 강제노동 도큐멘테이션센터 박사 △프란카 쿤 독일 '기억, 책임 그리고 미래' 재단 홍보팀장 △하야시 에이다이 르포 작가

참고문헌

강제동원조사위원회, 2005, 『당꼬라고요?』.
강제동원조사위원회, 2006, 『가긴 어딜가? 헌병이 총 들고 지키는데』.
강제동원조사위원회, 2006, 『거문도 군사시설 구축을 위한 주민 강제동원에 관한 조사』.
강제동원조사위원회, 2006, 『검은 대륙으로 끌려간 조선인들』.
강제동원조사위원회, 2006, 『똑딱선 타고 오다가 바다 귀신 될 뻔 했네』.
강제동원조사위원회, 2006, 『소록도 한센병 환자의 강제노역에 관한 조사』.
강제동원조사위원회, 2006, 『지독한 이별』.
강제동원조사위원회, 2007, 『사할린 가미시스카 조선인 학살사건 진상조사』.
강제동원조사위원회, 2007, 『사할린 이중징용 피해 진상조사』.
강제동원조사위원회, 2007, 『수족만 멀쩡하면 막 가는 거야』.
강제동원조사위원회, 2007, 『아소탄광 진상조사 관련 생존자 조사』.
강제동원조사위원회, 2007, 『일본 조세이탄광 수몰사고 진상조사』.
강제동원조사위원회, 2007, 『제주도 군사시설 구축을 위한 노무·병력동원에 관한 조사』.
강제동원조사위원회, 2008, 『남방기행−강제동원군속수기집』.
강제동원조사위원회, 2008, 『내 몸에 새겨진 8월』.
강제동원조사위원회, 2008, 『사할린 미즈호 조선인 학살사건 진상조사』.
강제동원조사위원회, 2008, 『전시기 '군수회사법'에 의한 노무동원 기초 연구』.
강제동원조사위원회, 2008, 『조선여자근로정신대, 그 경험과 기억』.
강제동원조사위원회, 2008, 『'조선여자근로정신대' 방식에 의한 노무동원에 관한 조사』.
강제동원조사위원회, 2009, 『강제동원 명부해제집 1』.
강제동원조사위원회, 2009, 『남양군도 지역 한인노무자 강제동원 실태에 관한 조사』.

강제동원조사위원회, 2009, 『사진으로 보는 강제동원 이야기』.

강제동원조사위원회, 2009, 『아홉머리 넘어 북해도로—홋카이도 강제동원 피해 구술자료집』.

강제동원조사위원회, 2009, 『유골봉환 백서』.

강만길, 2009, 『20세기 우리 역사』, 창비.

강태현, 2000, 『일본 전후 경제사』, 오름.

고광명, 2008, 『일본의 기업과 경영 특성 연구』, 제주대학교출판부.

고쇼 다다시, 2002, 『한일민족문제연구 3권』「조선인강제연행과 광고모집」, 한일민족문제학회.

곽건홍, 2001, 『일제의 노동정책과 조선노동자』, 신서원.

국사편찬위원회, 2005, 『대일과거청산소송자료집』「후지코시 강제동원 소송기록 1」.

김민영, 1995, 『일제의 조선인 노동력 수탈 연구』, 한울.

김부자 외, 2009, 『한일 간 역사현안의 국제법적 재조명』, 동북아역사재단.

김창록, 2002, 『법학연구』Vol.43, No.1,「'한일협정'과 한국인 개인의 권리」.

김창록, 2007, 『법사학연구 제35호』「일본에서의 대일과거청산소송」.

김현숙·오일주, 1994, 『일본 경제의 선구자들』, 혜안.

김효순, 2009, 『나는 일본군 인민군 국군이었다』, 서해문집.

다카사키 소지(이규수 옮김), 2006, 『식민지 조선의 일본인들』, 역사비평사.

대한변호사협회·일본변호사연합회, 2010, 『법의 지배와 일제피해자의 권리구제』.

일본의 전쟁책임 자료센터(서각수·신동수 옮김), 2009, 『세계의 전쟁 책임과 전후 보상』「독일 '기억·책임·미래' 기금의 성립과 그 역사적 의의」, 동북아역사재단.

미와 료이치(권혁기 옮김), 2004년, 『일본경제사』, 보고사.

민주사회를 위한 변호사 모임, 2009, 『일제강점기 인권침해관련 소송자료집』1, 2.

박경식, 2008, 『조선인 강제연행의 기록』, 고즈윈.

박동철, 1995, 『한일협정을 다시 본다』「청구권 협정 Ⅰ-한일 국교 정상화와 청구권 자금」, 아세아문화사.

박예분, 2008, 『뿔난 바다』, 청개구리.

서정익, 2008, 『전시 일본 경제사』, 혜안.

아사오 나오히로 외 엮음(이계황 외 옮김), 2003, 『새로 쓴 일본사』, 창비.
오오노 세츠코(김병진 옮김), 2007, 『지쿠호오 이야기』, 커뮤니티.
윤인진, 2004, 『코리안 디아스포라』, 고려대학교출판부.
이상각, 2010, 『1910년, 그들이 왔다』, 효형출판.
이상의, 2006, 『일제하 조선의 노동정책 연구』, 혜안.
이일만, 2008, 「한일민족문제학회 기조강연문－도쿄 대공습과 조선인 희생자」.
이홍섭, 1990, 『아버지가 건넌 바다』, 광주.
일제피해자공제조합 설립준비위원회, 2009, 『일제피해자신문』 창간 준비 1~3호.
재일본 대한민국 민단 중앙 민족교육위원회, 2007, 『재일 한국인의 역사』, 역사넷.
전기호, 2003, 『일제시대 재일 한국인 노동자계급의 상태와 투쟁』, 지식산업사.
전남 해남군, 1995, 『해남군사』.
전봉관, 2005, 『황금광시대』, 살림.
정연수, 2010, 『탄광촌 풍속 이야기』, 북코리아.
정혜경, 2003, 『일제말기 조선인 강제연행의 역사』, 경인문화사.
정혜경, 2006, 『조선인 강제연행 강제노동 Ⅰ : 일본편』, 선인.
정혜경, 2010, 『조선 청년이여 황국 신민이 되어라』, 서해문집.
조용래, 2009, 『천황제 코드』, 논형.
존 다우어(최은석 옮김), 2009, 『패배를 껴안고』, 민음사.
지구촌동포연대, 2009, 『사할린지역 조선인유골 및 묘지실태 용역조사 결과보고서』.
최영호·박진우·류교열·홍연진, 2007, 『부관연락선과 부산』, 논형.
테렌스 데 프레(차미례 옮김), 2010, 『생존자』, 서해문집.
프리모 레비(이현경 옮김), 2007, 『이것이 인간인가』, 돌베개.
한수산, 2003, 『까마귀』 1~5, 해냄.
홍하상, 2009, 『일본의 상도』, 창해.

長崎在日朝鮮人の人 權を守る會, 1982, 『原爆の朝鮮人 第一集』.
長崎在日朝鮮人の人 權を守る會, 1991, 『原爆の朝鮮人 第五集』.
盛善吉·高實康稔, 1994, 『世界の人へ 朝鮮人被爆者の記錄』.
岡まさはる記念 長崎平和資料官, 1995, 『被害者の痛みを心に刻み 戰後補償の實現と 非戰の誓いを』.

東登志美, 1957, 『鑛山寫眞帖』, 鑛業新聞社.
北海道, 1999, 『北海道と朝鮮人勞動者-朝鮮人强制連行實態調査報告書』.
沖繩縣敎育委員會, 2002, 『舊南洋群島と沖繩縣人』.
古庄正(駒澤大學經濟學會), 1991, 『經濟學論集』「連行朝鮮人未拂い金供託報告書」.
松尾 茂, 2002, 『私が朝鮮半島でしたこと 1928年~ 1946年』, 草思社.

陳春龍(中國民間對日索賠聯合會), 2009, 『中日關系敎科書 問題』.
陳春龍(中國民間對日索賠聯合會), 2009, 『論日本法院判決的非法性』.

Foundation Remembrance, Responsibility and Future, 2009, 『Mutual Responsibility and a Moral Obligation; The Final Report on Germany's Compensation Programs for Forced Labor and other Personal Injuries』.

찾아보기

ㄱ

가네보 357
가라쓰 탄광 24, 155
가라후토 340, 358
가마다 사와이치로 23
가마이시 제철소 33, 46, 194, 204, 206
가모이 탄광 136, 265
가미시스카 학살사건 10, 250
가미야마다 탄광 20
가미오카 광산 98, 128, 155
가와구치구미 137
가와나미 46, 284
가와사키중공업 46, 52, 284
가와카미 탄광 342, 343, 346
가이지마 46, 284
가지마구미 217, 218
간 나오토 411, 435, 463, 517, 518
강제동원조사위원회 22, 28, 44, 59, 74, 139, 141, 144, 150, 151, 168, 169, 208, 212, 214, 215, 225, 265, 266, 270, 276, 277, 284, 312, 313, 326, 334, 353, 364, 372, 397, 407, 410, 413, 425, 428, 429, 453, 455, 511, 522
거문도 385, 386, 388, 389
게이단렌 134

경부고속도로 521, 529, 532
고노마이 광산 45, 54, 63, 147, 148
고루덴 사도 236, 237
고사카 광산 216, 217, 219~221
고이즈미 준이치로 408, 426
고입고사표 149
공탁·공탁금 6, 47, 49, 50, 204~207, 259, 272, 334, 415~430, 447, 450, 467, 468, 516~518, 523
과도경제력집중배제법 302
관 알선 37, 38, 58~61, 63, 211
관부연락선 62, 109, 152~155
구바라 탄광 46, 242, 259, 418
국가 무책임의 법리 458
국가총동원법 25, 32, 34, 36, 55, 126, 130, 225, 253, 369, 370, 381
국민징용령 32, 38
권양기 104, 105, 133, 290
극동군사재판 50
근로정신대 5~7, 48, 95, 161, 163~166, 168, 174, 176, 177, 180~182, 433, 441, 448, 456, 457, 465, 472, 501, 503, 512, 515, 519, 520, 522, 525, 531, 538
기시 노부스케 84
기시마 46
기억, 책임 그리고 미래 473, 476, 516

기타 잇키　125
긴쇼지　81, 82

ㄴ

나가사키 조선소　45, 74, 75, 77, 88, 92, 153, 259, 306, 417, 433, 447
나고야 항공기제작소　166, 448
나나쓰 다테 사건　208, 210, 213~215
나이부치 탄광　346, 347, 365, 366
나치 후지코시　46
난요코하츠　313, 314, 317, 318, 321, 322, 326~328
남양청　317
노르마　57, 110
노무동원계획　26, 34, 35, 38, 148, 244
노무현　354, 408, 426, 532
노미야마 다카시　253, 254
니시마츠건설　470, 471, 494, 495, 498~502, 506, 509, 511, 515
니시사쿠탄 탄광　363
니혼강관　284, 302, 303, 439, 440, 442, 458
니혼카이선　208

ㄷ

다마노 조선소　45, 127
다이도제강　46, 284
다자와 호 발전소　225
다츠코 히메　222
다카시마 탄광　45, 77, 81, 83, 88, 91, 288
다케우치 야스토　36, 284
다코베야　68, 272~276, 394, 405, 431
단노구미　274, 275, 394
대정봉환　91
대한변협　513, 514
덴타쿠지　229
도만상 사건　367
도미타 와타루　102, 105
도야마 공장　46, 166, 169
도와광업　46, 211, 216
도와홀딩스　46, 208, 211, 216~219, 221, 232, 283, 381
도요공업　46, 284, 296, 298
도요사토 탄광　135
도조 히데키　50
도쿄 아사이토 누마즈 공장　166
도쿄전범재판　50, 52
도큐멘테이션 센터　490, 492
독일 경제의 기금 이니셔티브　480, 481
독일역사박물관　474, 486, 488

ㄹ

라이손 하야타　289
라이손 후치노스케　289
리틀보이　297, 324

ㅁ

마스다 다카시　123, 124
마쓰다　296

마쓰에 하루지　316~319
마와타리 사택　100~102
마키노 노부아키　245
만다 갱　102, 104, 107
만세절벽　319, 338, 339
매화장인허증　88, 89, 139, 395
메이지광업　46, 284
메이지유신　79, 91, 220, 245
모시리 탄광　135, 136
무로란 제철소　186, 187, 189, 190, 201
무사시　51, 74, 92
무상자금 3억 달러　468
문어방　68, 272, 431
미나미 지로　23
미불임금　6, 49, 50, 53, 259, 415~417, 419~425, 429~432, 443, 447, 451, 518
미쓰비시　5~7, 20, 22, 44~46, 51, 67, 73, 74, 76, 77, 79, 80, 86, 87, 89~94, 112, 124, 126, 128, 129, 151, 153, 233~236, 267, 277, 279, 283, 307, 357, 359, 361, 382, 417, 433, 472, 525, 538
미쓰비시중공업　5, 6, 33, 44, 45, 48, 74, 77, 92, 94~96, 166, 178, 258, 417, 433, 447, 448, 451, 456, 459, 500, 512, 531
미쓰이　44, 45, 51, 67, 76, 93, 97, 98, 111, 114~117, 119, 121~129, 134, 194, 245, 272, 277, 283, 342, 344, 357, 359, 361, 382, 417, 525
미쓰이 다카토시　123

미쓰이 단다쿠마　124
미야하라 갱　102, 104, 107,
미이케 염료공업소　115, 116
미이케 탄광　45, 98~102, 105, 107, 111~115, 117, 122, 245
미즈호 학살사건　10, 250

ㅂ

반도응징사　298
반도인 노무자 활용에 관한 방책　37
방응모　384
베를린 자유대　486, 488
별회사론　90
본토 결전　382, 389
북해도 고락가　267, 269
북해도탄광기선　46, 58, 62, 63, 67, 68, 135, 260, 264, 271, 279, 283
불탄봉　385, 388
브이코프 탄광　347, 350

ㅅ

사가의 난　91
사이토 마코토　318
사카모토 료마　79, 91
사토 에이사쿠　196
사할린 동포 영주귀국 사업　345
삿포로 별원　142, 398, 401, 403, 404, 410
상애회　245
새로운 역사 교과서를 만드는 모임　94

샌프란시스코 강화조약　52, 90, 422
서정우　86
석탄광업연합회　33, 34
설탕섬　322
설탕왕　316~318
유네스코 세계문화유산　86
소록도　389, 390
쇠네바이데 막사　489
쇼와 천황　170
쇼와전공　44, 135
슈마리나이 댐　299, 405
스미토모　45, 51, 54, 67, 124, 128, 130, 132~135, 147~150, 283, 417
스미토모 마사토모　134
스즈키 젠코　245, 248
시나노가와 발전소　495, 502, 509
시네고르스크 탄광　342
신쇼지　209, 211, 219
신일본제철　44, 46, 186, 193~195, 200, 203~205, 434, 450, 451, 458
신천수　450, 458

ㅇ

아라후네 세이주로　27
아리랑 3호　6, 96, 512
아사다화학공업주식회사　370, 373, 378
아사지노 비행장　275, 393, 394, 396~398, 404, 410, 412~414
아소 다로　46, 96, 245, 249, 254, 256, 417

아소 다카키치　257
아소 다키치　256
아소 유타카　247, 257
아소광업　46, 238~240, 242, 251, 253, 257~259, 418
아카마 탄광　135
아카사카 탄광　46, 242, 251, 252, 254, 258
아키히토 일왕　245, 338
안면도 산림　258
야마노 탄광　363
야마토　51
야스노 수력발전소　495, 497, 502
야쿠자　63, 67
야하타 제철　33, 46, 187, 194, 204
양금덕　448
에조지　274
여운택　434, 450, 451, 458
연합군총사령부　49, 51, 93, 128, 129, 134, 194, 259, 416
오노다 시멘트　382, 446
오보나이 발전소　225
오사리자와 광산　233, 234, 236, 237
오유바리 탄광　151, 267
오지제지　284, 356, 357, 359
오치아이 제지공장　356, 357
오쿠보 도시미치　245
옥매산　370, 372~374, 378, 382, 389, 440
와니시 제철소　33, 46, 185~187, 191, 194, 196, 200, 201
요시다 세이지　27

요시다 시게루 245
요시쿠마 탄광 46, 238~242, 248
위안부 9, 27, 28, 30, 51, 68, 164, 180, 181, 246, 264, 281, 432, 459, 466, 514, 523, 526, 537
유대인 보상청구연맹 479
유바리 탄광 46, 262~267, 270, 271
유베쓰 탄광 112
유텐지 336, 410
의료관계자 직업 신고령 25
이나우시 광산 45
이누카이 스요시 125
이와사키 고야타 93
이와사키 야타로 79, 91
이와타 건설 276
이중징용 108
이케다 시게아키 125
이케다 하야토 198
이해찬 532
일변연 513
일본광업 46
일본제철 33, 46, 185~188, 190, 191, 193~195, 200, 203~206, 283, 359, 383, 450, 451, 537
일본통운 46, 421
일소 공동선언 464
임금미불 채무조 416

ㅈ

작센하우젠 강제수용소 492, 493
재벌해체 52, 128

재일본대한민국민단·민단 99, 102, 113, 116, 119, 120, 229, 293, 404
재일본조선인연맹·조련 116, 229, 419, 420
재일본조선인총연합회·조총련·총련 102, 116, 135, 213, 229, 293, 404, 534, 536, 554
전환 배치 108, 111, 280, 360~363
정준양 530
제로센 92
제주도 311, 370, 372~374, 376, 382, 385, 388, 389
조선경제통계요람 26
조선노무협회 38, 61
조선여자근로정신대 164~166, 174, 441, 456, 538
조선인 강제연행의 기록 236, 250, 534~536
조선인 노무자 관계 204, 206, 450
조선인 노무자 내지 송출 방법의 강화에 관한 건 38
조선인 노무자 내지 이입 알선요강 37
조선인 노무자 내지 이주에 관한 건 25, 34, 37, 288
조세이 탄광 46, 284, 285, 287~289, 292~294
중요산업통제령 35
중일공동성명 499, 503, 504, 506
중일전쟁 31~33, 36, 55, 92, 125, 153, 169, 253, 359
즈리야마 131, 132
지멘스 사건 124

지자키구미　67, 68, 276
지주회사　51, 52, 92, 123, 124, 128, 135

ㅊ

청구권　44, 113, 162, 196, 337, 402, 422, 433~435, 444, 446, 451, 456~472, 480, 499, 503~506, 518, 520, 526, 528~533
첸치천　504
총독부 철도국　383
최창학　384

ㅋ · ㅌ · ㅍ

카이텐　388
코르사코프 항구　358, 366, 367
콘체른　92, 124
태평양전쟁　6, 26, 35, 50, 73, 74, 87, 92, 98, 113, 154, 161, 169, 173, 176, 177, 190, 193, 216, 233, 274, 279, 287, 296, 302, 303, 313, 329, 382, 388, 391, 396, 425, 431, 433, 441, 447, 494, 504, 509, 521, 526, 534, 535
태평양탄광주식회사　110
테러의 토포그래피　489, 490
토목건설통제회　431
특별고등경찰·특고　244, 255, 284
팻맨　76, 325
포스코　195, 196, 528~533

피야　285, 289, 291

ㅎ

하나오카 광산　46, 210, 229, 231
하나오카 사건　217~219, 231, 232
하루토리 탄광　110, 111
하시마 탄광　45, 80~83, 88, 306, 361
하야시 토라지　255
하자마구미　46
하쿠초 대교　186
학교졸업자 사용 제한령　25
한국인 재산권 조치법　423
한센병　389, 390
한일협정·한일회담　26, 44, 69, 196, 416, 422, 423, 427, 431, 435, 450, 456, 458, 460, 461, 463, 465~468, 471, 472, 504, 505, 514, 518, 521, 522, 527~530, 532, 533, 535
함바　293
헤이든법　446, 459
협화료　191
협화회　192, 432
호로나이 탄광　46
호쇼지　139
후루다 슌노스케　134
후루카와광업　46, 284
후생연금　6, 7, 42, 47, 95, 175, 266, 433~436, 465, 519, 523, 525
후지 제철　194
후지코시　6, 44, 46, 161~163, 166~170, 173~183, 283, 417, 441~448,

457, 458, 515, 537
후지타구미   210~212, 216, 217, 229, 381
후쿠자와 유키치   91
히로시마 조선소   45
히로히토   50
히메 관음상   228, 229
히사야   92
히타치   33, 46, 284, 553

기타

99엔 사건   48, 166, 503, 519
EVZ   473~480, 482, 484~486, 488
GHQ   49, 51, 52, 416, 419~422, 430
JFE 스틸   302, 439

그림·사진 출처

22쪽	〈이동 중인 조선인 노무자〉: 신기수, 『한일병합사』, 눈빛.
24쪽	〈징용 피해자 묘비〉: 강제동원조사위원회 제공.
35쪽	〈미쓰이 계열 탄광의 조선인 광부들〉: 강제동원조사위원회 제공.
41쪽	〈홋카이도 아카마 탄광의 조선인들〉: 강제동원조사위원회 제공.
47쪽	〈일본 전범기업 로고〉: 강제동원조사위원회 제공.
53쪽	〈사할린 레소고르스크의 조선인 징용자〉: 강제동원조사위원회 제공.
64쪽	〈조선인 노무자 출근표〉: 강제동원조사위원회 제공.
66쪽	〈조선인 노무자 월급봉투〉: 강제동원조사위원회 제공.
113쪽	〈훈도시 차림의 조선인 탄광 노동자〉: 전기호, 『일제시대 재일 한국인 노동자계급의 상태와 투쟁』, 지식산업사.
146쪽	〈1939년 홋카이도 탄광촌의 조선인 노무자〉: 홋카이도청, 1999, 『북해도와 조선인 노동자—조선인 강제연행 실태조사 보고서』
148쪽	〈고노마이 광산 소각로 굴뚝과 갱구〉: 모리야 요시히코 교수 제공.
149쪽	〈경상남도 노무자사진명부〉: 모리야 요시히코 교수 제공.
153쪽	〈고안마루〉: 하야시 에이다이, 『청산되지 않은 쇼와』, 이와나미서점.
163쪽	〈주저앉은 근로정신대 할머니〉: 태평양전쟁피해자 보상추진협의회 제공.
167쪽	〈후지코시 도야마 공장의 1950년대 전경〉: 『후지코시 25년사』, 〈도야마 공장의 2007년 모습〉: 강제동원조사위원회 제공.
178쪽	〈김정주 할머니〉: 태평양전쟁피해자 보상추진협의회 제공.
186쪽	〈구연석의 사진〉: 강제동원조사위원회 제공.
187쪽	〈구연석의 일기〉: 강제동원조사위원회 제공.
192쪽	〈협화대 훈련 모습〉: 홋카이도청, 1999, 『북해도와 조선인 노동자—조선인 강제연행 실태조사 보고서』.
193쪽	〈무로란 만 일대〉: 무로란 역 관광안내소 소장.
212쪽	〈하나오카 광업소 조선인 명부〉: 치타니 주로쿠 제공.
244쪽	〈조선인 노무자 현황 비밀문건〉: 요코가와 데루오 제공.
254쪽	〈아타고 탄광 입소 기념 사진〉: 하야시 에이다이 제공.
264쪽	〈유바리 석탄촌〉: 홋카이도청, 1999, 『북해도와 조선인 노동자—조선인 강제연행 실태조사 보고서』.
265쪽	〈강제동원자의 월급명세서와 자필엽서〉: 강제동원조사위원회 제공.
269쪽	〈북해도 고락가 원본〉: 강제동원조사위원회 제공.

273쪽 〈홋카이도 토목공사장 1940년〉: 홋카이도청, 1999, 『북해도와 조선인 노동자—조선인 강제연행 실태조사 보고서』.
280쪽 〈북탄의 조선인 노무자 훈련 모습〉: 홋카이도청, 1999, 『북해도와 조선인 노동자—조선인 강제연행 실태조사 보고서』.
288쪽 〈1997년 피야 탐사〉: 조세이 탄광 희생자 유족회 제공.
290쪽 〈조세이 탄광 수몰자 유족〉: 강제동원조사위원회 제공.
295쪽 〈68주년 조세이 탄광 수몰자 추모식〉: 조세이 탄광 희생자 유족회 제공.
297쪽 〈도요공업 종업원증〉: 강제동원조사위원회 제공.
298쪽 〈도요공업 반도응징사 신상조사표〉: 강제동원조사위원회 제공.
300쪽 〈슈마리나이 댐 공사현장〉: 강제동원조사위원회 제공.
334쪽 〈일본 후생노동성 공문〉: 이도재 제공.
346쪽 〈김윤덕 한국 호적등본〉: 김윤덕 제공.
403쪽 〈한국 외무부 공문〉: 진상윤 제공.
413쪽 〈아사지노 비행장 터 유골 발굴 현장〉: 홋카이도 포럼 제공.
416쪽 〈일본 노동성 조사 조선인 임금미불 채무조 표지〉: 강제동원 진상구명 네트워크 제공.
417쪽 〈임금미불 채무조 내역〉: 강제동원 진상구명 네트워크 제공.
418쪽 〈조선인 노무자 임금정산서〉: 강제동원조사위원회 제공.
424쪽 〈후생연금 증서〉: 강제동원조사위원회 제공.
426쪽 〈공탁금 명부〉: 강제동원조사위원회 제공.
441쪽 〈김경석 사진〉: 태평양전쟁피해자 보상추진협의회 제공.
444쪽 〈후지코시 소송 원고〉: 태평양전쟁피해자 보상추진협의회 제공.
445쪽 〈후지코시 도쿄 사무소 앞 할머니들〉: 태평양전쟁피해자 보상추진협의회 제공.
451쪽 〈1944년 6월 근로정신대(위), 근로정신대에게 연설〉: 근로정신대 할머니와 함께하는 시민모임 제공.
461쪽 〈한일협정문 서명〉: 국민일보 DB.
467쪽 〈한일협정 문서 검토〉: 국민일보 DB.
495쪽 〈사오이청 인터뷰 사진〉: 사오이청 제공.
496쪽 〈화해성립 보고집회〉: 사오이청 제공.
498쪽 〈야스노 발전소 방문〉: 사오이청 제공.

* 사진과 그림의 게재를 허락해주신 분들, 자료를 제공해주신 분들께 감사드립니다.
* 이 책에 실린 사진과 그림 중에는 저작권자를 찾기 어려운 경우가 있었습니다. 저작권자가 연락을 주시면 다시 게재 허락 절차를 밟고 사용료를 지불하겠습니다.